本书出版获得
中央民族大学重点科研项目"六十年来中国民族工作的回顾与反思"和中央民族大学"985工程"民族发展与民族问题研究中心"中国人口较少民族经济社会发展追踪调查"项目的资助

中国人口较少民族经济社会发展追踪调研报告

杨筑慧 主编

学苑出版社

图书在版编目（CIP）数据

中国人口较少民族经济社会发展追踪调研报告/杨筑慧主编. —北京：学苑出版社，2016.7
ISBN 978-7-5077-5042-3

Ⅰ.①中… Ⅱ.①杨… Ⅲ.①少数民族经济—区域经济发展—调查报告—中国②少数民族—社会发展—调查报告—中国 Ⅳ.①F127.8

中国版本图书馆 CIP 数据核字（2016）第 154205 号

责任编辑：洪文雄　何纯谱
封面设计：经典设计
出版发行：学苑出版社
社　　　址：北京市丰台区南方庄 2 号院 1 号楼
邮政编码：100079
网　　　址：www.book001.com
电子信箱：xueyuan@public.bta.net.cn
销售电话：010-67675512、67678944、67601101（邮购）
印　刷　厂：北京京华虎彩印刷有限公司
开本尺寸：787×1092　1/16
印　　　张：25.25
字　　　数：422 千字
版　　　次：2016 年 9 月北京第 1 版
印　　　次：2016 年 9 月第 1 次印刷
定　　　价：186.00 元

目 录

前 言 ·· 1

阿昌族经济社会发展调研报告 ································· 1
 一、基本概况 ··· 1
 二、扶持前的社会经济发展状况 ···································· 4
 三、扶持政策的制定 ··· 10
 四、阿昌族地区在"扶少"政策实施后的经济与社会发展 ······ 11
 五、扶持政策成效取得的经验 ····································· 19
 六、存在的主要问题 ··· 24
 七、进一步扶持发展的建议 ·· 26

布朗族经济社会发展调研报告 ································· 28
 一、布朗族概况 ··· 28
 二、布朗山概况 ··· 29
 三、扶持政策实施前的布朗山布朗族社会状况 ··············· 30
 四、扶持布朗族发展的政策和措施 ······························ 33
 五、布朗山布朗族主要扶持项目 ·································· 35
 六、布朗山布朗族扶持项目的实施效果 ························ 40
 七、主要经验总结 ·· 44
 八、反思：面对问题，共谋发展 ··································· 48
 九、进一步扶持发展的建议 ·· 53

独龙族经济社会发展调研报告 ································· 56
 一、独龙族概况 ··· 57

二、政府帮扶独龙族发展的政策措施 …………………………… 62

　　三、近十年来独龙族获得的扶持与发展现状 …………………… 64

　　四、基本经验和困难问题 ………………………………………… 72

　　五、关于独龙族发展问题的思考 ………………………………… 76

赫哲族经济社会发展调研报告 ……………………………………… 81

　　一、政府在赫哲族经济社会发展方面所实行的政策扶持 ……… 81

　　二、项目的绩效评估 ……………………………………………… 87

　　三、国家政策扶持下赫哲族的发展 ……………………………… 93

　　四、政策的缺失与限制 …………………………………………… 98

　　五、社会各阶层人士对政策的反应 ……………………………… 100

　　六、发展的路径选择及对策思考 ………………………………… 107

　　七、结语 …………………………………………………………… 112

基诺族经济社会发展调研报告 ……………………………………… 114

　　一、基诺族概况 …………………………………………………… 114

　　二、调研任务与调查点简介 ……………………………………… 115

　　三、相关扶持政策与措施 ………………………………………… 118

　　四、主要扶持项目及完成情况 …………………………………… 122

　　五、扶持成效与经验总结 ………………………………………… 125

　　六、存在的困难与问题 …………………………………………… 129

　　七、关于扶持工作的反思与建议 ………………………………… 133

京族经济社会发展调研报告 ………………………………………… 138

　　一、京族概况 ……………………………………………………… 138

　　二、扶持政策实施前的发展状况 ………………………………… 143

　　三、相关经济社会发展扶持政策和措施 ………………………… 145

　　四、扶持的主要项目及实施效果 ………………………………… 151

　　五、主要经验总结 ………………………………………………… 161

　　六、反思：京族传统文化的抢救和保护有待加强 ……………… 164

  七、经济社会发展存在的主要问题 …………………………… 166
  八、对策和措施 ………………………………………………… 169

门巴族经济社会发展调研报告 ………………………………………… 177
  一、门巴族基本概况 …………………………………………… 178
  二、门巴族扶持政策落实状况 ………………………………… 184
  三、扶持人口较少民族工作成效 ……………………………… 197
  四、存在的问题与困难 ………………………………………… 201
  五、思考与建议 ………………………………………………… 208
  六、结语 ………………………………………………………… 214

毛南族经济社会发展调研报告 ………………………………………… 225
  一、毛南族基本概况 …………………………………………… 225
  二、相关扶持政策和措施 ……………………………………… 232
  三、扶持项目实施及完成情况 ………………………………… 237
  四、扶持项目实施的经济社会效益及影响 …………………… 239
  五、主要经验总结 ……………………………………………… 243
  六、反思：毛南族传统文化传承与保护投入缺失 …………… 245
  七、存在的主要问题 …………………………………………… 249
  八、对策与建议 ………………………………………………… 253

怒族经济社会发展调研报告 …………………………………………… 256
  一、怒族基本情况 ……………………………………………… 257
  二、怒族主要分布区域的经济社会发展现状 ………………… 260
  三、近十年怒族聚居地区得到的扶持 ………………………… 268
  四、对当前怒族经济社会发展面临主要困难和问题的思考 … 275

撒拉族经济社会发展调研报告 ………………………………………… 288
  一、撒拉族及循化撒拉族自治县概况 ………………………… 288
  二、人口较少民族社会发展扶持政策和措施 ………………… 293

三、存在的主要问题及教训 ·········· 298
　　四、典型案例 ················· 299
　　五、反思与建议 ··············· 301

新疆塔塔尔族经济社会发展调研报告 ········ 303
　　一、塔塔尔族基本概况 ············ 303
　　二、政府在扶持塔塔尔族发展方面的政策措施 ···· 309
　　三、塔塔尔族乡"扶少"政策绩效评估 ······ 311
　　四、扶持人口较少民族政策实践程度评价 ····· 337
　　五、主要经验总结 ·············· 339
　　六、存在的主要问题 ············· 342
　　七、思考与建议 ··············· 349
　　八、总结 ·················· 355

新疆乌孜别克族经济社会发展调研报告 ········ 358
　　一、历史源流 ················ 358
　　二、人口现状 ················ 360
　　三、经济生活 ················ 362
　　四、教育状况 ················ 366
　　五、宗教现状 ················ 370
　　六、医疗卫生 ················ 372
　　七、社会互动 ················ 373
　　八、民族文化现状 ·············· 376
　　九、"十一五"规划建设成就 ········· 380
　　十、政策实施过程中存在的问题 ········ 384
　　十一、对策建议 ··············· 388

前　言

2000 年 7－12 月，由国家民委组织牵头，联合国家民委民族问题研究中心、北京大学、中央民族大学，以及地方一些相关部门、科研单位、高校，先后两次共同开展了"中国人口较少民族经济和社会发展调查研究"，在此基础上，出版了《中国人口较少民族经济和社会发展调查报告》一书，以及其他一系列相关论著。该项目的实施，不仅带动了各级政府部门全面实施扶持人口较少民族的发展工作计划和政策、措施，同时也引起了一些专家学者对人口较少民族研究工作的关注。

该项工作的开展始于 1987 年费孝通先生在鄂伦春地区所进行的调查。1999 年夏，国家民委把开展中国人口较少民族问题调研纳入 2000 年工作计划，并组成课题组，由费孝通担任学术指导，具体工作由北京大学马戎教授、中央民族大学杨圣敏教授和时任国家民委民族问题研究中心副总干事的王铁志负责。主要调研工作于 2000 年 7 月－2001 年 1 月和 2001 年底分两次进行，之后形成了一份总报告和 24 份分报告。2001 年 2 月，国家民委起草并向国务院报送了《关于建议把 22 个人口较少民族发展问题纳入国家"十五"计划的意见》。

2001 年 8 月，国务院办公厅在《关于扶持人口较少民族发展问题的复函》中，要求国务院有关部门帮助人口较少民族改善生产生活、基础设施、文化教育卫生条件，帮助他们彻底摆脱贫困，走上富裕的道路。2004 年在上海召开全球扶贫大会，温家宝总理在《中国政府缓解和消除贫困的政策使命》中庄严承诺："加快 22 个人口较少民族贫困地区脱贫步伐，力争先于其他同类地区实现减贫目标。"同年 11 月，胡锦涛主席、温家宝总理对扶持人口较少民族发展工作做了重要指示，要求国务院有关部门和地方政府加大扶持力度，帮助 22 个人口较少民族加快发展。而在国家"十

"五"和"十一五"发展计划以及新修订的《中华人民共和国民族区域自治法》中,都增加了扶持人口较少民族加快发展的内容。2005年,国家民委、国家发展改革委、财政部、中国人民银行和国务院扶贫办联合编制了《扶持人口较少民族发展规划(2005－2010年)》。同年5月18日,温家宝总理主持国务院常务会议,讨论并原则通过了《扶持人口较少民族发展规划(2005－2010年)》(以下简称《规划》)。《规划》明确提出,"通过5年左右的努力,使人口较少民族聚居的行政村基础设施得到明显改善,群众生产生活存在的突出问题得到有效解决,基本解决现有贫困人口的温饱问题,经济社会发展基本达到当地中等或中等以上水平。"《规划》提出的具体目标是：使人口较少民族聚居的行政村基本实现"四通五有三达标"(即通电、通路、通广播电视、通电话；有学校、有卫生所、有人畜饮水、有安居房、有能解决温饱的农田地；人均占有粮食、人均收入、义务教育普及率达到国家规定的脱贫标准)和"特色产业促增收"(即积极调整产业结构,每个乡村培植一项或几项特色产业,增加农民收入)的目标。《规划》还制定了"六个加大"的政策措施,即加大对基础设施建设的扶持力度、加大财政资金的扶持力度、加大信贷资金的扶持力度、加大对社会事业的扶持力度、加大人才培训力度、加大对口帮扶力度。①

2005年8月29－30日,国务院专门召开"全国扶持人口较少民族发展工作会议",回良玉副总理在会上发表重要讲话,对贯彻实施《规划》做了具体的部署和安排。它标志着中国扶持人口较少民族发展工作已进入全面实施的阶段。至此,扶持人口较少民族发展已成为由国家统一部署,许多政府部门共同参与的一项重要民族工作。与此同时,人口较少民族所在的省区,以及地州县乡,也相应出台了一系列配套政策、措施,帮助人口较少民族的经济与社会发展。其工作方针概括为："国家扶持,省负总责,县抓落实,整村推进。"可以说,制定和实施扶持人口较少民族发展规划,是党和国家进一步加强民族工作、加快少数民族和民族地区发展、

---

① 详见《扶持人口较少民族发展规划(2005－2010年)》,http：//www.cnr.cn/2004news/column/gzhy/bd/t20050830_ 504100174.html,2005－09－16。

促进各民族共同繁荣发展的重要举措。

2006年,国家发展改革委与国家民委共同制定下达了《扶持人口较少民族发展专项建设规划(2006-2010年)》,2006至2008年共安排中央预算内投资6亿元、实施项目994个。2006年,由国家民委和财政部共同安排的少数民族发展资金新增5000万元,总量达到1.62亿元;人口较少民族所在乡镇寄宿制学校的新建和改扩建工程项目,优先纳入国家"西部地区农村寄宿制学校建设工程"重点安排;免除了国家扶贫开发工作重点县中人口较少民族聚居地区义务教育阶段农村贫困家庭学生的书本费、杂费,并逐步补助寄宿学生生活费;国务院扶贫办将345个人口较少民族重点贫困村优先纳入实施整村推进扶贫规划,很多省区开展了对口帮扶工作。2007年,中央财政对22个人口较少民族义务教育阶段寄宿制学生给予生活补贴。2008年对专项建设规划进行了中期调整,用于群众增收、农田水利、交通和社会事业等项目的资金投入增加了17529万元。2009年,中央继续安排2亿元专项建设资金。2005年至2009年,《规划》实施的4年中,投入各项扶持资金25.06亿元,其中,中央投资15.72亿元,占63%;地方配套及其他资金9.34亿元,占37%,安排各类扶持项目8065个。资金投向大致分为两类:一类是基础设施建设项目,占资金总量的83%;另一类是群众增收项目,占资金总量的17%。自2008年起,国家民委会同国家发展改革委、财政部、中国人民银行、国务院扶贫办对各地《规划》完成情况进行年度考核验收。据初步汇总,640个人口较少民族聚居村中,已有271个村达到考核验收标准,提前实现"四通五有三达到"的目标,占42.3%。①

根据第五次全国人口普查数据,大陆人口在10万人以下的少数民族有22个,总人口共有63万人,涉及我国2/5的民族单位,集中分布在640个行政村。

2011年6月20日,由国家民委、国家发展改革委、财政部、中国人

---

① 此部分数据主要来源于国家民委网站,详见《扶持人口较少民族发展规划情况综述》,http://www.gov.cn/gzdt/2009-07/14/content_1364940.htm,2009-07-14。

民银行和国务院扶贫办联合编制的《扶持人口较少民族发展规划（2011－2015年）》[以下简称《规划（2011－2015年）》]印发。《规划（2011－2015年）》规定：人口较少民族的人口限定标准由"10万人以下"改为"30万人以下"。根据新的标准，人口较少民族新增6个，总数增加到28个，即珞巴族、高山族、赫哲族、塔塔尔族、独龙族、鄂伦春族、门巴族、乌孜别克族、裕固族、俄罗斯族、保安族、德昂族、基诺族、京族、怒族、鄂温克族、普米族、阿昌族、塔吉克族、布朗族、撒拉族、毛南族、景颇族、达斡尔族、柯尔克孜族、锡伯族、仫佬族、土族。根据全国第五次人口普查数据，28个人口较少民族总人口为169.5万人，分布于全国2119个行政村。《规划》提出了新的扶持目标："到2015年，人口较少民族聚居行政村基本实现'五通十有'，人口较少民族聚居区基本实现'一减少、二达到、三提升'。具体为：人口较少民族聚居村通油路、通电、通广播电视、通信息（电话、宽带）、通沼气（清洁能源）；有安全饮用水、有安居房、有卫生厕所、有高产稳产基本农田（草场、经济林地、养殖水面）或增收产业、有学前教育、有卫生室、有文化室和农家书屋、有体育健身和民族文化活动场地、有办公场所、有农家超市（便利店）和农资放心店。人口较少民族聚居区贫困人口数量减少一半或以上；农牧民人均纯收入达到当地平均或以上水平，其中半数左右人口较少民族的农牧民人均纯收入达到全国平均或以上水平；1/2左右的民族的农牧民人均纯收入达到全国平均或以上水平；基础设施保障水平、民生保障水平、自我发展能力大幅提升。到2020年，人口较少民族聚居区发展更加协调、生活更加富裕、环境更加美好、社会更加和谐，全面建成小康社会。"①

如今，距首次人口较少民族的调研工作已过去15年，《规划》实施工作也已过去5年，按照《规划》所提出的要求，有关政策和各项工作是否都得到了有效落实，群众生活是否得到明显改善，基础设施建设是否已基本完成，科教文卫事业有何改善，社会影响效益如何，以及政策、措施实

---

① 详见《扶持人口较少民族发展规划（2011－2015年）》，http：//www.gov.cn/gzdt/2011－07/01/content_1897797.htm，2011－07－01。

施过程中有何经验教训，广大群众如何看待相关扶持政策，有哪些问题需要我们进一步思考与探索，等等。对这些问题的调查研究和总结，不仅能够追踪十年来22个民族发展状况，还对其他民族的发展也能够起到借鉴意义。同时，也可为政府相关政策的制定提供实证性的资料，并以此为基点，进一步探索各民族社会发展的路径。为此，中央民族大学"985工程"民族发展与民族问题研究中心将"中国人口较少民族经济社会发展追踪调查"列为重点调研项目，成立专门的课题组，并提供了一定的调研经费。此外，中央民族大学重点科研项目"六十年来中国民族工作的回顾与反思"也将人口较少民族的追踪调查列为其中的内容之一，并拨付资金进行调研。在两个项目的资助下，从2011年至2013年，以中央民族大学民族学与社会学学院师生为主构成的课题组成员，利用寒暑假时间，深入人口较少民族所在省区市县以及聚居村落，先后追踪调研了20个人口较少民族的经济社会发展情况，收集了丰富的资料，并形成了相关的调研报告，它们从一定意义上反映了当下人口较少民族的经济社会发展状况。本书集结了部分调研成果，拟予出版。同时，囿于经费、时间、知识结构，以及交通状况、自然环境等方面的原因，调查尚有许多未能触及或深入之处，分析亦不够精细，错漏之处在所难免，希望有关专家学者予以批评指正。

杨筑慧

2015年7月28日

阿昌族经济社会发展调研报告

调查人员：杨筑慧　熊顺清　赵　桅
执笔人：赵　桅　杨筑慧

阿昌族是我国 28 个人口较少民族之一，2005 年之后，在国家相关政策的扶持下，其社会经济文化得到了一定程度的发展，本文正是对扶持人口较少民族（为行文方便简称"扶少"）"十一五"规划实施效益调研的基础上所撰写。

一、基本概况

（一）人口与环境

在祖国风景秀丽的西南地区，生活着一个古老的民族——阿昌族。据 2010 年第六次人口普查统计，我国阿昌族共有 3.95 万人，集中聚居于云南省西部。其中 85% 以上分布在德宏傣族景颇族自治州的陇川、梁河、潞西、盈江、瑞丽、畹町等县市，约占全州总人口的 2.5%，另有不到 15% 的阿昌族散居于邻近地区的腾冲、龙陵、云龙等县。由于历史等原因，有 4 万多的阿昌族（称为"迈达"族）居住在缅甸克钦邦的密支那和掸邦的南欧、景栋等地。陇川县的户撒和梁河县的曩宋、九保 3 个民族乡，以及潞西市的高埂田、梁河县的河西和杞木寨等地，则集中了阿昌族 90% 以上的人口。居住在不同地区的阿昌族有不同的自称，如梁河地区的阿昌族自称"峨昌"或"汉撒""哈藏""衬撒""阿昌"，陇川户撒地区的阿昌族自称"蒙撒掸"。1953 年，根据各地阿昌族人民的意愿，统一称为"阿昌族"。

阿昌族居住的地区，东起大理白族自治州西部的云龙县，北抵怒江傈僳族自治州，南至临沧地区，西连缅甸。这里山峦重叠，河流纵横，林木葱翠。高黎贡山和怒山山脉挟着澜沧江和怒江由北而南纵贯而下，大盈江和龙川江沿山脉自东北向西南倾泻，形成了一个个交错相间的河谷盆地和半山丘陵盆地（坝子）。在坝子及其周围的半山区，海拔1000－2000米之间即为阿昌族人民主要的栖息地。受印度洋暖湿气流的影响，阿昌族地区气候温和湿润，雨量充沛，全年降雨量为1400毫米左右，分干、湿两季，冬无严寒，夏无酷暑，年平均气温18℃左右。在一座座绵延起伏的崇山峻岭中，茂密的森林里生长着多种多样的野生动植物，如马鹿、麂子、猴子、熊、獐、豹、孔雀、锦鸡等珍禽异兽和崖姜蕨、乌巢蕨、树蕨、秃杉、楠木、红椿、桫椤树等国家级保护植物。这里还蕴藏着丰富的矿藏资源，主要有煤、锡、铅、锌、铀、铁、铜、云母、石墨、硫黄等。温暖的气候、肥沃的土地、丰富的物产为阿昌族群众提供了生息繁衍的衣食之源。

阿昌族的语言属汉藏语系藏缅语族彝语支，没有本民族创制的文字。由于长期与汉族、傣族人民交往交流，不少群众还通晓汉语文和傣语文。

（二）历史发展

阿昌族源于古代南迁的氐羌族群，是一个历史悠久的民族，与彝、哈尼、纳西、傈僳、拉祜、白等民族有同源关系。早在先秦时期，阿昌族的先民就已从甘青高原向南迁徙。大约在唐代，阿昌族先民逐渐从氐羌族群中分离出来，以"寻传蛮"之称见于史乘。樊绰《蛮书》卷三载："阁罗凤西开寻传，南通骠国。"当时"寻传蛮"主要分布在南诏的北部和西部地区，约在今澜沧江上游以东的雅砻江和金沙江合流地带、澜沧江上游以西至今缅甸东北的恩梅开江和迈立开江流域。"寻传蛮"还包括了今景颇族载瓦支的先民。元明清时期，阿昌族先民被称为"峨昌""阿昌""蛾昌""莪昌""萼昌"。其分布区域大抵与今阿昌族分布地区相一致。《元史·地理志》载："金齿等处宣抚司。其地在大理西南，澜沧江界其东，与缅甸地接其西。土蛮凡八种：曰金齿、曰白夷、曰峨昌、曰骠……"又载："南赕，在镇西路西北，其地有阿赛赕、舞真赕、白夷、峨昌所居。"金齿辖地为今澜沧江以西至缅甸伊洛瓦底江以东地区，镇西路即今盈江县。明代钱古训、李思聪《百夷传》亦载："百夷在云南西南数千里，其地方万里。……俗有大百夷、小百夷、漂人、古刺、缅人、结些、吟杜、弩人、蒲蛮、阿昌等名，故曰百夷。"明代百夷之地即今云南德宏傣族景颇族自治州境内。清代历史文献中所记载的"阿昌"，已为今阿昌族的专称。

阿昌族分化、演变、形成的过程，也是与其他民族不断交融的过程。历史上在澜沧江以东地区，民族之间融合就不断发生。如明代阿昌族聚居于云龙州，就有不少融合于其他民族之中。康熙《大理府志》说："云龙本群夷杂处地也，自明万历末年削平段进忠逆乱，始设流官。于是四方汉人，慕盐井之利，争趋之，因家焉，久之亦为土著。"明代以来，陇川、梁河一带的阿昌族与其他民族互相融合也时有发生，当地的阿昌族姓氏不少都有其祖先是汉族的传说，如梁河县曩宋乡关璋村的曹姓阿昌族，传言其先祖曹宾部于明洪武二年到腾越参加征缅战争，后因逃避苦役搬到绮罗，再迁到罗汉中，再至关璋，并娶阿昌族俸氏老妹，从而变成了阿昌族。曹姓阿昌族在关璋兴盛后，其中一支到潞西高埂田、龙陵县等地定居，现仍为阿昌族；一支到萝卜坝，现已变为傣族；一支到陇川小新寨，现已变为景颇族载瓦人；还有一支到盈江，现已变为傈僳族。梁河县的赵姓，据其《赵氏家谱》记载，是南京应天府柳弯村人氏，其祖赵德洪曾为朝廷中议大夫，后任镇武将军职，随沐英征南，先驻永昌板桥，后定居腾冲吴邑，传至第十三代赵尔荣，到南甸（即梁河）木瓜寨教学，娶小蒲石家寨阿昌女后为阿昌族。后裔即视赵尔荣为赵氏阿昌族的始祖。[①] 陇川户撒、腊撒的部分阿昌族也认为，他们的祖先是在明洪武年间随沐英征麓川或贸易来到此地的，且至今仍保留着不少汉族的习俗。历史上，由于傣族在滇西、滇西南的影响，阿昌族与傣族往来频繁，并在语言、宗教信仰、服饰等方面受其影响，至今户撒、腊撒地区的阿昌族还被傣族称为"傣撒"，意为勐撒的傣族。此外，阿昌族还与白、傈僳、景颇等民族交往密切，他们之间相互影响，相互吸纳，共同促进了彼此间的经济、文化发

---

① 云南省梁河县志编纂委员会编纂. 梁河县志［M］. 云南人民出版社，1993：737.

展。正是这种开放和包容的民族性格，使得阿昌族文化既兼容并蓄又具有鲜明特点。

二、扶持前的社会经济发展状况

长期以来，阿昌族主要从事农业生产，水稻、旱谷、玉米等是其重要的粮食作物。不同地区的阿昌族群众还根据不同的地理环境种植土豆、薯类、豆类、花生、红米、荞子、蔬菜等农作物。户撒地区的阿昌族擅长种植草烟，加上适宜的土壤，草烟单产量较高，且烟质较好，色泽金黄，味清香，远近闻名，是当地阿昌族重要的经济作物，一度成为其收入的主要来源之一。阿昌族的手工业有悠久的历史和浓厚的民族特色，尤以打铁业为著，民谚说"伙子看打铁，女子看纺织"，即反映了打铁、纺织在阿昌族社会中的重要性和男女性别的分工。一般而言，男子主要从事打铁、木工、泥陶、竹编等职业；女子则以纺织、酿酒为必须掌握的技能。

20世纪50年代以前，阿昌族的水田为一年一熟制。常耕旱地多为两年三熟制，即春夏季种苞谷（玉米）、洋芋（土豆）和撒小饭豆，种绿肥压烟地，秋冬种烟和蚕豆、豌豆，少量土地种蔬菜。轮歇地多为两年一熟或三年一熟制，即种一季苦荞、洋芋，放荒一年，种一季旱谷休耕三年。少数山林宽广的地区，还实行刀耕火种。历史上，阿昌族"其地不知岁月，耕种皆视花鸟：梅花一开以纪年，野靛花十二年一开以纪旬，竹花六十年一开以纪花甲。名杜鹃花为雇工，此花开则宜耕也。"①在阿昌族地区，一般在三月下种，九月秋收。农历正月、二月农活少，故民间有"正月闲过，二月晃过，三月理活四月做"之说。

新中国建立以后，阿昌族地区的耕作制度有了较大的变化。有多种形式的两熟制和三熟制。两熟制主要有水稻—油菜、水稻—苞谷、水稻—洋芋（蔬菜）、水稻—豆类等；三熟制主要有稻—稻—洋芋、稻—稻—麦、稻—稻—肥、麦—肥—稻。

---

① [清]王凤文. 云龙记往 [D]//王松. 云南备征志 [O].

阿昌族分布地区处于我国西南暖湿地带，极适宜稻作农业生产。不过，从历史记载来看，阿昌族的稻作农业大约在明代后才有较为明确的记载，这与阿昌族在历史上的分化、演变、形成是相一致的。至于唐代以前阿昌族先民的经济生活和生产状况则缺乏汉文史籍的记载。从现有的资料看，有关阿昌族先民经济生活的最早记载见于唐代樊绰的《蛮书》卷四，其时阿昌族先民仍过着以采集、狩猎为主的经济生活。唐宋以后，随着阿昌族先民与其他民族交往的日益频繁，他们逐渐从采集、狩猎经济向农耕经济发展，并在外来民族的影响下，学会了耕种农田。有明一代，阿昌族的社会经济生活有了显著的发展和变化，各地区间的差距也逐渐扩大。明代后期，居于山间盆地的阿昌族开始种植水稻，从事以水稻为主的农业生产，很少种植旱地，这以户撒地区的阿昌族为典型；居于山区半山区的阿昌族除了在梯田里种植水稻外，还种植旱谷和玉米等农作物，这以梁河等地的阿昌族为代表。另外，在一些地区的阿昌族，仍保留着刀耕火种的生产方式。长期的稻作农业，使坝区阿昌族群众积累了较为丰富的生产经验。民谚说："人勤地不懒，人哄地皮，地哄人肚皮"，"种田不起五更床，冬来休想谷满仓"。他们精耕细作，生产工序繁杂。种植水稻一般都要经过三犁三耙、薅二道秧等大约19道工序。秧田一般与板田分开使用，留有专门的秧田仅用于培植秧苗，以保持土壤的肥力。每年撒秧前加用绿肥或农家肥施底肥，做秧田时也要三犁二耙。插秧后二月许开始薅秧，通常薅三道，将所除的杂草踩入秧田使其腐沤成肥，然后割埂草一两道，提防虫鼠害。"薅谷花秧"习俗在稻花打穗时期进行，属上耕管理。薅秧可使泥土松软，有利于刺激稻株吸肥吸氧，还有利于稻花受粉，促进丰产。为了增加粮食的产量，避免病虫灾害，他们不断培育新的优良品种。其选种以扬谷的方式选择颗粒较饱满者为普遍，换种一般一年换一次。"毫安公"（也叫"毫母累"）即为阿昌族群众培育出来的良种，其籽粒饱满，米质光泽柔软，香滑可口，有"水稻之王"的美誉。

阿昌族传统的农业生产方式在20世纪下半叶后逐渐发生了一些变化，尤其是十一届三中全会后，市场经济观念渐渐渗入阿昌人家。20世纪70年代，一些阿昌族地区开始种植双季稻，粮食产量较以前有了大幅度增加,过去二月的农闲变为了抢种抢栽的农忙。更为重要的是,在当地各级政府的领导下,阿昌族人民从实际出发,因地制宜开展多种经营,逐渐改变单一的经济结构,如陇川户撒的桉树、油菜、板栗,梁河县的茶叶、皂角和甘蔗种植等。在坝区,运输、饮食、加工、服务等行业已较普遍;在山区,养殖、种植、采矿等也渐成规模,出现了专业户、重点户、科技户、养殖户、种植户等专项经营者。尤其是甘蔗种植,从20世纪80年代初开始,梁河地区的种植面积和产量逐年提高,并建成了梁河糖厂,成为当地的支柱产业之一。

除农业生产外,阿昌族人民还普遍饲养家畜家禽,主要有牛、骡、马、猪、鸡、鸭、鹅等。过去阿昌族曾善于稻田养鱼,插秧后把鱼苗放入稻田里养殖,鱼儿在稻田里穿梭游荡,不仅能帮助稻秧透风,抑制杂草生长,而且还能吞食害虫,起到"薅秧"的作用,有益于秧苗生长。待谷子快成熟时撒水,即可用鱼笼放在水口捕捉。这种养鱼的方法成本低,简便易行,曾是阿昌族农民一项农副产品收入。近20多年来,由于化肥使用的数量日益增多,对鱼苗造成极大的伤害而渐趋衰落。

家庭副业方面,纺织是妇女们重要的劳作之一。家庭成员的衣服、包头、裙子等,均由妇女自己纺织和缝染而成。女孩子在十三四岁时就开始从祖母和母亲那儿学习纺织,至婚前要织出一定数量的布匹为嫁妆,且多在劳作之余织就。20世纪初,来自缅甸的机织棉纱逐渐流入阿昌族地区,阿昌族群众于是用买来的棉纱织布。新中国成立后,国营纺织厂的各种布料大量销到了阿昌族地区,由于当地所织染的布费工费时,故人们渐渐较少织布了。尤其是20世纪80年代后,来自汉区的各种布料品种大量增多,且物美价廉,所以中年人、青年人的衣服基本上用工厂的布料缝制,仅有少数的老年人还穿自织的布料。梁河地区的阿昌族妇女由于结婚时和婚后有穿"阿昌筒裙"的习惯,故还有人家自织土布。而其他地区的阿昌族已极少织布,传统的纺织品已为现代化工厂的棉毛、化纤布料所代替。

铁器制造是阿昌族重要的副业生产之一,尤以陇川县户、腊撒(现行政区划上均属户撒乡)为著,其发展与明代汉族移民有着密切的关系。明王朝正统年间三征麓川后,选择这块高海拔、低纬度的肥沃坝子作为练兵屯戍基地，大量的汉族匠户由此而迁居这里。他们带来了内地先进的制铁工艺，并且同当地阿昌族女子通婚而逐步融入阿昌族中。户撒阿昌族的制铁业就是阿昌族人在学习借鉴汉族刀剑打制技术基础上发展和创制出来的。数百年来，经过不断地改进和锤炼，当地阿昌族所制作的铁器已驰名滇西及缅甸，成为这一地区景颇、怒、傈僳、独龙、傣、缅等民族重要的生产和生活工具，为滇西边区各族的社会生产发展及生计的维系产生过深远的影响。此外，其产品还远销泰国、印度等东南亚地区。

在户撒，绝大多数的男子都会打铁，其铁器制作已初具规模。他们使用的工具和设备主要有：锤（患）、钳（夏姆立阿）、砧（顿）、勺（瓢）、钎（千）、锉（立生）、凿（梯姆）、刨（冒卡特）、坩锅（夏姆奥）、炉（夏姆本）、灶炉（夏姆本）、风箱（吐孙）、范（道）、条凳、水槽等。从阿昌族对一些打铁工具的称呼中，我们也可看出其打铁技术与内地和汉族的渊源关系。20 世纪 50 年代以前，户撒地区有 300 盘以上的炉子，每盘炉子至少有 3 人操作。户撒男性约为 4453 人，每当农闲时，有 900－1200 男性从事铁器打制和加工，又有 1500－1800 的工匠到缅甸等地经营。可见 67%－80% 的户撒男子在农闲时期从事打铁业。① 其时，户撒地区的铁器制作主要有三种方式：一是个体经营，即一家一户经营。劳动力主要是父亲、长子和徒弟，工活忙时也请 1－2 个零工；二是合资经营，即几户人家共同经营。他们共出成本和劳动力，按出资多少和技术高低分配收益；三是手工作坊式经营，即一些富裕户独资或合资经营。劳动力主要靠雇工。雇工分成两种：一种是季工，即从收获后开炉到次年农忙时停炉为止；另一种是零工，按件计酬或按月付酬。不管哪种方式，规模大小都按炉子多少计算，一个生产单位称为"一盘炉子"。一个打铁户一般只拥有一盘炉子，只有极少数富裕户或合资经营者拥有几盘炉子。作为一项重要的副业，阿昌族的铁器打制并没有完全脱离农业，多在农闲时节进行。农闲时节，除部分人留在本地打铁外，另一部分人则携带简单的工具，走村串

---

① "民族问题五种丛书"云南省编辑委员会编．阿昌族社会历史调查［M］．云南民族出版社，1983：27．

寨，到周围一些地区为各族群众打制铁器和修理农具，并购买废铁料，以补充原料来源之不足。还有铁匠甚至远走缅甸等地，为人打铁修理农具。据说，习惯上户撒人多去陇川、瑞丽等地，腊撒人多去缅甸，冬去春来。

户撒阿昌族打铁所用的毛铁在1920年前主要由腾冲商人用马帮驮运而来，这之后既有源于内地商人的贩卖，也有从缅甸等境外输入的。新中国成立后，为满足边疆人民生产生活的需要，商业供销部门对阿昌族的铁器手工业给予了大力支持，保证供应优质的钢材、白银和黄铜。现在由于市场活跃、交通便利，打铁的原料来源已不再是什么大的问题。

阿昌族所打制的铁器主要为生产工具和生活用具。生产工具有斧、板锄、条锄、犁铧、耙齿、钉耙、夺铲、锯齿镰刀、砍刀、长刀、钉扒、矛头等；生活用具有尖刀、剪刀、菜刀、铁锅、锅铲、马掌、钉子、三脚架、火钳、锤、錾子等。户撒的铁器打制有自己的特色，不同的村寨生产出不同的铁器，如海南村的犁头、上曼东寨的锄头、曼雷寨的马掌等，各具特色，并冠以各自村寨的标志。在户撒阿昌族的这些铁制品中，尤以刀具制作为著。他们打制的户撒刀极精纯，具有锋利、坚韧、耐用等特点，史称"精巧美观，柔可绕指，剁铁如泥，锐不可挡"。① 其形式和用途多种多样，有生产用刀、生活用刀、狩猎护身刀、宰牲匕首等数十个品种。在户撒，每个村寨的阿昌族都有祖传的、独到的打刀技术，并约定俗成，分工生产。他们通常还在自己的产品上镌刻上代表自己品牌的"商标"，以示与邻村产品相区别。如远近闻名的来福寨以打制黑长刀、花钢刀著名，芒东寨则擅长打制腰刀、小尖刀，腊姐寨又以锯齿镰刀为其特长，新寨擅打制背刀（长刀）等。户撒刀的各种品牌中，景颇族、傈僳族喜爱购买平头刀，阿昌族、傣族群众喜爱尖头刀。景颇族、傈僳族男子还往往爱购置一把精美的阿昌长刀，外出时随身佩带，既能劈山砍柴，又能添英武之气。而且，一些阿昌族人送给这些民族的礼品也多是各式各样的刀具。户撒刀上还往往刻有十二属相、猛虎长啸、飞燕迎春、东山日出等精美图

---

① 张笏. 腾越边地状况及殖边刍言［M］//云南省立昆华民众教育馆编. 云南边地问题研究，1933.

案，刀柄上镶嵌黄铜、白银等，成为美观、精致的工艺品。

新中国成立初期，由于铁器需求量大，腾冲、瑞丽、陇川、盈江、梁河等地的贸易公司，每年向合作社订购的农具都在万件以上。因此，在1960年，有关部门在户撒创办了户撒铁农具厂，购置了汽锤和机床，1966年改为民族刀具厂，成为全国少数民族用品定点的生产厂家之一。"文化大革命"期间，由于受到各种因素的干扰而发展缓慢。20世纪80年代后，在政府有关政策的鼓励下，除集体和社队企业外，私营打铁业又有了一定程度的发展，产值不断提高。1979年，户撒民族刀具厂接受国家主管民族特需品部门的委托，生产藏族同胞日常所需的可用于装饰、剥畜皮、砍骨头和防身用的多用刀。这种刀过去从印度进口，价格昂贵。户撒阿昌族技师生产出来的藏刀，不仅工艺和质量可以和印度刀媲美，而且价格仅为印度的十几分之一，故深受藏族同胞的欢迎。1983年被国家民委、轻工业部评为"民族特需工艺品最优产品"。1987年，该厂生产的"关刀牌"藏刀，获第三届全国少数民族用品轻工业优质产品奖，深受各界人士的好评。1991年，户撒民族刀具厂还被国家民委、国家轻工业部、国家税务局等评为全国少数民族用品先进企业，为当地经济文化的发展和民族经济文化交流起到了积极的作用。在户撒，现已涌现出李德永、余建设等刀具生产的专业户，他们的产品除在云南销售外，还远销四川、青海、西藏、内蒙古、新疆、缅甸等国内外其他地区。至1998年户撒全乡生产刀具728万件，销售总额2941万元，产值2284万元。[①] 但之后，随着国家对刀具的管制，以及大量青年人外出务工，当地打制刀具的家庭越来越少，逐渐走向衰微。

总而言之，扶持前的阿昌族社会经济虽然较新中国成立前有了一定发展，但仍以农业生产为主，商品经济不发达，手工业多以满足自身日常需要为目的，即使是一度兴盛的户撒刀具打制业，也只是农业生产之余的副业。其整体经济发展较为滞后，农民收入极其有限，文化整体水平不高，加上交通不便利，基础设施十分落后，有的地区生存环境较差，而在地理单元上的

---

① 曹先强. 阿昌族文化大观［M］. 云南民族出版社，1999：308.

条块分割，也给阿昌族的发展带来诸多制约。据云南省民宗委一项调查统计，"截止到2000年，（云南省）七个人口较少民族尚有70%左右的人口人均纯收入在625元，处于贫困状态。其中，德昂族、阿昌族、布朗族贫困人口均占本民族人口的80%，独龙族贫困人口接近本民族人口的90%。""七个少数民族人均受教育年限不到3年，平均文盲率高达50%，最高的德昂族达到62%，最低的基诺族也达到35%，布朗、怒、独龙、普米、阿昌5个民族分别为58%、55%、54%、51%、45%。这些民族中至今仍有一部分未完成'普六'任务，学生一般只能在本村寨读完初中，能出村或到乡上读完高中、初中的极少。"① 由此可见，阿昌族的经济与社会发展任重道远。

三、扶持政策的制定

早在1999年9月的中央民族工作会议上，我国政府就提出了要加大对人口在10万以下少数民族的扶持，并把他们的脱贫发展纳入国家民委"兴边富民行动"的重要内容。而在同年12月，云南省委、省政府在《关于进一步做好新形势下民族工作的决定》中就提出："对人口规模小、居住集中，经济社会发展严重滞后，贫困程度深的少数民族，要给予特别重视，采取更特殊的措施解决其经济社会发展问题。"2001年，云南省民委还组织了五个调研小组前往七个人口在10万人以下的少数民族地区进行调研，历时近一年，获得了大量调研材料。之后，云南省民委根据有关领导指示，针对七个人口较少民族的现状及其特殊性，以及国家和省相关的扶持少数民族政策，提出了"四通五有一消除"（即村村通路、通电、通水、通广播、覆盖人口达85%以上，所有农户和群众有房住、有衣穿、有饭吃、有钱用、有书读，基本消除农户的学校的茅草房及危房）的基本目标和实施"五大工程"（温饱和农业产业化扶贫、基础设施建设扶贫、科教扶贫、民族文化扶贫和人才培养扶贫）的思路。2002年9月，《中共云南

---

① 畅江，紫萍，朝霞，西茗. 共同关注：人口较少民族的生存与发展［J］. 今日民族，2003（4）：5－6.

省委办公厅、云南省人民政府办公厅关于采取特殊措施加快我省七个人口较少特有民族脱贫发展步伐的通知》（以下简称《通知》）正式出台。①《通知》下发后，阿昌族所在的德宏州由分管领导负责，明确了具体的工作部门和任务，梁河县还很快编制了扶持人口较少特有民族脱贫发展规划。除民宗委（局）外，相关的一些部门如扶贫办、计委、教育、科技、交通、水利、农业、文化、财政、林业等相继卷入该项工程中。

而在国家层面，如前所述，2001 年，国家民委就向国务院上报了关于扶持人口较少民族经济与社会发展规划的报告，2004 年，温家宝总理在世界扶贫大会上承诺加快 22 个人口较少民族贫困地区脱贫步伐，2005 年 5 月 18 日，温家宝总理主持国务院常务会议，讨论并原则通过了《扶持人口较少民族发展规划（2005 - 2010 年）》。此后，扶持人口较少民族经济与社会发展的各项工作逐渐展开。云南省编制和实施了云南省扶持人口较少民族规划（2006 - 2010 年），采取一系列特殊政策措施，多渠道投入资金 27.2 亿元，使七个人口较少民族的基础设施、生产发展、生活水平、社会事业等方面都得到较大改善。

四、阿昌族地区在"扶少"政策实施后的经济与社会发展

云南省德宏州是阿昌族主要的分布地，聚居在 19 个村委会 174 个村民小组，以梁河县和陇川县较为集中，部分散居在各县市（区）相关乡镇。其中梁河县阿昌族人口为 12643 人，陇川县 13985 人（2010 年）。梁河县阿昌族主要分布在九保和曩宋两个民族乡，陇川县阿昌族主要分布在户撒乡。

（一）项目实施

从 2005 年开始，根据国家和云南省相关扶持人口较少民族发展规划，

---

① 畅江，紫萍，朝霞，西茗. 共同关注：人口较少民族的生存与发展 [J]. 今日民族，2003（4）：7 - 8.

阿昌族聚居的 19 个村委会 174 个村民小组列入了扶持人口较少民族发展范围。"十一五"期间，德宏州相继编制了《德宏州扶持人口较少民族发展专项建设规划（2006－2010 年）》《德宏州扶持人口较少民族阿昌族发展规划纲要（2007－2010 年）》《德宏州人口较少民族德昂族经济社会发展"十一五"规划纲要（2007－2010 年）》和《上海市对口帮扶德昂族发展项目五年规划纲要（2006－2010 年）》等规划。同时针对人口较少民族人口相对集中、贫困面大、贫困程度深、经济社会发展情况和自然条件各有差异的实际，采取了"整村推进"形式把人口较少民族聚居乡（村）优先纳入边境民族贫困乡、重点扶持贫困村、温饱村、安居工程、易地扶贫开发、劳务输出、科技综合开发示范村、电脑农业专家系统推广、退耕还林、人畜饮水安全等项目范围予以重点扶持，多举措扎实推进人口较少民族发展工作。具体在阿昌族聚居的梁河县和陇川县，也采取了相应措施，以促进人口较少民族的经济与社会发展。

在全国三个阿昌族乡中，梁河县就有九保、曩宋两个阿昌族乡，这两个乡的阿昌族人口1.3 万多人。阿昌族人口占全村总人口20% 以上的村委会有10 个。在制定和实施《扶持人口较少民族发展规划（2006－2010 年）》时，由于种种原因，曩宋乡的瑞泉和勐养镇的芒回两个村委会未列入扶持范围；仅有曩宋阿昌族乡关璋、弄别村，九保阿昌族乡横路、丙盖、勐科村，小厂乡小厂村，芒东镇湾中村，河西乡勐来村8 个村委会列入扶持范围。"十一五"期间，梁河县共争取到少数民族发展资金1734 万元，其中扶持8 个人口较少民族村委会共投入少数民族发展资金1684.8 万元，扶持散居村寨共投入少数民族发展资金85 万元，扶持民族除阿昌族外，还有聚居在梁河县的德昂族。其扶持项目主要集中在基础设施建设方面，如人畜饮水工程、灌溉沟渠建设工程、道路建设工程、文化活动室建设工程、养殖场建设、村卫生室建设、教育用房建设、安居房建设、公厕建设等，它们占了扶持基金的绝大多数，其他扶持项目则在产业结构方面，如茶叶加工、种植业、养殖业，此外还有滑坡治理、科技培训、民族干部培训和民族团结教育等。具体扶持项目与资金如表1 和表2 所示。

表1 梁河县"十一五"期间聚居村寨少数民族发展资金使用情况

项目数型	投入资金/万元	主要成效
人畜饮水工程9项	60.5	完成架钢管20.287千米，塑料管18.512千米，建取水池8个、蓄水池12个。
灌溉沟渠建设工程37项	159.1	砌三面沟6858米，支砌石方6922.18立方米，开挖土方6779立方米，架渡槽9米，埋水泥管221节，安装"U"形槽757米，建取水坝4座，砌当墙45道。
道路建设工程70项	501.6	完成浇筑水泥路面20503平方米，铺块石路18150平方米，铺弹石路1830平方米，开挖土石方1274立方米，砌路基挡墙6568立方米，安装水泥管800米，开挖土时方31700立方米。
文化活动室建设工程34项	361.5	完成建民族特色活动室3间780平方米，浇框架房210平方米，建砖木结构房2344平方米，建钢屋架房3659平方米，砌空心砖围墙40174个，浇筑水泥地坪9608平方米，浇混凝土大门8座，支砌块石2464立方米，砌红砖围墙47150块，推土1171立方米，砌青砖32500块。
养殖场建设	96	建100头养牛场二个（有其他整合资金），盖猪厩24间296.84平方米，盖储藏室120平方米，浇水泥地皮2170平方米，架设了水电设备。
村卫生室建设1个	2	盖砖木结构房60平方米。
教育用房建设	10	盖砖木结构教师宿舍楼240平方米。
安居房建设	34	建安居房68户，5508平方米。
养殖业	161.9	养殖能繁母猪2526头，养殖本地黄牛118头，养殖良种水牛65头，建"三配套"沼气20口。
种植业	170.2	完成浇筑钢筋混凝土葡萄桩1000根，种植白花油茶1225亩。良种茶种植1155亩，种植无性茶390.1亩，老茶园改造1117亩，种植甘蔗300亩，葡萄种植12亩，果园改造8亩，石斛种植43345丛，种植草果190亩。

续表

公厕建设	32	完成8个蹲位公厕建设21个。
滑坡治理	16	完成M7.5水泥砂浆砌块石858.63立方米，开挖土方及回填土方2212.05立方米，安装φ40水泥管12节。
茶叶加工	15	建成茶叶初制所一个，面积300平方米。
科技培训	65	共组织外出参观学习17期885人次，组织实用技术培训12170人次，发放科技实用技术手册3550册。
合计	1684.8	

表2 梁河县"十一五"期间散居村寨少数民族发展资金使用情况

项目类型	投入资金/万元	主要成效
人畜饮水建设2项	14	完成钢管架设5267.4米，砌取水池1个，支砌块石37.93立方米。
道路建设4条	44	完成块石支砌312.2立方米，铺弹石路3940平方米，铺块石路1570平方米，浇混凝土路85平方米。
民族干部培训和民族团结教育	20	完成民族干部培训7期，民族节日宣传教育12次，矛盾纠纷排查5次。
文化活动室1个	5	完成盖钢架房200平方米，砌空心砖2528个，砌块石26.8立方米。
建卫生公厕建设一个	2	完成建卫生公厕1个，浇地皮33平方米，浇混凝土公厕13平方米。
合计	85	

下面以户撒乡朗光、潘乐两个行政村具体的扶持情况说明。朗光村有15个村民小组，619户共3011人。其中，阿昌族323户，1618人。2005－2007年，共投资508.694万元，其中，"扶少"资金222万元，共投资24个项目。潘乐村有10个村民小组，316户共1567人，阿昌族为1564人。2005－2007年，共投资224.45万元，其中，"扶少"资金207万元，共投资17个项目。具体情况参见表3。

表3 朗光村、潘乐村"扶少"规划实施情况一览表（2005－2007年）

项目	投资/万元		成效	
	朗光村	潘乐村	朗光村	潘乐村
交通建设	234	106	15个，村内道路硬化15条4500米，投入资金144万元；朗光至潘乐村弹石路1条4000米，投入90万元。	11个，村内道路硬化10条3050米，投入资金96万元；芒别村建桥一座，投入资金10万元。
农村能源及生态建设项目	41.58		1个项目，新建6立方米沼气池187口。	
人畜饮水建设项目	75.554	10.08	朗光村广很、广很新寨、腊姐大、小寨、户别、姐换、木城、朗光街道及小学300户1426人饮水安全工程，投入资金67.26万元；朗光村芒告、肯南村71户319人饮水安全工程，投入资金8.294万元。	3个项目，户勐小组31户125人饮水工程，投入资金4.12万元；芒朽小组23户92人饮水工程，投入资金3.02万元；芒板小组23户94人饮水工程，投入资金2.94万元。
基本农田与水利建设	20.47		2个项目，其中新建取水坝一座，投入资金12.47万元；修复拦沙坝一座，投入资金8万元。	
卫生基建	7.59万元	6.77万元	项目1个，新建卫生室用房一幢，建筑面积103.36平方米。	项目1个，新建卫生室用房一幢，建筑面积80平方米。
安居房建设	2.4	0.6	改造危房8户。	改造危房2户。
教育基建项目1个	38.89		新建教学楼一幢，建筑面积483.17平方米。	
文化基建项目1个	10.21		新建文化室用房一幢，建筑面积111.38平方米。	
种植高产优质油菜	27.765	34.835	3085亩，每亩补助化肥、籽种费90元。	3871亩，每亩补助化肥、籽种费90元。
种植优质稻	11	34.4	550亩，每亩补助籽种、化肥、机耕费200元。	1720亩，每亩补助籽种、化肥、机耕费200元。

续表

发展庭院经济林果种植	39.235	27.765	发放核桃种苗 23518 株、甜柿子种苗 16000 株、板栗种苗 4600 株。	发放核桃种苗 10578 株、甜柿子种苗 9000 株、板栗种苗 6250 株、猕猴桃种苗 7675 株、油桃种苗 1922 株。

此外，2006年以来，德宏州围绕"进村入户道路硬化、民族团结文化场所宽敞、培育1-2个增收项目、村容村貌整洁、每户有安居房、每户能用上洁净自来水、每户用上以沼气为主的洁净能源、基本解决适龄儿童入学"等建设内容，深入开展和创建的一批"扶少"示范村建设，使之示范、带头、辐射作用日益显现，如户撒乡的芒旦村、九保乡的水和村、曩宋乡的弄丘村等。

（二）项目实施成效

通过扶持人口较少民族"十一五"规划的实施，梁河县所扶持的自然村面貌一新。如湾中村委会的大窝子自然村，县民宗局扶持83万元，其他渠道争取20万元，还自筹2万元，架设了人畜饮水主管道3千米，安装了全村支管和水表，解决了人畜饮水问题；建盖了水牛集中养殖场，改变了环境卫生差的问题，完成了全村村内道路建设，水泥路全部到了家门口；修建了村综合活动室；新建了村内公厕1个；整修了灌溉沟渠1条；县电网公司实施了农网改造，通电率达100%；新种白花油茶200亩，改造果园20亩；饲养能繁母猪90头。羊角酸自然村，县民宗局投入资金33万元，硬化了村内道路400平方米；新建了综合活动室；架设了人畜饮水主管2千米，新建了取水池和蓄水池各1个，解决了全村的饮水问题；整修了浇灌沟渠1条；县电网公司实施了农网改造，通电率达100%；新种白花油茶100亩；饲养能繁母猪54头。两个自然村基础设施项目效益已显现，产业开发项目逐步发挥效益（有部分农户收入达万元以上），"四通五有三达到"目标已经实现，新农村的格局初步形成。

通过项目的实施，梁河县8个村委会2009年茶叶种植面积达7690亩，比扶持前的2005年的2552亩增加5100亩；白花油茶种植面积达3002亩，比扶持前的 2005 年的 750 亩增加 2252 亩；大牲畜存栏达 2994 头，比扶持前的 2005 年的 2113 头增加 881 头；养牛达 2861 头，比扶持前的 2005 年的 1868 头增加 993 头；大牲畜出栏 593 头，比扶持前的 2005 年的 175 头增加 418 头；生猪存栏达 10786 头，比扶持前的 2005 年的 5968 头增加 4818 头，生猪出栏达 6053 头，比扶持前的 2005 年的 4935 头增加 1118 头；人均占有粮食达 312 千克；比扶持前的 2005 年的 233 千克增加 79 千克，人均纯收入达 2068 元，比扶持前的 2005 年的 825 元增加 1243 元。项目区群众生产生活条件明显改善，生活水平明显提高。村委会所在自然村通了弹石路，能收看到包括中央和省第一套广播电视节目，能用有线电话与外界联系且覆盖移动通信信号，全部自然村通电；全部自然村 80% 以上的人畜解决了饮水困难，85% 以上的人口有安居房，全村有了卫生室，有了文化活动室。达到了"四通五有三达到"的目标。项目区产业开发有了起色，群众科技意识、商品意识明显增强，通过群众参与项目实施和组织农业科技培训，使群众的生产技能及参与村组管理的能力都得到很大提高。①

陇川县阿昌族主要聚居于户撒乡的 10 个村委会 115 个自然村，13052 人，占全乡总人口的 53.6%。自 2005 年以来，陇川县相继出台了《陇川县人口较少民族兴边富民三年发展规划》《陇川县人口较少民族阿昌族、德昂族脱贫致富发展十年规划》《陇川县人口较少民族扶持项目实施管理办法》等发展措施，户撒乡 10 个阿昌族村委会全部列入了扶持范围。到 2010 年末，各级部门共向户撒乡安排项目数十个，资金累计达 13206 万元。其中民宗委投入 3166 万元，发改部门投入 1135 万元，扶贫部门投入 2402 万元，教育部门投入 226 万元，交通部门投入 3701 万元，水利部门投入 572 万元，卫生部门投入 135 万元，农业部门投入 1355 万元（含惠农补贴），林业部门投入 376 万元，广电部门投入 11 万元，科技部门投入 27 万元，社会捐赠投入 120 万元。经过集中建设与发展，户撒乡阿昌族的社会生活水平有了极大改善，2005 年农民人均纯收入为 789 元，至 2012 年达到 3969 元，比扶持前增加了 3180 元，增长 403%。全乡建成了 45 千米

---

① 梁河县民宗局提供．梁河县扶持人口较少民族发展"十一五"规划总结．

环乡柏油路，所有村民小组基本实现了通电、通公路、通广播电视、移动电话覆盖率达100%的目标，通车率达61%，安全用水率达52%。同时，沼气、太阳能等清洁环保能源逐渐走进农户家。① 2009年，陇川县扶持人口较少民族发展工作领导小组对2005年至2008年实施了扶持人口较少民族发展项目的一些村进行验收，在户撒乡，保平、项姐、明社、曼捧、户早、隆光、腊撒、芒炳8个行政村基本实现了"四通五有三达到"的建设目标，即通路、通电、通广播电视、通电话、有卫生室、有人畜饮用水、有安居房、有文化室、有稳定解决温饱的基本农田和经济林地、农民人均粮食占有量达到300千克以上、农民人均纯收入达到云南省农村低收入标准以上，未解决温饱人口占全村人口的5%以下，实现基本普及九年义务教育、基本扫除青壮年文盲的"两基"目标。在这期间，各级政府部门共投入扶持资金3501万元，实施基础设施、产业发展、科技培训等共414个项目。户撒乡朗光和潘乐都是阿昌族聚居的村落，2009年在陇川县"扶少"验收中达到了预期的目标。

  从上述可知，自2005年以来，随着"扶少"政策的实施，阿昌族地区群众的生产生活均发生较大变化。笔者2000年在第一次人口较少民族初期调研时，曾到过绝大多数阿昌族行政村，2008年、2012年、2013年又先后几次到了一些往昔调研过的村寨，与2000年相比，现在阿昌族所生活的环境可谓今非昔比，尤其是基础设施方面，许多泥泞的乡村小道为柏油路或弹石路所代替，过去需花两三个小时才到的村落，现在也仅用1个多小时甚至40多分钟。一些重点扶持示范村的村容村貌焕然一新，如芒旦、永和、关璋等，百姓收入大幅增加，许多群众都发自内心地说"党好""政府好"，说明了"扶少"政策深入人心，确实解决了广大群众的日常所需。还需要提及的是，在政策实施过程中，由于政府部门工作的逐渐深入，许多群众的观念也慢慢得到转变，商品经济意识得到培育，参与市场的能力明显增强。与此同时，民主参政意识也渐渐增强，在村务公开、民

---

① 陇川县民宗委提供．陇川县政协民族宗教侨务委员会关于对人口较少民族经济社会发调研报告．

主选举工作中，村民们的监督权、选举权和被选举权逐渐被重视和运用，对于一些项目的实施，村民也发表了自己的看法，使之能更加符合自己的利益和需求。

根据"德宏州扶持人口较少民族发展十二五规划"，到2015年，当地人口较少民族聚居行政村基本实现"五通十有"，人口较少民族聚居区基本实现"一消除、二达到、三提升"。

"五通"：人口较少民族聚居村通油路，通电，通广播电视，通信息，通沼气（清洁能源）。

"十有"：有安全饮用水，有安居房，有卫生厕所，有稳定解决温饱的基本农田（草场、经济林地、养殖水面），有活动中心（办公用房），有卫生室，有文化室和农家书屋，有体育健身场所，有农家超市，有学前班或幼儿园。

"一消除"：人口较少民族聚居区基本消除绝对贫困现象。

"二达到"：农民人均纯收入达到当地平均或以上水平；一半以上人口较少民族的人均纯收入达到全国平均或以上水平。

"三提升"：基础设施保障水平大幅提升，民生保障水平大幅提升，自我发展能力大幅提升。使人口较少民族聚居区发展更加协调、生活更加富裕、环境更加美好、社会更加和谐，为全面实现建设小康社会奋斗目标奠定坚实基础。

五、扶持政策成效取得的经验

总结"扶少"政策实施后阿昌族地区的变化和成效，可以总结出以下几个方面的经验。

（一）国家重视，各级政府部门相互协作

2001年2月，国家民委起草并向国务院报送了《关于建议把22个人口较少民族发展问题列入国家"十五"计划的意见》，很快就引起了中央的重视，随即被纳入国务院国家政策讨论的日程，国家领导人也在多个场合发表重要讲话，强调对人口较少民族经济社会发展扶持政策的制定。

2005年，人口较少民族经济社会发展扶持政策正式纳入国家"十一五"规划。2005年7月，国家民委与国家发展改革委联合召开了"编制扶持人口较少民族发展专项建设规划工作会议"。根据会议精神，有关省区将按"坚持让人口较少民族直接受益，以改善群众基本生产生活条件和增加收入为重点，项目直接到村"的原则，编制各省区专项建设规划。国务院有关部门要把扶持项目纳入本部门的"十一五"专项规划和年度计划；有关省区要配合中央有关部门，制定相关规划、实施细则和配套政策措施；有关县（旗）要按照"整村推进"的方针，以村为单位制定和实施扶贫开发规划，保证扶持人口较少民族发展的政策、资金落实到人口较少民族聚居村，落实到人口较少民族群众身上。此外，还要组织经济较发达的大中城市，采取人员培训、捐资助学、经贸合作、援助基础设施建设等方式，对口支援人口较少民族聚居地区的经济社会发展。

2011年6月，经国务院同意，由国家民委、国家发展改革委、财政部、中国人民银行和国务院扶贫办联合编制的《扶持人口较少民族发展规划（2011-2015年）》正式出台。该规划提出，"十二五"时期是民族地区全面建设小康社会、推进跨越式发展和长治久安的关键时期。深入贯彻落实党中央、国务院关于扶持人口较少民族加快发展的重大决策部署，制定《扶持人口较少民族发展规划（2011-2015年）》，采取特殊政策措施，集中力量帮助这些民族加快发展步伐，走上共同富裕道路，对于全面建成小康社会和促进各民族共同繁荣发展，对于维护边疆稳定和构建和谐社会具有特殊重要意义。在规划中，人口较少民族的标准从"10万以下"延伸至"五普"的"30万以下"，包括了28个民族，即珞巴族、高山族、赫哲族、塔塔尔族、独龙族、鄂伦春族、门巴族、乌孜别克族、裕固族、俄罗斯族、保安族、德昂族、基诺族、京族、怒族、鄂温克族、普米族、阿昌族、塔吉克族、布朗族、撒拉族、毛南族、景颇族、达斡尔族、柯尔克孜族、锡伯族、仫佬族、土族。根据全国第五次人口普查，28个人口较少民族总人口为169.5万人。《规划（2011-2015年）》的发布与实施，反映了国家对人口较少民族经济与社会发展的高度重视，也为这些民族的快速发展奠定了重要的政策基础。

2005 年 9 月 6 日，国家民族事务委员会杨健强副主任在新闻发布会上，专门介绍了中国政府扶持人口较少民族发展的有关情况。他指出，中国将进一步加大对人口较少民族财政支持，国家发展改革委每年拿出 2 亿元，五年 10 亿元支持民族地区的基础设施建设，财政部在少数民族发展资金当中今年增加了 7000 万元，用在人口较少民族的资金现在已经达到了 1.12 亿元，未来五年，包括今年，能有 6 个亿，这样两部分的资金加起来有 16 亿元，来支持人口较少民族的发展。国务院扶贫办把人口较少民族贫困的 345 个村纳入了扶贫规划当中给予支持，人民银行从金融角度也加大了支持力度。

在国家层面的规划正式颁布和实施前，云南省就对人口较少民族经济与社会发展问题给予了高度重视，并派人员深入民族村寨调研，召集各级不同部门的协调会议，讨论人口较少民族的发展问题。为认真落实国务院批准实施的《扶持人口较少民族发展规划（2005－2010 年）》（以下简称《规划》），结合省实际，云南省随后也颁布了《云南省扶持人口较少民族发展规划（2006－2010 年）》，与此相呼应，阿昌族所在的德宏州、梁河县、陇川县也出台了专门的"扶少"规划，如德宏州认真编制《德宏州扶持人口较少民族发展专项建设规划（2006－2010 年）》《德宏州扶持人口较少民族阿昌族发展规划纲要（2007－2010 年）》，从政策角度对人口较少民族的发展提供政策保障机制。为进一步落实"规划"，从省到乡，阿昌族所在地区的各级政府部门充分发动起来，制定了相关的具体政策措施，将"扶少"真正落实到实处。正如前所述，"扶少"是一个系统全面的工程，在此过程中，涉及多个部门，如民宗委、扶贫办、交通、教育、农业、林业、水利、财政、卫生等等部门都参与其中，各部门结合自身部门职能，为人口较少民族的发展献计献策，提供资金，指导发展。同时，在具体政策实施过程中，各部门职责明确，对有的项目，进行有必要的资源整合，形成合力。正是党和国家的重视，各级政府部门的通力合作与协调，与其他人口较少民族一样，阿昌族的社会经济也在一个较短时期内得到了快速发展，人民群众的生活水平得到较大改善。

（二）加强领导，健全机构

人口较少民族的扶持是一项系统工程，做好扶持人口较少民族发展工作事关大局，责任重大，需要有一个切实有效的领导，才能将政策落实到实处。因而，按照"国家扶持，省负总责，县抓落实，整村推进"的原则，中央各部门根据自己的职能采取特殊的措施对人口较少民族的发展给予了重点支持，大力扶持，并积极组织对口支援；各有关省（区）政府则对人口较少民族发展负总责，在国家各项规划的指导下，制定切实可行的实施方案和政策措施；而人口较少民族所在县（旗）的县（旗）长是第一责任人，负责把扶持人口较少民族发展的政策措施落到实处。阿昌族所在的德宏州，州委、州政府将扶持人口较少民族发展工作列入了重要议事日程，列为全州20项重要工作之一进行督查，专门成立了州、县（市）扶持人口较少民族发展工作领导小组，明确部门职能职责，上下联动，层层抓落实。在梁河县和陇川县，为把扶持人口较少民族发展工作落到实处，县成立了由县长任组长，分管副县长任副组长，19个相关部门为成员的扶持人口较少民族发展工作领导小组。同时，不仅项目点的乡政府、村委会成立相应的领导机构，在项目实施的自然村也成立领导小组。逐级分解项目任务，落实到人，做到工作有人抓、项目有人管，为项目的顺利实施提供了保证。

（三）目标明确，突出重点，以点带面

"十一五"时期的"扶少"《规划》提出了"打基础，调结构，兴科教，强素质"等四项任务。具体是：加强基础设施建设，改善生产生活条件；调整经济结构，促进群众增收；发展科技、教育、卫生、文化等社会事业，促进社会进步；加强培训，提高科学文化素质和健康素质。因此，在这一阶段的扶持人口较少民族发展过程中，基础设施建设成为建设重点，阿昌族所在主要乡村也因此受到极大惠利，面貌焕然一新。同时围绕群众增收，科教文卫等方面也开展了相关扶持项目，设立了重点示范村，发挥示范模范作用，以点带面，促进阿昌族整体发展。

（四）责任明确，逐级考核

参与扶持工作的有关部门与县市签订《民族团结目标管理责任制》与《德宏州扶持人口较少民族发展考核验收责任书》，明确责任目标，将扶持工作落实到实处，避免了相互推诿、责任模糊、职责不明等弊端，以确保扶持人口较少民族发展工作取得成效，以及通过人口较少民族聚居村省级考核验收工作。

（五）整合资金，整村推进

由于扶持资金有限，为了避免"撒胡椒粉"面面俱全而无实际效益的做法，有关部门在加强调查研究的基础上，认真做好人口较少民族发展资金项目的筛选、确定工作，并在项目考察、申报、资金拨付、监管等各个环节，加强各职能部门间的沟通，做到信息共享、资金集中、突出重点，确保有限资金发挥最佳效益。在具体扶持工作方面，以行政村为基本扶持单位，帮扶到户，关注其特殊困难和特殊问题，以提高群众生产生活条件为落脚点，采取因地制宜、实事求是、量力而行与整合资金相结合的办法扎实推进工作，重点帮助他们解决村一级的基础设施建设、生产生活条件，包括村民的增收等问题，如前述的朗光村、潘乐村等，通过一个村、一个村地解决问题，进而推动整个民族的脱贫和发展。

（六）多重宣传，营造氛围

为了让广大群众了解国家扶持人口较少民族的有关工作和政策，阿昌族所在的德宏州先后在德宏电视台、《德宏团结报》开设了扶持人口较少民族工作专栏，宣传报道扶持人口较少民族发展政策及工作成效；制作"情注德昂山"与"共享一片蓝天"VCD（影音）光碟、贺年历、上海对口帮扶工作展板及工作纪实DVD（数字多功能光盘）等。在宣传过程中，注重宣传项目实施好、经济社会效益显著、示范带头作用大的村寨及工作经验，发挥典型引路作用，充分调动群众艰苦奋斗建设美好家园的积极性。

六、存在的主要问题

阿昌族地区在国家和省、自治州扶持人口较少民族的政策支持下，在基础设施建设、农田水利修建、特色产业方面投入了大量资金，取得了一定的成效，有效改观了阿昌族地区的面貌。但是在调研过程中，我们也发现了一些问题，突出表现在以下几方面。

（一）扶持存在偏差

阿昌族以自然村为单位聚居，目前的扶持政策以行政村为单位，所以行政村所在的自然村条件不断改善，其他自然村落较为落后。同时，注重示范村的典型性，对基础条件较好，比较富裕的村子扶持较多，而对先天基础条件较差、地理位置偏僻以及与其他民族杂居的村子则扶持较少，这些村子的贫困状况仍然比较突出，扶贫的任务依然艰巨。在调研中，我们发现，梁河县的永和村、关璋村基础设施建设比较完善，道路硬化，活动室、卫生室等都配套齐全，而河西乡的二古城村则相对贫困，部分道路没有硬化，医疗卫生设施较落后，缺医少药的情况存在，农业基础建设较落后，设备老化，缺乏科技人才，老村里面竹制建筑较多，房屋屋主生活贫困。

（二）对特色产业扶持不足

特色产业扶持效果不明显，老百姓没有充分动员，很多人仍无事可做，缺乏主观能动性，致富欲望和实际行动存在脱节。在调研中，很多村寨都推广了示范农业和特色产业种植，如梁河县九保乡芒展村以及陇川县芒棒村都定义为甘蔗基地，但是在农田中甘蔗种植面积不是特别普及，很多农户对于甘蔗种植技术不甚清楚，农业科技和信息化低，致使农业增效、农民增收效果相对较小。

（三）民族传统文化的保护和传承没有引起充分的重视

存在重物质文化，轻非物质文化的情况。在扶持过程中，不少村寨都兴建了活动室，有的村寨在外墙画上了阿昌族的神话传说故事，有的村寨甚至建设了阿昌风情园，或阿露窝罗广场，旨在推广和复兴传统文化。但是这些设施的使用率不高，调研期间走访村寨的活动室基本都处于关闭状况，村里的人告诉我们一般只在有活动的时候或者来人检查的时候开放使用。不仅仅是这些文化设施利用率低，在村寨走访过程中，发现阿昌族年轻人对于本民族传统的工艺，比如织布以及口传神话等没有传承的概念，年轻一辈很多人选择外出打工挣钱，认为这样才是改变贫困的方法。

（四）部分人员吸毒影响民族人口素质和脱贫步伐

在调研中，不管是梁河的关璋村，还是陇川的户撒阿昌村寨，村寨中都有"远离毒品""毒品害人"等标语。由于靠近边境地区，毒品来源相对便利，给一些不法分子造成可乘之机，一些村寨内不时出现吸毒人员。

（五）人口受教育程度普遍较低，整体素质不高

当地的教育资源和教育质量还有待提高。脱贫致富终归要靠当地人来完成，而若思想封闭，小富即安的思想严重，缺乏发展观念、竞争意识以及创新和进取意识不强，就会使得取得短期绩效之后后继乏力，自我管理和发展的能力较弱。通过五年的扶持，虽然大多数群众的生产生活条件得到了较大改善，但由于自我良性发展机制尚未形成以及受文化科技的制约等原因，存在返贫隐患。

（六）过于重视物质成效，群众参与度低

政府扶持过程中，过于注重物质方面的成效，对村民真正的需求了解不深，导致村民积极性不高，主观参与度低。

能迅速看到发展成效的首先是基础设施，资金投入的效果立竿见影，这也切实是改善村寨面貌的必须方法。然而基础设施改善后，需要村民主动维护，积极发展，谋求经济进步，否则就会陷入短期绩效而难以发展的局面，但目前推广的很多项目却似乎不是村民乐意的事务，因此参与度不高，积极性欠缺。

七、进一步扶持发展的建议

不可否认,"十一五"扶持人口较少民族规划实施以来,阿昌族地区的面貌发生了很大改变,基础设施建设逐步完善,人民生活渐渐改善,群众对党和国家的政策是非常拥护的。然而在肯定成绩的同时,我们也应正视发展中存在的问题,从以下几方面进一步改进完善。

一是重视群众需求,调研其地其人真正的想法,在推广发展项目时候将村民纳入意见小组,尊重他们的看法,并充分调动其积极性,让他们真正参与到项目中来。以人为本,从人出发,关注需求,按需发展,政府主导,群众参与,资金投入,技术支持,共同发展,如此才能真正摆脱贫困。

二是推广教育,培养人才,从根本上解决劳动者素质低,农业科技信息化程度低的问题。首先,要加大对于阿昌族地区教育资源的投入,提升教学质量,从整体上提高阿昌族民族的整体素质;其次,要增强群众的自发性意识、创新意识,摆脱"等、靠、要"的被动观点,发展现代农业和特色产业,帮助他们脱贫致富;第三,要引进人才,帮助阿昌族地区经济发展,并设法留住培养的人才。

三是进一步扶持应以自然村为单位推进,着力发展那些仍旧很贫困的自然村,并对于阿昌族村寨中发展不平衡现象进行纠正,改善欠发达村寨的基本面貌,避免在民族内部形成新的分化。

四是继续加大资金投入,推进基础设施建设,取消不必要的资金筹集。调研中,阿昌族群众普遍表示目前需要的有安居房建设、自然村之间的道路建设、自然村公共活动用房,公务员、事业单位等在招考政策上的扶持照顾等。而且希望在进行基础设施建设项目时,取消自然村和农户自筹资金,认为有自筹能力的现在基本已经做过项目了,最需要的是那些没有自筹能力的农户和村落,而这些村落的基础设施建设迫在眉睫,村民可以以投工、投劳的方式参与其中。

五是重视传统文化保护和传承。一方面,挖掘、整理和保护阿昌族传统文化，在村落开展文化传习班，尤其是在年轻人中扎下本民族文化的根，使其面对外来文化冲击时减少文化迷失现象的发生。另一方面，对外积极宣传阿昌族，树立民族自尊心和自信心，培养其民族和文化的自觉性。此外，以乡为单位，建设文物馆，留存和保护。阿昌族一些传统生产、生活及宗教用具，对外也可起到展示作用。同时，在建设安居工程时，也要注意阿昌族传统居民和村落风貌，突显民族村寨特色。

六是加大国家关于人口较少民族政策的宣传。调研中发现被调查者民族政策的知晓率较低，不少村落的群众不知道国家有扶持人口较少民族的政策，对于具体的扶持政策也不是特别清楚。有鉴于此，应该加大宣传力度，不仅仅在报刊电视等媒体上宣传，还应动员村干部走村串巷，到各家各户当中去宣传，只有他们熟悉了解国家的政策，扶持才能真正落到实处。

参考文献

[1] 云南省梁河县志编纂委员会编纂．梁河县志［M］．云南人民出版社，1993．
[2] 《阿昌族简史》编写组．阿昌族简史［M］．云南人民出版社，1986．
[3] 龚佩华著．阿昌族［M］．民族出版社，1989．
[4] 云南民族事务委员会编，曹先祥等著．阿昌族文化大观［M］．云南民族出版社，1999．
[5] 刘江著．阿昌族文化史》，云南民族出版社，2001．
[6] "民族问题五种丛书"云南省编辑委员会编．阿昌族社会历史调查［M］．云南民族出版社，1983．
[7] 陇川县民宗委提供．陇川县政协民族宗教侨务委员会关于对人口较少民族经济社会发调研报告．
[8] 梁河县民宗局提供．梁河县扶持人口较少民族发展"十一五"规划总结．
[9] 德宏州陇川县户撒乡潘乐村委会实施《云南省扶持人口较少民族发展规划（2006 – 2010 年）》考核验收报告．
[10] 德宏州陇川县户撒乡朗光村委会实施《云南省扶持人口较少民族发展规划（2006 – 2010 年）》考核验收报告．
[11] 德宏州人口较少民族（阿昌族、德昂族）256 个自然村基本情况汇总表．

布朗族经济社会发展调研报告

调查人员：杨筑慧　马　祯

执笔人：马　祯

一、布朗族概况

布朗族是一个山地民族，主要分布在我国云南省西部和西南部的澜沧江中下游两侧，其生活环境是典型的山岳森林形态。根据第六次全国人口普查结果显示，布朗族现有人口119639人。其中，有4万余人聚居于西双版纳傣族自治州勐海县的布朗山、西定、巴达、打洛、勐满、勐岗等乡镇。除此之外，有6万余人散居于双江、保山、施甸、昌宁、云县、镇康、永德、耿马、澜沧、墨江等市县。此外，南涧、景东、景谷、思茅、景洪、勐腊等市县的山区亦有少量分布。

总体来看，布朗族在分布上有如下特征。

首先，大分散，小聚居。布朗族仅11万余人，却分布在云南省西双版纳、临沧、思茅和保山4个地州20余个县。即使在布朗族聚居的布朗山乡，其分布同样较为分散，村寨与村寨之间近者4-5千米，远者10余千米，相互之间交往交流不便，同一地区甚至存在语言差别。

其次，跨境而居。大部分布朗族沿边境而居，有的甚至一村跨两国，与境外民族有亲缘关系，语言相通，生活习俗相同，因此边民往来频繁。跨境打工、宗教交流、通婚、串亲访友现象较普遍。

最后，居于边远山区与半山区。布朗族村寨多分布在山高路遥的山区与半山区，距当地经济、文化中心较远，交通不便，尤其是一到雨季，交通几乎陷于瘫痪，物资运输多靠人背马驮。

布朗族的山区、边境、分散分布情况在很大程度上决定了其社会经济状况。分散的居住模式也增加了扶持政策调研的难度。基于此情况，本调研选取了布朗族分布最为集中的一个乡——西双版纳傣族自治州勐海县布朗山乡为调研对象，对扶持政策进行了追踪。

二、布朗山概况

布朗山乡是全国唯一一个以布朗族命名的乡级行政区划，地处东经99°56′-100°41′，北纬21°28′-22°28′之间。布朗山乡是一个边境乡，南、西南与缅甸接壤，国境线长达70.1千米。① 布朗山乡有勐昂村委会曼糯村民小组、章家村委会新囡村民小组两条边境通道，边民往来频繁。布朗山乡乡境东西最长横距38千米，南北最大纵距28千米，面积1016.34平方千米，约占勐海县全县面积的1/5，有耕地面积65173亩，林地面积1135740亩，森林覆盖率达78%。布朗山属山区和半山区，民族分布以布朗族为主体，还有哈尼、拉祜等少数民族。该乡是典型的"边、少、穷"山区乡，是云南省506个扶贫攻坚乡、8个民族特困乡之一。2013年末全乡辖7个村委会52个村民小组63个自然村，有4985户20675人，布朗、哈尼、拉祜等民族是主要世居民族，其中：布朗族13015人，占全乡总人口的64%；哈尼族3864人，占全乡总人口的19%；拉祜族2643人，占全乡总人口的13%。

从调查来看，目前布朗山的布朗族依然以农业（第一产业）为主要生计方式。在经济发展过程中只有极少人转为第三产业中的餐饮、零售等服务业，但依旧没有进入一些重要的行业。这也从一个侧面反映了布朗山布朗族人受教育程度偏低，难以进入新兴、技术要求较高的行业。布朗山的布朗族大多居于海拔1000-2000米的高山地区，由于雨水和阳光充足，其先民濮人又是最早栽培茶叶的民族，茶叶在布朗山布朗族生活中扮演着重

---

① 参见中央勐海县委员会、勐海县人民政府：《中国唯一的布朗族乡布朗山》，内部资料，2005年7月印刷。

要角色。2005年普洱茶热卖之后，现今大部分布朗山布朗族家庭经济收入以普洱茶为主。

三、扶持政策实施前的布朗山布朗族社会状况

布朗山位于我国云南边境高山地区，可谓"边疆"的"边疆"。由于高山阻隔，长久以来与外界交往较少，社会经济在自我发展过程中难以突破地域条件的限制，因此至今依然存在很多社会发展方面的问题。

到2000年末，布朗山乡共有固定耕地52336亩，比1996年增加了12668亩，增长率为31.94%。在耕地面积增长的同时，也带来了粮食产量的提高，使布朗族群众实现了粮食自给有余。

布朗山的这一情况在2002年之后有所改善，主要是因为国家实施的一些帮扶政策。如：云南省省委于2002年颁布了《关于采取特殊措施加快我省7个人口较少特有民族脱贫发展步伐的通知》，通知中提出对云南省7个人口较少民族实施温饱和农业扶贫工程。其中，基础设施建设、科教、民族文化等成为扶贫工程的重点项目。2004年底，国家下达专项资金2475万元，专门用于解决云南省7个人口较少民族的饮水困难问题。布朗族地区的农村饮水问题在此期间得到了改善。此后，云南省省委于2005年发布了《关于进一步加强民族工作加快少数民族和民族地区经济社会发展的决定》；同年，云南省民委等有关部门根据"一族一策、一山一策、一族多策"的思路，投入资金3400万元，以整村推进的模式，重点帮助布朗族群众调整农业产业结构。2006年，云南省政府又出台了为民办10件事的承诺，先后有重点地加大了对7个人口较少特有民族聚居区和民族"直过区"经济建设和社会事业发展的支持力度。布朗山的布朗族是以上这些项目的帮扶对象之一。虽然这些政策从总体上改善了布朗山布朗族人民的生活条件，但布朗山地区社会经济发展水平与全国平均水平、甚至与云南省平均水平相比还相差很远，社会和经济发展方面依然面临很多问题。

（一）交通、通信基础设施差

在扶持政策实施以前，布朗山乡交通条件差，道路以泥沙路或原始森林里由当地人踩出的羊肠小道为主。这些"路"在旱季时通达性较高，但到了雨季，交通基本处于瘫痪状态。在调查中我们了解到，由于受到交通条件的影响，一到雨季，布朗山各村寨会出现食物短缺情况。如上文所述，布朗族居住于山区和半山区，邻近村落的山地基本被开垦为茶叶地，很少有田地用于粮食、蔬菜、瓜果的种植。当地人将旱稻、玉米、黄瓜、南瓜等粮食蔬菜种植在离村寨较远的集体耕地里。一到雨季，通往集体耕地的道路湿滑或被山水冲垮，可达性十分低。再加上布朗山各个村寨（除了布朗山乡乡政府所在地勐昂村委会所属几个寨子）通往山下的道路以土路为主，山上的小卖部供货艰难，以流动形式到村寨卖食物、日常用品的商贩在雨季也无法到达各个村寨。村寨部分家户面临食物短缺的困境。交通条件的落后也引发了生命安全问题。雨季正好是关门节①，这期间是各个村寨往来较多的时候，按照布朗族的习俗，关门节期间应拜访地区有威望的佛爷②。因此，交通条件的落后为当地人的出行带了极大的安全隐患。交通的不通达也给以出卖茶叶为主的村民收入带来了负面影响，由于山路无法通车，到各个村寨收购茶叶的商人无法上山，村民家里堆积大量无法出售的茶叶，造成一定的经济损失。

在通信设施方面，2005 年以前布朗山只有少数在景洪、勐海县城打工的人拥有手机，但只要一回家，手机处于无信号的状态。固定电话则只有布朗山乡部分办公室有。

（二）电力、水利设施不健全

虽然截止到 2005 年，布朗族居住的地区绝大多数自然村已通电（布

---

① 关门节，是傣族、布朗族、德昂族、佤族等信仰南传上部座佛教民族的共同节日。节日从傣历九月十五日（在农历六月中旬）开始，到傣历十二月十五日（农历九月中旬）结束，历时三个月，期间民间禁止婚娶、修建房屋，僧伽不能远行，且伴随着频繁的赕佛仪式，以关门节结束。此节日源于古代印度佛教雨季安居的习惯。

② 布朗语的汉语借词，意为资历较高，有威望的僧伽。

朗山乡全乡拥有小电站3座，装机容量为225千瓦，9个行政村已有6个通电，占66.5%，52个自然村中通电32个，占61.5%），但电力严重短缺，电压不稳，停电是家常便饭。在水利方面，过去布朗山布朗族取饮用水的方式较为传统：用竹竿一半将山上的溪水引到离村寨较近且平缓的地方供全寨使用。虽然这些水是原始森林涵养水，较清洁安全，但一到雨季，水量大幅增加，山水变成了浑水，严重影响了人们的日常用水和牲畜饮水，也潜藏着健康隐患。

（三）教育、医疗卫生和文化事业问题严峻

布朗山布朗族生产生活以农业为主，对高教育水平人才的需求不高，且人们的教育观念受到南传上座部佛教信仰的影响，教育面临很多问题。如：男孩接受教育的机会比同龄女孩多，受教育程度比女孩高。在布朗山乡全乡6-12岁年龄段的人口中，男性入学率为83.9%，女性为38.5%；在13-20岁年龄段中，男性入学率为57.8%，女性为30.4%；在15-49岁的人口中，女性文盲率为64.39%。更加严重的是，在民间教育中，佛寺教育也只针对男性，入寺受过教育的男子才是有文化、知书达礼的人，才会受到人们的尊重，故具有地方知识和文化的人也基本为男性。

在医疗卫生方面，布朗山长期以来处于医疗事业的零发展阶段。在扶持项目实施开始的2005年之前，布朗山没有一个村寨有村卫生所，群众生病之后全靠佛爷、布章①念经拴线②，在缅寺赕佛，请雅嬷③施咒进行治疗。唯一存在的医疗是当地老人根据传统方法采集草药，以冲服、外敷等方式为村民医治。尽管传统方法对某些疾病有一定作用，但对急性病和疑难杂症无法处理。

在文化方面，布朗山没有一个村寨拥文化活动室。农村文化、体育基

---

① 布章，指村寨中管理宗教事务的老人，包括南传上座部佛教和原始宗教的相关事宜，有些地区称为"波章"。

② 拴线，是流行于傣族、布朗族、哈尼族、佤族等民族中的一种祈福方式。一般在出远门、生病、举行家庭或集体性的消灾仪式时进行。拴线人一般是长者或僧伽。

③ 布朗族社会中精通巫术的女性。

础设施薄弱；由于受到经费和相关专业人员的限制，很多宝贵的民族文化得不到搜集和整理，如布朗族传统音乐布朗调、布朗族民间故事等。此外，布朗族人在历史发展过程中积累了丰富的手工艺技术，如编制竹制器皿、制作烟斗、炒制加工普洱茶叶等，这些技术都没能得到重视和记录、整理、保存。

四、扶持布朗族发展的政策和措施

布朗族是云南省特有的人口较少民族之一，对其扶持是云南省在国务院相关政策指导下，将其纳入云南省人口较少民族整体规划中进行的。因此，对其实施背景的回顾是了解扶持布朗族政策思想、资金投入及其效果的基础。

（一）布朗山布朗族扶持政策的背景

布朗族扶持政策的制定和推行是自上而下进行的。2005 年，国务院批准实施《扶持人口较少民族发展规划（2005－2010 年）》，集中力量帮助全国总人口在 10 万以下的人口较少民族加快发展，布朗族被列入规划实施范畴。云南省省委、省政府从 2005 年开始，总共投入各项资金 27.2 亿元，对人口较少民族聚居地区的基础设施、特色产业、社会事业等进行扶持。对布朗山布朗族的扶持是由西双版纳傣族自治州和勐海县具体规划实施的。西双版纳人口较少民族帮扶工作主要分为两个阶段：第一个阶段从 2005 年至 2008 年 12 月结束；第二个阶段从 2009 年开始到 2010 年底结束。勐海县结合布朗山的实际情况，将道路交通等基础设施、产业开发、社会公益、文化产业等作为重点内容进行扶持。

在政策方面，云南省将扶持人口较少民族发展纳入"十一五"规划重点发展项目。人口较少民族规划提出的目标任务成为特定地区、特定部门"十一五"中的专项规划，并制定实施的分年度计划。在政策、资金、项目安排上给予了适当倾斜，并在实施中积极争取国家支持，争取如期完成规划确定的目标任务。从根本上保证了扶持人口较少民族在更大层面上的政策保障。

在具体的项目资金方面，人口较少民族扶持项目得到了优先资金支持。从 2005 年开始，云南省从两个方面对人口较少民族进行扶持：一方面，由国家发展改革委、省发改委负责实施人口较少民族村委会的基础设施、社会公益事业等项目；另一方面，由国家民委、省民委安排资金，重点用于产业结构调整和促进少数民族群众增收项目，兼顾科技、教育、卫生等社会事业发展项目。除此之外，财政扶贫资金优先安排扶持人口较少民族聚居村，省级财政增加的扶贫资金优先用于人口较少民族聚居自然村的整村推进计划。同时，各金融机构对人口较少民族地区有市场、有效益项目的贷款支持力度也加大。如农业银行和农村信用合作社积极配合扶持政策，加大对人口较少民族地区农户小额扶贫贷款。同时，扶持政策也推动了帮扶的社会参与力度。在发展过程中，争取发达地区及国内外有关机构的支持和援助，引导和组织省级各有关部门、各类企业、学校和科研单位对人口较少民族聚居村进行挂钩扶持，采取人员培训、捐资助学、经贸合作、援助建设等方式，支持全省人口较少民族社会经济发展。

（二）布朗山布朗族扶持政策的指导思想

布朗山乡布朗族扶持政策的指导思想来源于两个方面：一方面是云南省、西双版纳州、勐海县的指导意见，即"以解决农村群众温饱为主线，群众增收致富为核心，发展产业为支撑，提高农民素质为保障"的主体思路；另一方面是布朗山乡政府结合布朗山乡实际情况并融合上级行政单位指示而形成的。其总体指导思想是："坚持开发式扶持的基本方针，以促进各村经济社会的全面发展为目标，不断增加农民收入为出发点和落脚点，大力发展种植业、养殖业，不断扩大农民增收辐射面，优化产业结构，转变经济发展方式，着力改善贫困山区群众的生产、生活条件，从根本上脱贫致富。项目实施投产后，经济总收入年均增长 20% 以上，农民人均纯收入年均增加 200 元以上，农民生活质量不断提高，乡风更加文明，村容村貌进一步改善，民族更加团结进步，农村社会和谐稳定。"

（三）布朗山布朗族扶持政策的管理方式

在实施扶持人口较少民族发展的过程中，云南省制定了扶持发展的层级负责形式，即人口较少民族聚居的县（市、区）长是扶持人口较少民族发展的第一责任人，督促把改变人口较少民族贫困落后面貌作为政治责任来抓紧抓好；人口较少民族聚居的乡（镇）长是扶持人口较少民族发展的直接责任人，负责组织项目实施，确保各项政策措施落到实处；村委会则是组织和发动群众，充分调动群众的积极性和创造性的具体实施者。如此，扶持政策的实施过程就有了责任人、贯彻者和实施者的不同角色，这三个主要角色互相配合，上层领会其精神的同时将政策传达并总体监管；在中层，市、州负责人将政策作为地方发展的要务进行贯彻；在政策的具体实施阶段，村委会负责人则履行项目的具体政策。因此，在扶持管理的各个环节中，做到了责任到人，各个层级责任明确，任务明了，保证项目有力实施。

五、布朗山布朗族主要扶持项目

2005 年底，勐海县民族宗教部门启动实施了民族专项资金工作，将布朗山布朗族的扶持作为其中的一部分进行。布朗山建设项目于 2007 年开始实施，到 2009 年共建设民族专项子项目 167 个，补助资金 1862 万元，其中人口较少民族资金子项目 135 个，投入资金 1601 万元，兴边富民行动重点县子项目 24 个，投入资金 261 万元。以下根据项目实施的时间，对其进行梳理：

（一）2007 年布朗山布朗族扶持项目

2007 年勐海县民宗局利用扶持人口较少民族发展资金，进行了 24 个子项目的建设，共补助资金 405 万元。实施的村委会有布朗山乡政府所在地勐昂村委会、吉良村委会。

1. 勐昂村委会。投入 228 万元建设了布朗族传统手工茶制作中心 1

座、建盖猪圈 1904 平方米、硬化村内道路 15100 平方米、种植茶叶 1200 亩、建卫生公厕 120 平方米以及购耕牛 30 头。

2. 吉良村委会：投入 177 万元建设盖猪圈 1484 平方米，硬化村内道路 10100 平方米、种植茶叶 1000 亩、建卫生公厕 200 平方米。

（二）2008 年布朗山布朗族扶持项目

2008 年，勐海县民宗局利用人口较少民族发展资金，对布朗山乡布朗族村寨进行了 79 个子项目建设，共投资 871 万元。项目实施覆盖村寨数量较 2007 年扩大，扶持内容也多样化，主要实施的项目有：

1. 班章村委会，投入 148 万元硬化道路 13900 平方米、修建排水沟 500 米、新建活动场所 949 平方米。

2. 新竜村委会，投入 130 万元硬化各个村民小组村内道路 2940 平方米、种植茶叶 190 亩、建盖猪圈 1540 平方米、引水管线 3.7 千米、修建沙石路 5 千米、修建村内活动场所 524 平方米、修建村内厕所 1 个以及桥梁 1 座。

3. 曼囡村委会，投入 241 万元硬化曼班一队、曼班二队、曼班三队、红旗、班等村内道路共 5900 平方米、在红旗、曼囡、曼班三队种植橡胶共 1080 亩、在各个村寨盖猪圈 5026 平方米，并帮助村民购猪崽 94 头、从曼班一队修建引水管线 2.5 千米、修建各个村内活动场所 1048 平方米、厕所 3 个以及三面光排水沟 600 米。

4. 曼果村委会，投入 231 万元硬化道路共 10550 平方米、修建猪圈 4340 平方米、引水管线 0.2 千米、公路 8 千米、活动场所 524 平方米、文化室 70 平方米以及厕所 3 个。

5. 南温村委会，投入 91 万元硬化道路 1800 平方米、建盖猪圈 2016 平方米、引水管线 4 千米、公路 5 千米、活动场所 524 平方米。

6. 勐昂村委会，投入 10 万元建设村委会活动场所 524 平方米。

7. 章家村委会，投入 10 万元建设村委会活动场所 524 平方米。

8. 吉良村委会，投入 10 万元建设村委会活动场所 524 平方米。

（三）2009 年布朗山布朗族扶持项目

2009 年勐海县民宗局利用扶持人口较少民族发展资金，进行了 32 个子项目的建设，共补助资金 325 万元。主要实施的项目有：

1. 班章村委会，补助资金 25 万元。一是建成 1230 平方米的村级文化活动场所，投入 16 万元；二是道路硬化 700 平方米，投入 8 万元。三是完成科技培训 2 期，投入资金 1 万元，受训 200 人。受益 427 户 2053 人。

2. 吉良村委会，补助资金 25 万元。一是建成 1000 平方米的村级文化活动场所，投入 11 万元；二是修建生产生活道路 7 千米，投入 7 万元；三是架设引水管道 3 千米，投入 6 万元。四是完成科技培训 2 期，投入资金 1 万元，受训 250 人。受益 412 户 2066 人。

3. 曼果村委会，补助资金 25 万元。一是种植杉松 140 亩，投入 10 万元；二是建成 546 平方米的村级文化活动场所，投入 14 万元。三是完成科技培训 2 期，投入资金 1 万元，受训 200 人。受益 577 户 2690 人。

4. 南温村委会，补助资金 25 万元，一是修建砂石路 4 千米，共投入 24 万元；二是完成科技培训 2 期，投入资金 1 万元，受训 150 人。受益 261 户 1158 人。

5. 勐昂村委会，补助资金 25 万元，一是建成 198 平方米的村级文化活动场所，共投入 14 万元，二是建成 110 平方米的手工茶制作坊，共投入 10 万元；三是完成科技培训 2 期，投入资金 1 万元，受训 300 人。受益 688 户 198 人。

6. 章家村委会，补助资金 25 万元，一是建成 198 平方米的村级文化活动场所，共投入 24 万元；二是完成科技培训 2 期，投入资金 1 万元，受训 200 人。受益 508 户 2196 人。

7. 新竜村委会，补助资金 25 万元。一是道路硬化 300 平方米，投入 3 万元；二是架设引水管道 3 千米，投入 3 万元；三是建成 198 平方米的村级文化活动场所，投入 18 万元；四是完成科技培训 2 期，投入资金 1 万元，受训 200 人。受益 303 户 1434 人。

8. 曼囡村委会，补助资金 50 万元。一是用于建设橡胶示范基地 300

亩项目，投入资金48万元；二是完成科技培训4期，投入资金2万元，受训600人。受益303户1434人。

9. 勐昂村委会新曼峨村民小组示范村项目，共投入资金50万元。

①科技培训方面开展科技培训2期，投入1万元，参训人员达到150人次，使参训人员至少掌握了两种以上实用技术。

②能源方面完成投入30万元，其中省民委投入14万元，整合林业局资金13万元，群众自筹或以劳抵资3万元。建设87口沼气池，提高了村民生活质量，改善了村容村貌。

③人畜饮水方面完成投入20万元，其中省民委投入15万元，群众自筹或以劳抵资5万元。架设5千米引水管道，解决全村饮用水安全。

④文化体育方面完成投入18万元，省民委投入12万元，整合县委组织部资金3万元，群众自筹或以劳抵资3万元，建盖村级文化活动场所100平方米，球场524平方米，丰富了群众文化体育生活。

⑤道路交通方面完成投入10万元，省民委投入8万元，群众自筹或以劳抵资2万元，完成村内硬化道路800平方米。美化了村寨居住环境，改善了村民生产生活条件。

10. 吉良村委会吉良村民小组示范村项目，共投入资金50万元。

①科技培训方面开展科技培训2期，投入1万元，参训人员达到120人次，使参训人员至少掌握了两种以上实用技术。

②文化体育方面完成投入32万元，其中省民委投入27万元，群众自筹或以劳抵资5万元，建盖舞台、社房、大门等为一体的活动场所2250平方米，丰富了群众生活。

③道路交通方面完成投入170万元，其中省民委投入22万元，整合县交通局资金140万元，群众自筹或以劳抵资8万元，一是完成村内硬化道路长2000平方米，美化了村寨居住环境，改善了村民生产生活条件。二是与县交通局整合资金，解决了吉良村至曼掌村7千米的生产生活道路建设。

（四）2010年布朗山布朗族扶持项目

到2010年，布朗山布朗族的扶持实施从之前的普遍化、大范围扶持转移到了有重点、有提高的扶持。即选取了一些典型的村寨，将其分为巩固提高村、示范村和特色村寨试点建设村进行扶持。

1. 巩固提高村

（1）班章村委会老曼峨，共投入资金 20 万元。一是建成 800 平方米的村级文化活动场所，投入 8.5 万元。二是硬化道路 1000 平方米，投入 10 万元。三是完成科技培训 1 期，投入资金 0.5 万元，受训 100 人。受益 148 户 672 人。

（2）章家村委会空坎一队，共投入资金 20 万元。一是特色产业种植"章家辣椒"80 亩，投入 9.5 万元。二是架设引水管线 5 千米，投入 10 万元。三是完成科技培训 1 期，投入资金 0.5 万元，受训 100 人。受益 89 户 439 人。

（3）章家村委会空坎二队，共投入资金 20 万元。一是特色产业种植"章家辣椒"70 亩，投入 9.5 万元。二是架设引水管线 3 千米，投入 10 万元。三是完成科技培训 1 期，投入资金 0.5 万元，受训 100 人。受益 66 户 274 人。

（4）兴龙村委会曼兴龙下寨，共投入资金 20 万元。一是建成 180 平方米的村级文化活动场所，投入 9.5 万元。二是架设引水管线 4 千米，投入 10 万元。三是完成科技培训 1 期，投入资金 0.5 万元，受训 100 人。受益 44 户 218 人。

（5）勐昂村委会帕点，补助资金 20 万元。一是养殖黄牛 56 头，投入 9.5 万元。二是道路硬化 900 平方米，投入 10 万元。三是完成科技培训 1 期，投入资金 0.5 万元，受训 100 人。受益 56 户 258 人。

2. 示范村

（1）布朗山乡曼囡村委会曼囡新寨（117 户 497 人）被列为布朗山布朗族扶持的示范村之一。全村共投入资金 34 万元，其中省民委投入 30 万元，群众自筹或以劳抵资 4 万元。

①投入 1 万元进行两期养殖业培训，参训人员达到 160 人次，使参训人员掌握生猪养殖和香蕉种植等实用技术。

②种植业方面完成投入 21 万元，其中省民委投入 19 万元，群众自筹

或以劳抵资2万元。种植香蕉20亩。

③养殖业方面完成投入21万元,其中省民委投入19万元,群众自筹或以劳抵资2万元。建设小耳朵猪种猪场200平方米,为村内建设小耳朵猪合作社提供了基础。

(2)布朗山乡勐昂村委会曼诺小组,全村147户615人。共投入资金54万元,其中省民委投入30万元,整合水利局资金20万元,群众自筹或以劳抵资4万元。

①道路交通方面完成投入22万元,省民委投入20万元,群众自筹或以劳抵资2万元,完成村内硬化道路800平方米。美化了村寨居住环境,改善了村民生产生活条件。

②人畜饮水方面完成投入32万元,其中省民委投入10万元,整合水利局资金20万元,群众自筹或以劳抵资2万元。架设3千米引水管道,解决全村饮用水安全。

3. 特色村寨试点村建设

2010年,布朗山乡新曼峨村被列为云南省民族特色村寨建设试点村。经省民委批准,获得补助资金100万元。勐海县民族宗教局从实际出发,完善村寨基础设施,建设特色村寨,保护民族优秀文化与传承,把新曼峨村建设成民族传统优秀文化的特色村寨。项目资金的管理使用情况如下:

(1)基础设施:建2个垃圾池,路灯柱20根。

(2)特色民居保护:特色民居改造60户、重建10户;特色民居附属设施卫生间建设90间。

(3)培育特色产业:种植甜竹100亩。

(4)民族文化传承与发展:民风民俗文化陈列室60平方米,民族文化活动场所600平方米,布朗族文化传承及培训6期。

六、布朗山布朗族扶持项目的实施效果

通过扶持人口较少少数民族项目的实施,布朗山布朗族基础设施进一步完善,布朗族人的生活水平得到了改善,生产水平和生产质量获得了提

高。同时，也为少数民族扶持工作的深入开展奠定了基础。这些项目的建设和投入使用，在当地产生了明显的社会效益和经济效益。

（一）基础设施得到改善

过去，在布朗山布朗族地区，生活基础设施较少，生产生活全靠布朗族传统的地方性知识和技术支撑。随着国家对人口较少民族的扶持，布朗族人在这一过程中得到了实实在在的帮助，一些急迫的生产、生活问题得到了解决。交通、水利、通信等基础设施得到了明显改善。在交通方面，扶持政策未实施以前，"天晴一身灰、下雨一身泥"是布朗山乡公路的真实写照，不仅制约本乡生产发展，也阻断了群众与外界的联系。勐海县布朗山乡扶持政策在实施过程中十分重视乡村公路建设，不仅疏通了没有公路的村寨，对一些公路进行了沙化、硬化处理。扶持项目实施之后，布朗山辖区内公路干线通车里程达到了145千米，村委会通车率为100%，村民小组通车率为98%。有7个村委会52个村民小组通公路。

在通信方面，扶持项目实施以前，布朗山布朗族人很少有电话和手机，即使拥有手机的人，也很难在日常生活中使用，手机基本处于无信号状态。扶持政策实施之后，布朗山各个村委会配有多部电话，且由于扶持政策使得村民收入增加，再加上勐海县在布朗山修建多个信号基站，乡村的手机信号稳定。布朗山现已经基本实现了家家有手机的目标。不仅男人有了手机，妇女和孩子也有了手机。截至2013年1月，布朗山通移动电话已经普及了7个村委会和52个村民小组，村民有手机1428部。在电视广播方面，扶持政策未实施以前，布朗人基本上过着"日出而作，日落而息"的生活。扶持项目实施之后，每家每户均受到"卫星电视进村"项目的实惠，每家都拥有电视机，并能接收包括中央电视台在内的30多个频道，也有利于布朗族人通过电视了解外面的世界。

在农业水利方面。扶持政策进行的土地规划整治项目中，开发了新的耕地。这些耕地被分为两个部分进行利用，一部分主要用于种植旱谷、玉米、蔬菜等粮食作物；另一部分用于种植茶叶、橡胶等经济作物。由于这些经济作物在近些年来的市场需求量很大，因此，布朗族人的生活得到了很大的改善。需要提及的是，2000 年笔者在布朗山调查时没有农贸市场、超市、旅店、餐馆、时尚店等，如今则应有尽有，超市里能买到各种各样的日常用品，极大地方便了群众日常生活。同时，由于经济收入增加，许多人家盖起了新房，摩托车、拖拉机在布朗山乡已十分普及。

从以上基本设施建设来看，扶持政策的实施基本实现了"四通五有三达标"的目标。

（二）教育事业得到了进一步发展

在扶持项目的投资和帮助下，布朗山布朗族的教育有了很大提高。主要表现在以下几个方面：首先，村民的受教育意识有了显著提高。由于布朗山布朗族几乎全民信仰南传佛教，而按照南传佛教的传统，8 岁以上的男孩必须到佛寺出家一段时间，接受佛寺教育并完成社会化的过程。这一习俗与国家的义务教育形成了冲突，再加上语言障碍和经济困难，很多孩子并不愿意来学校读书，家长也认为在寺庙出家是孩子甚至整个家庭一件极其荣耀的事情。因此，以前布朗族地区的教育状况是老师"求着学生"来上学。造成这一现象的原因除了布朗族自身的民族传统之外，教育设施的不健全、师资力量薄弱等都是制约布朗山教育事业发展的瓶颈。扶持项目实施之后，布朗山在教育的硬件设施和师资力量的充实等方面得到了改善。目前布朗山中小学校已经没有了 D 级危房，教学设备配套初步完善。通过在扶持项目中进行农业技术培训学习，布朗族人受教育积极性也有了很大提高，使义务教育的覆盖面增大。

（三）特色产业生命力增强

首先是旅游业的发展。布朗山地处山区，茶叶、森林、草场资源丰富，依托原生态旅游资源、独特的民俗和优美的风光，发展旅游业成为可持续发展的重要选择。按布朗山乡党委书记黄立成介绍，以"一馆（民族生态博物馆）、四寨（曼囡新寨、曼新竜老寨、曼峨新寨和曼峨老寨）、一线（原始森林旅游线）、一场（民间乡场）"为主的旅游项目建设，将完全有可能使布朗山乡建成全国知名的少数民族文化旅游景区和度假区。在此基础上，勐海县充分利用布朗山的地理和生态优势，充分发挥茶叶景观，组织以"茶叶文化、布朗族文化、哈尼族文化"等为主题的摄影活动、旅游节。最近几年，布朗山在旅游业的带动下，经济得到了发展，其外界知名度也获得了很大的提高。

其次是茶叶经济的发展。布朗族先民是古代"濮人"。"濮人"是最早栽培茶叶的民族。在如今的布朗山依旧有大面积的古茶园，这些古茶园是布朗山发展的独特优势。在扶持项目中，政府抓住了布朗山的特色，对茶叶产业发展做了一定扶持，推广了新的茶叶品种、改置换种并改造低产茶园。主要推广了"茶树3-3"品种。并在原有的基础上，安排技术员加强低产茶园改造工作，对原有的示范茶园新南东小组和怕点村民小组的茶园加大力度培训和指导技术管理。这两个小组农业生产资源丰富、条件优越、交通便捷、信息畅通。因在公路沿线进行，具有良好的示范作用。同时通过示范，也提高了茶农栽培管理水平及种茶积极性，所生产的产品供精制加工，对推进布朗山乡茶叶良种化进程，促进经济建设具有重要意义。同时，勐海县农业技术局积极督促茶农搞好茶园改置换种工作。因此，茶叶种植成了布朗族人自主增收最主要的方式。

（四）布朗族的文化卫生事业得到发展

在扶持项目实施期间，由于比较重视文化事业的发展，加强了文化广播电视体育基础设施建设。从2008年到2012年，五年间新建了28个村民小组文化体育活动场所。七个村委会均建成农家书屋。在文化事业发展方面，布朗山乡积极举办了很多活动。一是积极开展群众文体活动，如2008年举办"布朗弹唱"邀请赛、2009年4月9日举办了"布朗山布朗族乡迎新年暨建乡55周年庆祝活动"、2011年承办了"第三届勐海茶王节"—老班章分会场和"边境探秘·原生态民族茶文化体验之旅"活动、2012年举办了"第四届勐海茶王节""桑衎节——天赖布朗"专场文艺演出。二是重视布朗文化的保护和传承，积极组织人员到外乡培训，举办了两期非物质文化遗产保护名录"布朗族民歌（布朗族弹唱）"培训班，共有154人。三是充分利用乡文化站、农家书屋，不断丰富群众文化生活；同时加快广播电视基础设施建设，广播电视综合覆盖率达99%。在卫生事业发展方面，在扶持政策实施期间，围绕基本卫生保障制度，着力推进公共卫生、加强卫生人才队伍建设，布朗族的卫生事业得到了发展。如今每个村委会都有卫生室，考虑到有些村寨离其所属的村委会较远，就医不便，布朗山乡在每个村寨发展了一名卫生员，为村民进行感冒、胃痛、头疼等日常病症的处理。到2007年，布朗山乡布朗族人大部分参加了新型农村合作医疗。同时，项目实施期间还对妇幼保健工作进行了扶持，基本实现了孕妇免费分娩。

（五）民族自豪感和自信心加强

通过实施人口较少民族扶持项目，加快了布朗族边境民族地区经济社会发展，使布朗族人民的民族自豪感和自信心有了很大的提升。历史上布朗族曾经受到傣族土司的统治，对傣族贵族阶层有无偿劳动的义务。布朗族人经常为傣族人插秧、建房、饲养大象等。土司制度废除之后，布朗族人过上了自由的生活，但在很长一段时间，由于居于"山高皇帝远"的边疆地区，中央政府的政策很难到达布朗族地区。人口较少民族扶持项目实施之后，布朗族人民的生活得到了很大的改善，在地区社会中由最贫困的民族变成了与当地的哈尼族、拉祜族等其他民族的经济水平不相上下。布朗族人的民族自豪感和自信心有了很大的提升。这更加有利于布朗族人与邻居民族和睦相处、发展共荣。

总之，经过云南省政府各个部门、地方各级政府几年的努力，较好地解决了制约布朗族地区人民群众生活、生产中最突出问题；使项目区的村寨基础设施得到明显改善、特色产业得到快速发展、群众生活质量得到较大提高、社会事业得到长足发展、村容村貌有了明显改观，综合效益显著。

七、主要经验总结

扶持人口较少民族政策在布朗族地区实施过程中，云南各级政府有关部门积极配合。从调研开始，到接管项目通知，进一步制定详细的实施方案，并在资金管理、工程进展、工程质量以及工程验收等方面做了大量的组织、协调、管理、监督工作，保证了扶持规划的有效实施并取得预期效果。这些成果的获得与以下一些经验息息相关。

（一）积极调研，合理规划

为改善布朗族地区人民的生活现状和生产水平，云南省人民政府以国家扶持人口较少民族发展为契机，组织有关部门对人口较少民族地区经济社会发展情况进行了调研。在基本了解了人口较少民族的生活、生产现状之后，编制了《云南省扶持人口较少民族发展项目建设规划（2006－2010）》，从总体上合理规划了云南省7个人口较少民族的基础设施、产业发展目标。这一项目建设规划制定之后，云南省将其发放各个州、市。各个州、市对这一规划进行了学习和领会，并在此基础上进一步制定了具体的实施策划和方案，并将各个市州的主要负责人作为项目实施的主要负责人。各个县、乡的干部在听取村委会成员对本村情况反映的基础上制定具体的项目实施计划。项目实施过程中合理编制了民族村的发展规划，明确了布朗族聚居各村的发展方向和产业布局，为扶持人口较少民族政策在布朗族地区的实施、加快布朗族地区经济社会发展奠定了基础。

（二）将基础设施建设作为项目的"重中之重"

解决最为急迫的生活、生产问题，是扶持项目在云南省、西双版纳州、勐海县、布朗山乡的一致原则。这一实施原则为布朗族地区经济和社会发展奠定了基础，也为项目能在布朗族地区获得很大进展、深入改善布朗族人的生活奠定了基础。其中，最直接的体现即是"四通五有三达标"，即通路、通水、通电、通广播电视；有学校、有卫生室、有安全饮用水、有安居房、有基本农田或牧场；人均纯收入、人均有粮、九年义务教育普及率达到国家扶贫纲要和"两基"攻坚计划要求。"四通五有三达标"中基本涉及了所有的基础建设，如交通、农田基本建设及水利建设、医疗卫生、人畜饮水这些与人们的生产生活直接相关的基础设施；以及教育、文化体育等与布朗族的进一步发展息息相关的事业建设。这些基础设施项目占整个人口较少民族扶持项目总数的 90% 以上，投入基础设施建设的资金占总投入的 95% 以上。基础设施的建设从根本上改善了布朗族地区的落后状况，为当地经济、社会的发展奠定了基础。

（三）重视公共文化服务体系建设

在项目实施过程中，十分重视公共文化服务体系的建设和完善。以乡综合文化站为中心，组织向各村委会辐射的文化活动。目前，乡综合文化站内配备了广播、图书和电子阅览室等设施设备。通过每个村委会定期不定期派送 1 名村民到乡文化站学习舞蹈，再传到个村委会村小组，使文化节目一级一级落实，丰富了村民的文化娱乐活动。乡政府每年举办 3 期布朗弹唱培训班，使传统文化后继有人。举办布朗族传统"桑康节""布朗弹唱"比赛等节庆活动，保护和传承布朗族文化。

（四）因地制宜，推动特色产业发展

在实施扶持项目的同时，布朗山乡抓住了本乡的产业特色，推动了特色产业发展，还积极发展了新兴产业。在发展的思路上，主要是坚持"生态立乡、生物富乡、科教兴乡、开放活乡、特色建乡、依法治乡"发展战略。全乡初步形成了 4 个产业区域，即曼果和结良村委会重点发展甘蔗、木薯；曼囡、新竜村委会重点发展热带经济作物（香蕉和橡胶）、养殖业及林木产业；班章和章家村委会重点发展优质茶叶并全力打造区域性农特产品，如班章茶、章家生态茶、章家辣椒、布朗山香冬瓜；勐昂村委会重点发展粮食生产和蔬菜种植。目前，产业结构和布局初步形成，优势传统产业得到提升，新兴产业得到了培育。

在茶产业方面，在扶持政策实施的五年来，布朗山乡本着一心一意做好茶产业，坚持将茶业发展作为布朗山乡主要支柱产业，茶叶种植面积从 3.76 万亩发展到 7.2 万亩，增长了近一倍，现可采摘面积 6.5 万亩，产量达 2600 余吨。2012 年的茶叶采摘量比 2007 年增加了 2038 吨，年均增长 72.5%，茶叶收入占农民纯收入的 68% 左右，以平均每千克 30 元计算，

全年收入达 7800 万余元。布朗山乡积极与勐海县茶叶技术推广中心以及部分制茶企业合作，其中勐海茶厂、七彩云南茶叶有限公司、陈升茶厂、红山茶叶有限公司等茶叶龙头企业均在布朗山建有茶叶原料基地、茶叶初制所。企业带动农业产业化发展作用明显，对产业发展的提升作用不断显现。借助平台，布朗山的茶叶得到了广泛宣传，布朗山的茶叶已经成了普洱茶界的宠儿。

在特色产业方面，因地制宜全力打造区域性农特产品，成立农特产品专业合作社，注册了布朗山香冬瓜、章家辣椒、章家红地谷、布朗山小耳朵猪等商标权，对这些产品进行了包装设计，使其在不脱离地方特色的基础上符合市场化需求。产品提高了附加值，因而价格得到提升，群众收益因此增加，且品牌得到了很好的保护。由于班章茶美名远扬，在普洱茶界有"班章为王，易武为后"的说法，因此布朗山乡开展了班章茶的地理标志产品认证工作；除此之外，在特色产业的发展方面，还成功连片种植了冬季章家辣椒；建成了曼囡生态小耳朵猪养殖合作社，并已成为生态猪养殖示范和培训基地，扶持带动了 8 个养殖大户，户均生猪出栏在 40 头左右，在勐海县城开设"曼囡小耳朵猪"专卖店。这一成功的示范还带动了周边村寨养猪业的发展。

在新兴产业方面，自项目实施后的 2007 - 2012 年，布朗山乡连续种植橡胶达 5.22 万亩，已开割 450 亩。橡胶产业在渐渐成为布朗山乡又一个支柱产业，预计将有 7000 余农民从中受益，实现增收；2009 年以来大力种植木薯，每年的种植面积在 1 万亩左右，平均亩产值 1100 余元，布朗山乡已成为木薯种植示范乡镇。这些产业培育成功，为布朗山乡的产业结构调整形成提供了保障。其他方面，当地甘蔗种植面积 6977 亩，香蕉 1.4 万亩，傣药南药种植面积近 1.1 万亩，原竹 5.56 万亩。

（五）利用和保护林业资源

在扶持人口较少民族发展过中，始终坚持可持续发展路子，以天然林保护和退耕还林为主，保护、培育和合理利用森林资源，以营林造林、森林管护、林政管理、恢复森林植被、改善生态环境为重点，全面开展林业各项工作。乡政府与各村委会、各中心站所签订《森林防火责任状》,把防火工作责任层层分解,形成一级抓一级的工作格局,由各村民小组组长组织,在各个村寨组建义务扑火队伍,完善全乡森林防火应急机制,严格执行野外生产用火审批制度。这一举措加强了对火源的管理,有效控制森林火灾的发生。

八、反思：面对问题，共谋发展

扶持人口较少民族项目在布朗山乡获得了初步成功,布朗族的生活得到明显的改善。但在我们在调查中依旧发现了很多问题。这些问题不全是扶持人口较少民族项目造成的直接后果,但与国家的政策及其发展有关。为了有效认识到这些问题并使其在进一步的发展中得到解决,现将我们调查组在调查过程中了解到的项目实施问题、布朗族社会发展的新旧问题反映如下：

（一）项目实施过程中的问题

1. 项目实施在地区和受众人口上不均衡

布朗族是一个居住十分分散的人口较少民族,11万人居住在22个县。即使在布朗族聚居的地区,其人口也不是由单一的布朗族构成。居住的分散造成了布朗族社会内部发展水平差异较大。因此,在项目实施过程中,很难将所有人都纳入项目的规划中,尤其是一些布朗族人口占总人口数比例极小的村委会、乡镇、县,扶持人口较少民族的政策实惠难以到达这些地区。这些散居的布朗族人口在扶持政策发展过程中受到的实惠比布朗族聚居区少。而且,在各个市、县、乡,扶持项目实施的时间和力度不一样,因而取得的效果也不同。扶持政策实施之后布朗族内部的差异并没有消除,对布朗族扶持政策的总体效果也很难进行评估。

2. 对当地的实际情况缺乏了解

人口较少民族的扶持项目是一个自上而下的政策。国家制定这一发展规划之后,各级政府部门积极响应了国家的号召,但在项目前期的准备和论证阶段，地方政府对于被扶持对象实际情况了解不深入。这导致了政府一厢情愿谋发展，而与当地的气候、人文环境不相融合的问题出现。如2007年，勐海县扶持人口较少民族项目引导布朗族村民进行一些新兴经济作物的种植，其中最主要的是云麻。2007年布朗山乡全乡完成云麻种植面积1466亩，涉及7个村委会，21个村民小组，但最后以失败告终。由于干旱、水灾、病虫害等原因，导致737亩云麻绝收，能收割的只有729亩，总产量只有7810千克。

　　扶持项目重视布朗族地区的教育发展，加大了对教育的投入和支持。但是，布朗族的教育问题在本质上依旧没有得到解决。扶持政策实施期间，布朗山学校教育的软、硬件设施得到了很大的提高，村民受教育的主动性和积极性也有了很大增强。但是，这一过程忽略了极其重要的一点：佛寺是布朗族，尤其是男性接受教育极其重要的场所。勐海县教育局和布朗山乡为了确保适龄儿童的在学率，制定政策，规定没有中学毕业证书就不能当佛爷，也就是在佛寺，但学历不够的和尚不能晋升僧阶。政策的硬性实施对布朗族的传统文化造成了很大的冲击。由于这一政策制定时有些出家在缅寺的男孩子已经过了接受初中教育的年龄，政策实施之后却阻断了其僧阶晋升之路。可见现代化的教育与当地对于知识的理解背道而驰。按照布朗族的习俗，男孩在缅寺出家时20岁前不能还俗，过了20岁之后就可以升为比丘（当地称为二佛爷）。升为比丘意味着在以后的村寨集体生活中可以扮演重要角色，并为自身、父母获得很大的功德。僧阶的晋升与国家教育挂钩使当地人极其被动，实质上阻碍了人们对于传统知识的追求，在学校教育上也是治标不治本，这一政策不仅使布朗族人对南传佛教传统知识和文化继承产生了怀疑，还使很多待晋升的僧伽失去了对自身的认同，从而打击了其对传统文化的理解和追求，对整个布朗族社会带来了负面影响。

　　此外，由于统一性集中办学措施的影响，许多孩子需到乡里上学，由此也带来了交通安全、远离家人、心理压力、加重经济负担等负面影响，孩子辍学现象增加。

3. 忽视对布朗族本民族的人才培养

在调查中我们发现，布朗山布朗族人口的教育水平普遍较低，民族专业人才匮乏。一方面，培养人才的机制不能适应发展的需求，另一方面，有人才又不能更好地利用。在布朗山布朗族扶持政策实施过程中，几乎没有涉及本民族人才培养项目。在项目调研、实施过程中，仅有的几位布朗族知识分子也未能受到重视。

4. 忽视地区差异，多采用"一刀切"模式

人口较少民族是国家规定的"人口在10万以下"的少数民族，但人口较少并不意味着这些民族内部没有差异。就布朗族而言，由于其分布极其分散，内部差异极大，不同地区的布朗族之间语言不同，社会经济、文化、传统都有很大的差异。扶持人口较少民族发展规划以某个民族整体为扶持对象，从而忽略了民族内部的差异性。曼囡村委会的五个村民中，曼班（老寨）一队由于拥有较长历史，保留了很多古茶树。2007年普洱茶热卖之后，曼班一队的古树茶一千克可以卖到300-400元，家庭收入较高。但其他四个寨子如曼班二队、曼班三队、红旗、班等只有很少古树茶，一千克只能卖到50-80元，家庭收入比曼班一队低。在项目实施期间，并没有注意到这些村寨之间的差异性，而是采用"一刀切"的方式，整体推进。因而，虽然项目实施使当地人获得了实惠，但却使有些村寨人心里产生了不平衡，部分村民认为在原本有差异的基础上，各个村寨获得相当的扶持本来就是一种不公平，从而影响了各个村寨之间原本良好的关系。

5. 村民产生严重的依赖心理

扶持人口较少民族项目的初衷是帮助人口较少民族社会发展，改善其生产生活条件。这一项目实施近5年，布朗山布朗族的生活发生了极大的变化，但人们在接受扶持政策各种好处时产生了严重的依赖心理。在一些村寨，项目的实施过程中有些村民小组组长、村委会干部获得了好处。由于国家投入力度大，并在宣传实施过程中不断强调人口较少民族社会经济的落后和国家帮助其发展的决定，因而有些人认为即使不用劳动，靠着这些政策就能生活。在调查中，一位村民小组组长对调查组成员说："别说是一年给我们多少钱了,就算是一张一张①的车,也应该给我们开来!"项目带来的社会发展不是当地社会内部发展的结果,而是外力的强加,这种强加忽略了当地人的感受和反应,因而难以被社会成员消化,进而将自身理解为"受施舍者",从而产生依赖心理。

(二)新出现的社会发展问题

随着扶持政策的进行,布朗族地区获得了很大的发展,但同时又为社会带来了很多新的问题,这些问题已经影响到了布朗族社会的良性发展。

1. 垃圾围村

扶持政策的发展使布朗族的生产生活条件得到很大的改善,经济收入的增加和社会基础设施带来的交通可达性使得布朗族人对商品的需求和消费大大增加,再加上项目实施期间在各个村寨扶持村民开设了小卖部,村民在家门口就可以消费各种零食、饮料。然而,村寨没有处理垃圾的硬件设施,自然环境无法净化这些非传统垃圾。新型垃圾的处理超出了布朗族人传统知识范围。因此,在布朗山各个村寨出现了垃圾围村的现象:塑料袋、饮料瓶、纸箱、玻璃、啤酒瓶等各种现代垃圾成了每一个村寨寨门口的"风景"。垃圾围村对布朗族的生产生活带来了很多负面影响。比如,按照布朗族的传统,一般要将垃圾倒在山流经过的地方。这些垃圾在雨季就会被流水带到下游田地,从而污染粮食作物和田地;布朗山布朗族采用放养的模式养殖牛、猪、鸡等家畜家禽,家畜家禽在村寨周边自行寻找食物。有了垃圾之后,垃圾堆变成了牛、猪、鸡等的"食堂"。它们不去森林里面而是在垃圾堆上寻找食物。垃圾对家畜、家禽的成活率造成了很大的影响,从而带来了一定的经济损失。村民的健康也因为吃了这些受到垃圾污染的家畜、家禽的肉而受到影响。

2. 酗酒、赌博严重

扶持政策的大力帮助使得社会经济在短时间内迅速发展,这使布朗族人不用太辛苦就可以维持生活。电视的进入、交通的畅通,使布朗族人对

---

① 云南方言将"一辆车"称为"一张车"。

外界的了解越来越多，与外界的交流也越来越频繁，因而很多新兴事物被带到了各个村寨，如摩托车、KTV、时尚装扮、染彩色头发等。酗酒和赌博现象也在各个村寨蔓延。布朗族信仰南传佛教，在南传佛教关门节持续的三个月时间中，生产劳动减少，闲暇时间增多。因而年轻人和大部分男性聚众喝酒赌博。更加严重的是，有些小和尚甚至佛爷也加入了赌博的行列，用村民赕给他们的钱赌博，在村中引起了很大的负面影响。

3. 吸毒和艾滋病人数增加

经济的发展和交通的便利使更多的人有机会流动，再加上布朗山是一个边境乡，与缅甸有着很长的国界线。边境的复杂性使毒品流动较为容易，因而吸毒和感染艾滋病的人口比例有所上升。虽然在我们的调查中没有统计到具体的数字，但据村民反映，在布朗山的各个寨子里都有吸毒的人。

4. 贫富分化出现

扶持项目的发展带来了各种发展机会。一些与政府联系紧密、汉语水平高的布朗族人获得了发展经济的机会，家庭收入迅速提高。因而，布朗族村寨原本均衡的家庭经济水平被打破。谁家钱多成了村寨中讨论最多的话题。收入的不均等与南传佛教信仰传统中"有多少，赕多少"的理念相左。有钱成了一个人能力和地位的象征，对钱的占有欲望使布朗族中出现了即使有钱也不愿意赕佛的情况。在此意义上，原本以佛教传统组织的社会被打破，传统的社会价值观念也渐渐弱化，贫富分化出现。

5. 布朗山的整体自然环境退化

就像在调查中一位老人告诉我们的："我们布朗山从来没有像这几年这样变化过，怕是好几千年都没有过这么大的变化。"虽然在扶持政策的宣传中强调注意对环境的保护。但由于发展的急功近利性和当地政府环境意识薄弱，环境在猛烈的社会发展过程中被"理所当然"地牺牲。大面积开发、砍伐原始森林开垦田地种植经济作物，使原始森林大面积、成片状消失。原始森林的退化、土地农药的使用使野生动物失去了家园。据村民介绍，几年前还可以在森林里遇到的野生动物如野猪、麋鹿、熊、山龟、穿山甲等大幅度减少。西双版纳是中国唯——片拥有热带雨林的地区，热带雨林在养育布朗族人以及其他少数民族的同时惠及更多。最近几年云南省持续、大范围的干旱不能不说与热带雨林的破坏无关。布朗族等少数民族地区森林的保护不仅关乎其自身发展，而且还与整个云南省甚至全中国的发展息息相关。因此这一问题必须得到充分的重视，并实施有力的保护措施。

九、进一步扶持发展的建议

在肯定成绩、正视不足的同时，更加重要的是今后的发展。从总体上看，扶持政策取得了很大的成果，但布朗族社会发展依旧面临问题，还有许多的不足需要提升：一是支撑经济快速增长的基础仍然薄弱，基础设施和产业发展相对还比较滞后，生产力不发达，发展不平衡；农业发展层次低，产业化程度低，产业结构中主导产业优势不明显，抵御自然灾害能力和市场变化、防灾减灾能力较差，经济总量仍然较小。二是部分劳动者素质偏低，自我发展意识不强，"等、靠、要"的思想严重，缺乏致富意识、手段和能力，自发性的公益性思想不强。三是扶贫攻坚任务重，个别村寨的群众贫困面大，程度深。四是科技教育基础薄弱，各类专业人才匮乏。五是生态保护压力大，全面协调发展、资源保护与开发的矛盾越来越突出。六是外来文化冲击大，许多年轻人出现传统文化迷失。民族民间文化亟待挖掘、整理和保护。七是干部队伍的素质与推动科学发展、和谐发展、跨越发展存在差距。

回顾总结扶持项目的发展，在肯定成绩的基础上认识其在发展中的不足和新出现的问题，是进一步发展的关键。对于下一步扶持政策的实施和布朗族的发展，我们提出以下几点建议：

（一）从大规模的推动转向细节性的帮助

2006年到2010年的扶持项目已经完成，布朗族地区人民生活中最困难的问题已基本解决，生产和生活有了基本保障。因此，在下一步的发展中，大面积、不顾后果的强行推进和发展方式应该转变。政府各个部门应该从了解布朗族人真正的需求和渴望而不是上级的指示入手,解决布朗族人生活中最具体的需求。国家对于布朗族的扶持应该从大规模的基础设施建设转向"以当地人为主"的细节性帮助。

(二)使当地人从被动接受到主动参与

在扶持项目建设期间,布朗族人几乎成了局外人。很多村民反映,其对政府的帮助并不知情,只是"突然看到有建筑队出现在村寨附近来修路,大家就像看热闹一样看大型的挖掘机、轧路机工作"。路修好之后建筑队离开布朗山,由于建筑队多来自云南省大理州的剑川、祥云等地,其文化和布朗族有很大差异,再加上语言不同,施工期间他们与当地人交流较少。因此,很多人并不知道政府为什么要如此做。因而整个扶持项目似乎与布朗族人无关,很少有布朗族本族人参加。因此,在进一步的发展中,必须使当地人参加进行,这样才能调动当地人的积极性。更加重要的是,当地人的加入还会使其自身的尊严得以体现,否则,一味地帮助在某种程度上会挫伤布朗族人自身的积极性和尊严,而成为坐等帮助的受施者。

(三)以文化和生态先行代替经济中心

布朗族有着深厚的民间传统和南传佛教信仰文化,如果在发展中不考虑当地的传统,不尊重当地权威的意见,发展的最终结果是经济的迅猛发展和文化的空虚带来的社会焦虑,进而导致社会问题。因而,应转变发展思路,以文化和生态作为优先考虑的因素来谋发展是为发展。

(四)以人的发展代替经济的发展

扶持政策实施以后,布朗族的经济有了很大的发展,但这并不代表布朗族人自身的发展。在一些切实关系着布朗族人发展的方面,依旧有很多不足。比如医疗,虽然扶持项目在布朗山乡各个村委会建立了卫生站,但有些村寨离卫生站路程遥远,其设置对于这些村寨毫无意义。我们在调查期间目睹了由于没有医生,又下雨阻断交通,曼班老寨的一位父亲给年仅一岁的儿子打吊针的过程。由于他是名副其实的"赤脚医生",针头扎进孩子的手背后要在里面左右寻找才能找准血管，并四次拨出重扎才成功。孩子撕心裂肺的哭声似乎在诉说他们真正需要的是什么。因此，在下一步的扶持中，医疗、教育、卫生等这些与人的发展密切相关的方面必须得以重视。

参考文献

［1］中共勐海县委员会、勐海县人民政府编．中国唯一的布朗族乡布朗山［M］．内部资料．2005 年 7 月印刷．

［2］中国少数民族社会历史调查资料丛刊修订编委会．布朗族社会历史调查．（一、二、三）［R］．北京：民族出版社，2009 年．

［3］张晓琼．变迁与发展——云南布朗山布朗族社会发展研究［M］．北京：民族出版社，2005 年．

［4］黄彩文．社会变迁中的布朗族文化——双江县一个布朗村寨的人类学调查［J］．楚雄师院学报，2010 年 10 月．

独龙族经济社会发展调研报告

执笔人：贾仲益

2000年12月初，笔者和同事侯远高老师奉"中国人口较少民族经济社会发展现状调查研究"课题组负责人之命，平生第一次到怒江，对独龙族、怒族、普米族进行实地调查。当我们兴冲冲赶到贡山，与县民委领导商量怎样进独龙江时，被告知：尽管贡山县城到独龙江乡政府驻地孔当的简易公路在1999年已全线打通，但当地特殊的地质和气候条件使这条公路无法保持畅通——5月至10月雨季期塌方不断；12月至翌年5月高黎贡山大雪封山，垭口及3000米以上高海拔路段全部封冻，无法通行——我们已错过进入独龙江的时节，如果一定要步行进去，须等第二年5月才能出来。我们虽然不甘心，但也无可奈何，因为教学和课题结题时间紧，我们只有一个月的调查时间。全靠时任独龙江乡乡长的校友李友祥、乡教导主任高德生①，在县里、州里工作的其他独龙族人士和贡山县民委、云南省独龙江工作队的支持配合，我们才收集到了独龙族和独龙江乡的相关资料和数据，勉强完成了独龙族调查报告。在没有能够深入实地的情况下"完成"的调研报告，一直是多年来令我们感到不安的遗憾。

2011年7月，我们一行9人利用暑期，从昆明驱车直奔贡山。尽管是在雨季，尽管汹涌咆哮的怒江不断提醒我们在这个季节进行野外调查十分冒险，但渴望深入独龙江进行实地体验的冲动支配了我们的意念。在县民

---

① 当时李友祥乡长在贡山县城开会，愉快地接受了我们的访谈；高德生主任则在接到县民委的电话后，专程赶到县城，向我们提供相关情况，在此表示诚挚的谢意！

委的帮助下，我们租到了专用车，怀着热切而忐忑的复杂心情，开始了期待已久的独龙江之行。司机小杨 25 岁，是丽江来的汉族青年，已经在贡山茨开镇到独龙江乡孔当这段不足 100 千米的简易公路上奔波了 3 年，从货车司机转为客运司机，开过夜车，闯过雪线，几乎天天与滚石和塌方打交道。他说这条路上的每一个弯、每一寸路都熟记在心，当然发生在这条险绝的公路上的各种事故，他也能一一道来：谁的车某年月日在哪里被悬崖上掉下的滚石砸中，谁的车在哪个湾收不住脚掉下深涧，某人在山上工棚里被夜里出来觅食的野兽掏吃了内脏……弄得我们胆战心惊却又忍不住听下去。由于他胆大心细，经验丰富，从未出过事故，所以一路上谈笑风生。我们坐在车上虽然饱受颠簸之苦、碰撞之痛，心里却也比较踏实。正是在他的帮助下，我们不仅有惊无险地到了独龙江，而且完成了对独龙江乡上下游 4 个已有简易公路勉强通达的村子的实地考察，对独龙江的自然与人文概貌获得了实际的感受。

一、独龙族概况

（一）族称与族源

独龙江流域是独龙族的原乡，族因江得名。"独龙"是其自称，有学者将其意解释为"居住在（独龙江）上游的人"。明清时期汉文文献上则称之为"俅""撬""俅帕"等，怒江流域的强势民族傈僳族也称之为"俅（子）"。独龙族认为，"俅"这一他称含有贬义。新中国进行民族识别时，根据名从主人的原则，正式确定其法定族称为独龙族。

学术界一般认为，独龙族与我国古代活跃于青藏高原及横断山区一带的氐羌族族系有渊源关系，大约在明清之际从怒江流域进入独龙江流域并逐渐定居下来，成为开发独龙江流域的早期居民并世有其地。其语言属汉藏语系藏缅语族独龙语支，与贡山怒族阿侬支系的语言相通，至今保持完整。独龙族没有自创的民族文字。独龙族与缅甸北部恩梅开江、迈立开江流域的日旺人同源，属跨境民族。缅甸境内与独龙族有密切历史渊源的族群约有数万人。① 20 世纪 50 年代初,缅甸独龙人白吉斗·蒂其枯和美国传教士莫尔斯创制了一种以"日旺"语为标准音的拉丁字母拼音文字"日旺文",用于传播基督教,在独龙族中有一定影响。1983 年,云南省政府有关部门根据独龙族民众的意愿,委托专家在"日旺文"基础上,创制了独龙拼音文字方案。

(二)人口及分布

已公布的第六次全国人口普查(以下简称"六普")数据显示:独龙族现有 6930 人,比第五次全国人口普查(以下简称"五普")减少 501 人,即十年增长 -6.75%。其中:男性 3349 人,女性 3581 人;城市、镇和农村分别为 326 人、828 人、5776 人,各占总人口的 4.70%、11.95%、83.35%,城镇化率约 16.65%(较"五普"的 17.55% 下降 0.90 个百分点);6 岁及以上人口共 6220 人,其中男性 2969 人、女性 3251 人,未上过学 1018 人(男 354 人、女 664 人),小学 2623 人(男 1269 人、女 1354 人),初中 1681 人(男 878 人、女 803 人),高中 497 人(男 258 人、女 239 人),大学专科 282 人(男 143 人、139 人),大学本科 108 人(男 57 人、女 51 人),研究生 11 人(男 10 人、女 1 人),大专以上学历占 6 岁及以上人口的 7.73%,较"五普"时提高了 5.38 个百分点,但仍低于全国均值 9.53% 约 1.6 个百分点。

云南是独龙族的世居地,全省有独龙族 5776 人,占全国独龙族的 78.40%,较"五普"时的 79.24% 下降 0.8 个百分点,说明其人口向外流动略有增加;其中:男性 2819 人,女性 2957 人;城市人口 152 人、占全国独龙族城市人口 46.63%,乡镇非农人口 768 人、占全国独龙族乡镇人口 92.75%,说明独龙族城市化以跨省所占比例较大,而城镇化以省内为主;农村人口 5433 人,占全省独龙族总人口 94.06%,世居地独龙族城镇化水平不到 6%,仅为全国城镇化均值 49.68% 的 12.08%,即十分之一略

---

① 杨将领,李金明. 中、缅跨界独龙族:自称与他称释义 [J]. 世界民族,2010:4;[法] Stephane Gros 著,周云水译. 族名政治:云南西北部独龙族的识别 [J]. 世界民族,2010:4.

强。独龙族人口分布在全国 27 个省市区，较"五普"时减少了 4 个省份，范围有所缩小，这与独龙族外流人数少、个人流向选择有偶然性和机动性有关。

在云南，除了外出务工和城镇化这一部分人口之外，独龙族基本都集中在怒江傈僳族自治州贡山怒族独龙族自治县。贡山县是独龙族世代聚居之地，也是全国唯一以独龙族作为自治民族之一的县级民族自治地方，该县独龙江乡是独龙族人口最集中的一个乡。根据贡山县统计部门提供的资料，2010 年底，独龙江乡共有 4368 人、1224 户，其中农村户 1024 户。①全乡辖马库、巴坡、孔当、献九当、龙元、迪政当 6 个村民委员会，41 个村民小组，2007 年底，6 个村委会共计 974 户、4194 人。②

（三）区域环境与产业资源

独龙族世代聚居其中的独龙江乡，位于北纬 27°31′ – 28°24′、东经 98°08′ – 98°30′的横断山区高山峡谷地带，东面是高黎贡山系，西面是担当力卡山系，形成"两山夹一江"的形势，东西横距 34 千米，南北纵距 91.7 千米，面积为 1997.3 平方千米，国境线长 97.3 千米，人口密度为 2.04 人/平方千米。这里山高水急，沟壑纵横，形成封闭式的地理环境。每年从 12 月至翌年 6 月间，大雪封山长达半年之久。气候属海洋性气候，冬暖夏凉、气温年较差小、多夜雨，全乡年均降水量在 2932 – 4000 毫米之间，2 – 10 月为雨季，年累积降水日数大于 200 天，月相对湿度变化在 68% – 84%；全年日照时平均 1100 – 1400 小时，下游巴坡、马库一带日照率仅达 25% 左右；全年无霜期约 270 天。

根据 2007 年底的统计数据，独龙江乡土地总面积共 299.1 万亩，人均 776.7 亩，其中林地占 51.98%，草地（包括次生长灌木丛和草山坡）占 45.8%，其他用地占 1.99%。全乡有耕地 6561 亩，占土地总面积的 0.21%，其中水田 482 亩，旱地 6079 亩，单产 300 千克以上的基本农田人

---

① 《2011 年贡山县独龙族怒族自治县领导干部经济工作手册》，内部资料。
② 《独龙江乡的基本情况》（乡政府办公室提供的纸质版材料）。

均仅有 0.4 亩。林业、畜牧、矿产、水力等资源潜力大，是独龙江乡未来发展的潜在资源优势。①

独龙族的传统生计是种植、养殖加采集、渔猎的复合型或混合型自然经济。种植业中，水稻种植和园地精耕所占比例不大，而以山地刀耕火种的轮歇地旱作种植为主，作物主要有玉米、土豆、荞麦等。养殖以生猪较为普遍，马、山羊、黄牛仅少数人家蓄养。独龙牛则多采取自然放养的方式。采集则因独龙江流域野生食用资源丰富和独特的生长环境而四时皆宜，包括菌类、竹笋以及可食植物的根块、果实、茎叶等。渔猎资源也十分丰富。

独龙族一年四季的传统劳作，大抵如下：

1月（"得则卡龙"，意为山上有雪）：男子打猎，女子织布；

2月（"阿蒙龙"，意为山顶还有雪）：江边开始种洋芋、小麦、青稞；

3月（"陈暴龙"，意为春回大地、草木发青）：开始砍火山；

4月（"奢久龙"，即开始有鸟叫）：除继续砍火山外，可以种南瓜等作物；

5月（"昌木蒋龙"，即百鸟争鸣）：开始种玉米、稗子等农作物；

6月（"阿累龙"，即竹子出笋）：开始薅草、挖贝母、捕鱼等农事；

7月（"布安龙"，即青黄不接，是缺粮时节）：上山采集；

8月（"阿茸龙"）：种荞子、吃青苞谷、收小米和种各种瓜类；

9月（"阿长木龙"）：可收苞谷、稗和瓜类；

10月（"者洛龙"，收获月）：收粮食、修仓库，准备储粮；

11月（"总木加龙"，是降雪月）：收回最后的粮食作物，准备柴火过冬；

12月（"力哥龙"，是狩猎季节）：上山射猎，置办过年菜肴、收拾房前屋后。②

---

① 何大明，李恒主编．独龙江和独龙族综合研究［M］．云南科技出版社，1996；另见《独龙江乡的基本情况》（乡政府办公室提供的纸质版材料）。

② 资料来源：云南省政府信息公开门户网站 http：//www.ynf.gov.cn/newsview.aspx?id=1600156；同时可参考百度百科"独龙族"词条：http：//baike.baidu.com/view/4191.htm。

（四）社会与文化

受高山峡谷自然环境和粗放攫取自然经济制约，独龙族的聚落规模较小，大小不一的村落一般分散在高山和半高山区域。传统的民间组织并不发达，社会结构比较松散。一个聚落往往就是由一个或两三个父系家族"其拉"或"吉克罗"下的若干小家庭组成，"其拉"内部不能通婚，实行氏族外婚。20世纪60年代的社会历史调查资料显示，整个独龙江流域的独龙族分属木金、木仁、木江、陇吴、江勒、姜木雷、凯尔却等10个父系氏族"尼柔"，各"尼柔"的发展分化又形成了54个"其拉"，"其拉"下是直系祖孙三代的小家庭构成的"宗"。"宗"是最基本的经济单位，而小家庭往往依托"宗"来生存和组织生产活动。只有在出现外来威胁或者举行宗教仪式的时候，"其拉"、自然村落乃至"尼柔"或跨"尼柔"的联合才会出现。各"其拉"拥有比较明确的势力范围，这些势力范围往往以山岭、河谷、溪流、森林等为大致边界，其间的山林、猎场、渔口子和祭祀场为"其拉"成员共有，适宜耕垦的轮歇地实行谁先开垦谁有使用权、弃耕即宣告使用权终结的制度。

独龙族传统房屋有木楞房和竹篾房两种，房子为两面滴水的茅草顶，楼楞用粗细均匀的水冬瓜木条铺成，再覆盖竹篾笆。房子比较矮小，隔成上下两层。上层一般有两间，一间立火塘，是日常做饭、待客和主人夜间睡觉的地方，另一间做未婚儿女卧室，来客则供客人过夜。下层一般有1米多高，起通风透气的作用，也可圈养猪、鸡。粮仓一般在住房周围择地另建。

独龙族民间传统节庆主要是一年一度的新年节"开昌瓦"，节期一般是农历正月初一至初三3天。主要的节庆活动是以村落为单位的剽牛祭祀，祈求平安和丰收，以及村落内部各家各户相互串门饮酒宴乐。

独龙族在20世纪30年代以前主要信仰以自然崇拜为主要内容的民间宗教，巫师有较大权威，生产生活中遵守种种禁忌。20世纪三四十年代基督新教传入独龙江，献九当、巴坡、马库一带陆续有部分独龙族皈依。[①]

---

① 周云水．略论独龙族的基督教信仰［J］．宗教学研究，2009（4）．

二、政府帮扶独龙族发展的政策措施

独龙族由于绝大部分聚居在独龙江乡，而独龙江乡无论东向与内地、北向与西藏还是西向、南向与缅甸交往，都受困于崇山峻岭、山谷密林的阻隔，因此，长期处于几乎与外界隔绝的状态，信息不畅，商品和各种物资供应匮乏，生产生活长期徘徊不前。

（一）21世纪前各级政府对独龙族的扶持

发展交通，改变独龙族闭塞隔绝状态。1956年至1964年11月，经过地方政府和当地各族人民近十年的持续努力，贡山县城至独龙江乡政府驻地巴坡之间的人马驿道基本修通。在这条崎岖的山道上，共设立了4个驿站，架设了各种桥17座。[①] 它不仅使独龙族与内地的联系便利了，而且也使沿线居民点之间的联系加强了。县政府还成立专门向独龙江运输物资的国营马帮队，常年往返于巴坡[②]和县城茨开镇之间。1990年，交通部和云南省交通厅对口扶持怒江州，确定实施独龙江公路工程。1999年9月9日，茨开镇至独龙江乡政府新驻地孔当之间长达97千米、投资近1亿元人民币的独龙江公路全线贯通，独龙族作为我国唯一没有通公路的民族的历史结束了。有了公路交通，独龙族与内地的联系更加密切和便捷，也更有利于内地对独龙族的支援和帮助。

改善条件，逐步提高独龙族物质生活水平。从50年代开始，地方各级政府将砍刀、锄头等生产工具，水田、水稻和化肥等生产技术，逐渐输入独龙江，帮助独龙族改善生产条件。与此同时，还输入药品、被服、食物及各类生活必需品和物资及服务，使独龙族的物质生活条件逐步得到保障。改革开放以后至20世纪末，随着云南省自身经济实力的逐渐增强，地方各级政府扶持独龙族发展的力度也逐渐加大。1999年，云南省委政府从

---

① 《改革开放30年贡山交通巨变》（贡山县民宗委提供的电子资料）。
② 2003年之前，巴坡一直是独龙江乡政府驻地。2003年后，乡政府驻地北移至位处中间地带的孔当。

各部门抽调人员，专门成立民族工作队，进驻独龙江乡，采取了包括对部分生活条件恶劣的居民点实施易地搬迁安置、逐步消灭茅草房、扩大水田面积、推广地膜覆盖技术、修建道路等一系列措施，努力加快独龙族发展步伐。

此外，各级政府还通过发展国民教育、改善资讯条件、建立和加强基层组织、培养和使用民族干部等多种措施，努力全面提升独龙族的发展能力。

（二）21世纪以来各级政府对独龙族的扶持

进入 21 世纪以后，独龙族的发展更加引起各级政府的重视。2002 年，当扶持人口较少民族加快发展在全国尚处于摸索阶段的时候，云南省率先在怒江召开了独龙江扶贫工作会议，研究部署独龙江乡的扶贫攻坚工作。2003 年，贡山县党委政府根据云办发〔2002〕19 号文件《关于采取特殊措施加快我省 7 个人口较少特有民族脱贫发展步伐的通知》精神，责成县民委牵头编制了独龙族和怒族两个人口较少民族的脱贫发展项目规划（2003－2010 年），其中，独龙族脱贫发展规划涉及基础设施、安居工程、广播电视、生态建设、教育、卫生、文化、经济发展、科技培训和通话工程等 10 大类，规划投资 33545.45 万元。2006 年，根据中央和省委政府的有关要求，贡山县发改局牵头编制了《贡山县扶持人口较少民族发展基础设施专项建设规划》，涉及全县独龙族和怒族聚居的 12 个行政村，该《规划》以农村经济发展、交通、能源、社会事业 4 大类项目为主，计划每村投入 250 万元。①

2009 年，胡锦涛总书记到云南考察时指示要"进一步加快人口较少民族脱贫致富步伐"，温家宝总理还专门就解决好独龙族出行难问题做出重要批示。当年 10 月，云南省委副书记李纪恒率队深入独龙江进行工作调研，并在独龙江乡召开专题会议，就独龙江乡整体推进、独龙族整族帮扶工作进行了专题研究和部署，形成了云南省委《专题会议纪要》（16），明确要求通过 3 至 5 年的努力，使独龙江乡和独龙族经济社会实现跨越式、

---

① 贡山县民宗局提供：《贡山县扶持人口较少民族工作情况汇报材料》（2008 年 10 月 17 日）。

可持续发展。2010年1月，云南省委省政府召开专题会议，进一步研究了独龙江乡和独龙族的发展问题，形成了《中共云南省委办公厅云南省人民政府办公厅关于独龙江乡整乡推进独龙族整族帮扶三年行动计划实施意见》。怒江州扶贫办根据省委省政府的要求，编制了《独龙江乡整乡推进、独龙族整族帮扶综合发展规划》，计划用3年（2010－2012年）时间，针对独龙江乡6个行政村41个村民小组和丙中洛乡双拉村独龙族聚居的小茶腊小组，围绕基本稳定解决温饱、扫除贫困死角，实现跨越式、可持续发展的目标，实施包括安居温饱、基础设施、产业发展、社会事业、素质提高、生态环境保护与建设6项工程。该《发展规划》投资估算为86189.6万元，其中安居温饱工程11756万元，基础设施建设工程66971万元，产业发展工程4457万元，社会事业发展工程2235万元，素质提高333万元，生态环境保护与建设工程437.6万元；其中申请中央补助57387万元，省级统筹23802.6万元，沪滇对口帮扶5000万元。①

本次调查，正赶上该《规划》紧锣密鼓地抓紧实施的关键期，我们亲眼见到了修路、盖房那争分夺秒、热火朝天、机器轰鸣的场面。

三、近十年来独龙族获得的扶持与发展现状

（一）独龙江乡总体发展情况

根据《贡山县扶持人口较少民族工作情况汇报材料》提供的数据，从2003年起至2008年9月，全县针对独龙族和怒族两个人口较少民族聚居的12个行政村90个自然小组，实施了村间道路硬化、人畜饮水等基础设施建设和以草果种植产业发展为主的项目，累计完成投资1793.6万元。而同期，中央、省、州三级政府安排给贡山县用于扶持人口较少民族发展的专项资金共到位2277万元，其中国家扶持资金1989万元，省级扶持资金

---

① 怒江州扶贫办. 独龙江乡整乡推进、独龙族整族帮扶综合发展规划（节录）[J]. 怒江社会科学，2010（2）.

289万元；2005年到位211万元，2006年到位377万元，2007年到位678万元，2008年到位1011万元；发改委编制的扶持人口较少民族发展基础设施专项规划到位资金1595万元，到位率53%，沼气池、能源通电、部分村组社会事业项目的部分省级配套资金未到位。项目实施过程中，项目覆盖区农民人均收入比实施规划前的2004年增长172元，同比增长35.5%。①

同一份材料显示：2007年年末，独龙江乡共有耕地面积203公顷，占全乡总土地面积的0.21%，人均0.78亩；农民人均纯收入746元，人均占有粮食182千克；全乡6个村委会中仅有孔当、献九当、龙元3个村委会部分自然村通电，仅孔当一组、二组及乡级机关通有电视，乡境内有一条简易乡村公路，但晴通雨阻，通行能力极低；各村委会均建有简易的村卫生室，但缺医少药，群众看病难问题仍然十分突出；村委会都建有村文化室，但缺乏相关图书及开展文化活动所需的设施；全乡设有一个九年制学校和8所村小学，在校生有730人，人均受教育年限5.14年。

到2010年底，独龙江乡主要经济指标如下：

全乡共有4368人，耕地总面积195公顷，农民人均占有耕地0.71亩，较上年减少9%，主要是实施退耕还林造成的；农作物播种面积497公顷，人均播种1.71亩；粮食总产量839吨，农民人均产粮211千克；年末大牲畜出栏113头（匹）、存栏767头（匹），生猪出栏1488头、存栏3517头，山绵羊出栏229只、存栏1080只；农民人均纯收入1012元。②

通过实地调查，我们了解到：截至2011年7月，除了迪政当以外，其他5个行政村所在地基本通了简易公路，这条贯通独龙江上下游、将6个村委会连到一起的简易公路正在逐步拓宽、加固。贡山县城到乡政府驻地孔当的独龙江公路也正在加紧改造，内容包括拓宽、硬化路面，加固路基和挡墙，完善排水沟渠，特别是通过修通垭口隧道，将整条路线线位降到

---

① 《贡山县扶持人口较少民族工作情况汇报材料》。
② 6个行政村中，献九当人均收入1056元，巴坡1036元，龙元1025元，孔当1000元，马库989元，迪政当981元。资料来源：《2011年贡山独龙族怒族自治县领导干部经济工作手册》，内部资料。

雪线以下，以确保全线常年通车，这是对独龙江公路的重大改造和关键工程，对改善独龙江乡的交通状况意义重大。预计到 2013 年左右改造工程大体完工。除了公路交通之外，通信、通视、通电状况也进一步改善。部分居民点正在加紧实施安居改造工程。草果种植正在逐渐变成主导产业。

在教育方面，据介绍，自从国家采取集中办学和实行普六、普九的基础教育政策以后，全乡撤销了多个教学点，仅在最南的行政村马库和最北的行政村迪政当各保留一个教学点，招收一至三年级的学生，其他学龄儿童全部都集中到孔当中心校住校学习。中心校现有教师 44 名，初中部学生 230 多名，小学部学生约 600 名。几年来，独龙江乡不仅通过了普六、普九验收，而且入学率达 100%，巩固率分别为 99%、98%。①

（二）实地调查案例

本次调查，我们对独龙江乡的 4 个行政村所在地以及丙中洛乡双拉村的小茶腊村民小组进行了实地考察。以下我们用现场所见所闻来展现独龙族村落和村民们的生产生活状况。

1. 独龙江乡龙元村②

龙元村位于江边的一块台地上，离河边仅数十米，背靠大山。房屋比较密集。民居多是木楞房、板房，少部分房屋用茅草覆盖，大部分则已改用铁皮。村里已经通水、通路、通电、通视和无线通信，但手机信号不大好。村边还有一条小溪流，各家各户在溪边建有自己的小型水碾坊，早些年单家独户的小型水能发电机有的还在转动。村部是新建的 2 层砖混建筑，旁边是村卫生室，药架上摆放着数十种常用药。卫生室还兼着广播室，我们进村时，高音喇叭正播放着流行歌曲。

龙元村现有 610 人，其中 558 人为农业户口，52 人为非农业户口（主

---

① 这是对独龙江乡教育办公室主任高德生老师访谈获得的资料，由贾仲益访谈并整理。
② 我们于 2011 年 7 月 11 日到访元龙村。途中遇到外出办事的村党支书，在路边聊了半个多小时。当天在村里接待我们的是村委会主任，本村人，现年 28 岁，2004 年高中毕业，2007 年担任村委主任，会讲独龙语和普通话。该村一位在昆明林学院上大三的学生暑期放假回乡，也来村部一起聊天。刘晓宇同学负责整理了这次访谈。

要为教师、国家公职离退休人员等），还有 3 个在读大学生。村中主要有三大姓：江、李、龙。

村里耕地少，人均只有 7 分旱地，没有水田。农作物主要是土豆和玉米。每家每户都有一小块园地，种一些青菜。土豆 2 月种，6 月收，亩产约 500 斤；玉米 4 月种，9 月收，亩产约 200 斤。种植用化肥非常少，主要施用农家肥。各家的耕地基本都在村子附近的山上，最远的半个小时也能走到。无论是粮食，还是青菜，都是自产自销，不买不卖。除了种粮，农户还种核桃、板栗、桃、李、花椒等林果，基本上都是自己家里吃用，卖得很少，因为家家都有，离乡里集市也远。

家庭养殖主要是养猪。情况较好的家庭，人均能养 1 头猪。小猪在买来的时候一般是 100 元/头，最大可以养到 200 斤，按照现在 13-14 元/斤的价钱，可以卖到 2600 元。村中的猪肉基本上都是自己吃，哪家杀了猪肉一时吃不完，就卖给村里别的人家；到别家杀猪卖猪肉时，也可以买来吃。通了公路以后，出去方便了一些，但又带来新的问题，就是灾病反而多了。近几年每年都要闹一两次猪瘟，去年村里就因为发猪瘟死了 8 头猪。村民几乎家家都会养一些土鸡。现在土鸡的市场价格是 25 元/斤，平均 100 元/只，土鸡蛋平均 1 元/个。这些土品种很受欢迎，但是也容易闹鸡瘟。

村民的收入还有一部分来自在乡里建设工程中打工。村民出乡打工的人比较少，因为不能适应城市的生活，总是被骗、吃亏，赚不到钱。

村里还有采集渔猎的传统。农闲时节，男人上山采药和其他山货，或者下江打鱼。独龙江里白鱼和扁头鱼比较多，一般来说，白鱼需要用渔网捕，扁头鱼在水流较缓的地方钓。由于国家的保护政策，是绝对不能使用电击和药物毒鱼的。过去，村民钻山入林打猎，主要打黑熊和飞鼠等，黑熊可取熊胆、熊皮、肉等。但现在禁止在保护区里打猎，而且封山育林，所以年轻一代基本上都不会打猎了。

一些家庭还有针线上的收入。村里的妇女一般都会织独龙毯。织毯一般是农闲时节。独龙毯如果在市场上卖的话，最普通的棉线独龙毯要 350 元左右一件，加了麻线的要 700-800 元一件。不过现在的独龙毯也不是村民自己纺线、染色，而是直接从外面买线来织。

村子造表报给乡里的农民人均年收入为 850 元，主要是按照种植收入来计算的。①

近年来，这里发生了很大的变化。首先是交通有了改善。以前小娃娃出去读小学，要走 6 天 6 夜才能翻山出去，现在虽然公路还没有完全修好，但交通已经便利了许多。其次是国家的退耕还林政策好。以前自己开山种地的时候，总是吃不饱的，现在政策实行后，国家给每人每年补贴 357 斤粮食，半年发一次，解决了村民的温饱问题，只是大米的质量稍微差一些，如果能再改善一些会更好。再次，低保政策的落实也使得村民的基本生活有了更好的保障。村里的低保共分 3 个档次，第一档为老弱病残，每人每月补助 80 元；第二档是那些读书孩子多、劳动力少的家庭，每人每月补助 60 元；第三档是家里有上了年纪、需要赡养老人的家庭，每人每月补助 40 元。这些政策对于保障和提高村民的基本生活水平都起到了很大的作用。

村民的家庭花销主要包括以下几个方面：一是柴米油盐酱醋茶，油是最大的开支，大约人均 40 元/月，烟也是很大的一笔开支。二是手机费，现在年轻人一般都会用手机，一个月几十块钱。三是衣服鞋帽费用，每人每年大概会添置 2 套衣服，人均花费 100－200 元。

村子里以前的房子基本上都是茅草房，通风好、较凉爽，但容易发生火灾，每 5 年左右必须把茅草换一次，而且冬天下雪时茅草顶不容易除雪，遇到大雪很容易将屋顶压塌。现在想盖茅草房也越来越难，因为退耕还林后，树林又高又密，就没有大片的茅草地了。现在的板房是在整村改建项目中新建的，由村民自己出资出料，包括 40 立方米沙子。板房结实，也比较方便；房顶用铁皮，冬天下雪时不用担心塌顶，也比茅草耐用。但成本高，因为建造用的木头是云南松，本地没有，都要从外地运进来，很是困难；通风不好，更加潮湿；加上这里雨水多，下雨时响声大，很吵，夏天屋里热得呆不住。

---

① 根据贡山统计部门提供的数据，龙元村 2010 年的农民人均纯收入为 1035 元。该数据含农户获得的政府低保补贴等在内。

村里人平时都讲独龙话，但现在会唱独龙歌的人越来越少了，年轻人大都选择唱流行歌曲；会跳独龙舞的人也很少了。这些年，政府大力提倡和宣传，在村子里普及独龙舞，才有了一部分人按照政府所教的套路，会跳一些独龙舞。

以前每年都会举办独龙族的剽牛祭天活动，但现在也好几年没搞过了。

现在比较苦恼的是村民的身体素质。全村人口的平均寿命可能不到50岁。由于本村没有特别擅长用草药治病的民间医生，村卫生室也仅能提供医治日常感冒咳嗽的普通药品，村民没有体检的机会，平时小痛小病都不吃药不打针，到了病情严重无法承受时想治疗又没有条件，只能等死。这里劳动条件差，出门就要爬山钻林子，遇到雨雪等恶劣天气容易摔伤，或者不小心被虫蛇叮咬，救治不及也不时死人。老人和孩子的生命力尤其脆弱。还有一个值得注意的现象，就是近年来村里一部分村民的精神状况不太好，几乎每年都会有人跳河或服毒自杀，有的是因为家里人吵架、夫妻闹矛盾，有的则是小孩子不肯去读书，这很让人焦虑。

2. 丙中洛乡双拉村小茶腊组①

小查腊组是双拉村比较偏远的村民小组，是20世纪50年代部分从独龙江乡外迁的独龙族集体安置形成的聚落。② 目前全村有42户人家，人口159人。

该组位于怒江北岸的山头上，与怒江的垂直距离约500米。目前只有一条陡峻难行的山路从怒江河谷的公路边盘旋而上，到了比较平缓的山头，也是这条山路，将小茶腊组散布在坡头上的几个小聚落点串联起来。从山脚往上爬，到最远处的几户人家，如果空手徒步，大约需要一个半小

---

① 小茶腊组的实地调查时间是2011年7月14日。丙中洛乡党委唐副书记、双拉村委会李主任陪同调研。访谈在小组长小李家进行的。访谈由贾仲益负责，王必良记录整理。

② 据小查腊组小组长小李老父亲介绍，这里的独龙族是从独龙江搬过来的，时间大约在1958年前后，到现在已经有四代人了。李组长的妈妈50多岁了，是在小查腊出生的。合作社之前，这个小组只有6户人家，合作社时搬到了一起。有一段时间很不稳定，要在小茶腊和独龙江老家两边跑，因为当时还是以种火山地为主，到了轮歇时就要回去。当时独龙江区的一乡、二乡、三乡都有人搬过来，以三乡（现在的孔目附近）为主。因为从不同的地方搬来，所以小查腊组分属好几个不同的宗支，相互可以通婚。

时；平时村民赶集回家背负重物则需约3个小时，下山时间可以减半。

全组人均坡耕地1亩，少的家庭3亩，多的家庭7-8亩。养有耕牛的农户借用畜力耕地，没有牛的农户则用锄头挖地。村里原来种过旱稻，旱稻很香，但产量低，不够吃，现在已经基本改种土豆、玉米了。土豆产量较低，100斤的种子只能种出4000-5000斤土豆。这几年政府鼓励种一些草药，农技部门做过现场培训指导。这里的山林面积大，平均每户1000多亩，林地已分到各家各户，由农民自己管理，需要薪柴和用材时可以砍，但是主要松树和各种杂木，山林基本上只有生态效益，没有什么经济效益。

农户的收入主要是种植、养殖加外出打工。种植包括土豆、玉米等粮食作物和白菜等，还有苹果、梨、桃、李等果树，果类的品质不错，但品相差，卖不出好价钱。养殖有猪、山羊、鸡等，都是自然放养，拿到集市上大受欢迎。中青年人外出务工多在县内，因为这几年各类工程比较多，需要的劳动力也多，但因为缺乏技术，只能做些力气活儿，干一天只有60至80元。部分家庭还有一些野生草药采集收入，但不稳定，由于本地可采集的草药等越来越少，需要进独龙江去，每次出门一去就是十天半月，要带上粮食，很辛苦。还有一项收入是政府补助，包括低保补助和农业补助。低保覆盖全村，平均每人每月70元。农业综合补贴每亩每年70元，种子补贴每亩10元。村里人均纯收入1000元左右。

村民们过去是种什么吃什么，由于耕地少、产量低，大多数农户在6-10月经常青黄不接，靠国家救济。2007年发放农村低保后，吃穿基本上有了保证。而且，农户现在主要是买大米吃，玉米用作家畜家禽的饲料。当地的米价大约是2.8元/斤，50斤一袋的大米需要125-135元钱，成年人每人每月约需35-40斤米。

尽管位于坡头上，但这里植被好、水源充足，山有多高、水有多高，所以各家各户都能从深山引出自来水。近年来政府提供钢管、胶管，水流比较稳定，但冬天结冰或雨季沟里树叶、泥沙阻塞水管，也会影响用水。受惠于国家实施的农网工程项目，村里2010年10月通电，原来夜间照明全靠点松明或蜡烛。通电后，基本上家家都有电视了，"村村通"工程提供的"小锅盖"每家都有，电视信号很稳定；还有些家庭买了洗衣机。由于位于高处，移动电话的信号很好，年轻人大多用上了手机。

自从省里决定对独龙族实行整族帮扶政策以来，小茶腊组也在政策适用的范围之内。据乡党委唐书记和村委李主任介绍，连通小茶腊组的通村公路已经设计规划好了，2011年8月就开工，采用大型机械施工，预计3个月就能通毛路，当年年底毛路就可修通。除了修路以外，还包括民房改造和通水、通电等建设内容，平均每一户得到的扶助预计在30万元左右。

政府有关部门近年比较重视组织劳动力培训，有到乡里集中培训和专家到村里现场指导两种形式。农户也感到很需要劳动力培训，也包括在农村用得上的种植和养殖技术培训，村里的老少都愿意参加。在调查现场的多位村民表示，希望上级以后加强病虫害防治、病疫防治、核桃种植、土地复种技术、漆油工艺、种养殖技术和劳动力技能等方面的培训。他们提醒说，福贡县在劳动力培训方面有些好的做法，比如通过集体培训，村民们掌握了基建的译本技能，包括选材、浆料搭配、砌墙等几乎全套技术并组建了农村工程队。他们也希望本地政府既要注重提高个人的技能，也要注意按照现在本地就业市场上的多种需要，进行更有针对性的培训。

村里有部分村民信仰基督教，基督教传入已有10多年了，村里的教学点旁建有基督教堂。按照基督教教规，信徒不得抽烟喝酒。唐书记介绍，当地的独龙族、怒族、藏族相互融合，语言相通，习俗相近。怒语、独龙语的词汇基本一样，只是语调不同，生活习惯也相近。小查腊的独龙族不仅讲独龙语，还会讲怒语、傈僳语。信基督教的多会傈僳文，信天主教的主要用汉语，原来的经文则主要是藏语。不信教的则尊奉民间传统信仰和禁忌。现在村里过元旦节、春节、中秋节、国庆节等节日，信众还过圣诞节。独龙族传统的最大节日是"卡雀哇"，过去每年都要举行剽牛仪式，现在只有政府才能组织了。剽牛原来一般在11月10日左右，就是在收获之后。前些年和春节重合在一起过了，现在准备重新分开过。

随着劳动力外出务工和外地人进出的逐渐增多，跨民族通婚逐渐多起来。村里已有姑娘嫁到兰坪、临沧以及河南、河北、北京那么远的地方，都是通过打工与别人认识，或者是外地工程队在县上、乡上施工互相认识跟出去的。也有四川等地的男子来上门的。但目前还没有到外面娶媳妇进来的。

（三）基本判断

从实地感受和当地政府相关部门提供的相关资料、数据来看，与10多年前相比，独龙族的生存状况有了明显的改观：从生存环境来看，通过国家基层政权组织建设和延伸，几乎覆盖全部适龄人口的学校教育的普及，从滞后的纸质媒体到实时的广播电视，逐渐畅通的交通特别是公路，以及由此带动的越来越大规模的物质交流和人员流动，他们已经从几乎与世隔绝的封闭状态全面摆脱出来，被越来越深刻而紧密地纳入广大而复杂的外部世界中。从生存条件来看，独龙族已经从过去的总体上食不能终年果腹、衣不能四季蔽体、住不能雨雪无忧、行不得不攀缓腾挪的状况，转变为如今的衣食终年基本可以饱暖、房屋越来越敞亮坚固、远行可以车代步，这样的变化是可感可触的，由此带来的惠益也是实实在在的。由于交通、通信的日渐便捷，基层组织的日渐健全，独龙族从个体到整体，已经逐步摆脱孤立无援的状态。特别是政府救助具有可靠性和可及性，使独龙族在面对自然灾害时不再脆弱无助。但是，横向比较，独龙族整体的经济发展指标，依然是远远落后于全国的平均水平，落后于云南全省的平均水平，即使在怒江州，独龙族及其所在的独龙江乡也是排在全州的末位。也正因为如此，在"十一五"末，亦即国家正式实施扶持人口较少民族发展的第一个五年规划行将结束之际，云南省委省政府出于加快独龙族发展步伐的考虑，决定采取独龙江乡整乡推进和独龙族整族帮扶的措施，是及时而必要的。

四、基本经验和困难问题

（一）基本经验

根据调查访谈和政府有关部门的总结材料，近年来，地方各级党委政府在帮扶独龙族实现整体脱贫和实现可持续发展的过程中，积累了以下经验：

1. 领导重视、政府推动是独龙族发展的前提。独龙族由于地理隔绝而长期生活在封闭孤悬的环境中，民族整体的现代质素缺乏，人员素质、社会发育、经济基础等与现代发展要求难以适应。因此，独龙族的发展和进步，必然是一个由政府推动和保障的渐进的、持续的、长期的过程。现行的党委领导、行政首长负责、职能部门分工协作的政府运行体制和财力集中于上级的资源分配格局，决定了领导特别是主要领导的见识、决断、意志成为各项政府工作能否取得预期成效的关键。如前所述，最近十多年，独龙族每一次发展机遇的出现，都与上级主要领导的关注密切相关，与掌控重要资源的上级部门的关注密切相关。独龙族所在的贡山县乃至怒江州，由于发展滞后，可用于支持独龙族发展的财、物、人力资源极其缺乏，这就决定了省委省政府乃至中央的重视，对独龙族今后的前途和命运至关重要。

当然，中央和省委省政府的决策和部署，需要州、县、乡党委政府逐级贯彻落实，地方各级党委政府的执行力，也是非常重要的制约因素。为此，贡山县从一开始就成立了以县长为组长，县委副书记及分管副县长为副组长，相关部门负责人为成员的工作领导小组，负责全县扶持独龙族怒族两个人口较少民族发展项目实施工作的指导、督促和检查。各乡镇也相应成立了机构。全县形成了县、乡、村三级工作机制，层层抓落实，为推进独龙族发展项目的顺利实施提供了有力的组织保障。

2. 调查研究、科学规划是保证帮扶工作有序和可持续推进的关键环节。独龙族的发展困境是在各级领导、政府部门、专家学者多次反复的深入调查基础上逐步形成和不断深化、具体化的共识。调查研究既是形成正确认识的基础，也是纵横沟通、达成共识的过程。在反复调查的基础上，形成了扶持独龙族发展的一系列规划和指导性文件，包括县一级的《云南省贡山县独龙族脱贫发展项目规划（2003－2010年）》《贡山县"兴边富民工程"三年发展规划（2005－2007）》《贡山独龙族怒族自治县扶持人口较少民族发展建设规划（2006－2010年）》，州一级的《独龙江乡整乡推进、独龙族整族帮扶综合发展规划》，和省一级的《中共云南省委办公厅云南省人民政府办公厅关于独龙江乡整乡推进独龙族整族帮扶三年行动计划实施意见》等。这些指导性文件，将上下级政府之间、政府各部门之间、政府和社会之间的思想和认识逐步统一起来,成为凝聚共识的基础和协同行动的方案。

3. 统筹协调、形成合力是确保扶持工作取得实效的重要保证。在实际工作中,各级政府职能部门往往按照职责分工,各自确定工作重点和先后次序,致使资源难以整合,工作难以同步,形成各行其是、零敲碎打的局面。为使独龙族发展扶持工作能够协同推进,贡山县总结多年项目工作的经验教训,实行了"不改变资金用途,捆绑使用、集中投入、合力攻坚"的办法,努力将各项扶持资金集中起来,取得了一定的效果。

此外,县、乡两级政府还十分注意做好宣传动员工作。通过召开县、乡、村三级干部会议,学习文件、宣传形势;派出工作队员深入村组,结合调研工作将有关政策宣传到广大农村群众中,调动民众自觉参与积极性等办法,营造有利于项目推进的社会氛围,并产生了良好的效果。如独龙江乡村公路建设工程中,百余名独龙族青年民兵自发组织起来,参与到乡村公路建设中,不仅为工程建设提供了宝贵的劳动力资源,而且也增加了收入,学到了技能。

(二)存在的困难和问题

贡山县有关部门总结认为:本地方集边疆、民族、贫困、山区为一体,基础设施落后,经济社会发展缓慢,缺乏产业支撑,造成建设成本高、财政收支矛盾突出,无力投入大量资金搞建设。这种特殊性,严重制约着加快独龙族等人口较少民族经济社会发展步伐,使扶持工作面临不少困难和问题。

1. 项目建设运行成本高,项目实施难以达到规划要求。由于独龙族聚居村均处于边远地区,且交通条件落后,项目实施过程中不可避免的涉及多次搬运等问题。如独龙江乡各种建设物资的运输费用达400多元/吨,有的建设物资运费比成本还高,制定规划时的经费预算与实际费用存在差距,造成很大资金缺口,要按照设计要求按时、按质、按量完成项目十分困难。

2. 缺乏大项目支撑,整体带动作用不明显。2010年以前,扶持人口较少民族发展专项建设规划一般针对村级,每个村控制在250万元,部分毫无基础的村子难以完成扶持任务。与此同时，以乡为单位的大聚居区相关基础设施项目无法列入规划，独龙江乡作为独龙族最主要的聚居区，通乡公路、境内公路延伸及改造工程是全乡发展的关键，但因项目投资过大，无法列入规划内，项目得不到妥善解决，未能起到带头作用，制约了全乡的经济发展，村一级的扶持项目也很难真正见到实效。

3. 缺少相关配套项目管理经费，规划实施得不到有力保障。由于县财政自给率很低，无力投入基础设施项目建设相关配套经费，扶持独龙族等人口较少民族项目无配套项目管理经费，给项目的实施带来较大困难。

（三）希望和要求

1. 地方政府的希望和要求

当地政府根据近年扶持人口较少民族发展工作开展情况，提出了如下请求：一是鉴于独龙族等人口较少民族社会发育层次低、经济基础薄弱，目前仍有绝大部分群众处于贫困状态，建议继续加大对相关民族的基础设施、社会事业等方面的扶持力度。二是希望得到沿海发达地区更大力度的对口帮扶，能够引进更多的资金和技术力量。三是希望上级加大对独龙族等人口较少民族的教育扶持力度，比如在省外或省内举办独龙族初中班、高中班等，提升民族教育质量，从而提高民族整体素质。

当然，这样的愿望和要求，在《中共云南省委办公厅云南省人民政府办公厅关于独龙江乡整乡推进独龙族整族帮扶三年行动计划实施意见》和怒江州《独龙江乡整乡推进、独龙族整族帮扶综合发展规划》中，已经得到了较好反映和体现。随着上述政策文件的逐步落实，独龙江乡和独龙族整体的面貌一定会发生翻天覆地的巨变。

2. 当地民众的希望和要求

户访和座谈会收集到的农户意见，主要集中在四个方面：一是对尽快改善交通等基础设施愿望十分迫切，包括出独龙江的公路能够四季畅通，以及通村、通组的乡村公路能够尽快修通并硬化。道路畅通后，外出就学、务工，病人就医，以及本地物产输出就方便了。二是希望农村低保的标准适当提高。因为本地大量的生产生活物资主要由外部输入，由于流通环节多，成本高，而且品质往往没有保障，要求"物美价廉"并不现实，但适当提高低保标准后，可以抵消食品等生活必需品在流通环节产生的过高成本，使低保能够对那些低收入的家庭起到更好的保障作用。三是希望对乡卫生院和村卫生室进行更多的投入，使之能够为当地民众就近就诊治病提供及时可靠的医疗服务。四是希望教学点不要撤并，因为低年级的孩子出远门就学安全隐患多，家长不放心；加上现在孩子少，孩子过早离家，造成家庭缺乏生气活力，村子里也死气沉沉。

五、关于独龙族发展问题的思考

通过对独龙族所在地区的实地调查，我们感到：独龙族的未来发展，既涉及政策和行动问题，即各级政府采取什么样的政策措施，才能更好地促进和保障独龙族及其所在地区的加快发展并使之具有可持续性？也涉及理论和认识问题，即独龙族的发展究竟应当包含哪些目标和内涵？这些目标和内容的关系应当怎样协调？在一定意义上说，解决认识问题、形成正确判断较诸决策和行动并非次要问题，而是具有先决性意义的重大问题。

（一）正确理解独龙族的"贫困"及其成因

独龙族的"贫困"已经成为众所周知的"事实"。但是，独龙族"贫困"的本质及其成因，却不一定是众所周知的。因此，有必要进行理论上的认真深究。

1. 需要从文化生态学的视角深刻认识独龙族经济社会发展现状及其复杂成因。独龙族高度分散、小型化、相互孤悬的聚落格局，是由独龙江连绵的悬崖峭壁、两岸被湍急的江水分隔的基本地貌和地形所塑造的。高度分散和小型化的聚落格局，严重制约了独龙族社会的整合，使独龙族形成了地段性的内部差异[①]，也制约了内部的分工、分化。

---

① 独龙族的内部差异表现在语言、习俗等方面，如巴坡、马库一带，语言多与傈僳族语言接近；孔当、九献当、龙元、迪政当则多与怒族语相通；独龙江上游各村落妇女多文面，而下游则鲜少，等等。

广袤的原始森林、随处可见的溪流河道提供了天然、潜力巨大的采集渔猎场所，使独龙族粗放的园艺农业缺乏精耕细作化的环境压力，加上人口增长十分缓慢，长期没有外部重大干扰（包括人口流入、文化输入、外部其他社会的经济和政治的统摄等），使独龙族得以在独龙江流域发展出一种以技术含量较低的粗放园艺农业（即广种薄收的刀耕火种农业）和采集、狩猎、捕捞结合在一起的复合型生计，并通过轮歇制和半定居方式作为适应交通不便的地理环境、开发利用其中环境资源的重要手段。其结果，是技术简单、自给自足、随遇而安、分化不明显、分工不精细的独龙族社会文化特征的长期维持，以及独龙江流域生态资源的低度开发和持久延传。

由独龙江险峻而广袤的原始森林环境所决定的人与自然关系，塑造了独龙族社会文化的面貌，包括充分利用丰富的天然环境资源的复合型生计和经济上以家庭为单位的自给自足；与轮歇式利用土地和渔猎采集资源相适应的聚落分散性、小型化和半定居式；与小型、半流动社群生活相适应的组织状态，如社会缺乏分化和严密整合（人口与环境的相对宽松关系，保证了流域内人类群体内部关系的复杂调整，包括习惯法、礼仪等社会制度不发达；但氏族外婚制又保证了一定的内部联系）；与松散的社会结构相适应的人的精神状态的放松和自由（由自然资源供给的相对可靠性和稳定性，物质生活上满足于果腹又能基本自给自足，财产观念淡漠，精神上随缘而适、随遇而安、达观乐天）；与自然环境和谐一体的生存状态则塑造了宗教的"原始性"和万物有灵观念（与园艺农业、采集渔猎生计要求人与自然保持亲密、直接、频繁的接触有关）。

在某种意义上，生活在怒江流域、西藏南缘、缅甸恩梅开江流域的各民族/族群的社会文化特点，对于维持独龙江流域的人与自然关系也起到了重要作用。周边地区都曾经是人烟比较稀少、植被茂盛、动植物资源丰富的地区，生活在这些地区的各民族也都长期维持着与独龙族类似的自足型的复合性生计，这种环境资源的类似性、人地关系的类似性、族群文化的类似性，恰似维护独龙江流域人地关系的厚实保护层，也抑制了独龙族对独龙江生态资源进行商业化利用的可能。

2. 需要站在人类长远利益和可持续发展需要的立场上审视独龙族社会文化与独龙江流域生态环境之间的关系，理解独龙族对于当今人类的特殊贡献。独龙江流域被称为世界为数不多的几个最重要的生物基因库之一。在当前原始森林基本被人类毁灭殆尽、人与自然关系问题变得日益严峻，生态问题和环境问题成为人类可持续发展的瓶颈的背景下，独龙江流域的"原始性"不仅对中国具有特殊价值，对世界、对全人类也有重大意义。

独龙江对人类的意义越凸显，越不可忽视一个客观事实：独龙江流域千百年来并非处女地，而是有人类生息的家园。独龙族作为独龙江流域的主人，他们选择的生存方式是独龙江流域原始生态得以保全最关键的原因。当人类世代生息的许多家园已经破败不堪、已经越来越成为人类自我葬送的生命坟场和道德坟场的时候，独龙江流域的存在，不仅具有生态意义，同时也具有了伦理意义，以及人类探索可持续未来的智慧启示价值。独龙族对于当今中国和世界的意义，必须从独龙江流域的这种独特价值中来找寻，因为独龙江流域的存在与独龙族的社会文化是相互依存的。

（二）正确选择独龙族的发展道路

毫无疑问，在生态问题和环境问题日益成为人类发展难题、生态恶化和环境污染严重损害人类生活质量并危及人类可持续发展的今天，独龙江流域的独特生态价值，已经不再局限于一隅一方，而关涉整个中国乃至人类世界的长远利益需要。因此，对于以独龙江流域为主要家园的独龙族的未来发展，不仅要以如何更有利于独龙江流域的生态保护为着眼点，而且同时要以如何能够使保全和造就了独龙江流域这一无可替代的生态资源宝库的独龙族得到与他们做出的贡献相称的回报、尊重和尊严为着眼点。

珍惜独龙江流域的生物多样性，注重独龙江流域的生态保护，在各级政府近年来的政策措施中体现得越来越清晰：退耕还林、封山育林、严格限制和严厉打击各种盗采野生珍稀生物资源行为的政策和措施都是旨在更好地保护和修复生态，控制人口、转移劳动力和逐步加强社会保障等政策和措施也较好地发挥了减轻当地人的谋生活动对环境和生态造成更大压力的作用，而以草果种植等具有积极生态效应的项目为内容的产业调整尝试也兼顾了生态效益和经济效益。此外，通过学校教育、标语警示、广播电视宣传等多种手段，保护生态、爱护环境的观念进一步深入人心。

但是，对于独龙族，社会各方面的认识和看法就还不是积极的、正面的，而是矛盾的、消极的。独龙族生存方式的简约、节制，往往被理解为懒散、怠惰、不求上进和不思进取；独龙族对自然的敬畏和亲近，往往被理解为迷信和愚昧；独龙族在特殊的自然和社会环境中形成的生活习惯，如饮酒聚乐等，也成了暴露其"劣根性"的证据……对这些强加在独龙族身上的带有歧视色彩的刻板印象，外部世界迄今仍缺乏反省能力。假如外部世界执迷于这些刻板印象，真诚地尊重、平等地对待独龙族，就只能是言不由衷的口号！

我们认为，独龙族未来发展不能脱离了独龙江流域这个生态家园，独龙江这个生态家园的维护和保全也不能将独龙族撇在一边，这是需要达成的前提性共识。在这个前提之下，围绕独龙江流域的保护性开发计划，探索独龙族的生态化生存发展之路。

具体而言，通过云南省实施的"独龙江整乡推进和独龙族整族帮扶"计划，全面改善独龙江流域的交通、通信、服务、生活等基础设施；在保护的前提下，利用独龙江流域独特的自然和人文资源，进行包括科学研究、民俗体验、生态旅游、度假休闲、小型水电等多种形式的适度开发；依托这些产业和职业，配合生态化的发展规划，发展与之相适应的民族教育，培养能满足交通运输、旅游服务、森林保护、电站运营、文化产业、林区种养等多种职业需求的各类产业人才，使独龙族经济社会和文化的发展与人的发展紧密结合起来，使独龙江乡的发展与独龙族的整体发展能够融为一体。

（三）对当前政策措施的评价

根据近10年各级政府针对独龙族所采取的一系列政策措施及其推演的情况来判断，对于独龙族的发展，焦点在帮助独龙族彻底摆脱物质生活的极端穷困状态，基本的思路是：通过基础设施建设，更好地保障民生并为发展创造基础条件；通过产业调整，走出一条绿色经济发展之路；通过发展教育，提高独龙族自我发展的能力。这一思路总的方向并没有错，但是，在具体操作方面，思路不清是一个十分突出的问题。比如，民族教育的发展并没有明确坚持要与独龙江今后的生态化开发结合起来考虑，而是流于普通教育；也没有明确独龙江流域的建设和发展必须服务于独龙族可持续发展，二者是统一的关系；基础设施建设究竟如何设计和安排，才能符合独龙江流域的生态化发展的内在需要；等等。因此，建议地方政府和相关部门，一定不能脱离了独龙族发展需要来考虑独龙江流域的保护和发展问题，也不能脱离了独龙江流域的资源条件和潜力来考虑独龙族的发展问题。

赫哲族经济社会发展调研报告

调查人员：冯蕾　赵北扬　关凯

执笔人：冯蕾　赵北扬

本文以2001年到2010年间国家政策扶持和赫哲族社会变迁为例，分析国家政策干预对人口较少民族社会经济的影响，以及下一步政策的走向发展。

一、政府在赫哲族经济社会发展方面所实行的政策扶持

（一）国家层面的政策措施

党和政府一直致力于发展各民族的平等繁荣，对于赫哲族的扶持帮助，主要涵盖在人口较少民族工作之中，采取了以下措施。

一是开展人口较少民族调研，全面了解全国人口较少民族情况。 2000年，相关部门和机构开展了"中国人口较少民族经济和社会发展调查研究"，此次调研是继20世纪50年代民族识别工作调查以来，又一次全国范围内进行的大规模民族方面的调查活动。通过对全国22个人口较少民族经济社会发展情况调研，掌握了人口较少民族经济社会发展的基本情况、风俗文化等有关情况，为国家制定实施扶持人口较少民族政策提供了重要的决策依据；同时，这项调研工作引起了各级政府对做好人口较少民族工作的重视，也带动了一些专家学者关注人口较少民族的研究工作。

二是在中央制定的关于民族工作文件中，强调了做好人口较少民族工作。 2005年召开的中央民族工作会议，制定下发了《关于进一步加强民族

工作 加快少数民族和民族地区经济社会发展的决定》，其中专列一章提出要加大对人口较少民族的扶持力度，指出将"实施扶持人口较少民族发展规划，国家加大资金投入和政策扶持，各地要加大支持力度和加强对口支援。通过5年左右的努力，使人口较少民族聚居的行政村及设施得到明显改善，群众生产生活存在的突出问题得到有效解决，经济社会发展基本达到当地中等或以上水平。再经过一段时间的努力，使人口较少民族达到全面建设小康社会的要求"。该决定明确了人口较少民族发展的目标，为下一步做好这项工作提供了效力保障。

三是国务院讨论并通过《扶持人口较少民族发展规划（2005－2010年）》（以下简称《规划》）。《规划》提出，要按照国家扶持、省（区）负总责、县抓落实、整村推进的原则，加大工作力度和资金投入，并组织沿海发达地区和大中城市、大型企业对口帮扶，通过5年左右努力，使人口较少民族经济社会发展达到当地中等或中等以上水平。重点要抓好的工作有：一是加强包括人畜饮水、交通、通电、广播电视、安居、基本农田等基础设施项目的建设，努力改善他们的生产生活条件；二是着力调整经济结构，立足发挥当地资源优势，发展特色产业，促进群众增收；三是大力发展科技、教育、卫生、文化等社会事业，促进社会进步；四是加大人才培训力度，加强科普工作，提高群众的科学文化素质和健康水平。《规划》的实施，标志着扶持人口较少民族政策的全面实施，人口较少民族迎来发展的黄金时期。

四是召开了全国扶持人口较少民族发展工作会议，布置工作任务。为研究部署《规划》实施工作，动员各方力量共同促进人口较少民族加快发展，国务院召开了全国扶持人口较少民族发展工作会议，这是专题研究布置扶持人口较少民族发展的工作会议。会议提出了做好人口较少民族工作的指导思想、发展目标、主要任务和工作方针，要求各地各部门深刻认识这项工作的重大意义，进一步增强紧迫感、责任感和使命感，大力推进人口较少民族加快发展，实现各族人民共享改革发展成果。

五是中央政治局常委和国务院把扶持人口较少民族发展工作列入政治局常委和国务院工作要点。胡锦涛同志要求扎实推进扶持人口较少民族发展；温家宝同志多次批示"一定要把这项工作尽早办好"。全国人大常委会把这一工作纳入 2006 年执法检查的内容，检查组则将《关于我国 22 个人口较少民族经济社会发展情况的意见》向全国人大常委会作汇报；全国政协对人口较少民族发展也给予极大关注等。

六是国务院有关部门，充分发挥职能，加大对人口较少民族的扶持力度。 近 20 个政府相关部门、解放军和武警部队，采取制定专项规划、纳入计划、安排专项资金、优惠贷款、出台特殊政策措施等方式，对人口较少民族的发展给予大力支持。

国家层面制定出台的一系列重大政策措施，对赫哲族的支持力度和投入不断加大，中央和国家有关部委的高度重视，为赫哲族群众和地区的发展提供了基础性的保障，为赫哲族发展带来前所未有的发展机遇。

（二）黑龙江省制定实施的政策措施

黑龙江省是赫哲族的主要聚居区，对帮扶赫哲族发展具有重大责任。黑龙江省政府以落实国家的民族政策为基点，以推动人口较少民族经济社会发展为目标，采取各种措施保障少数民族的经济、政治和文化权益。

一是制定了《黑龙江省人口较少民族专项建设规划》，涉及对赫哲族投入 1768 万元，20 个项目。项目投入资金规模（以乡为单位）见图 1。

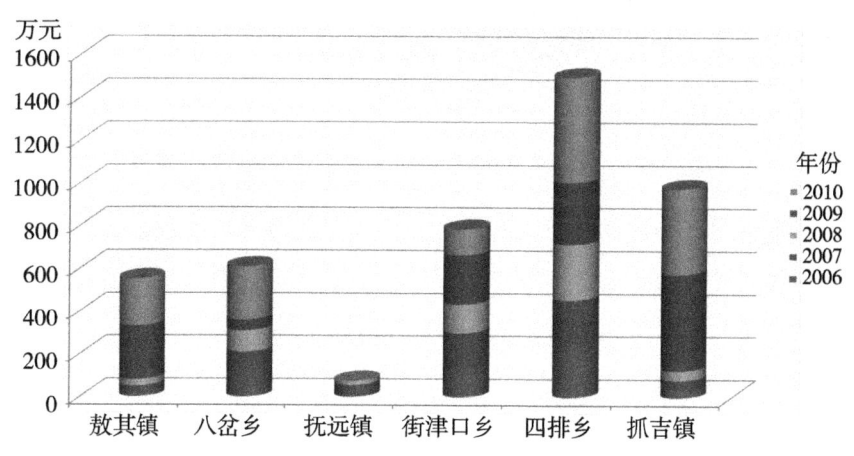

图 1　赫哲族地区（乡级）发展项目资金年度投入

二是采取政策倾斜、加大投入等方式，促进赫哲族经济社会全面发展。"十一五"期间，为赫哲族地区投入少数民族发展资金 4503 万元，建设项目 79 个。其中，交通项目 19 个，投资 986 万元；住房建设项目 14 个，投资 1838 万元；基础设施项目 16 个，投资 449 万元；特色优势产业项目 22 个，投资 904 万元；其他项目 12 个，投资 326 万元。为赫哲族投入扶持人口较少民族发展专项建设资金 1768 万元，建设项目 20 个。其中，农村经济发展项目 4 个，投资 268 万元；交通项目 3 个，投资 575 万元；能源项目 1 个，投资 32 万元；社会事业项目 6 个，投资 293 万元；村镇建设项目 6 个，投资 600 万元；累计受益人口 14837 人。

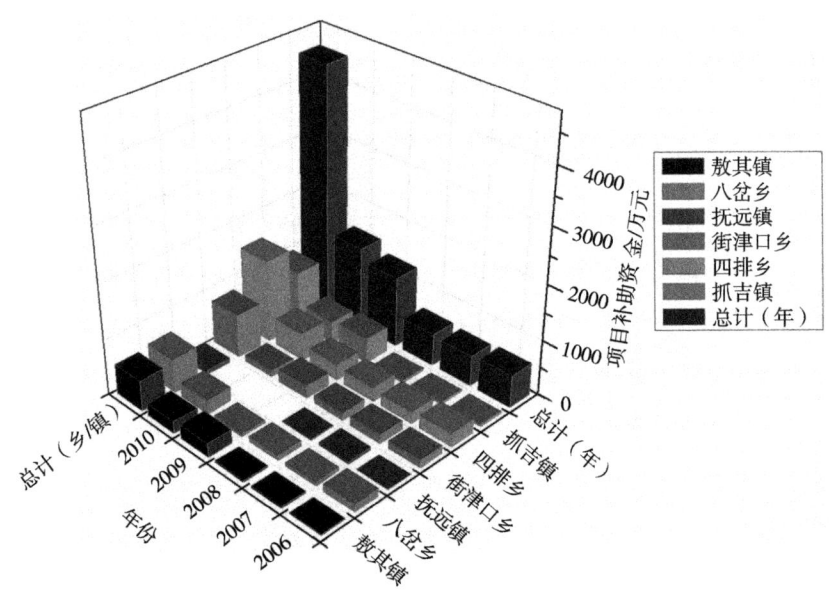

图 2　2006 – 2010 年度赫哲族项目所在乡镇补助资金示意图

三是将"兴边富民"行动和扶持人口较少民族工作有效结合，促进人口较少民族经济社会发展。2000 年，同江市被确定为国家级兴边富民行动试点县（市），饶河县被确定为省级兴边富民行动试点县。2001 年，国函 44 号文件出台，赫哲族被纳入人口较少民族工作范围。2004 年，为促进赫哲族"努力快发展，全面建小康"，同江市和饶河县又被确定为国家级兴边富民行动重点县，为赫哲族跨越式发展提供了历史性机遇。

四是跨系统的资源投入。黑龙江省扶贫办对少数民族村建设给予政策和资金支持，在 7 个赫哲族村实施整村推进。省财政厅对所有边境县（市、区）民族乡村每年拨付转移支付资金 50 万元。省交通厅投入资金 6000 万元，铺设同江、抚远通乡、通村公路 225 千米。饶河县经济计划局争取资金 220 万元，彻底解决了四排赫哲族村群众要求最迫切的交通和饮水难问题。

（三）黑龙江省各级基层政府贯彻落实情况

国家层级和黑龙江省的各项政策均较为宏观，需要以基层为平台细化分解。鉴此，各个赫哲族聚居地政府所采取的具体措施是本调研的考察重点。综合分析调研资料，佳木斯市、同江市、饶河县以及三个赫哲族乡在落实国家和省一级制定的促进赫哲族经济社会发展方面所实施的各项规划，都有意识地强调国家和省市的优惠扶持政策和资金支持最大化。除扶持人口较少民族的资金和项目以及少数民族发展扶持资金外，还利用兴边富民、新农村建设、各种扶贫项目等，拓展赫哲族发展空间。如同江市八岔乡八岔村作为省级新农村建设示范村以来，先后得到了国家、省、市等各级部门的大力支持，项目整合资金的集中投入，发挥了应有作用，为快速发展提供强有力的支持。主要有以下几方面。

一是制定规划定思路。据了解，国务院全国扶持人口较少民族发展工作会议召开后，黑龙江省各赫哲族聚居地政府根据自身实际，制定了发展措施。赫哲族聚居区各基层政府主要领导都先后进行现场办公，解决了一系列的实际问题。如佳木斯市紧紧抓住国家加快扶持人口较少民族发展和兴边富民行动的机遇，结合本地实际，制定出台《中共佳木斯市委、佳木斯市人民政府关于进一步加快少数民族和民族地区经济社会发展的决定的实施意见》，并加大执法检查监督力度，对检查中发现的问题及时予以纠正，促进各级政策措施在基层的贯彻落实。在扶持规划中，各地总体思路基本一致：一是要在实现经济"转产"的基础上，进一步发展以农业为核心的多元产业结构；二是要发挥生态资源优势，建立绿色食品基地及"名、优、特"品种鱼类养殖；三是要以保护、挖掘、发展赫哲族民族文化为基本出发点，大力发展民族旅游业；四是要发挥口岸优势，促进边贸与对俄经济合作。

二是突出抓好基础设施建设。各地均以基础设施建设为工作的主要着力点和出发点。如同江市八岔乡先后完成了八岔乡的新村建设、老区改造、电网改造、程控电话、通信设施、有线电视、通市乡村公路建设等项目。完成了八岔村主干道路白色路面建设；八岔岛排涝桥涵及八岔岛围坝建设；黑泡河小区综合治理；累计投资2200万元，修建了"八岔新颜护岸"2800延长米，提高了农业生产能力。筹资240万元，完成了八岔村大型农机合作社建设工程，成立了"赫翔农机公司"，先后购置大型农机具12台套，实现了机械化作业、产业化经营。累计争取资金86万元，新铺白色路面和砖铺巷道2600多延长米，方便了群众出行。筹资90万元建成了560平方米的乡卫生院办公楼，改善了医疗条件。投资290万元建设了赫哲新区，新建砖瓦标准化民居24栋48户；铺建新区白色路面5700多平方米，人行路步道板7300平方米。争取和自筹资金46万元，建设新区中心休闲广场，完善了中心广场其他辅助设施的建设。完成了江边公园、停车场和其他休闲、健身配套设施建设。投入资金70余万元，进行人畜改水工程，使每户居民都用上清洁卫生的自来水。黑龙江省文化厅与八岔村共同投资70万元，建设了500平方米乡文化中心大楼。组织实施了"村镇绿化美化工程"，共栽种各类树木5万余棵。在乡所在地修建棚栏围墙3000多延长米，凉亭2个，改厕50个，新修排水沟1万余延长米。实施了亮化工程，在主要街道、新区及江边广场共安装了路灯110盏。

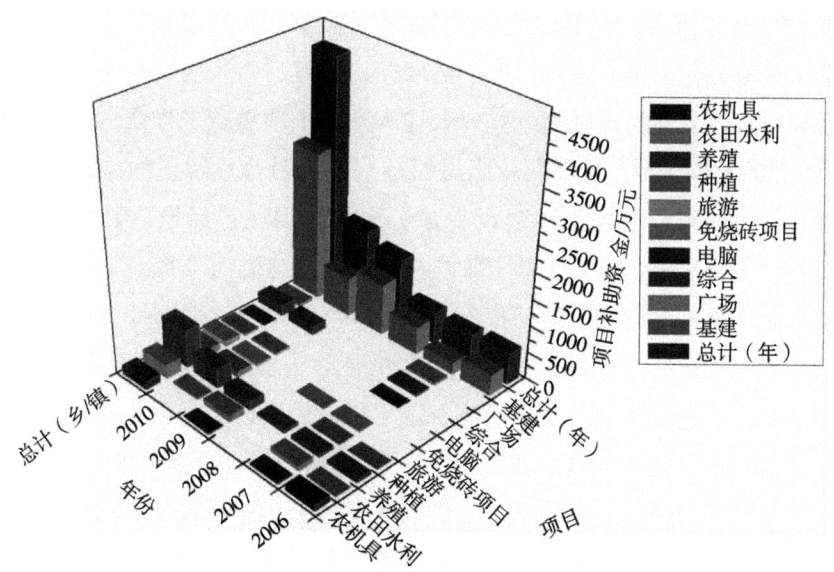

图3　2006－2010年度赫哲族项目补助资金示意图

三是积极引导实施产业结构调整。街津口引导向种植业、养殖业、旅游业、工业等多元经济结构转变，努力增加少数民族群众的收入。特别是发展特色养殖业，把多个大型水面划归赫哲族乡村使用，发展规模渔业养殖，推进传统落后的捕捞渔业向现代化养殖渔业的转化。

二、项目的绩效评估

为进一步分析国家政策扶持的实际情况，本文选取了几个具有代表性的项目进行综合分析。

（一）佳木斯市敖其新村建设

敖其村属佳木斯市郊区，是赫哲族传统聚居区之一，依山傍水，自然风光秀丽。该村赫哲族、汉族、朝鲜族、满族等多个民族混合居住，关系较为融洽，未发生过大规模涉及民族因素的矛盾纠纷。在民族交融方面，民族通婚现象普遍，村中103户赫哲族家庭，基本上都为"团结户"，即父母民族不同，有一方为赫哲族。

2007年，黑龙江省出台实施扶持赫哲族发展的优惠政策，该村赫哲族群众及其家庭作为核心扶持对象，全部迁出敖其村，入住5千米外的敖其赫哲新村。敖其新村建设项目被列入佳木斯市十项重点工作之一，累计投入资金5000多万元，其发展总体规划是"具有赫哲族特色的旅游景区"。目前，赫哲族新村已经基本建设完成，大部分居民已经搬入新村开始生活。新村约有居民326人，共103户，全部是从老村整体搬迁。新村具备一定旅游元素，旅游区占地面积83公顷，设有赫哲族博物馆、滨水休闲及赫哲新村等功能区，特点在于赫哲族文化展示，如设有赫哲族宗教——萨满教的展示区、赫哲族传统文化表演——伊玛堪的表演区、赫哲族语言的教学区，并有设计、生产和出售赫哲族传统手工艺品——鱼皮画的区域。

项目初衷是好的，可使赫哲族群众在负担最小的情况下，获得生产环境的最大改善，同时，新村照顾到赫哲族文化需求，全景建设体现了赫哲族文化符号。不过，我们认为有以下三点值得商榷。

第一，为赫哲族群众建设民族聚居区，初衷是民生工程建设，但是没有考虑到这一政策干预对民族关系的影响，没有考虑到这一做法是否有利于各民族交往，对其他民族是否公平，是否会无形中强化民族界限，激发民族情绪，是否符合社会整合原则。这一情况不仅出现在敖其新村，在黑龙江省其他赫哲族传统居住区域也有反映。本文将在后文重点阐述。

第二，基础设施建设是民族和地区发展的基础性工程，是当前国家政策干预人口较少民族和地区加快发展的重中之重，主要做法是建造新型房屋、修建道路、建造校舍等，其目的不仅在于推动经济快速发展，更是实现人的现代化。因此，所遵循的发展路径不应是传统发展路径，应为一种更高级的发展路径和方式，不能仅将地区的发展速度、发展规模作为一种衡量方式，更需要引导人的参与、引导人的现代化，国家政策干预需要将精力投入到软件建设方面。

第三，在规划方面，敖其新村主要功能是集居住、经济生产和文化展示为一体，但是观察目前规划、建设情况，总体设计思路不成熟，服务业不成体系，经济定位不清晰，旅游项目处于低端，无法吸引游人二次回归。我们在新村实地考察的半天时间内，感觉整个村子极为安静，极少见到人员流动，完全没有游客出现。标准化的新居并未吸引"民族文化游客"。

（二）同江市街津口乡旅游业推广

同江市是赫哲族的传统居住区，目前有赫哲族 1565 人，占全国赫哲族总人口的四分之一左右，大部分居住在街津口、八岔两个赫哲族乡①。赫哲族唯一一位全国人大代表刘蕾居住在这里。

由于在同一市内，街津口乡与八岔乡均以新农村建设为基点，街津口大力推进旅游业和捕鱼业；八岔以农业为主。这里主要介绍街津口旅游业发展思路，并与敖其新村进行比较分析。

街津口建有"民族风情园"，开发民族特色旅游业。民族风情园建于距离街津口村约 5 千米处，完全借用自然资源，依水靠山而建，景色十分宜人。园内有赫哲族图腾、原始居住方式、宗教仪式等，在经营项目上，模仿围湖捕鱼、上山打猎等赫哲族传统生产方式开展游艺活动，并提供赫哲族特色餐饮。在这一点上，街津口具有敖其新村不可比拟的优势，街津口自古就有"街津口，街津山，峰环三面水一湾，应是地灵人杰处，不亚塞北小江南"的赞誉，无论是自然风光，还是渔业资源，都更具旅游开发的优势。街津口利用"少数民族发展扶持资金"，投入 100 万元资金，在民族风情园外的赫哲族居住区建设文化餐饮演出中心，扶持赫哲族群众开发赫哲族"渔家乐"旅游服务项目，先后有 30 户赫哲族群众投资开店，从事特色餐饮、民族手工艺品制作。2008 年接待游客 12 万人次，实现旅游收入 500 万元②。

街津口发展旅游业主要原因很多，"没有鱼打，没有猎打，只能转产，转向农业。农业不发达，种了 26 年的黄豆，在一块地面上，产值不高，现在又面临着转产。我们现在有的只有这片山和水"，是很多赫哲族干部的共识，这从一个侧面也说明，选择旅游业是一个迫于现实压力的无奈之选。

民族风情园建设推动街津口赫哲族生活方式发生了变迁，也改变了赫

---

① 《同江市民族宗教事务局工作汇报》。
② 《同江市民族宗教事务局工作汇报》。

哲族群众思想观念。主要体现在三个方面。

第一，街津口赫哲族群众基本在开展赫哲族传统手工艺——鱼皮画的制作。鱼皮画是以大马哈鱼鱼皮为原料，按照设计出来的图纸，将鱼皮填充其中，形成以鱼皮为原材料的绘画艺术。全部采用手工制作。熟练鱼皮画制作者制作一幅简单的鱼皮画约需1天时间，市场上售价在50-100元不等；工艺复杂的鱼皮画制作需要1个星期时间甚至更长，市场价格可能上千。街津口赫哲族村岑立杰一家两口全部从事鱼皮画制作，所赚取的费用不仅有能力购买47寸海信彩电、联想台式电脑、支付上网费用等，还能够供养儿女上大学。

街津口赫哲族群众虽然几乎家家都有土地，由于大规模耕种为主业的生活不到20年，至今还无法完全适应。鱼皮画制作是赫哲族传统手工艺制作，大多数从小就跟长辈学习，同时，这一生产活动不"靠天吃饭"，"全凭手艺"，"手艺"越好，收入越高，因此，村里绝大部分赫哲族把土地出租给外来移民或邻近村汉族群众，全家制作鱼皮画。

第二，人们的商品意识越来越浓，与外界接触日益密切。以岑立杰家为例，他家是村里最早进行鱼皮画制作的，目前生意在全村也是最好的，产品不仅提供民族风情园出售，还接到山西等地订单。为提高效率，他们尝试开设鱼皮画制作作坊，免费培训对鱼皮画制作感兴趣的村民，以培训扩大产品生产量，初具现代企业理念。同时，他们按照鱼皮制作工艺，将产品扩展至书包、皮带等领域，远销俄罗斯等地，收到了良好的经济效益。对于未来的规划，岑立杰认为，"小打小闹成不了多大点事，想要搞一个合作制"，同时也提出希望政府能够把精力从投入农业转移到扶持小企业发展上来，并且提出希望政府能够组织出去"看一看外面的人是怎么做的"。由此可见，他已逐渐具备企业家的思维和视野。一个村子里有这样一个人，必将带动整个村子的发展发生质的飞跃。

第三，对传统文化保护日益重视。一个民族的特性往往体现在民族文化之中，在经济发展后，人们文化情结会更浓，会利用各种平台宣传自己的特性。在与赫哲族代表人士和干部的几次座谈中，我们发现他们提到"民族风情园"后，怀有一种对民族传统文化的特殊感情。同江市为弘扬濒临失传的赫哲族传统文化,组建了同江市赫哲族研究会,开设了赫哲族网站,开办了赫哲族语言课,并成立了民族传统舞蹈班,把赫哲族传统体育项目纳入课堂教育。不仅是民族精英关注呼吁保护民族文化,一些赫哲族群众也十分关心这一问题。赫哲族群众吴宝贵是"伊玛堪"传承人,目前整理和翻译了大量赫哲族"伊玛堪"说辞。他最遗憾的是"没有把赫哲族这一传统艺术宣传出去,知道的人不多,学习的人也不多",反映最强烈的问题是"国家资助的资金非常少"。当我们提出可以在旅游业中把"伊玛堪"发扬光大,他认为"不能只用在旅游这方面,有些人听不懂,会糟践这个语言"。但是对于怎么保护和发扬这一文化,也没有具体想法。

风情园建设带来的生活方式、思想观念等方面的变迁超出了原有政策干预预期,使当地赫哲族群众在精神面貌和思想观念上有了巨大的变化。

(三)抚远县红光村农业大棚发展

抚远县有赫哲族群众576人,主要分布在抚远镇的红光赫哲族村、抓吉镇的抓吉村和南岗赫哲族村,一直以渔业为主。1978年后国家实行分田到户时,由于没有土地意识,几个赫哲族村基本都没有要土地。随着渔业资源日益减少,又缺乏其他生产方式支撑,经济的发展受到极大制约,大部分赫哲族群众生活陷入困境,一些地区甚至出现二次返贫的情况。这些特殊的情况促使政府必须利用现有资源,采取有力措施对赫哲族进行有针对性的扶持。

抚远县所辖四个赫哲族聚居地情况不同,所采取的扶持方式也不一样,这里选取红光村,介绍在土地资源有限的情况下发展农业的情况。

红光村离县城约有10分钟路程,土地总面积400-500亩,分布分散。政府动员村民把土地集中起来,建设蔬菜水果大棚,实行种植专业化、集约化;并开展专家定期培训、加大机械设备投入,经过多年培训实践,农业技术较为成熟,蔬菜水果种植已专业化,全部销往县城,群众收入较高且稳定。

我们访谈对象中,有一户赫哲族从山东临沂迁移此处21年,开始简单种地,后在政府的引导下,实行蔬菜大棚建设,前期投入10余万元,资金主要来自政府提供无息贷款,参加了村里组织的免费蔬菜种植专业技能培训，定期有农业科技人员到大棚检查指导。目前贷款已经全部还清，投入成本也已经收回，在县城租有房子，一年租金1万多。在问及知不知道山东对赫哲族有什么扶持时，一开始回答"没有"，后又说"好多年不联系了，家都迁过来了"。据我们了解，在山东等杂散居地区，对赫哲族专门的扶持政策几乎没有。

红光村的村民以前也靠打鱼为生，但是已经意识到，脱离土地风险会非常大，偶尔会打一些鱼，但是基本上都自己吃。目前，红光村已经步入良性循环的轨道，扶持政策也得到了赫哲族老百姓的认可，尽管这只是一个实验、尝试。

（四）饶河县黑蜂养殖基地

饶河县只有一个赫哲族乡，由于地处偏远、交通不便等原因，经济社会发展相对落后，但相对优势十分明显，即饶河是欧盟有机食品组织认证的绿色有机食品生产基地、国际级东北黑蜂自然保护区。饶河抓住这一特色优势，结合国家优惠政策，推进赫哲族发展，其中黑蜂养殖基地具有典型特色。

2010年始，国家民委为饶河县赫哲族选定黑蜂养殖为投资项目，资金来自国家民族发展资金，采取由县民委委托黑龙江省养蜂协会代养，统一管理，年终按照约定，收益由当地赫哲族村和养蜂学会按照五五分红。村里有对这些收益的分配权，目前有两种方式，既可分摊入户，也可以用于村里的基础设施建设。项目实施的同时，对有意参加的赫哲族进行专业培训，使他们逐渐掌握养蜂技术，最终实现独立养蜂产蜜。在产品销售环节，已经与黑龙江养蜂协会达成协议，形成"龙头为基地，基地连蜂农"的典型产业的链条形式。

据介绍，由于黑蜂只有在黑龙江一地有，比较稀少，蜂蜜市场价值高，一斤可以卖到七八十元。同时，较为节省人力资源，只需2到3人就可进行项目活动，并且养蜂采蜜与土地种植在时间上不矛盾，二者可同时进行。但是目前由于赫哲族群众对这一项目不了解，对新技术还接受不了，参与的人数极少；同时，由于目前赫哲族在技术方面还不成熟，分养到户的黑蜂很容易就死了,造成资金浪费,也使这部分赫哲族群众的积极性降低。

"罗马不是一天建成的",一个新项目的推广也一样。虽然现在赫哲族群众对这一项目参与的积极性不高,但就项目本身而言,不仅符合现代发展的方向,也考虑到了项目运作的各个环节,更重要的是对人自身素质有全面的考虑。从这个方面说,这是一个负责任的科学的项目。

三、国家政策扶持下赫哲族的发展

(一)逐渐形成多元产业发展的局面

十年间政策推动赫哲族地区产业结构不断调整,经济发展步入了农业、渔业、旅游业等多种经营的轨道,逐步形成了以农业为主,多种经营为辅的多元经济发展格局。2009年黑龙江省7个赫哲族村经济总收入实现6027万元,其中农业收入2823万元,牧业收入972万元,渔业收入1411万元,商业收入253万元,服务业收入173万元。赫哲族群众年人均纯收入3811.1元。从这一点上说,达到了政策预期的主要目的。

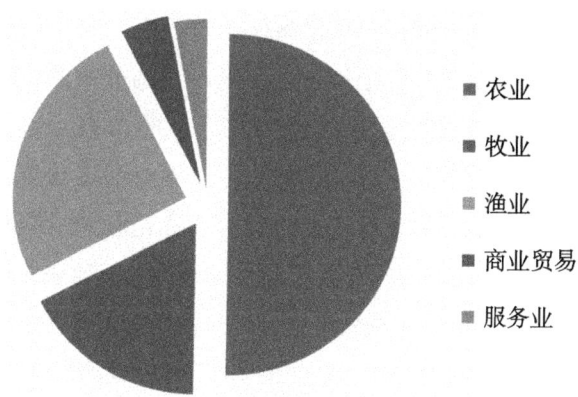

图4 赫哲族地区产业结构

(二)基础设施建设成效显著

如同江市八岔乡实现新村建设、老区改造、巷路改造、电网改造、村屯绿化、八岔岛围堤等一系列项目。目前八岔村的砖瓦化率达到95%，自来水入户率达到100%并无偿使用，100%的农户安装了闭路电视，98%的农户用上了固定电话或移动电话，100%的农户参加了新型农村合作医疗，40%家庭使用上了电脑，部分赫哲族渔民购买了轿车。

这些项目的实施，既改善了赫哲族群众的生产生活条件，又提升了经济实力，赫哲族群众生产生活自我发展能力明显提高，初步走上了生产发展、生活富裕、生态良好的良性发展道路。

（三）生产生活条件极大改善

"十一五"期间，黑龙江省243户赫哲族群众住进了新居，住房砖瓦化率达到80%以上。至2009年，赫哲族7个村全部达到国家扶持人口较少民族发展工作"四通五有三达到"的验收标准，实现了出行到乡、县通达路或通畅路，修筑了街津口赫哲族乡至同江市区、八岔村至同抚公路、四排赫哲族乡至饶河县城、抚远县至同江市、逊克县至黑河市、新生鄂伦春族乡至爱辉区等19条总里程为53.2千米的水泥路，建成了同江市街津口赫哲族乡的莲花河大桥。

20世纪50年代以前，赫哲族一般随着捕鱼生产的季节性变化，或住撮罗子、地窨子，或住马架子，居住条件十分简陋。新中国成立以后，绝大多数赫哲族人家住上了草苫土坯正房，只是在乌苏里江一带的赫哲族以及网滩和田间地头有少量的地窨子或马架子房。80年代中期，大批汉族涌入赫哲族地区，相继建起了砖瓦结构的民居，一时间在赫哲族村瓦房建筑具有象征意义，即地位、财富。街津口村有几户比较富裕的赫哲族人家开始建设2-3居室的砖瓦房。但这些都是自发行为，只有极少数经济比较富裕的赫哲族群众才能住上。《规划》实施以来的5年，在政府的资助下，所有渔民都住上了新建的砖瓦房。八岔村的60户赫哲族渔民全部住进了15栋2层住宅楼，实现了"楼上楼下，电灯电话"。四排村赫哲族全部住上了政府自主建起的90平方米的宽敞、明亮的砖瓦房。房内生活设施齐备，卫生环境良好，而且一部分渔民家庭有了现代化的家用电器和高档消费品，生活环境得到改善，赫哲族渔村已经具有现代小城镇的风光、风貌。

（四）特色优势产业不断壮大

在多元产业不断发展的同时，充分发挥传统产业优势、资源优势和民族生态优势，发展特色优势产业，积极推广先进种养殖技术，提升产业效益。如街津口赫哲族乡建木耳菌组织培育，种植、加工包装为一体的标准化木耳生产基地。街津口赫哲族乡建成了集繁育、养殖、观赏为一体的黑龙江名、优、特鱼养殖基地，乡村特色产业取得了很好的经济效益。街津口街津山修建了赫哲风情园，内设赫哲鱼滩、狩猎场、赫哲族博物馆等独具民族特色的景区，现已成为中外游客到同江旅游必去的景点，从事旅游业的赫哲族人在街津口赫哲族乡已占全乡人口的40%，2010年接待游客12万人次。

（五）社会事业稳步前进

"十一五"期间，全省7个赫哲族村所辖学校全部配备了电脑和远程教育设施、图书室、化验室，并建有卫生院、卫生所、文化站和文化活动室。7个村全部实现九年义务教育，学生入学率、巩固率均达到90%以上。基本普及新型农村合作医疗，解决少数民族群众"就医难"的问题。赫哲族伊玛堪、鱼皮制作技艺被列入国家非物质文化遗产名录。同江市在两个赫哲族乡中心校，开办了赫哲族语言课，并设了传统舞蹈班，民族文学班、赫哲族传统体育项目也纳入正常体育课。上海世博会黑龙江馆日，赫哲族艺术家做了精彩的表演和展示。

（六）族际通婚极为普遍

族际通婚作为族际社会整合的一个重要指标，是分析研究社会变迁和民族关系的重要切入点，也是了解国家政策对民族社会干预影响的重要因素。本文虽未对此进行专门问卷调查，但是在每次座谈和入户访谈时，都注意对此内容进行专门的考察，据了解，目前赫哲族基本上不存在单一民族家庭，他们笑称自己是"团结户"。

"团结户"的产生不是偶然的，有其重要的社会因素和民族自身因素。

一是历史上赫哲族没有与其他民族通婚的禁忌或特殊规定，20 世纪 50 年代以前，赫哲族基本实行氏族外婚姻制度，凡父系血亲禁止结婚。二是目前赫哲族人数较少，居住区域集中，亲戚较多，不实行族际通婚不利于民族的发展。三是赫哲族传统产业已经衰落，生产方式已经转向以农业为主，在经济结构上与地方经济的融合程度越来越高，甚至根本无法区分；在语言上使用汉语，服饰、习俗也基本上与汉族区别不大，基本社会组织与汉族地区相似。四是民族政策干预因素的隐性作用。一些其他民族群众谈到，以前瞧不起赫哲族，认为这个民族比较懒，除了打鱼就是喝酒，"不务正业"，不愿意与这个民族有过多接触。但是现在只要是赫哲族就能享有优惠政策，如政府不仅帮助建新房、扶持发展产业，还可以生第二胎孩子、孩子升学可以有加分等，这是黑龙江其他民族不能享受到的待遇，"嫁（娶）赫哲族跟着沾光了"。

根据人口普查资料，1982 年不同民族组成的混合家庭占赫哲族家庭总数的 72.12%，单一民族家庭只占 27.79%；到 1990 年时比例已经上升到 76.72%[①]；据 1994 年赫哲族人口健康素质抽样调查统计，年轻人同族通婚率仅为 5.86%，异族通婚率为 94.14%，并呈明显上升趋势[②]。2002 年，街津口村赫哲族实有人数为 374 人，至 2002 年底已婚者为 175 人，其中族内通婚为 45 人，占结婚总人数的 25.7%，族际通婚者为 130 人，占 74.3%[③]。2004 年四排乡赫哲族村共计 168 人，至 2004 年 6 月底已婚者 64 人，其中族内通婚者为 6 人，占结婚者总数的 9.4%，族际通婚者为 60 人，占 90.6%。可见，四排村的赫哲族族籍通婚率高于以往的平均水平[④]。

[①] 张天路. 中国民族人口的演进 [M]. 海洋出版社，1993：182、191.
[②] 王娟等. 赫哲族人口健康素质抽样调查 [J]. 中国人口科学，1998（1）.
[③] 何俊芳. 赫哲族的族际婚姻——关于同江市街津口赫哲族乡赫哲族族际婚姻的典型调查 [J]. 中央民族大学学报，2004（2）.
[④] 何玉芳. 赫哲族、那乃族文化变迁比较研究 [D]. 北京交通大学，2007.

表1　黑龙江省赫哲族主要聚居区赫哲户婚姻情况表①

村	总户数	族内婚户	族际婚（人）				族际婚比例%
			与汉族	%	与其他民族	%	
街津口	75	13	57	76.0	5	6.67	82.67
八岔	79	5	70	88.61	4	5.06	93.67
四排	54	3	47	87.04	4	7.41	94.44
敖其	70	4	63	90.00	3	4.29	94.29
抓吉	43	10	33	76.74	0	0	76.74
总计	321	35	270	84.11	16	4.99	89.10

表2　1949－2002年街津口族内与族际通婚情况表②

出生年代	实有人数	结婚人数	族内通婚	比例%	族际通婚	比例%
1949年前	5	5	5	100	0	0
1940－1950	14	14	10	71.4	4	28.6
1950－1960	25	24	16	66.7	8	33.3
1960－1970	29	29	7	24.1	22	75.9
1970－1980	63	63	7	11.1	56	88.9
1980－1990	51	39	0	0	39	100
1990－2002	139	1	0	0	1	100
总计	374	175	45	25.7	130	74.3

从表中我们可以看出来，赫哲族五个主要居住区的族际通婚率已经高达89.1%，且从街津口村可以看出婚姻变迁的规律：族内通婚率从1949年的100%逐年递减至2002年的0%，而族际婚姻从1949年的0%逐年递增至2002年100%，这种变化是20世纪60年代出生的赫哲族到了80年代后出现了与汉族等族外通婚的高峰，达88.9%，而后，这一比例高达100%。这期间有民族的因素，也有政策的推动作用。如此高的族际通婚率在全国少数民族中实为不多见。

上述这些情况可以说明，国家扶持政策基本上达到了预期效果，社会转型加速，民族融合加深，这一过程体现在经济、文化、社会组织结构等各个方面，是一个全面而迅速发展的过程。

---

① 何学娟. 濒危的赫哲族［M］. 黑龙江教育出版社，2005：144.
② 何俊芳. 赫哲族的族际婚姻——关于同江市街津口赫哲族族际婚姻的典型调查［J］. 中央民族大学学报，2004（2）.

四、政策的缺失与限制

国家扶持政策虽然对赫哲族经济社会发展产生了巨大影响，对其社会变迁也有重要推动作用，但是在现实生活中，人口较少民族经济向现代经济转变的路径依赖性加强，推拉过程必然产生一些偏差，出现一些不可避免的问题。同时，由于政策制定的先导性，导致一些问题只有在实践中才能发现。政策的缺失与限制主要体现在以下几方面：

（一）政策优惠仅仅体现在赫哲族，对居住在同一地区的其他民族没有考虑

这是政策实施过程具体反映在实际项目中最大的缺失表现。主要体现在强调对赫哲族的帮扶，各项优惠政策只能涉及赫哲族，同一地域的其他民族无法享有，理由是"赫哲族是人口较少民族，是国家确定要帮扶的对象"。历史上，赫哲族是与其他民族混合居住的民族，当地各民族除了在生产方式上的不同，经济发展水平则差异不大，各民族交往交流十分畅通。目前政府所采取的政策，较为简单直接，即强调民族特殊性，区分民族特性，为赫哲族单设区域居住，将绝大部分基础设施、利好项目等集中于此，其他民族无法享有。这一做法客观上催生了民族之间的隔阂。在这一点上，赫哲族上层人士、精英人士与基层群众的感受截然不同，前者强调需要更多的政策扶持，而后者则从不同方面反映对这一情况的不安。

（二）强调经济因素过多，忽视社会发展

纵观各级政府政策，强调以经济发展为主，对经济发展有具体量化标准，但是对其他社会因素发展思路不明确，特别是对民族文化、人的素质发展等重要内容没有规定，如此会导致出现经济发展的社会基础和群众基础不牢固，容易出现"政绩工程"。

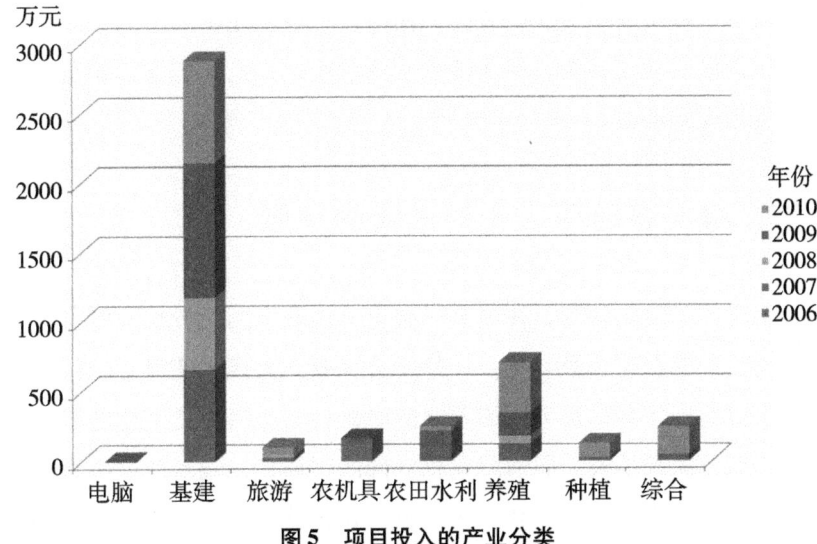

图 5 项目投入的产业分类

从图 5 可以看出，国家投入的大部分资金主要用于基础设施建设方面，农田水利、人的培训、文化保护发展等方面投入较少，一些方面投入则不足。

（三）项目缺乏科学规划，重复、浪费现象时有发生

扶持赫哲族发展的政策主要以大量项目的实施来推动。十年来，国家和省一级安排了大量的项目，仅 2006 年至 2010 年就安排项目 83 个，投入资金 4503 万元。但是由于时间紧、情况复杂，有些干部"为了在规定的时间把资助款花完，一般都是集中突击，找那些可以看到实际效果，花的钱多的项目上，一些并没有经过反复论证"。这也是各地将基础设施建设作为重点项目开展的重要原因所在。这种做法导致缺乏论证，造成浪费。如八岔村开展养殖业，组织赫哲族村民养殖猪、鸡，前期投资约 10 万元。但由于赫哲族群众从未开展过养殖业，心理不认同，认为这个项目比较脏、比较累，一般不愿意承担，多采取外包形式，以 4000 元/年的价格租给其他民族经营，这与政策干预背道而驰。再如赫哲族地区新农村建设，为赫哲族群众建设类似现代化别墅的新居，但由于没有征求赫哲族群众的意见，新居不符合赫哲族群众生活需要。另外，政府补助赫哲族所建的砖

瓦房，没有了传统的鱼楼、院落等，使传统住宅从建筑风格到使用中所寓含的文化内涵及功能丧失，居住传统受到影响，人们的观念、价值体系也不同程度地受到冲击。

五、社会各阶层人士对政策的反应

社会学家英格尔认为，在城市社会里当出现下列三种情况时，一个族群的身份认同感会达到最大化：一是成员普遍认为强化族群意识会使他们得到更多好的群体共享及个人的利益的时候；二是当祖先文化的真实性和反映族群起源的神话被人们强烈地感受到的时候；三是当族群中有相当数量的成员感到被政府"疏远化"的时候，这三种情况使得族群的认同意识得以强化，族群考证的力量得到加强，族群关系变得疏远甚至相互对抗。这个对于城市场景而提出的思路，其实也可以应用于农村地区。在农村地区，这三个维度也是存在的，只是表现的形式有所不同①。族群传统文化的"强化"现象可能存在各种诱因，有时政府或社区为了开发旅游业，会管理"寻根"或复制族群传统文化等，在这种情况下，族群认同意识未必会得到真正的增强。干预这三个维度变化的一个重要因素，就是国家政策，从而对社会各阶层、各民族群体产生不同的心理变化，并对民族关系产生影响。这里选取三个不同层面进行对比。

（一）赫哲族精英人士对国家扶持政策的看法

赫哲族精英人士包括赫哲族代表人士、知识分子和干部。在多次焦点访谈中，他们的态度十分明显，即不满足现在的政策措施，要求争取更多的国家政策支持。如在同江市与赫哲族干部及代表人士座谈时，几乎所有参会人员都认为现在对赫哲族的支持力度还不够，需要进一步加强。如有的多次提到关于发展民族文化的事情，不断要求国家加大投入资金扶持人

---

① 马戎. 族群关系变迁影响因素的分析——民族社会学连载之二 [J]. 西北民族研究, 2003（4）.

口较少民族的文化发展；还有的认为，现在的政策还不足以使赫哲族根本受益。

在群体之间为争取各种利益而相互抗争时，每个民族都会涌现出一些领袖人物，他们力争使自己被本民族和社会其他部分接受为本民族利益的代表者[①]。这些人绝大部分是民族精英。他们的利益与所属民族的利益存在着相同的地方，如赫哲族精英人士对民族发展问题等十分关注，这与绝大部分赫哲族群众的利益点是一致的。当本民族得到发展时，作为民族成员之一的精英人士自然也会受益，本民族在社会上的地位提高，他们的威望也会进一步提高，这是民族精英人士与其他群众利益一致的地方。但是，作为民族领袖，他们在代表本民族抗争和奋斗时个人也可能得到特殊的政治权利或经济利益，这些利益与本民族普通群众无关。因此，在考察上述座谈所反映的情况时，需要综合分析多方面因素。

（二）赫哲族基层群众的看法

赫哲族基层群众是国家扶持政策的最直接体会者，观察分析他们的态度，能更好地了解政策的实际效果，以便于对未来走向做出及时调整。

综合分析赫哲族基层群众的访谈内容，可以归纳出以下几点：

第一，对国家扶持人口较少民族的政策知之甚少。四地入户访问的近50个资料显示，绝大多数住户对国家的民族政策不了解。在问到"是否知道国家有专门一项政策是针对人口在10万以下的少数民族"的时候，近60%的人表示不知道，仅10%左右的人表示在村里集体活动时听说过，30%的人态度不明确；进一步追问"知不知道国家都有哪些政策帮助赫哲族发展""你们感到在哪些方面国家给予了帮扶"等问题，只有极少部分人犹豫地提到"修村里的路""修村里的广场""安置路灯"能够直观感受到的东西，对在农业、养殖业等方面所进行的政策干预几乎无人提及。当问到"新房子是哪里来的""农家乐是怎么搞起来的"等问题时，大部分回答是"县里帮助解决的"，还有干脆说"反正我也不知道"。访谈

[①] 马戎. 民族社会学 [M]. 北京大学出版社，2004：98、99.

一名在县中学读高中的赫哲族学生，也很少听说过对赫哲族有专项扶持政策。

国家对人口较少民族的政策干预已经实施了 5 年，投入了大量的物力、财力对赫哲族发展进行专项扶持，却没有在基层得到广泛认知，一方面说明政策宣传方面还有缺失，政策不被知晓，自然无法得到理解和最广泛的认同；另一方面也说明政策的执行过程中，一些工作并没有做到群众心中去。

第二，对一些项目将其与其他民族区分不满意。近 5 年来，赫哲族群众已经全部搬入新村，虽然与过去的住地最多相差不过 10 千米，但是一些年纪在 40－50 岁的人对这一点比较不满意，有些人不愿意搬走却反复动员其搬走。一些赫哲族群众将新村的住房出租甚至变卖给外来移民。一些老人反复强调客观理由，如"新村没有炕"或"新村离田里远"，但是真实的想法是"我在这里住得好好，为什么要搬到陌生的地方去"。在老村，一位汉族群众和我们说，"这些赫哲族人虽然搬走了，但是有时候也会过来买点东西，不在新村的小卖部里买"。

应该说，政府为群众建房是一件惠及老百姓的好事，但是在方式方法上需要深入考虑，是否有必要将这些群众的住房建在远离老村的新址上，完全可以考虑在原址上加固或是在老村里重新选址修建。在是否入住方面，也应该尊重赫哲族群众的意见。

第三，政策干预在满足群众需要方面要增强针对性。如八岔村以种粮为主要生产方式，土地主要集中在八岔所辖两个岛上，土地虽然肥沃，但若遇到雨季江水上涨，很容易把土地淹没，一年就白干了。很多村民提出，现在村里只是在不断地修路，对于目前他们最急需的把防洪堤修好却没有任何措施。

（三）其他民族群众对国家扶持政策的看法

对其他民族的访谈主要集中在八岔乡，访谈对象为选取同区域长期和赫哲族生活在一起的汉族、满族及朝鲜族。访谈内容主要围绕四方面开展：第一，生活状态考察，从而与赫哲族生活状态进行对比。第二，对国家帮扶赫哲族的态度考察，从而分析其他民族对国家政策干预的实际心理。第三，对赫哲族的看法，从而得出赫哲族在这些民族中是否存在刻板印象。第四，当前与赫哲族往来情况，从而分析这一区域内民族的交往交流情况，判断民族关系的融洽度。综合分析访谈结果，主要感受是其他民族了解赫哲族能够过上今天这样的好生活都是大力扶持的结果，对自身生活状态不满意，对在同一地域内无法享受同等政策意见较大。下面选取典型访谈案例介绍。

访谈案例1

访谈对象：八岔乡农业村的某某（由于要求，名字略去），女，汉族。根据访谈描述和实际入户观察，水平在村里生活属于中上等。

问：您家里都有些什么人啊？是一直生活在这个村里吗？

答：我家里四口人，现在我和老伴在家，两个女儿一个28岁、一个30岁，早嫁到了城里了（同江市）。我老伴是1976年从依兰搬过来的，我是1980年来的，从辽宁来到本村的，来时候只有24岁。

问：那您以前知道有赫哲族吗？

答：之前没有接触过赫哲族，不知道。

问：那您什么时候知道有这个民族呢，是到这个村以后吗？

答：来了以后知道了。

问：怎么知道的啊？两个民族在长相、生活习惯等方面也没区别啊，是别人告诉你的吗？

答：还能感觉到，一个村是打鱼的，一个村是种地的，那不就是了嘛。这几年分得更明显了，因为待遇好。

问：有什么待遇啊，他们？

答：人家啥待遇啊，反正这边什么待遇也没有。

问：您这离赫哲族村挺近的啊，就隔一条土路。平时不聊聊吗？

答：不聊，反正也没有咱份。

问：不去文化广场吗？（注：文化广场的建设使用扶持赫哲族发展专项资金，建在赫哲族村，属于乡产，是农业村和赫哲族村共用的开展文化

生活的广场）

答：我们也不去，去那边干啥？

问：去那边和人家唠唠嗑儿啊？

答：也唠不咋地。

问：我看您家里条件挺好的，房子又干净、又宽阔。现在都烧炕了。

答：不行，这屋子是我老伴收拾的，要是我收拾，不是我夸我自己，比这还好。我要不是腰做了手术，都是我收拾。以前不这么早烧炕，我腰不好。村里除了土房以外，家家都烧暖气，一个冬天要七八千块钱，不便宜。

问：您腰做了手术啊，在哪儿做的，能负担得起吗？

答：在市里做的，入了新农合，国家给出一部分钱，还行。

问：怎么不在乡里做啊，我看乡里也有个医院，挺好的，又近。

答：条件不行。女儿又在城里。

问：您这房子是自己建的吗？我看和赫哲族村的房子差不多新。您应该算是村里比较富裕的了吧？

答：房子是1998年我们自己盖的，不到20万元。我们村里还有很多土房。后面就有，现在都是外来人住的了。

问：政府不管吗？

答：这么多年只是把中间的土路改为了柏油路，两边加了加宽。谁管啊。

问：渔业村那边比这边的基础设施好吗？

答：那是指定的。渔业村（赫哲族村）那边给盖房子，还给铺路，装水（自来水）。我们家自来水是自己装的，因为原来的水不好，都是自己打井，需要过滤。后来（政府）给他们（赫哲族村），就到我们家门口不管了。我们也花不起这个钱，水没法喝，后来借着渔业村装水，自己接了一段。现在村里倒是都装水了。

问：我看咱们村是农业村，主要是种地吧，您家也种地吗？

答：原来也种地，现在不种了，身体不行了，种不过来了，租出去了。

问：有多少地啊？

答：20多垧吧，都种黄豆，收成不行。

问：为什么啊？

答：地少呗，土也不好。

问：但是赫哲族不是在八岔岛上吗？我听说他们的岛经常被水淹，收成也不好啊。

答：岛上的地好，比咱村里的地好，收成基本上（比这边）多两倍。他们不会种地，他们哪会种地啊，他们原来是打鱼的，那地方要是能打三成，这边就能打十成。

问：那咱们村平时和赫哲族村交流吗？在种地方面，咱们汉族种地种得好，教不教赫哲族啊？

答：不怎么教，怎么教啊？他们村好，他们村里有大型农机具，我们没有，有的是自己买的，没有的也不向渔业村借。

好。谢谢您。

访谈案例2

访谈对象：李某某，目前居住在八岔乡农业村，男性，汉族，60岁。

问：您好，您是本村人吗？一直生活在这儿吗？

答：不是，我37岁来的，原来住在富锦。

问：那您以前知道有赫哲族吗？

答：以前就知道，来了就更知道有赫哲族了，这不是赫哲族乡吗？那肯定是有赫哲族啊。

问：那您一个生活在这个村，一个生活在那个村，平时有联系吗？

答：有啊，联系挺多的。我们住得也近。平时都什么联系啊，比方说红白喜事，我们都参加。一般去的都是熟人。不用专门请，进去就能吃饭。平时见面也打招呼。我们关系挺好的。有啥事也互相帮忙。

问：那您觉得两个民族有什么区别吗？是不是都一样啊？

答：都差不多，生活啥的都一样，长的也没啥区别，就是他们（赫哲族）有点特殊待遇，比汉族强点。比如，逢年过节发点油米什么的。那边（赫哲族村）的房子都盖两茬儿了，我们家也想盖，但是政府不给盖。嗨，这都是共产党的事情，我也说不清。

问：您觉得这些待遇对你们是不是不公平啊？

答：赫哲族人口太少，国家给点扶持是应该的。

这两户人家在访谈对象中具有典型意义。首先，在样本选择上，访谈对象1是通过抽样调查选取出来的，访谈对象2是以偶遇形式进行的采访，具有一定的客观性。其次，由于访谈对象的性别不同，对事物也有不同的解读。一般而言，男性更加理智，更加容易融入新社区，并保持良好关系，女性则对事物的认识情绪化。再次，通过访谈和实际观察，访谈对象的社会地位不同，即在社会分层中所处的位置不同。访谈对象1经济收入较好，如能够自己独立建房，家中有新式彩电，有一定存款，可以在同江市做手术等，而访谈对象2的生活条件一般，如在经济上无力承担独立建房的任务。最后，两个人都是在年轻时期从其他民族聚居区搬入到赫哲族居住区，对赫哲族有逐渐认识的过程，不可避免地受到国家政策干预的影响。

从访谈结果看，国家政策干预的负面因素明显，即国家政策干预清晰地区分出两个民族，并使汉族有较强的差别性对待感，引起不满。如关于土地、基础设施建设等方面。这些都是和群众日常生活息息相关的内容，也是群众感受最深的方面，国家政策较强的倾向于某一方，导致现实生活中出现强烈的对比感，这种差别性对待会使某一群体心理上产生落差，有自己与所在地区出现"边缘化"或"疏远化"时的感觉。长此以往，会强化民族意识，并形成对某一民族的刻板印象，如在种地这方面，受访者认为因为赫哲族"是打鱼的"，所以给再好的地也种不好，有一种明显的不服气和歧视感存在，这些潜在因素不利于地区的整合、民族间的交流，甚至是对国家的认同。实际生活中也是如此，比如受访者与赫哲族仅隔一条小路，但是几乎不到赫哲族村里去，平时更是很少交流。

英格尔认为，当一些成员出现"疏远"现象时，这些成员中的族群意识有可能会因为彼此在"疏远"方面的情感共鸣而得到强化。这种"疏远化"的感觉和"不公平"的情绪必然会转加到其他方面，长此以往，一方面会损伤政府的威信，另一方面也会有损于民族关系。

六、发展的路径选择及对策思考

在人类社会漫长的制度变迁、经济发展和文化交流等过程中，民族关系也在不断变化，有的日益改善，有的渐趋恶化，民族间有时逐步融合，有时界限分明①。民族问题是社会问题的重要组成部分，影响民族关系发展的因素与社会各领域的问题密切相连，一个因素发生作用之后可能引起反作用，"环环相扣，形成互为因果的复杂链条。在族群关系变化中，常常是各种内因与外因交织在一起，共同发挥作用"②，其中发挥巨大作用的是国家政策干预。系统深刻地了解和认识一个国家、一个地区的民族关系现状及演变规律，就必须对国家政策干预进行分析研究。

虽然不同时期宏观背景不同，中国政府对人口较少民族实行的国家政策扶持一以贯之，目的明确，即以经济扶持手段推动少数民族和民族地区社会变迁，实现现代化，完成"共同团结进步、共同繁荣发展"根本任务。"许多研究表明，在今天社会中族群成员的共同实际利益逐渐成为族群冲突中实现社会动员兵具有决定性作用的因素"③，英格尔将"基本归属感"（primordial attachments），分享的利益（shared interests）和与政府的"疏离感"（alienation from state）作为衡量城市社会族群力量的三个维度，也可以视为族群凝聚力的三个源泉，由此可见，经济结构差异以及其背后反映出的不同民族在生产力发展水平上的差异对民族关系有很大影响，因此，国家政策扶持以经济发展为渠道是一种正确的选择和可靠路径。通过对赫哲族各项指标项目的评估，可以看出赫哲族地区通过灵活运用国家各项扶持政策，以"转产"推动经济改革，在经济社会各领域实现翻天覆地变化，不仅有力地促进了经济结构和社会结构的变迁，也使赫哲族从根本上告别了原有传统渔猎生产生活方式，开始以农耕为主要生产方式，并逐

---

① 马戎．族群关系变迁影响因素的分析——民族社会学连载之二［J］．西北民族研究，2003（4）．
② 马戎．民族社会学——社会学的族群关系研究［M］．北京大学出版社，2004：465．
③ 马戎．民族社会学——社会学的族群关系研究［M］．北京大学出版社，2004：471．

步接受市场观念、竞争概念和现代文明理念，在价值观念方面有较大转变。但是经济发展是一种手段，最终目标是促进民族对国家凝聚力的增强，实现国家整合，推动社会现代化转型。政策干预需要考虑多方因素，既不能过分凸显"民族"身份，人为强化民族意识，又不能因噎废食，忽略历史因素和客观因素，放弃或减小帮扶力度。在不同历史时期和各个发展阶段掌握政策干预的"度"，以实际为出发点，按照"谁最困难、谁最需要"的原则，调整政策干预、确定扶持次序。对于推动赫哲族今后一段时期的发展路径选择，本文有以下思考。

（一）明确政策导向，在经济增长指标中增加促进民族关系和谐的社会指标

在调查中我们发现，目前各级政府最为关注的是各项发展数据的展示，这些具体数据也有力地说明了赫哲族群众所取得的成就，但另一方面折射出当前政策干预未能涉及深层次问题。在"脱贫"和"转产"的初级阶段，关注具体数字，对于落实政策、加速发展具有一定的积极作用。但当经济发展到一定阶段，应将社会发展纳入更广泛的范畴内统筹考虑，可以考虑以公平正义为导向，逐步从注重少数民族集体权利向公民权利转移，倡导公民意识，以公民的权利平等和发展促进民族集体权利的进一步发展[1]，关注同一地区、不同民族的共同发展，使民族发展成为促进民族团结的积极因素，为构建社会主义和谐社会夯实群众基础。

（二）调整政策导向，实现以"地域"而不是以"民族"为依托的新的认同基础

社区情感是人类除了亲属感情之外最基本的情感体验，"地域"概念可以把人类历史上持久存在的、并将继续存在的"社区意识"引入民族关系的处理之中。中国历史上就有大杂居、小聚居的居住传统，绝大多数地方都生活着两个以上的民族。在国家扶持政策制定和检查过程中，应强调

---

[1] 冯蕾. 新形势下如何更好地发挥民族区域自治制度的优势 [N]. 中国民族报，2012 – 2 – 17.

"地域"的重要性，既利于平等交往，又有利于"社区意识"的形成，也可以平衡小民族在人口、经济等方面的总体弱势地位。哈佛大学政治学家罗伯特·普特南认为，"社区和平等能相互促进"，这也是保障赫哲族、汉族不会出现片面"同化"现象。另外，地域导向更有助于避免地区间的民族冲突。一般来说，导致民族冲突的一个主要因素，就是民众的认同感和注意力过分集中在"民族认同"上[1]，在中国当下的社会情境下，人们对"民族"问题的关注度日渐加大，民族情结和情绪日益高涨，这一点在对赫哲族精英代表的访谈中显而易见，极易导致民族矛盾和民族冲突。因此，国家政策干预的首要任务就是打破这种单一认同，塑造更为宏观的国家认同，从而达到社会整合。区域认同层次高于民族认同，可以平衡民族认同，淡化族群意识，促进各民族交往交流交融，在微观层次上实现"多元一体"的地区性民族格局。如此，不同民族成员在密切的交往中，能够超越民族身份，把注意力越来越多地集中在区域发展、进步方面，追求现代生活方式，从而自发推动社会变迁。这也是形成地域或社区内源发展动力的基础。

（三）实现生产方式的第二次转型，加快实现传统农业生产向现代经营生产方式转变

十年前，赫哲族进行了一场大规模的"转产"，从而改变了原始的生产生活方式。以此为基点，政府加强扶持，强化"转产"效果。各项调研指标表明，十年的政策干预效果是积极的，赫哲族群众已基本上放弃了旧的生产方式，把农业生产作为最重要的生产方式，目前他们最需要的是土地。但是，在"转产"之初，由于他们欠缺技术与经验，政府未采取更高级的现代化经营模式，而是选择了传统农业作为发展路径，初衷是分步骤、分阶段地实现"转产"，但实际上是一种按部就班生产安排，缺乏前瞻性和创新胆识。在当今时代背景下，传统农业已经不能满足社会发展需要，赫哲族同所有务农群众一样，面临着第二次大规模"转产"，即走现

---

[1] 于长江.小民族，大课题[J].北京大学学报：哲社版，2001（4）.

代集约型农业生产道路。根据目前赫哲族的现实条件，无论是在人力资源储备上，还是经济基础方面，仍然需要政策的扶持和政府的合理介入。各级政府需要调整工作思路和手段，在科学发展观的指导下，按照经济规律，有计划地推动农业的现代转型，实现赫哲族发展的第二次革命性进步。

（四）增强自主发展能力，适度引入市场竞争机制

政府各项扶持政策的制定出台，最终目标是为了增强与其他民族在社会主义市场经济体制下平等竞争的能力，实现共同富裕。10年间，政府对赫哲族的扶持效应已经显现，在当前和今后一段时间内，政策干预应逐步调整为政府与社会资本并重，适度引入市场竞争机制，加快赫哲族地区与市场的对接，推动赫哲族加快思想观念的转变。政府除继续承担基础设施与公共事业建设的任务，并发挥主导作用，为赫哲族今后发展方面进行科学规划和引导外，可考虑社会资本，或将社会事业和部分已经成熟的项目移交市场运作，使赫哲族群众逐步参与到市场竞争中去，通过市场调节，发展核心产业与产品发展，以有限的资金完成高效的积累，带动地方经济的发展，并实现人的发展。

（五）充分挖掘资源潜力和比较优势，扩大生产和拓展增收渠道，提升品牌效应

国家"十二五"规划纲要中，首次提出了"绿色发展"的概念，并将相关约束性指标占总数的比重提高到三分之一，标志着绿色发展已经正式上升为国家战略。这给赫哲族地区带来了更大的机遇，必将打开赫哲族发展的新空间。调研中我们发现，赫哲族地区最大的发展优势是其具有丰富的资源，其中包括自然环境、物产以及人文资源。这些资源具有不可复制性和不可比拟性，并可能实现品牌优势。一是可发展绿色生态农业。这是当前社会上最认可的产品。赫哲族聚居区在土地资源方面具有丰富潜力，是绿色农业生产的绝好基础。如四排赫哲族村在无污染源的乌苏里江畔，可建设水田灌溉配套工程，引江水灌溉，大力发展绿色水稻生产，采用良

种和应用水稻生产先进技术,提高产量和品质,打造绿色产业链,走绿色发展道路。二是发挥赫哲族风情特色,大力发展旅游业。可依托赫哲族现有博物馆、街津口旅游度假村、八岔岛自然生态保护区、四排赫哲族发展史馆等设施,突出民族特色,深入挖掘整理赫哲族传统文化遗产,兴建旅游纪念品厂点,开发民族手工艺品和鱼皮制品、旅游鱼类食品。积极引导赫哲族户开设旅店、餐饮、运输、手工艺品等相关行业(这次调查得知已有 21 户赫哲族家庭经营旅游服务业),使他们以非农产业增加收入。三是发挥民族传统产业技能,开辟新产业。充分利用赫哲族长期从事渔猎生产的民族传统习惯和技能,发展相对比较接近于传统渔猎的生产方式,侧重生产性项目,可以优先发展较小的项目,如鱼皮画制作、水产养殖业等。这样一方面保持赫哲族人已经习惯了的生产环境和生活方式,把民族传统技能本身当作一种人力资源优势加以利用;另一方面又提升产业层次,提高劳动生产率和收入。这种方式也可以促进赫哲族人树立信心,振作精神,尽快向市场经济的观念和实践转型,是培养新的生产动机和创业精神的有效途径①。

(六)加大人力资源建设,为经济社会发展提供充足人才保障

赫哲族地区经济快速发展离不开政策倾斜和资金支持,但是从长远来看,脱贫与经济发展、文化保护与开发利用,均与教育息息相关,因此,其根本性的问题还是人力资源的可持续。鉴于赫哲族地区当前还未形成吸引外来专业人才的土壤,也无力承担引进人才的成本,大力发展教育,培养培训本民族专业技术人才是最有效、最直接的解决方案,其中当前最急需的是懂经营、懂农业技术的人力资源。政府可考虑开展成人教育和培训,对一些有经营意识、或具有现代农业发展意识等具备潜力的青年人提供专门的培训,以及全面的扶持方案(包括资金、技术和项目),这样将不仅可以造就一批懂农业生产技术的赫哲族农民,还可以造就一批懂生产管理,特别是懂市场营销的赫哲族经济人才,保证他们学以致用,用现代

---

① 于长江. 小民族,大课题 [J]. 北京大学学报:哲社版, 2001 (1).

企业制度和生产方式在当地产生影响，从而让更多人获益，民族的发展才有后劲。

七、结语

费孝通先生在《中华民族多元一体格局》中，阐述了中国历史上民族关系发展的特定历史过程。我们今天的民族格局和民族关系，就是中国特定历史进程的一个横断面[①]。中国民族关系历史、现状和需要破解的种种困境，要求我们在构建民族政策体系、实行国家政策干预的过程中，必须是以一种合理的、优化的、发展的眼光看待问题，同时保持政策稳定，从而建立起一种有效协调我国族群关系的文化和制度。从世界范畴看，这种制度不仅仅在于解决中国面临的实际问题，同时也是为现有的世界民族关系提供一种更为合理的解决方式。这一政策体系必须是包括人口较少民族的。

通过对黑龙江省赫哲族2001年至2010年的发展速度和发展规模的考察，这十年间取得的发展成就十分巨大，前所未有，表现在经济活动方式、文化、民族心理和社会组织结构等各个方面，民族面貌极大改观。支持少数民族和民族地区发展，集中力量扶持人口较少民族发展，是国家政策干预的一个创新。但是，任何新创意、新方法的实践都不可能是一帆风顺、一蹴而就的，其中出现的种种问题和困难，需要在实践中不断调整，不断完善，如在下一步发展中，不再简单地把关于经济社会发展的规划套用在少数民族身上，要更加全面地考虑全国经济发展与少数民族经济发展对民族关系的影响；因族制宜，区别对待处在贫困线的少数民族和已经走上富裕道路的少数民族，制定不同的政策，包括文化发展政策。

实际上，在政府主导之下，赫哲族一直进行着现代化的路径选择。事实证明，经济"转产"是其发展的正确战略选择，国家在2001年到2010年十年间的政策干预对赫哲族的发展是必不可少的。但是，任何生产方式

---

① 于长江．小民族，大课题[J]．北京大学学报：哲社版，2001（1）．

转型的战略路径，必然会涉及社会、经济和民族心理等多种复杂因素，赫哲族"转产"所涉及的复杂社会转型，改变了民族的生存方式和文化传统习俗，赫哲族是否要接受本民族特殊性彻底改变乃至消失的痛苦历程吗？至少从表面上看，发展"不是简单的'转变思想观念'的问题，它在文化上意味着一个种族的同化"①。这是始终需要我们进一步关注的问题。

随着中国工业化、现代化、信息化、城镇化和国际化的日益深入，中国的社会转型进入了关键阶段，民族问题和民族因素不可避免地成为社会生活中越来越重要的因素。在中国，只有实现了56个民族的共同团结进步和共同繁荣发展，促进大小民族理性合作、共同进步和繁荣，才能实现社会的融洽、祥和、文明。

---

① 关凯．中国人口较少民族经济和社会发展调查研究报告——赫哲族［M］//中国人口较少民族经济和社会发展调查报告，民族出版社，2007．

基诺族经济社会发展调研报告

> 执笔人：罗仁惊瑜
> 调研地点：云南省西双版纳傣族自治州景洪市基诺山基诺族乡
> 调研时间：2012年7月
> 调研人员：杨筑慧　罗仁惊瑜

一、基诺族概况

基诺族是世代聚居于云南境内的一个古老的少数民族。1979年6月，基诺族经国务院正式确认为一个单一少数民族，成为中国的第56个民族。"基诺"是民族自称，"基"即舅舅，"诺"即后代或后边，"基诺"意为舅舅的后代或尊敬舅舅的民族。基诺族使用基诺语，属汉藏语系藏缅语族彝语支。

基诺族现有人口23143人[①]，主要分布在云南省西双版纳傣族自治州景洪市基诺山基诺族乡（以下简称基诺乡），及周边的勐养、普文等地区。主要从事农业，经济收入主要来源于砂仁、橡胶、茶叶等经济作物的种植与加工。

基诺族人命名特点多为连名式，包括父子连名和其他多种形式的连名。主要节日为"特懋克"，意为"打铁节"，时间为每年2月6日至8日。基诺族的文化艺术形式多样，内容丰富，最具民族特色的"大鼓舞"被列为国家第一批非物质文化遗产。基诺族信仰万物有灵、多神崇拜的原

---

① 第六次（2010年）人口普查各少数民族人口数据，来源于"中华人民共和国国家统计局"网站，http://www.stats.gov.cn/。

始宗教，近年来也有少部分开始信仰基督教。

基诺族的传统房屋是竹木结构、茅草盖顶的杆栏式建筑，多建在山势平缓、向阳近水的山坡上。改革开放后，基诺族人民生活条件得到较大改善，在外来文化的影响下，大部分家庭盖起了砖混结构住房。

20世纪50年代初，基诺族社会仍处在原始社会末期的农村公社阶段，生产资料所有制为原始公有制。1956年，西双版纳进行和平协商土地改革时，基诺族地区被列为"直接过渡"的地区之一，从原始社会直接跨入社会主义社会初级阶段。虽然在"文化大革命"时期，基诺族社会经济发展受到极大影响，但在改革开放之后，基诺族社会逐渐进入了一个良性的发展阶段。在各项政策的扶持与基诺族人民的自身努力下，基诺族在脱贫致富的道路上迈进了一大步。

二、调研任务与调查点简介

此次调研的主要任务是，追踪调查扶持人口较少民族发展工作在基诺族地区的开展情况，了解各项扶持政策与规划项目的落实情况，总结经验教训，对该项扶持工作进行反思，并从民族学研究的视角，为促进基诺族地区社会经济更好更稳定地发展提出一些意见与建议。

基诺山基诺族乡位于西双版纳傣族自治州景洪市东北部，距景洪市政府驻地27千米，东与勐腊县勐仑镇接壤，南连景洪市勐罕镇，西靠勐养镇，北邻大渡岗乡。基诺乡属于亚热带气候类型，年平均气温18-20摄氏度，年平均降雨量1100毫米，全年阳光充足，日照时间长，土地肥沃，雨量充沛，适宜发展橡胶、茶叶、砂仁、水果等亚热带经济作物。全乡总面积622.9平方千米，其中国家级自然保护区面积8.5万亩，耕地面积1.84万亩，国有林53万亩，森林覆盖率达88.24%，95%以上土地坡度在25°以上，是典型的纯山区民族乡。全乡辖7个村委会，46个村民小组，居住有基诺、汉、哈尼、傣、拉祜、布朗、彝、瑶等民族。2014年末，全乡共有3884户14324人，其中，基诺族11915人，占全乡总人口的84%；农业人口 11425，占全乡总人口的 80%。①

2005 年以来，扶持人口较少民族发展工作在基诺乡 7 个村委会全面展开，各类建设项目投入实施，形成了以橡胶、茶叶、砂仁三大支柱产业为主，畜牧业、冬季农业开发为辅的产业布局，加快了当地社会经济的发展，使基诺族人民的生活得到极大的改善。

如今的基诺乡，由原来的"不通广播电视，没有安全饮用水，没有文化室，4 个村委会所在地不通电话，公共基础设施发展滞后"变为 7 个建制村全部实现"四通五有三达到"目标，学校综合楼、各村文化活动室、乡卫生院、客运站、集贸市场、卫生公厕等公共基础设施逐步完善，位于基诺乡巴坡村的基诺族博物馆正在建设中，科教文卫事业取得了极大进步。

在了解了基诺乡的整体情况后，我们选择了距离乡政府所在地较近、扶持人口较少民族发展项目覆盖程度较高的巴坡村、巴飘村和新司土村三个基诺族村寨作为调查点，通过入村实地考察和入户访谈，更深入地了解当地基诺族人民的实际情况。

（一）巴坡村

巴坡村隶属于基诺乡巴亚村委会，全村有 105 户 387 人，98% 以上为基诺族。2010 年，全村农民人均纯收入 3028 元，人均占有粮食 493 千克。②

巴坡村较完整地保留了基诺族的传统特色文化，因此，景洪市引进金孔雀集团公司，在巴坡村开发建设了基诺山寨景区旅游项目，对基诺族民族传统文化进行挖掘、整理和展示。在巴坡村通过"公司 + 农户"的形式发展特色旅游，解决了一部分农村劳动力转移就业的问题，增加了农民收入，培育了当地基诺族人民的市场观念，对提升民族自信心和自豪感有很大帮助。在特色旅游的开发过程中，基诺族"大鼓舞"等传统特色文化得到传承与弘扬。

在实施扶持人口较少民族发展规划过程中，共安排巴坡村各类资金

---

① 景洪市基诺山基诺族乡人民政府网站，http://www.jhsjnx.com。
② "2011 年云南省扶持人口较少民族发展工作会议"材料《考察点介绍》。

615 万元,实施了交通、产业扶持、科技培训、农田水利、广播电视等项目。其中,投入 400 万元资金开展基诺族特色村寨和基诺族博物馆建设,使巴坡村的文化优势、区位优势、旅游优势得到更好发挥。该工程已于 2012 年 3 月 5 日开工建设,至 6 月中旬已完成基础混凝土浇筑、土方回填、一层框架柱和框架梁板面模板安装等工作。①

(二) 巴飘村

巴飘村隶属于基诺乡新司土村委会,同时也是新司土村委会的所在地。全村共有 56 户 258 人,都是基诺族。橡胶、茶叶和粮食是该村的主要经济来源。2002 年夏天,基诺乡连降暴雨,巴飘村发生特大山体滑坡,对当地的经济建设和人民群众的生命财产造成巨大损失。在国家和香港同胞的积极帮助下,巴飘村于 2003 年成功完成搬迁重建。因此,巴飘村的房屋布局较为规整,各家房屋多为形制较为统一的木制杆栏式瓦房,一层放置杂物,二层住人,除了以砖砌成的外围院墙,其余部分基本保留了基诺族传统民居的特点。

2009 年,巴飘村实施了人口较少民族发展项目,以整村推进的方式,投入资金 95 万元,建设了文化活动室、篮球场、村内硬化道路、蓄水池、排污沟、垃圾池等,在村寨面貌焕然一新的同时,按照"扶持到户"的要求,结合"立足当前改变一代人"的思路,积极开展民族团结文明示范户建设,通过开展当家理财知识、居家环境布置、健康文明卫生习惯、致富带头人、科技明白人等培训,提高了基诺族人民的自我发展能力,激发了基诺族人民建设美好家园的积极性。作为示范村之一,巴飘村集中展示了基诺山的新变化。2010 年,巴飘村农民人均纯收入达到了 3067 元,人均占有粮 475 千克。②

如今的巴飘村,家家户户生活设施一应俱全,很多人家还开通了互联网,购买了小汽车。巴飘村的"基诺山茶"畅销全国各地,成片的橡胶林也进入了丰产期,村里的中药材、水果等种植颇具规模,形成了茶、胶、

---

① 《基诺山乡经济发展开局良好》,西双版纳新闻网,2012 年 6 月 11 日 http://www.bndaily.com/Templates/NewsTemplate.asp? NewsID = 64758。

② "2011 年云南省扶持人口较少民族发展工作会议"材料《考察点介绍》。

果等多种产业共同发展的格局,每户人家一年有近 10 万元的收入。①

(三) 新司土村

新司土村同样隶属于基诺乡新司土村委会。据该村村主任介绍,全村共有 70 户 271 人,经济来源主要靠种植橡胶和茶叶,"村里每家至少都有一百亩橡胶林"②。绝大部分家庭盖起了二层平顶楼房,"大概还有十几户没盖新房"。近几年,当地经济迅速发展,基诺族人民的生活条件得到极大改善,"几乎每家都有一张汽车,几张摩托车"。村里很重视孩子的教育问题,强制实行九年义务教育,"如果知道哪个家里不让孩子上学,父母会被批评,被罚"。新司土村已经建成但还未投入使用的文化活动室,共两层,"一层用作会议室,二层的三间房用作办公室……暂时还没有图书室,以后再慢慢筹备"。扶持人口较少民族发展项目在该村进行的村内道路硬化建设,完成面积 2657.8 平方米,中央和省级少数民族发展资金拨款 28 万元,村民投工献料折合 5.64 万元。

三、相关扶持政策与措施

2005 年 8 月 29 日至 30 日,国务院专门召开"全国扶持人口较少民族发展工作会议",回良玉副总理在会上对贯彻实施《扶持人口较少民族发展规划(2005 – 2010 年)》做了具体的部署和安排。自此,中国扶持人口较少民族发展工作进入全面实施的新阶段。云南省委、省政府根据云南多民族的具体情况,提出"决不让任何一个兄弟民族在共同发展的道路上掉队"的战略目标,因地制宜、因族举措,采取一系列政策措施,加快云南境内七个③人口较少民族的发展。

---

① 《巴飘村的幸福生活》,载《云南日报》,2012 年 8 月 13 日。
② 本段引号中的内容为新司土村村主任资白的原话。
③ 在 2011 年公布的《扶持人口较少民族发展规划(2011 – 2015 年)》中增加了人口在 30 万人以下的景颇族,因此,在未来的 5 年中,将面向云南境内的 8 个人口较少民族开展扶持工作。

（一）规划先行，明确目标

2006年，云南省政府出台《云南省扶持人口较少民族发展规划（2006-2010年）》，提出到2010年实现人口较少民族聚居村"四通五有三达到"的发展目标。所谓"四通"，是指通路、通电、通广播电视、通电话，即列入规划的所有建制村所在地都有通乡的可行驶机动车的砂石路，建制村户通电率达到80%以上，建制村所在自然村能收听、收看到包括中央和省第一套在内的广播、电视节目，能用有线电话与外界联系或覆盖移动通信信号。"五有"是指"有卫生室、有安全饮用水、有安居房、有文化室、有基本农田地"，即建制村有县级卫生行政部门批准设置的卫生室（所）和有行医资格的乡村医生，又开展工作需要的基本设备和基本药品；建制村内80%以上的人口和牲畜解决饮水困难；建制村内基本消除茅草房或危房（茅草房或危房比例在20%以内）；建制村有开展文化、科技活动的固定场所，并配备一定的图书、报刊及活动器材等；建制村内有稳定解决温饱的基本农田和经济林地（人均稳产农田1亩，户均经济林地1-2亩）。所谓"三达到"，即建制村农民人均粮食占有量达到300千克以上；农民人均纯收入达到云南省农村低收入标准以上，未解决温饱人口占全村人口的5%以下；实现基本普及九年义务教育、基本扫除青壮年文盲的"两基"目标，建制村适龄儿童入学率、初中毛入学率、青壮年文盲率达到云南省"两基"验收标准。

此外，云南省还编制了基础设施建设和社会事业方面的专项建设规划，做到能进专项规划的项目尽量进专项规划，不能进专项规划的项目由相关职能部门纳入年度工作计划优先安排。

围绕省级相关规划，人口较少民族聚居的州市县也编制了村级发展规划，做到扶持人口较少民族发展工作思路清晰、目标明确、任务具体，把扶持人口较少民族发展的目标任务细化到村、落实到户，以推动和保证各个扶持发展项目规范有序地进行。

根据《云南省民委、云南省财政厅关于做好民族专项资金扶持人口较少民族发展项目工作的意见》要求，基诺乡结合《基诺山乡"十一五"发展规划》，在充分征求村民意见，召开群众大会并在群众自愿申报的基础上，制定了《景洪市基诺山基诺族乡扶持人口较少民族发展建设规划（2006年8月－2010年8月）》，积极做好各村委整村推进项目申报工作。提出以种植橡胶、茶叶，饲养小耳朵猪，建设文明卫生水泥路村文化活动室、篮球场、人畜饮水等为主要内容的扶持人口较少民族发展项目实施方案，为项目的顺利实施奠定了坚实的基础。

在2009年的"基诺族·30年跨越发展座谈会"上，景洪市市长岩温才汇报了基诺乡2010－2020年的最新发展规划。规划内容包括农业产业化推进、基础设施建设、集镇建设、旅游业发展、社会事业发展等五个方面的项目建设，预计投入资金29388.53万元。通过这些规划项目的实施，争取到2020年实现全乡人均纯收入达6050元，人均占有粮741千克。[①]

（二）完善领导机制，落实责任到人

2007年，云南省成立了包括20个成员单位在内的"扶持人口较少民族发展工作领导小组"，每年召开一次全省扶持人口较少民族发展工作领导小组会议，建立"省抓规划、州（市）负总责、县抓落实、项目到村、扶持到户"的工作责任制。相关州（市）、县逐级成立领导机构，形成一级抓一级、层层抓落实的良好工作格局。

基诺乡党委、政府把扶持人口较少民族发展工作列入党委、政府议事日程，在市委、市政府的领导和市民宗局、市扶贫办的牵头组织下，于2006年3月成立了以乡长为组长，人大主席、副乡长为副组长，成员由团乡委、妇联、科教文卫办、财政所、农业服务中心、企业办、土地、林业、中学、小学等部门负责人组成的扶持人口较少民族发展项目领导小组，下设办公室，由科教文卫助理兼任办公室主任并负责日常事务及项目的具体实施、资料收集整理等工作。村委会也相应成立了以村委会党支部书记为组长，副书记、副主任为副组长，各村民小组组长、妇女主任、团总支书记、群众代表为成员的项目实施协调管理领导小组，具体负责宣

---

① 《建设和谐进步发展基诺新山乡项目规划汇报》，2009年6月16日。

传、协调工作，组织和发动群众投工投劳，参与项目建设实施。

（三）立足发展根本，提高人口素质

根据省内大部分人口较少民族社会发展起点低，平均受教育年限短，自我发展能力弱等状况，云南省提出"立足当前，改变一代人；着眼长远，培养一代人"的扶持思路，加强对人口较少民族干部群众进行实用技术培训、农村妇女当家理财培训等。开办人口较少民族高中班和大中专班，落实"两免一补"政策和降分录取政策，促进人口较少民族受教育水平稳步提高。加大对人口较少民族高考考生的照顾力度，实行指定投档选拔办法，提高人口较少民族考生的录取率。启动德昂族、基诺族、普米族和独龙族4个民族特色博物馆建设项目，大力挖掘整理人口较少民族优秀传统文化。对人口较少民族干部和人才的培养选拔采取放宽政策、破格录用等特殊政策措施，确保7个人口较少民族在省级部门都有人能担任厅级领导干部。为使人口较少民族专业技术人才能尽快脱颖而出，还制定了7个人口较少民族在专业技术职称评审中的特殊政策。

（四）转变发展方式，推进整乡扶持

2011年，云南省民委在"十一五"扶持人口较少民族发展的基础上，将采取新的扶持方式，对人口较少民族聚居乡实施整乡综合扶持。扶持重点在于，因地制宜地进行特色产业培植，同时兼顾村内道路硬化、村容村貌整治、体育文化活动场地等建设项目的实施与完善。基诺乡被省民委列入2011年整乡综合扶持计划，安排资金500万元，其中400万元用于产业扶持，100万元用于基础设施建设。①

（五）出台系列措施，确保项目顺利实施

为确保全乡各项目建设的顺利实施，基诺乡出台了一系列具有针对性

---

① 《州民宗局召开工作会议 布置"两山"整乡综合扶持》，西双版纳新闻网，2011年5月22日 http：//www.bndaily.com/Templates/NewsTemplate.asp？NewsID＝57609

的强有力措施。一是将项目建设工作纳入全乡对每个工作人员进行年度考核的主要考核指标，进一步完善相关的工作奖惩制度，极大地调动每个人的积极性。二是对每一个有意向的投资建设项目，明确一名班子成员负责联络，从投资意向的确定到项目建设，实行全程跟踪，提供优质服务。三是保障项目建设工作前期工作经费，在乡里经费极为紧张的情况下，充分满足项目建设工作经费的需要。四是以"科学安全、优质工程"为目标，抓好项目的建设，确保每一个建设项目的施工，均按照立项、设计、审批、报建、监理、备案等程序依法建设，并派专业技术人员深入现场指导。五是广泛宣传，发动百姓。为把扶持人口较少民族发展这一民心工程做好做实，乡党委、政府负责人多次深入村寨，开展多方面、多层次的宣传动员，使基诺族人民真正了解扶持人口较少民族发展的实质和目的，积极发动村民投工投劳，使扶持工作由被动接受转变为自觉行动，全乡上下一心，分工合作，积极主动地为项目建设出谋划策、排忧解难。

四、主要扶持项目及完成情况

基诺乡自 2006 年 11 月 29 日启动扶持人口较少民族整村推进项目，通过 3 年多的时间，截至 2009 年，已基本完成各项任务。

（一）整村推进项目建设

由市民宗局主持实施的整村推进项目，覆盖 5 个村委会 32 个村民小组，惠及 1935 户 8039 人。项目内容涉及基础设施、文化体育、人畜饮水、种养业等 4 个大类的 69 个项目。至 2009 年 12 月，完成总投资 1070.06 万元，扶贫开发资金 803 万，群众自筹或投工投劳折资 243.06 万元。[①] 具体建设项目及完成情况如表 1[②] 所示。

[①]《景洪市基诺山乡实施扶持人口较少民族发展项目情况》，2010 年 4 月 28 日。
[②] 表 1 中数据来源于《景洪市基诺山乡实施扶持人口较少民族发展项目情况》，2010 年 4 月 28 日。

表1　2009年底基诺乡"扶少"民族项目完成情况表

建设项目		项目数量	已完成（项）	扶贫开发资金（万元）	投工投劳（万元）	完成总投资（万元）
村内道路硬化		25	24	442.40	135.67	578.07
文体设施	文化活动室	15	12	114.00	20.71	134.71
	村内球场	9	7	43.00	25.15	68.15
人畜饮水工程		1	1	17.00	2.00	19.00
种养业	橡　胶	6	6	67.65	12.98	80.63
	茶叶	6	6	26.28	3.92	30.20
	建盖猪圈	6	5	43.19	22.38	65.57
合计		69	61	753.52	222.81	976.33

1. 乡村道路建设

村内道路硬化26项，完成24项，在建2项（大巴伞路、小巴伞路），实际完成35101平方米，总投资578.07万元，投入扶贫开发资金442.4万元，群众自筹或投工投劳折资135.67万元。至2012年，全乡46个村民小组均通民用公路，40个村民小组已完成村内道路硬化。

2. 文化设施建设

文化体育设施24项。其中，村内文化活动室建设15项，现完工12项，建设面积1365平方米，在建3项（曼武、曼哇、巴飘），完成总投资134.71万元，投入扶贫开发资金114万元，群众自筹或投工投劳折资20.71万元；村内球场建设9项，现完工7项，建设面积3648平方米，在建2项（曼武、曼哇球场），完成总投资68.15万元，投入扶贫开发资金43万元，群众自筹或投工投劳折资25.15万元。

3. 饮水工程建设

架人畜饮水工程1项，完成总投资19万元，投入扶贫开发资金17万元，群众自筹或投工投劳折资2万元，架饮水管5千米。

4. 种养业项目

种养业18项。其中，种植橡胶6项，完成6项，种植5363亩，完成总投资80.63万元，投入扶贫开发资金67.65万元，群众自筹或投工投劳折资12.98万元；种植茶叶6项，计划种植517亩，完成6项，种植649亩，完成总投资30.2万元，投入扶贫开发资金26.28万元，群众自筹或投工投劳折资 3.92 万元；建盖猪圈 6 项，计划盖 239 间，完成 5 项，盖 342 间，完成总投资 65.57 万元，投入扶贫开发资金 43.19 万元，群众自筹或投工投劳折资 22.38 万元。

除已完成的 61 个项目外，其余 8 个在建项目已完成投资金额 93.73 万元，其中，扶贫开发资金 49.48 万元，群众自筹或投工投劳折资 20.25 万元。①

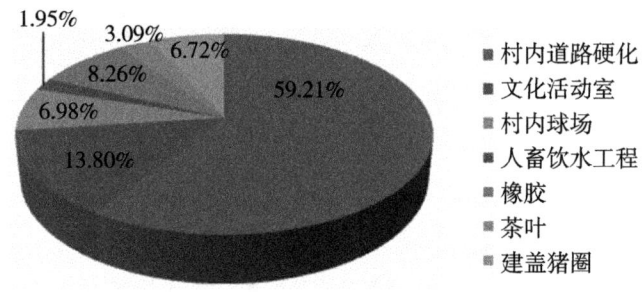

图 1　2009 年底基诺乡"扶少"民族项目
已完成投资分布图

在基诺乡实施的 4 个大类、7 个小类的建设项目中，基础设施建设，尤其是在村内道路硬化方面，投入的资金所占比重最大。就我们所到的三个自然村实地观察的情况来看，道路硬化项目已完成部分完成情况良好，极大地改善了当地晴通雨阻的道路状况，为基诺族人民走出大山了解外面的世界、发展旅游业、运输业提供了保障。但是，由于部分资金尚未到位，一些村内道路硬化项目尚未完成，部分村寨由村内通往山上橡胶林地的道路依然难行。

（二）2009 年后项目建设

2009 年之后，基诺乡继续推进扶持人口较少民族发展工作，着重在以下三个方面②加强建设，确保扶持人口较少民族发展的各项工程真正惠及百姓。

---

① 根据《景洪市基诺山乡实施扶持人口较少民族发展项目情况》中的具体数据计算，"所有项目已完成总投资"1070.06 万元减去"已完成项目完成总投资"976.33 万元，即"在建项目完成总投资"93.73 万元。依此类推。

② 《基诺族乡 2012 年项目建设情况》。

1. 继续实施兴边富民专项工程,抓好扶持人口较少民族发展工作

(1) 巴卡村委会实施澳洲坚果种植 1200 亩项目 (2011－2012 年), 总投资 172 万元。其中, 国家投入扶持资金 100 万元, 自筹 72 万元。该项目现已向上申报并已通过评审, 正在准备阶段中。

(2) 基诺乡人口较少民族聚居建制村发展特色优势产业项目 (2011－2012 年), 涉及巴来、巴亚、洛特、茄玛、司土、新司土 6 个村委会, 总投资 412 万元。其中, 国家投入扶持资金 300 万元, 自筹 112 万元。该项目仍处在评审阶段。

2. 开展特色村寨保护与发展建设,做好村寨保护与发展工作

为发展经济、弘扬民族文化特色和地方特色, 巴卡老寨实施特色村寨保护与发展建设, 依托云南省民委民族特色村寨保护与发展建设项目资金 100 万元, 主要以发动群众投工投劳和筹集资金为主, 总投资 371 万元。其中, 申请国家补助 100 万元, 整合资金 75 万元, 群众投工投劳及自筹 196 万元。该项目仍在准备阶段。

3. 加强基础设施建设,不断改善农村生产生活条件

围绕重大项目建设, 加快推进交通、水利等基础设施建设, 其中包括:(1) 大巴洒和毛娥新寨 2 个村民小组村内道路硬化工程;(2) 洛特村委会行政村公路道路硬化;(3) 曼哇新寨、阿婆、巴亚中寨、回鲁 4 个村民小组的人畜饮水改造项目工程;(4) 亚诺、巴卡老寨、巴亚中寨、巴来小寨、巴别 5 个村民小组文化活动室建设;(5) 巴卡老寨、巴亚新寨、巴飘、茄玛 4 个村民小组的三面光水沟、拦河坝工程;(6) 亚诺水库加固;(7) 124 户卫生户厕投入使用;(8) 基诺族博物馆、综合楼建设等。

五、扶持成效与经验总结

自 2006 年至今, 基诺乡在 6 年多的时间里, 扎实稳妥地开展扶持人口较少民族发展工作, 基本实现了《扶持人口较少民族发展规划 (2005－2010 年)》的规划目标, 在基础设施、产业发展、社会经济、生活水平、社会事业以及自我发展等方面取得了显著的成效。

1. 夯实了农业基础设施，为脱贫致富创造了条件

通过扶持人口较少民族发展项目的实施，至 2009 年，实现了 24 个村民小组村内道路硬化，新建文化活动室 12 间、篮球场 7 块，为 1 个村民小组解决了人畜饮水卫生安全。① 至 2012 年，全乡 46 个村民小组均通民用公路，40 个村民小组已完成村内道路硬化；先后建成篮球场 31 块、活动室 33 间，② 为村民开展各种文体活动提供了必要的保障。基诺乡的基础设施条件得到明显改善，村容村貌焕然一新。基本的生产生活条件得到较大改善。

2. 培育扶持小产业项目，拓宽农民增收渠道

至 2009 年，因地制宜地扶持种植、养殖项目，种植橡胶 5363 亩，茶叶 649 亩，盖猪圈 342 间。③ 积极发展能稳定增加农民收入的小产业，通过示范来带动项目区的产业建设，进一步拓宽贫困群众的收入渠道，实现稳定增收。

3. 促进农村经济快速发展，人均收入不断增加

2006 年，基诺乡农民人均纯收入 2191 元，④ 2007 年达到 2406 元。⑤ 2008 年，基诺乡农村经济总收入 5799 万元，农民人均纯收入 2388 元。⑥ 2009 年底，全乡农村经济总收入达 6996.3 万元，农民人均纯收入 2915 元，⑦ 至 2010 年，全乡农村经济总收入 9863.37 万元，比 2005 年的 3629.95 万元增长 172%；生产总值 8072 万元，比 2005 年的 6070.5 万元增长 32.98%；农民人均有粮 669 千克，比 2005 年的 595 千克增长 12.44%；人均纯收入 3165 元，比 2005 年的 1881 元增长 68.3%。⑧ 2011

---

① 《景洪市基诺山乡实施扶持人口较少民族发展项目情况》，2010 年 4 月 28 日。
② 《基诺山乡力争实现经济发展与环境保护双赢》，西双版纳新闻网，2012 年 6 月 6 日 http://www.bndaily.com/Templates/NewsTemplate.asp?NewsID=64659。
③ 《景洪市基诺山乡实施扶持人口较少民族发展项目情况》，2010 年 4 月 28 日。
④ 董学荣，罗维萍. 改革开放以来基诺族的发展研究 [J]. 黑龙江民族丛刊，2008（06）.
⑤ 刘小龙，邢开蓉，马银. 云南人口较少民族聚居地区的科学发展问题研究——以云南省布朗山乡和基诺山乡为例 [J]. 中共云南省委党校学报，2009（01）.
⑥ 《饮水思源 感谢共产党——在基诺族·30 年跨越发展座谈会上的汇报材料》，2009 年 6 月 16 日。
⑦ 《景洪市基诺山乡实施扶持人口较少民族发展项目情况》，2010 年 4 月 28 日。
⑧ "2011 年云南省扶持人口较少民族发展工作会议"材料《考察点介绍》

年，基诺乡实现生产总值 9820 万元，农民人均纯收入达 6326 元，远远超过了全省 4722 元的平均水平。①

图 2　2005 – 2011 年基诺乡农民人均纯收入

4. 生活条件明显改善

通过种植橡胶、茶叶，基诺族人民的生活条件得到明显改善，部分村寨的基诺族家庭盖起了新房，配备了现代家用电器，购买了摩托车或者汽车。2011 年 8 月，巴来中寨实现宽带网全覆盖，全村 89 户人家中有 54 户安装了电脑和宽带。② 为了解当地基诺族人民生活条件的改善情况，我们与几位村民进行了访谈。

在镇上，一位正在理发摊理发的大叔（59 岁）告诉我们："以前我们家里种水稻、玉米、砂仁，现在种橡胶、茶叶，收入肯定比以前高多了，生活各方面都好了很多……村里通了柏油路，出门很方便。"

在新司土村，一位正在和家人一起盖新房的中年妇女（年约四十）告诉我们，她有两个孩子，家里种有两千多棵橡胶树，也种一些茶叶，但家

---

① 《景洪市基诺族乡农民人均纯收入超过全省平均水平》，景洪市政务信息网，2012 年 4 月 10 日，http：//www. jhs. gov. cn/newshow. aspx？id = 44413。

② 《宽带网把基诺族群众带进"e 时代"》，西双版纳新闻网，2012 年 6 月 6 日，http：//www. bndaily. com/Templates/NewsTemplate. asp？NewsID = 64656。

里经济收入主要还是靠橡胶,"如果开割的话,一个月大概能有两三千"。问及生活上的改变,她说:"现在生活条件好了,存了点钱,就可以出去玩。村里妇女小组组长会组织我们在三八妇女节出去玩,去昆明啊,过两年还打算去北京,去看看首都。"出去玩的费用,基本是由个人负担,"得自己出钱,村里也会组织我们去那些老板承包的橡胶林干活赚点钱,作为去玩的费用"。

另一位45岁的新司土村村民说道:"我们家里是靠橡胶和贷款才能盖新房,不种橡胶的话,两个娃娃都没法继续读书……我家大概是2003、2004年开始大面积种植橡胶,去年赚了6万多。"

5. 科教文卫事业不断地步。2008年,科技参基诺乡农业的贡献率达到47%,全乡有"三五"人才1640人。① 至2009年,各村新建的文化活动室共计1365平方米,新建篮球场1365平方米,基诺族人民的文化生活日益丰富。② 截至2011年,基诺山乡乡属3个完小和一个教学点学前班的在校学生达900余名,适龄儿童入学率和巩固率均达100%。2012年,全乡农民新农合参合率达98.1%。7个村委会都建起了卫生室,直接由乡卫生院管理。乡卫生院为全乡12150人建立了健康档案,占全乡人口的80%以上。③ 此外,乡卫生院还与景洪市医院、西双版纳州人民医院和北京大学人民医院结成医疗服务共同体,确保当地群众享受到"小病不出村、一般常见病不出乡、大病不出市"的医疗服务。④

6. 自我发展能力不断提高。基诺乡实施的重点村项目,通过国家补助,使基诺族人民能够参与建设,在项目建设过程中,熟悉和掌握一些新的劳动技能和经商本领,一定程度上提高了自身的综合素质和自我发

---

① 《饮水思源 感谢共产党——在基诺族·30年跨越发展座谈会上的汇报材料》,2009年6月16日。
② 《景洪市基诺族乡实施扶持人口较少民族发展项目情况》,2010年4月28日。
③ 《基诺山基诺族乡扶持成效显著 走在云南扶持人口较少民族前列》,国家民委网站,2012年11月13日,http://www.seac.gov.cn/art/2012/11/13/art 36 170390.thml。
④ 《基诺族村寨实现了大变样》,云南民族宗教网,2012年3月30日,http://www.ynethnic.gov.cn/pub/ynethnic/。

展能力。

在6年多扶持人口较少民族发展的实践中,基诺乡积累了宝贵的工作经验。在各项扶持工作开展之前,一是及时成立组织机构,加强领导。二是制定项目规划,明确目标,为项目的顺利实施奠定基础。三是认真做好前期调研工作,合理规划,量力而行。在扶持工作开展的过程中,精心组织实施,开展广泛的宣传动员,充分尊重基诺族人民的意愿,调动大家的积极性,使被动地接受转变为主动地积极参与。

六、存在的困难与问题

基诺乡扶持人口较少民族发展工作开展至今,取得的成效有目共睹,但在具体的实施与操作过程中,仍会遇到一定的困难,以及一些亟待解决的问题。

(一)最大困难是水资源匮乏

我们在基诺乡文化站沙站长的陪同下,与巴坡村村主任进行了访谈[①],了解到该村缺水的严重性以及寻找新水源的紧迫性。

杨:村子里的人很少见,他们都到哪里去了?

村主任:都去干活了。

杨:现在才干活?

村主任:要去采茶啊,施肥啊,去橡胶地啊……

杨:橡胶不是割完了吗?下午不休息吗?

村主任:还要除草啊,施肥啊,还要种田嘛!

杨:那很累呀!

村主任:很累的,乱七八糟事多得很,种田现在要用抽水机浇灌。

杨:抽水机浇灌?

---

① 访谈时间:2012年7月13日15:30,访谈地点:巴坡村村主任家。

村主任：对，天气太干了……我们得另外找一条水源，现在我们这里还有一点地下水冒上来，还有一点，但是地势还要比我们这里低。

杨：那水不好上来啊，要用抽水机了。

村主任：嗯，现在每家都用抽水机浇灌。

沙站长：以前种田种完了就不用管了，现在天天要去拿抽水机浇灌。

村主任：那个建博物馆的老板也跟我们说没水，让我们帮处理一下，我们也没办法，缺水大家都一样。

杨：缺水可麻烦了……

沙站长：嗯，再这样下去我们基诺族要迁移了……

杨：哎哟，那你这说得太危险了！迁哪儿去啊？现在满世界都是人……

沙站长：要活命，要找一条活路，他一定会迁的！

村主任：我们再想办法，多付出点代价嘛，肯定是有水的……我觉得我们要花费更大的代价。

沙站长：基诺山这个时候是雨季，其他时候都没有雨。

村主任：我就害怕明年的干季了……

沙站长：7月份到现在都不下雨，自古以来我们都没见过，往年下雨是连续不断的……

村主任：现在太干了，胶水也没有了。橡胶树还有人没种下的也种不了了，田也没法种。收入要比去年少差不多一半。

杨：少那么多呀？

村主任：橡胶受到很大影响，我们前段时间还停割了一段时间，因为干旱，没法子。我们一般在4月份有一个高产期，现在进入7月份又是另外一个高产期。但是今年都没有高产期，从我们寨子来看，损失了60%左右。到现在，种在山上的茶叶还没发。

杨：到现在还没发啊？那到时候可能连吃饭都成问题。

沙站长：吃饭钱都没有。

杨：对啊，因为他没有橡胶、茶叶，哪有钱买东西啊……

村主任：没办法，真的没有办法。害怕……

沙站长：明年再这样干下去的话，这里所有的胶树……去年还好一点，今年不行。

村主任：一般我们这里 6 月 15 日、20 日以后雨就会比较多，但今年不行。

杨：其他寨子也像你们这样吗？

沙站长：整个基诺山都是这样。有一部分寨子下雨多一点，局部地方情况好一点。

村主任：是啊，我们看着那边下雨，就想着来了来了，结果又没到我们这里……

杨：哎呀，干旱的确是个很大的问题。

沙站长：自然环境被破坏……

杨：一个是整个全球环境被破坏，另一个可能版纳橡胶种多了也是一个原因。

巴坡村的缺水问题已经严重影响到村民的生产生活，包括在建的基诺族博物馆项目也受到影响。这并非特殊情况，其他基诺族村寨也存在不同程度的缺水问题。如此严重的水资源紧缺，全球生态环境持续被破坏导致大部分地区干旱日益严重是其中一个重要原因。此外，整个西双版纳，包括基诺乡在内，大面积地种植橡胶，也对当地山林的水土涵养造成较为严重的影响。

（二）文化教育普及问题日益严峻

我们通过访谈了解到，基诺乡唯一一所中学被撤并至勐养镇，原因是为了整合教育资源，优化教学质量。然而，看似利于当地教育事业发展的举措，却与扶持人口较少民族——基诺族的文化教育事业背道而驰。

在巴坡村旅游景点工作的 SZQ（家住镇上，32 岁）在访谈中说道：

有一点我很想不明白的是，乡里原来有一所中学的，结果这两年不记得什么时候，撤并到勐养去了！说是扶持我们基诺族嘛，可是我们基诺乡连一所自己的中学都没有！一个民族要发展的话，怎么可以没有中学？我们这边的小孩子去读书那么远，不接送的话又危险，接送的话又不是每个家里都有空，而且也不一定都有车，就很不方便啊。这样教育水平怎么提高呢？而且一所学校为我们这里带来的各方面的资源啊、项目投资之类的，都没有了。

在基诺乡缺少一所具有发展潜力的中学，不仅不利于普遍提高当地基诺族人民的文化程度和教育水平，也流失了更多的机会去塑造自身发展能力强、能够保护与传承基诺族民族文化的人才。基诺族作为需要国家予以特殊政策扶持的人口较少民族，过去存在的基础教育条件差、逐渐呈现滑坡趋势的问题，如今看来，情况虽有所好转，但仍令人担忧。在农民人均收入大幅度增加的同时，科学文化教育的滞后，容易导致富裕起来的基诺族人民盲目追求经济利益而忽略了生态保护、科技致富、民族传统文化传承等问题。

此外，虽然各村都已陆续建起文化活动室，但在一些村寨，文化活动室仅作为办公室和会议室使用，尚未设置图书阅览室，未能真正发挥文化普及、知识传播、提高基诺族人民自身文化素质的作用，也就难以改变基诺乡普遍科学文化素质偏低、自主发展能力较弱的现状。

（三）过分依赖橡胶种植，产业结构仍然单一

基诺乡虽然以橡胶、茶叶、砂仁为三大支柱产业，但真正给村民带来可观收入的，最主要还是橡胶。因而在多个村寨普遍存在过分依赖橡胶种植的情况。

橡胶产业的确给基诺族人民带来了较高的经济收入，也为基诺乡的经济社会发展创造了有利条件。当地基诺族在享受日益富裕的物质生活时，除了对党和国家的政策、各级有关部门的扶持帮助表示感谢外，提到最多的，便是橡胶种植。对他们而言，橡胶与他们现在所拥有的富裕生活是直接挂钩的，至于橡胶大面积种植所导致的本地物种急剧减少、土地水源涵养能力严重下降等问题，则知之甚少。在基诺乡整个水资源匮乏、生态环境恶化的大环境下，如何在产业发展与资源可持续利用之间取得平衡，是

摆在基诺族社会发展面前的一大难题。

与此同时，过分依赖橡胶种植，需要承担更大的市场风险，以目前大多数基诺族家庭大面积种植橡胶的情况而言，难以抵御突如其来的市场经济危机，一旦橡胶价格出现大幅度下跌，则容易引发大范围的经济发展停滞甚至返贫现象。为长远发展计，必须转变这种单一产业主导、过分依赖橡胶种植的情况。

（四）资金投入有限，自身发展潜力有待挖掘

虽然基诺乡各村委会基本实现了"四通五有三达到"的扶持目标，但由于部分资金尚未到位，一些自然村的基础设施仍然十分薄弱。如新司土村，农田水利设施仍有待进一步加强，通往山上橡胶林的村路也因资金问题未能完工。

有限的扶持资金始终难以支撑所有村寨长期、持续的发展需要。如何进一步拓宽资金来源，一定程度地将外部扶持逐步转向内部自谋出路，挖掘基诺乡自身发展潜力，是未来一段时间开展扶持工作必须面对的问题。

综上，基诺乡在扶持工作稳步推进、社会经济快速发展的过程中，主要面临着生态环境恶化、水资源匮乏、科技推广与文化教育普及、产业结构调整、挖掘自身发展潜力等亟待解决的困难与问题。

七、关于扶持工作的反思与建议

以人口较少民族为对象而开展的扶持工作，经过六年多的实践检验，成效斐然。不仅对改变人口较少民族地区贫困落后的社会面貌、促进人口较少民族社会经济可持续发展起到了巨大的作用，而且增强了民族自信心和民族自豪感，为民族文化的保护与传承创造了良好的条件与保障。

然而，在多年大力扶持所取得的成效背后，仍然存在一些始终未能解决的问题与隐患。富裕起来的基诺族人民，生活圈子逐步扩大，生产生活方式发生了较大改变。作为帮扶对象，基诺族处在一个被动的位置，很难以一种强势的自觉去谋求自身的发展。因此，在不断加大扶持力度的同

时，我们需要进一步地反思，究竟怎样的扶持方式更适合基诺族目前的发展状况？扶持重点是否应该有所转变？是否应该重新定位扶持标准，从而使基诺乡各村寨实现一种持续的、相对平衡的发展？

有鉴于此，我们认为，对基诺乡这一具有自身发展潜力的人口较少民族，在加大力度投入资金扶持基础设施建设之余，更应大力发展文化教育事业，增强少数民族主体对自身所处的生存环境以及自身所承载的传统文化的保护意识，挖掘基诺族自身的发展潜能，鼓励基诺族人民通过自我增值的途径去开展多元产业经营。具体而言，主要提出以下几点建议。

1. 适当加大扶持力度，投入资金完善基础设施建设，着重道路硬化、农田水利设施建设等项目，真正解决已影响到当地基诺族人民生产生活的村内上山行路难、水资源严重匮乏等问题。

2. 重新评估基诺乡办学条件，在充分考虑整合教育资源、优化教学质量的前提下，争取在基诺乡开办民族中学，通过正规的课堂教育，提高基诺族学生的文化水平。同时，可以采取课堂与文化活动室相结合的方式，使文化活动室成为学生假期共同学习、相互交流的平台，从而营造村寨学习氛围，积极开展科普知识传播等文化娱乐活动。

3. 提高当地基诺族人民在基诺山寨景区旅游项目和即将完工的基诺族博物馆项目中的参与程度。一是引导村民尝试在景区景点周边开展特色农产品经营；二是借助基诺族村寨传统文化对外来游客的吸引力，开设可供游客参与的村寨活动，在发展旅游业的同时，不断提高基诺族自身的民族意识，激发其自身的动力去传承本民族的文化。

4. 进一步加强天然橡胶管理工作，规范橡胶种植。针对全乡大面积发展橡胶种植的情况，应重点加强天然橡胶管理工作，进一步规范橡胶种植。对于部分有能力的家庭，可鼓励其由橡胶种植逐步向深层加工、产品营销等方面转变，真正实现与市场接轨。同时，适当加大宣传力度，使当地群众深刻了解单一橡胶经济对生态环境及整体经济发展的不利影响，引导其考虑长远利益，合理安排有限的生产资源，转向发展其他特色优势产业。

5. 加大宣传力度，确保各村各寨普遍了解目前生态环境恶化的严重性和生态环境保护的紧迫性，引导村民考虑长远发展，合理利用有限的自然资源。

参考文献

一、政府规划与汇报材料

［1］《云南省扶持人口较少民族发展规划（2006－2010）》，云南省民族事务委员会政府信息公开网站，http：//xxgk.yn.gov.cn/canton_model44/newsview.aspx？id＝1124787

［2］《云南省扶持人口较少民族发展规划（2011－2015）》，云南民族网（云南省民族事务委员会主办），http：//www.ynethnic.gov.cn/Item/4704.aspx

［3］《2006云南扶持人口较少民族发展工作大手笔》，载《今日民族》，2007年02期。

［4］《景洪市扶持人口较少民族发展项目实施进展情况》，西双版纳景洪市数字乡村新农村建设信息网，2008年1月21日，http：//www.ynszxc.gov.cn/CountyModel/ShowDocument.aspx？DepartmentId＝1058&Did＝1058&id＝2282578

［5］《建设和谐进步发展基诺新山乡项目规划汇报》，2009年6月16日。

［6］《饮水思源 感谢共产党——在基诺族・30年跨越发展座谈会上的汇报材料》，2009年6月16日。

［7］《基诺族・30年跨越发展》宣传画册。

［8］《西双版纳傣族自治州经济社会发展情况》，2009年6月16日。

［9］《景洪市基诺山乡实施扶持人口较少民族发展项目情况》，2010年4月28日。

［10］《决不让一个兄弟民族掉队——云南省开展扶持人口较少民族发展工作六年纪实》，载《今日民族》，2011年07期。

［11］《决不让一个兄弟民族掉队——云南省扶持人口较少民族发展工作纪实（2005－2010）》宣传画册，2011年8月。

［12］《坚定信心 整合资源 加大投入 促进人口较少民族聚居区实现跨越发展——在全省扶持人口较少民族发展工作会议上的讲话》，载《今日民族》，2011年11期。

［13］"云南省扶持人口较少民族发展工作会议"材料：《考察点介绍》，2011年11月。

［14］《基诺族乡2012年项目建设情况》。

二、新闻报道

［1］《西双版纳毁林种胶：历史真实还是现实抉择？》，新华网，2007年06月26日，http：//env.people.com.cn/GB/5913073.html

［2］《促进人口较少民族经济社会发展》，西双版纳新闻网，2007年9月23日，http：//www.bndaily.com/Templates/NewsTemplate.asp？NewsID＝32242

［3］《云南扶持7个人口较少民族发展工作简况》，云南日报网，2007年11月12日，http：//www.yndaily.com/html/20071112/news_96_148747.html

［4］《党的光辉耀山乡 基诺人民唱新歌》及相关报道，载《西双版纳报》1版、4版，2009年6月12日。

［5］《州民宗局召开工作会议 布置"两山"整乡综合扶持》，西双版纳新闻网，2011年5月22日，http：//www.bndaily.com/Templates/NewsTemplate.asp？NewsID＝57609

[6] 《大力推进扶持人口较少民族发展工作 促进人口较少民族聚居区经济社会又好又快发展》，西双版纳新闻网，2011年11月9日，http：//www.bndaily.com/Templates/NewsTemplate.asp? NewsID = 60745

[7] 《省扶持人口较少民族发展工作会议提出整合资源加大投入 促进人口较少民族聚居区跨越发展［图］》，西双版纳新闻网，2011年11月13日，http：//www.bndaily.com/Templates/NewsTemplate.asp? NewsID = 60798

[8] 《整合资源 发展产业 典型示范 推动我州人口较少民族跨越发展［图］》，西双版纳新闻网，2011年11月13日，http：//www.bndaily.com/Templates/NewsTemplate.asp? NewsID = 60807

[9] 《我州"环境友好型生态胶园"试点工作稳步推进［图］》，西双版纳新闻网，2011年11月22日，http：//www.bndaily.com/Templates/NewsTemplate.asp? NewsID = 61011

[10] 《"决不让一个兄弟民族掉队"——云南扶持人口较少民族发展工作回眸与展望》，人民网，2011年11月22日，http：//yn.people.com.cn/GB/zt/2011/233510/235140/16348830.html

[11] 《基诺族和布朗族继续得到扶持》，西双版纳新闻网，2012年2月16日，http：//www.bndaily.com/Templates/NewsTemplate.asp? NewsID = 62623

[12] 《我州加快推进扶持人口较少民族发展工作》，西双版纳新闻网，2012年3月15日，http：//www.bndaily.com/Templates/NewsTemplate.asp? NewsID = 63178

[13] 《景洪市基诺族乡农民人均纯收入超过全省平均水平》，景洪市政务信息网，2012年4月10日，http：//www.jhs.gov.cn/newshow.aspx? id = 44413

[14] 《宽带网把基诺族群众带进"e时代"》，西双版纳新闻网，2012年6月6日，http：//www.bndaily.com/Templates/NewsTemplate.asp? NewsID = 64656

[15] 《基诺山乡力争实现经济发展与环境保护双赢》，西双版纳新闻网，2012年6月6日，http：//www.bndaily.com/Templates/NewsTemplate.asp? NewsID = 64659

[16] 《基诺山乡经济发展开局良好》，西双版纳新闻网，2012年6月11日，http：//www.bndaily.com/Templates/NewsTemplate.asp? NewsID = 64758

[17] 《景洪市积极抓好天然橡胶管理工作》，西双版纳新闻网，2012年7月4日，http：//www.bndaily.com/Templates/NewsTemplate.asp? NewsID = 65203

[18] 《巴飘村的幸福生活》，载《云南日报》，2012年8月13日，03版。

19. 《基诺山基诺族乡扶持成效显著 走在云南扶持人口较少民族前列》，国家民委网站，2012年11月13日，http：//www.seac.gov.cn/art/2012/11/13/art 36170390.thml。

20. 《基诺族村寨实现了大变样》，云南民族宗教网，2012年3月30日，http：//www.ynethnic.gov.cn/pub/ynethnic/。

三、期刊文章

[1] 杨毓才．基诺山区产业结构变化及新问题的探索［J］．经济问题探索，1984（11）．

［2］杜玉亭．发展与各民族共同繁荣论略［J］．民族研究，1997（02）．
［3］吴应辉．基诺族经济低起点高速度增长现象研究［J］．中央民族大学学报，1997（06）．
［4］郑海，罗明军，萧云鑫．巴卡小寨的启示——基诺族乡脱贫与发展的设想和建议［J］．今日民族，2007（02）．
［5］陈永剑．云南省省级有关部门加大对人口较少民族发展的扶持力度［J］．今日民族，2007（11）．
［6］杨筑慧．傣族与橡胶［J］．今日民族，2008（02）．
［7］董学荣，罗维萍．改革开放以来基诺族的发展研究［J］．黑龙江民族丛刊，2008（06）．
［8］刘小龙，邢开蓉，马银．云南人口较少民族聚居地区的科学发展问题研究——以云南省布朗山乡和基诺山乡为例［J］．中共云南省委党校学报，2009（01）．
［9］和爱军．基诺山乡经济社会科学发展问题探究［J］．中共云南省委党校学报，2009（05）．
［10］杨筑慧．橡胶种植与西双版纳傣族社会文化的变迁——以景洪市勐罕镇为例［J］．民族研究，2010（05）．
［11］胡丽华．加快人口较少民族地区经济社会发展的探讨［J］．理论与当代，2010（07）．
［12］陈蕊．基诺族社会经济发展探析——基于云南省景洪市基诺族乡的问卷调查［J］．农村经济与科技，2010（10）．
［13］李若青．云南扶持人口较少民族发展政策的实践启示［J］．云南行政学院学报，2011（03）．
［14］朱玉福，伍淑花．中国扶持人口较少民族发展的政策及其实践研究［J］．贵州民族研究，2011（03）．

四、图书

［1］《中国人口较少民族发展研究丛书》编委会．中国人口较少民族经济和社会发展调查报告［M］．民族出版社，2007．
［2］张锡盛主编．基诺族：景洪基诺山基诺族乡［M］．云南大学出版社，2001．
［3］王玉芬主编．巴飘村调查：基诺族［M］．中国经济出版社，2010．
［4］聂华林主编．中国西部三农问题报告［M］．中国社会科学出版社，2006．
［5］曹钢 等．西部农村经济增长方式变革论纲［M］．经济科学出版社，2009．

京族经济社会发展调研报告

执笔人：黄润柏

一、京族概况

（一）地理位置、人口与自然环境

京族是我国22个人口在10万人以下的少数民族之一，主要聚居在广西东兴市。东兴市为防城港市所辖，位于北纬21°32′，东经170°58′，地处我国大陆海岸线最西南端、广西南部，东南濒临浩瀚的北部湾，与越南的芒街市万柱隔海相望，离世界著名的越南下龙湾风景区只有180千米，海岸线长50千米；北靠十万大山，西南与越南山水相连，边界线长27.75千米。

东兴市辖东兴、江平、马路三镇，有31个行政村和10个社区，行政区域总面积549平方千米。2010年末总人口有128735人，有壮、京、瑶、汉等24个民族，其中京族人口17872人，占全市总人口13.88%（见表1）。

表1　2010年末东兴市各民族人口统计表

名称	人口（人）	比例（%）
汉族	83004	64.48
少数民族	45731	35.52
壮族	22624	17.57
京族	17872	13.88
瑶族	4299	3.33
其他	936	0.73
东兴市	128735	100.00

注：根据东兴市民族局提供的数据统计，数据截止日期为2010年12月30日

江平镇是京族的主要聚居地。全镇辖 15 个行政村和两个社区，总人口 44565 万人，其中京族人口 14680 人，占全镇总人口的 32.9%。京族人口主要集中在沥尾、巫头、山心、潭吉、贵明 5 个行政村，这 5 个行政村辖 66 个村民小组，总面积约 30 平方千米，2010 年末总人口 12451 人，其中京族人口 10182 人，占 5 个京族聚居村总人口的 81.78%（见表2），占江平镇京族人口的 69.4% 和全市京族总人口的 57%。

表2　2010 年末 5 个京族村人口统计表

行政村	总人口（人）	京族人口（人）	京族人口比例（%）
沥尾	4793	4386	91.51
巫头	1736	1707	98.33
山心	1321	1321	100
潭吉	1560	1088	69.74
贵明	3041	1680	55.24
合计	12451	10182	81.78

注：根据东兴市民族局提供的《2010 年人口较少民族聚居村动态监测表》整理统计

另有 7000 多京族人口分散居住在江平镇、东兴镇及马路镇的 18 个行政村，防城港市的防城区、港口区也有零星居住（见表3）。

表3　2010 年东兴市京族散居人口分布情况表

乡镇	行政村	年末总人口（人）	其中：京族人口（人）	总户数（户）	其中：贫困户（户）	五保户（户）	贫困人口（人）	当年因灾因病返贫人口（人）	劳动力总数（人）
东兴镇	竹山村	3823	765	976	200	25	802	32	2676
	江那村	1557	312	430	70	10	319	85	850
	河州村	2363	436	530	117	21	530	120	1560
	大田村	837	180	219	30	8	180	40	550
马路镇	大旺村	1934	345	495	116	12	580	110	800
	吊应村	1936	302	471	50	17	196	80	1050
	竹围村	1551	315	413	200	9	800	60	910
	平丰村	1097	220	280	120	7	530	40	665
江平镇	江龙村	8585	436	1914	575	23	605	100	5027
	吒祖村	1953	663	527	253	14	471	43	1100
	长山村	2298	468	527	179	11	202	65	1234
	横隘村	2409	482	537	506	17	1016	98	1203

续表

江平镇	班埃村	1638	454	347	144	11	149	30	804
	交东村	1361	230	294	123	7	131	19	760
	黄竹村	4854	671	994	766	51	2054	750	3985
	榕树头村	1588	612	336	114	11	116	21	866
	思勒村	2418	484	518	420	17	879	264	1290
	那漏村	2017	415	511	402	16	721	120	1267
合计	18（个村）	44219	7690	8798	4385	287	10281	2077	26597

注：根据广西壮族自治区民委提供的数据统计

沥尾、巫头、山心、贵明、潭吉5个行政村居住的区域素有"京族三岛"之称。三岛是由海水冲积而成的沙岛，其中沥尾、巫头两岛海拔只有8米。沥尾面积最大，有13.7平方千米，巫头最小，为5.13平方千米。"三岛"与大陆距离很近，原来在退潮时可步行来往，20世纪60年代，通过人工填海，已与大陆相连。其他如恒望、红坎等京族与汉族杂居的村子都坐落在海边。

京族地区地处亚热带，全年最高气温34℃，最低气温3℃-4℃，年均降雨量1300毫米。京族地区自然资源丰富，海洋资源是京族地区最有特色的自然资源。南部的北部湾是著名的渔场，盛产鱼、虾、蟹、贝等海产品，有鱼类700多种，其中经济价值较高、产量丰富的有200多种。北部湾海水含盐度达31%以上，适宜制盐业的发展。北部湾所产的珍珠驰名中外，被称为"南珠"。

这里还有成片分布于浅海滩涂中的稀有物种——红树林。红树林不仅美丽壮观，富有观赏价值，而且是防风护堤、挡浪固沙的海底长城，是海洋生物栖息繁衍的理想场所和鸟类生息的乐园，对维护海岸生态平衡有独特价值。

京族三岛附近海域还拥有丰富的海洋养殖资源，可利用的沿海滩涂面积1万多亩，这些沿海滩涂适宜养殖经济价值较高的对虾、锯缘青蟹、海胆等海产品。此外，京族三岛附近海域还有大片浅海，可以养殖珍珠、牡蛎、对虾、青蟹等经济价值较高的海产品。

京族三岛因其滨海、沿边的独特地理位置和古朴浓郁的民族风情而拥有不可多得的旅游资源，金滩、万鹤山、京岛白沙和以哈节为代表的京族文化，都吸引了大批游客前来旅游观光。

（二）历史与文化

京族在中华人民共和国建立初期曾被称为"越族"，或者称"安南人""唐人"。1958 年春正式定名为京族。京族的祖先最早居住在与现居地隔海相望的越南社会主义共和国海防市涂山一带，大约 16 世纪开始迁入沥尾、巫头、山心三岛。

历史上，京族聚居地行政归属曾多次变更。据《广西通志稿·地理篇·国界节》（1949 年油印）、《防城县志初稿·第十四章纪事》记载，1888 年冬设防城县，含京族三岛，属钦州府管辖。民国时期仍设防城县。据《防城县志》记载，1912 年后防城县分为东南、东北、西南三区，京族地区属西南区；县以下设区公所或镇公所，京族所在的江平为区公所。沥尾、巫头、山心三个京族聚居区都设有保甲制度，隶属江平区公所。1949 年 10 月 – 1952 年 3 月，京族三岛隶属广东省；1952 年 3 月 – 1955 年 5 月，隶属广西壮族自治区；1955 年 5 月 – 1965 年 6 月，划归广东省；1965 年 6 月至今，隶属广西壮族自治区。1996 年 4 月至今，由防城港市下辖的东兴市江平镇管辖。

京族祖祖辈辈靠海洋捕捞为生，兼营盐业。在集体经济时代，由于大众普遍收入低、购买力弱等原因，渔业、盐业的收益并不高。此外，京族还经营农业。京族三岛地势平坦，土地属沙质土，土质松软，大多可用作耕地。但耕地数量少，而且多为咸酸田，农作物产量不高。种植的作物有水稻、红薯、芋头、玉米、土豆以及一些蔬菜，盛产龙眼、荔枝、菠萝、黄皮果、芭蕉、木瓜等热带和亚热带水果。改革开放前，沥尾等京族聚居村还是贫穷落后的小渔村，由于耕地少，自产口粮不足，村民们时常要走十多千米到山区去用鱼虾跟山民换粮食。

传统京族的居屋多为带"干栏"式建筑遗风的茅草屋，以木为柱，以竹、泥为墙、茅草盖顶，后来演变为方石砖瓦房屋，现在多数京族人家都住上了钢筋混凝土楼房。京族的服饰,部分老年妇女穿民族服装,上身穿窄袖紧身对襟无领短上衣及菱形遮胸布,下穿黑色或褐色宽腿长裤,外出时加穿白色长外衣,形似旗袍而开衩较高,结"砧板髻"。少数妇女还保留染黑牙齿的习惯。过去男子穿窄袖上衣,长及膝盖,腰间束带。现在多数男女的服饰已与附近汉族相近。京族以大米为主食,辅以红薯、玉米、芋头等。喜吃鱼、虾、蟹、鱼汁及大米糍粑"风吹糕"。

京族有本民族的语言,通用汉文,由于长期与汉族相处,京语里吸收了大量的汉语借词,这些汉语借词很大一部分是粤方言。京族人绝大多数都能流利地使用汉语粤方言,有相当部分人还能讲普通话。历史上,京族的祖先曾经仿照汉字发明了文字,称"喃字"或"字喃",在民间流传。这是一种仿照汉字的结构、按照汉字会声、会意等原理创造出来的一种文字。这种文字结构复杂,很难学习和掌握,因而流通的范围不广。现在字喃正在面临逐渐消亡的危险,已经成为研究京族历史文化的宝贵资料。

京族丰富多彩的民族文化中,尤以独弦琴和哈节最具特色。

独弦琴是京族特有的一种弹拨乐器。传统独弦琴都是用竹木制作的:琴身长约1米,宽约10厘米、厚约8厘米,其一端打一楔子用以固定琴弦,另一端则凿洞插入厚竹片做摇杆;琴弦只有一根,古时用麻绳或用竹篾制作,弦的一头固定在琴身的右端,另一头则系在琴身左端的摇杆上。演奏时,右手用贝壳或短竹片弹拨琴弦,令其发出震颤的声音,左手则同时扶摇竹竿,使声音袅袅颤变以形成旋律。进入现代社会以后,京族人对独弦琴进行了技术改造:弦由过去的麻绳竹篾换成钢丝弦,琴身用红木、紫木或棕木制作,取代了过去的竹筒,用牛角替代竹片制摇杆,同时给琴弦装上拾音器,再给拾音器配置扩音设施。独弦琴虽然只有一根弦,结构简单,但它音色委婉动人,音域宽广,表现力丰富,深受京族人民喜爱。经过改造的独弦琴音色变得更柔美典雅,而声音也更清朗悠扬了。

"哈节"是京族最隆重、最具特色的传统节日,又称"唱哈节",相传是为了纪念海神公镇海大王的诞辰而举行。京族人以海洋渔业生产为主,信奉海神。每年哈节都要到海边把海神迎回哈亭敬奉,祈求人畜兴旺,五谷丰登。因此哈节实际上是以"唱哈"(唱歌)贯穿始终的祀神、祭祖、祈福、禳灾活动。京语"哈"的意思是唱歌,"哈节"也就是"歌节"。在京族地区,每个村寨都建有哈亭。过"哈节"时,要请"哈妹"(歌手)在哈亭内演唱"哈歌"。京族三岛各村过哈节的日期各不相同,沥尾在农历六月初十,巫头在八月初一,山心在八月初十。哈节最重要的活动内容就是"唱哈"。"唱哈"中演唱的"哈词"多有歌本流传,以"喃字"写成,内容包括记述民间宗教信仰、京族的历史传说、汉族的古典诗词、情歌以及反映京族人民生产生活新面貌等,都是由京族人民十分熟悉或喜闻乐见的故事编写成的,因而深受京族同胞的欢迎。

二、扶持政策实施前的发展状况

京族聚居区地处中越边境,自然条件差,地理位置偏僻,交通闭塞,经济社会发展一直比较缓慢,经济基础薄弱。

2005 年江平镇财政收入仅 461 万元,国内生产总值 2.14 亿元,工企业总产值 0.74 亿元,农业产值 0.62 亿元,农民人均纯收入 1546 元,仅相当于广西农民人均收入 62.1%,全国农民平均水平的 48%。江平镇全镇耕地面积 5.56 万亩,人均耕地 1.25 亩,其中水田面积 3.22 万亩,人均 0.72 亩,旱地面积 1.87 万亩,人均 0.42 亩。由于耕地较少,而且有相当部分属咸酸田,当地村民主要以渔业为主,但自从北部湾海域分界后,渔民的海域作业面积比过去大大减少,海洋资源日益衰减,经济发展落后的状况依然没有得到有效改善。京族聚居的 5 个行政村,人均收入接近 3000 元,高于江平镇的平均水平,但内部贫富差距较大,贫困问题依然存在。按照新阶段国家制定的贫困人口标准,2005 年江平镇京族聚居的 5 个行政村,贫困人口有 270 人,占京族总人口的 2.31%,低收入人口 1559 人,占京族总人口的 13.3%,农村社会救济对象 1167 人,占京族总人口的 9.96%,5 个京族聚居的行政村中,简易住房 431 户 1705 人,危房 217 户 779 人,简易房、危房住户占总户数的 22.91%。由于受自然灾害的影响,一些脱贫户出现返贫现象。

从 2000 年至 2004 年,上级相关部门对京族地区的发展倍加关注,先后实施 56 个项目，投入京族地区发展经费 822 万元，用于举办农村种养技术培训班，培训竹竿舞及板鞋竞速等民族体育运动员，维修中小学教学楼、宿舍、围墙及购置电教室电教设备，人畜饮水管网铺设和改造，举办民族节庆活动，修建三面光水利工程，修建医疗服务站、购置医疗设备、药品，修建和改造村级道路等基础设施的建设。这些投入在一定程度上改变了当地基础设施落后的状况，改善了京族地区生产生活条件，但从长远发展来看，远远不能满足需求，其经济和社会发展面临着诸多急需解决的问题。

（一）农村饮水困难

京族主要聚居在沿海一带，周边没有淡水水源，打井取水基本为咸水，无法饮用，平时的生产、生活用水主要由江平镇城区供应。有约 23% 的京族人口没有解决饮水问题。部分村民虽然用上了自来水，但由于江平水厂供应的自来水属直供水，没有经过净化、沉淀和过滤，远远达不到卫生标准。下雨天，自来水更是浑浊发黄，严重影响群众的身心健康。据调查，5 个京族聚居村 66 个自然村中，有 57 个自然屯未饮用安全饮用水，占 86.4%。多年来政府一直致力于解决这一大难题，人大也曾多次提议，但由于财力有限，始终没能解决。

（二）交通、通信基础设施差

过去，京族聚居区交通十分落后，基本都是沙土路，由于路上的海沙太厚，"走路都会往后退"，在 20 世纪 60 年代拦海大堤修通之前，村民赶圩还要等到退潮之后才出得去。改革开放后，当地交通基础设施有所改善，但还存在许多问题。

一是没有固定的船只停泊点。京族地区主要是以渔业为主，目前京族地区拥有船只、渔排 1000 多艘，但一直以来渔民都没有固定的船只停靠点，遇到台风，有些渔船甚至被冲走。由于没有固定停靠点，渔船只能乱摆乱放，也影响了氵万尾金滩旅游区的开发；二是行路难。5 个京族聚居村 66 个自然村中，有 10 个自然屯未通公路，占自然村总数的 15.2%。有部分村屯虽通了公路，但绝大部分是等外公路，而且坡陡、弯多、路窄、等级低、路况差，通行困难，安全隐患很大。三是广播电视、电话基础设施差，5 个京族聚居村 66 个自然村中，有 14 个自然村不通电话，占 21.2%，有 13 个自然村不通广播电视，占 19.7%。

（三）农业基础设施落后

京族地区的农田基本都是围海而成的，水利设施较差，每年春耕季节常常出现供水不足的现象，一些水渠、山塘、水库由于年久失修，都已受到一定程度的损坏，无法正常运行。京族聚居村距离水源较远，沿途的水渠出现严重渗漏，以致水渠引来的水满足不了京族聚居村的需要，遇到干旱，农田无法耕种。另外，一些保护农田的海堤损坏严重，需要及时加固修复。

（四）社会事业发展滞后

一是教育基础设施和教育环境相对较差，师资力量不足，入学儿童年龄普遍偏大；二是村中没有医疗诊所，赤脚医生的职业水平低下，而且基本没有医疗设施。乡镇一级的卫生院医疗环境条件和设施也较为落后，远远无法满足当地群众的需要；三是农村文化体育基础设施薄弱，农民群众精神文化生活贫乏。目前京族地区基本没有什么文化体育基础设施。每次举行篮球赛或开展一些体育活动都要到学校借用学生的体育场地，群众性的文体活动难以普及，民族体育和民族艺术发展缓慢。由于缺乏必要的设施和经费，民族传统文化长期以来无法收集、整理和传承，有的内容目前正面临湮灭的危险，抢救民族传统文化已成为当务之急。四是当地农民群众受教育程度低。农民基本没有掌握什么科学技术，由于政府财力有限，每年能举办的科技培训班较少，因此群众掌握的技能也少，束缚了群众进一步发展生产。京族居住在沿海一带，适合从事海水养殖，但村民掌握的养殖技术较少，影响了养殖业的发展。

三、相关经济社会发展扶持政策和措施

2005 年，由国家民委等五部委联合组织实施了《扶持人口较少民族发

展规划（2005－2010年）》，京族列入规划实施范畴。为贯彻落实国家《扶持人口较少民族发展规划（2005－2010年）》要求，广西壮族自治区民委等5部门联合制定了《广西壮族自治区实施国家民委等五个部门〈扶持人口较少民族发展规划〉的意见》。2007年11月，广西壮族自治区民族事务委员会、自治区发展和改革委员会、自治区财政厅、中国人民银行南宁中心支行、自治区扶贫办联合印发了《广西壮族自治区实施国家民委等五个部门扶持人口较少民族发展规划意见的通知》，对广西各市各部门扶持人口较少民族做出了政策性规定，对广西实施《扶持人口较少民族发展规划（2005－2010年）》的发展目标、主要任务以及各部门的主要职责都做出了明确规定。东兴市针对京族地区的实际情况，制定了《广西东兴市江平镇扶持人口较少民族（京族）发展专项建设规划（2006－2010年）》。扶持项目覆盖江平镇5个京族行政村和周边10个有部分京族人口居住的行政村，其主要内容包括：

（一）建设与发展原则

树立和落实科学发展观，以人为本；必须有利于提高全市综合经济实力，有利于产业结构调整；必须要协调好各方面关系，调动一切积极因素参与京族地区基础设施建设。必须要注重长远利益与实际利益相结合，经济效益、社会效益和生态效益相结合，在建设的同时注重环境保护、维护生态平衡，实现可持续发展。

（二）发展目标和主要任务

1. 发展目标

从2006年开始到2010年，通过5年左右的努力，使京族聚居的行政村基础设施得到明显改善，群众生产生活存在的突出问题得到有效解决，基本解决现有贫困人口的温饱问题，经济社会发展逐步达到当地市镇的中等水平。具体目标是：农民人均纯收入每年递增200元，到2010年要达到2546元，使没有解决饮水问题的京族群众基本解决好生产、生活用水，并且全部通自来水的村能够饮用达到卫生标准的水，确保群众的身心健康；

完善各种农业基础设施，解决 8500 亩农田的灌溉问题和 3700 亩虾蟹塘养殖用水；搞好交通基础设施建设，建设京岛渔港码头，解决 1000 多艘渔船的停靠；部分没有通路的村屯全部通路，甚至有些通油路，解决 3.1 万人行路难的问题，受益 11 个村；改善教育基础设施，解决 5600 名学生的学习用房紧张和设施落后的问题；改善江平镇的医疗环境，解决群众就医难的问题；建设民族民俗设施，保留和传承民族文化，让外界进一步了解京族民俗和京族文化。

2. 主要任务

加强基础设施建设，改善生产生活条件。计划在 2006 – 2010 年实施 18 个项目，总投资为 2798 万元，其中申请中央内预算资金 2000 万元，地方配套资金 798 万元。其中在 2006 年实施 1 个项目，总投资为 880 万元，其中申请中央预算内资金 636 万元，地方配套资金 244 万元；2007 年实施 7 个项目，总投资为 800 万元，其中申请中央预算内资金 571 万元，地方配套资金 229 万元；2008 年实施 5 个项目，总投资为 590 万元，其中申请中央预算内资金 413 万元，地方配套资金 177 万元；2009 年实施 5 个项目，总投资为 528 万元，其中申请中央预算内资金 380 万元，地方配套资金 148 万元。实施重点建设项目包括：

农村经济发展项目：

(1) 人畜饮水项目。"十一五"期间实施人畜饮水项目一个，总投资 880 万元，其中申请中央预算内资金 636 万元，地方配套资金 244 万元。主要任务是改造江平自来水厂，使水质达到卫生标准，使当地群众能够饮用安全、卫生的水，确保群众的身心健康。把江平水厂改建成日供水 1.5 万吨的水厂，主要建设厂房、净水设施、安装设备、改造供水干线等。整个工程分两年投资建设完成，总投资为 800 万元，2006 年投资 580 万元，其中申请中央预算内资金 418 万元，地方配套资金 162 万元；2007 年投资 300 万元，其中申请中央预算内资金 218 万元，地方配套资金 82 万元。

(2) 农业生产设施项目。江平镇 5 个京族村的农田基本都是围海而成的，水利设施较差，许多主干渠由于年久失修，已受到严重损坏，渗漏十分严重，况且京族地区的农田在下游，从拦河坝或水库引来的水很难流到京族地区的农田，经常出现干旱，因此计划在2007年投资129万元兴建4条主干渠，其中申请中央预算内资金92万元，地方配套资金38万元。

①建设江平镇潭吉至沥尾三面光干渠2.2千米，宽1米，总投资30万元。

②建设江平镇贵明至山心三面光干渠3.6千米，宽1米，总投资36万元。

③建设江平镇巫头三面光干渠2千米，宽2米，总投资39万元。

④建设江平镇江龙三面光干渠2.7千米，宽1米，总投资25万元。

（2）交通项目。以不通公路的村为对象，修建乡级村公路，解决村民行路难的问题。交通项目共7个，总投资960万元，其中申请中央预算内资金680万元，地方配套资金278万元。受益11个村，解决3.1万人行路难的问题和京族村渔民船只停靠的问题。2007年实施3个交通项目，总投资670万元，其中申请中央预算内资金479万元，地方配套资金191万元；2008年实施3个交通项目，总投资230万元，其中申请中央预算内资金161万元，地方配套资金69万元；2009年实施1个交通项目，总投资60万元，其中申请中央预算内资金42万元，地方配套资金18万元。具体项目及各项目投资如下：

①新建京岛渔港码头，总投资568万元。

②扩建江平镇山心村村级道路3千米，四级沥青路面、路基、桥涵、总投资60万元；

③扩建江平镇巫头村村级道路2.1千米，四级沥青路面、路基、桥涵、路面，总投资42万元。

④扩建江平镇沥尾村村级道路3.5千米，四级沥青路面，修复损坏路基、桥涵、全路段油面翻修，总投资70万元。

⑤扩改建潭吉村村级道路2千米，四级沥青路面，修复塌坏路段的路基、桥涵、全路段油面翻修，总投资60万元。

⑥扩建贵明村至佳邦道路4.5千米，四级沥青路面、路基、桥涵、路面，总投资90万元。

⑦新建江龙至山心村道路3.5千米，四级沥青路面、路基、油面、桥

涵，总投资 70 万元。

（3）社会事业项目。以改善京族地区教学环境，提高教学水平为目标，改善目前京族地区落后的教学环境。教育基础设施计划实施 3 个项目，总投资 288 万元，其中申请中央预算内资金 210 万元，地方配套资金 78 万元。

①新建江平中心小学综合楼，建筑面积 1200 平方米，总投资 96 万元。

②新建京族学校实验楼，建设实验用房面积 1200 平方米，配套相关的实验设备，总投资 96 万元。

③新建江平中学实验楼，建筑面积 1200 平方米，总投资 96 万元。

同时，医疗卫生方面，为进一步改善江平镇的医疗环境，计划在 2008 年投资 160 万元建设江平镇民族卫生院留医部和购置一些医疗器械。其中申请中央预算内资金 112 万元，地方配套资金 48 万元。

文化方面，同时加强京族地区基础设施建设，丰富群众精神生活，计划在 2008 年建设一个京族民俗文物馆，项目总投资 200 万元，其中申请中央预算内资金 140 万元，地方配套资金 60 万元；改建京族民俗文物院，建筑面积 2000 平方米，总投资 200 万元。

（4）乡镇项目。建设沥尾京族新村，促进旅游业的进一步发展。计划在 2009 年在沥尾村建设一个京族聚居新村，总投资为 180 万元，其中申请中央预算内资金 128 万元，地方配套资金 52 万元。具体为：建设水泥路一条，长 400 米，宽 25 米；配套给排水、照明、绿化等相关设施。

（三）项目实施的步骤和管理方式

1. 精心组织，统一规划，统筹安排，分步实施。

东兴市市直和镇直各有关部门要在调查研究的基础上，分别制定各自项目建设的统一规划和实施方案，经市委、市政府审核报自治区确认批准后，分项目分期分批组织实施。

2. 边实施，边总结经验。

在制定各项目建设规划和实施方案的基础上，摸索并认真总结工程设计、施工组织、群众发动、物资采购、工程管理、资金管理和质量保证等各方面的经验，明确项目实施程序，确保各类项目按期建成。已竣工的项目由市自检、市核查，然后上报自治区验收确认。

3. 项目工程建设全面推行质量标准化和管理规范化。

市直各有关部门和江平镇要在上级业务主管部门的指导下，从本市项目实际情况出发，参照国家有关项目建设质量标准及实施管理规定，着眼于当前需要与未来发展相结合，逐一确定各个项目的质量建设标准及实施管理细则。对照项目建设标准，在原有的基础上填平补齐，按适度超前的原则推行项目规范化建设及科学化管理。

4. 坚持任务落实到位、资金管理到位、责任明确到位。

一是任务落实到位，根据项目总体建设要求，项目建设任务该落实到单位的落实到单位，该落实到人的落实到人。二是资金管理到位，对各类项目上级拨给的扶持资金，必须妥善使用和管理。三是项目建设责任明确到位。江平镇党政和市直部门一把手是项目建设第一责任人，对项目建设的目标、任务、进度、质量负主要责任。

5. 强化具体措施，保证各个项目按时按质按量完成

东兴市、江平镇两级党委、政府及其各有关部门高度重视扶持京族发展的政策的实施，制订了具体的实施方案，以保证各项任务按时按质按量完成。

（1）成立指挥部，加强组织领导和工作协调。

东兴市成立扶持人口较少民族发展建设总指挥部，市直有关部门及江平镇相应成立指挥部，统一指挥、协调和组织各项工作。市总指挥部指挥长由市委书记和市长担任，总指挥部还设立宣传组、项目组、资金组、保障组、督查组、安监组和环保组。指挥部下设办公室，具体负责协调工作，市、镇、村和有关部门都建立了目标管理责任制，把各项工作任务和目标、责任层层分解到单位，落实到每个干部和群众。

（2）严格把好项目建设的技术关和质量关。

建设各类项目按《中华人民共和国建筑法》和工程建设管理规划以及工程设计方案组织实施。落实项目技术和项目质量负责制，落实和培训各类项目的技术人员，由技术人员签订技术和质量责任状，分片指导和管理各项施工。施工中要加强质量监督检查，竣工后要验收，重大项目要组织

阶段验收。对于技术性强的工程必须按规定进行公开招标、投标。坚决杜绝"人情工程"和"豆腐渣"工程，确保工程质量。要科学组织、科学施工，认真抓好安全生产、安全施工，坚决杜绝各类工程事故发生。

（3）多渠道筹措项目建设资金，严肃工程纪律，强化资金管理。

扶持京族发展需要大量的资金投放。市、镇各有关部门要广开渠道，调动各方面的力量，千方百计筹措项目建设资金。要严肃工程和财经纪律，严格按照上级有关资金管理规定，做到专款专用，确保效益。加强审计和统计工作，不管是哪项资金，都要严格控制、严格管理，任何部门和个人都不得挤占、挪用和截留。

（4）加大宣传力度，广泛动员广大干部群众和社会各界为扶持京族以及全市的发展贡献力量。

注重抓好宣传工作，加强对国家扶持人口较少民族工作的宣传力度，宣传党的民族政策，宣传全市人口较少民族的基本情况，宣传扶持发展的典型经验，吸引全社会都来关注人口较少民族发展，为人口较少民族发展出谋献策。

江平镇党委、政府、市直各单位要深入发动群众，做深入细致的组织动员工作，充分调动和鼓励干部积极参与投工投劳献料。要认真组织和抓好机关单位挂点包村、干部帮扶到户工作。每个有项目建设任务的村都要有机关单位挂钩帮扶。凡是涉及有项目建设的部门、单位和江平镇都必须积极主动做好工作，提前介入，积极做好服务工作。此外，督查组定期或不定期深入项目建设现场进行督查，及时发现和解决存在问题。同时要建立汇报制度，积极通报项目建设进展情况，自始至终确保项目建设的高质量、高水平、高速度。

四、扶持的主要项目及实施效果

在经过一系列的调研、论证和前期准备工作后，2007年4月，广西壮族自治区政府在环江毛南族自治县举行"国家扶持人口较少民族（广西毛南族、京族）基础设施建设项目启动仪式"，国家扶持人口较少民族基础设施项目建设正式实施。

为保证国家扶持人口较少民族发展政策在京族地区的顺利实施，广西壮族自治区、东兴市、江平镇各级党委、政府制订了相关政策措施和具体的项目管理实施方案，使得扶持项目实施工作顺利开展并按时按质按量完成，取得了预期效果。2008年底，京族三岛的5个京族行政村全部实现了"四通、五有、三达到"的目标，顺利通过了广西壮族自治区的考核验收。其中，沥尾村和巫头村被评为优秀，谭吉村、山心村和贵明村被评为良好。

（一）扶持的主要项目

据东兴市有关部门的统计，2005－2009年，在东兴市共投入资金5326.61万元（其中少数民族发展资金1688万元）扶持京族的发展，实施扶持人口较少民族项目97个，主要包括交通、农田水利基础设施、人畜饮水、文化、教育、卫生、消防七个方面，具体实施的项目有：

1. 交通项目36个，投入资金1446.6万元。建成村屯水泥路、柏油路、沙石路45条（段），硬化道路14.902千米，扩建道路9.298千米。原规划交通项目基本完成：扩建了江平镇山心村村级四级沥青道路，包括路面、路基、桥涵；扩建了江平镇巫头村村级四级沥青道路，包括路面、路基、桥涵；扩建了江平镇沥尾村村级四级沥青路面，修复了损坏路基、桥涵、全路段柏油路面翻修；扩建、改建了谭吉村村级四级沥青路面，修复塌坏路段的路基、桥涵，全路段柏油路面进行了翻修；扩建了贵明村至佳邦四级沥青村道，修建了路基、桥涵、路面；新建了江龙至山心村四级沥青道路，包括路面、路基、柏油路面、桥涵，等等。这些交通基础设施的建成，初步解决了京族地区行路难的问题。

2. 农田基本建设及水利项目12个，投入资金611.27万元。已建成农田灌溉用水、养殖用淡水等三面光主支渠道16条（段），蓄水池2座，配置抽水设备一批。原规划建设的江平镇谭吉至沥尾干渠、贵明至山心干渠、巫头干渠江龙干渠等四条"三面光"干渠基本建设完成。

3. 消防项目1个，投入资金15万元，用于沥尾开发区消防设施，购置消防车1辆。

4. 人畜饮水项目9个，投入资金2025万元。投资1840余万元扩建东兴市江平镇自来水厂，工程于2009年6月底开工建设，2010年4月该项目已完成沉淀池、虹吸池的基础混凝土垫层、加矾加氯间以及清水池的基础建设以及生产办公楼主体建设。2010年7月完成全部工程并投入使用。该水厂日供水量达到2万立方米，解决了5个京族村、江平工业园区、京岛风景名胜区及江平镇城区2万余人的生产生活用水问题；铺设自来水管道6条，管道总长25.682千米，基本解决5个京族聚居村人畜饮水困难问题。

5. 教育项目9个，投入资金280.68万元。新建小学教学楼1280平方米；中学实验楼1225平方米；为三所小学配置电脑72台；培养大学生村干部5名。

6. 卫生项目10个，投入资金180万元。建设项目为：江平镇人民医院和5个京族行政村卫生室配置83万元的医疗设备；新建村屯垃圾池34个，机械化垃圾池3座，配置摆臂式垃圾车1辆；新建公共厕所2处。

7. 文化体育项目14个，投入资金714.06万元。其中以京族博物馆投入规模最大。该博物馆2008年5月开工建设，2009年9月竣工开馆，共投入资金460万元，项目占地26亩，建筑面积3633.9平方米，馆内布展总面积1800多平方米，是一座以收藏、保护、研究、征集、展示京族物质与非物质文化遗产的专题性民族博物馆；此外，新建文化活动室2633.9平方米；配置图书5000册；拍摄了4集京族纪录片；建设和绿化了江平镇文化广场等活动场所25000平方米；新建京族歌圩场馆300平方米及室内设施，亮化了沥尾哈亭及周边环境。

8. 群众增收项目6个，投入资金54万元，共举办了各种类型的农技培训班30期，培训了3300人次。

（二）项目实施效果

通过扶持人口较少少数民族项目的实施，京族地区基础设施进一步完善，群众的生产生活水平和质量大大提高，为少数民族扶持工作的深入开展奠定了良好的基础。这些项目的建成和投入使用，产生了明显的社会效益和经济效益。

1. 基础设施进一步完善，生产生活条件改善。几年来，通过人口较少民族项目建设，京族地区的交通、水利、通信等基础设施得到了明显改善。几年间，先后建成了联围海堤工程、沥尾杜林海堤工程，提高了当地抵抗台风等自然灾害的能力；建成 23 条总长 24 千米的村道，解决了京族地区的出行难问题；农田灌溉用水、养殖用淡水等三面光主支渠道、蓄水池兴建，解决了 6000 亩农田浇灌及虾塘用水问题；江平镇自来水厂扩建，6 条自来水管道铺设，基本解决巫头、沥尾、山心等 3 个行政村 10391 人的人畜饮水问题。目前京族民族聚居村用电普及率达到 100%；无线通信，手机、程控电话普及率达 79%；电视覆盖率达 100%。京族地区一直存在的基础设施落后、交通闭塞、通信不畅、人畜饮水难、儿童入学难等状况得到明显改善，当地京族的生活质量有了显著提高。

2. 特色产业得到较快发展，产业结构进一步优化。在京族传统的产业结构中，渔业、农业和商品贸易所占的份额，长期以来一直约各占三分之一，"靠海吃海""以渔为生"的产业特征一直没有太大的改变。1995 年后，京族充分利用与越南语言相通的优势，边境贸易逐渐发展起来。2005 年后，在国家政策的扶持下，随着当地的基础设施的改善，产业结构调整明显加快，边境贸易、海水养殖、海产品收购、加工、销售以及旅游业等特色产业迅速发展。

（1）边境贸易。京族边贸始于 20 世纪 90 年代初沿边开放初期，当时许多客商因语言不通、信息不畅，耽误了不少生意。京族人凭借其与越南语言相通，习俗相近，对越南的情况熟悉，亲戚朋友多等优势，为来自广东、北京、上海、四川、湖北等地的客商带路、翻译、联络，甚至打通越南的关节，寻找贸易伙伴，当上了翻译和经纪人，有的直接参与进出口商品贸易活动。边境贸易曾一度成为沥尾、巫头、山心等地京族人的主要职业，一些人在贸易中迅速致富。边境贸易的货物，出口的商品主要有食品、建筑材料、轻纺产品以及机电产品，进口的产品有热带水果、副食品、海鲜、木材、家具、煤炭、矿石、橡胶等农副产品和海产品。据统计，目前仍然约有 30% 的京族人从事边贸"中介经纪人"或直接参与边贸活动。边贸已成为京族群众收入的主要来源之一。据统计，仅沥尾村从事边贸的就有 300 多人，每年仅边贸一项村民纯收入就达 1000 多万元。

（2）海水捕捞与海水养殖。海水捕捞和海水养殖是京族地区的支柱产业，2009 年，京族聚居的江平镇海水捕捞量达 21729 吨，海水养殖面积 45510 亩，渔业总产值达到 5.23 亿元。

京族地区的海水捕捞旺季一般在农历的二月份到七月份，八月到次年一月为淡季，渔业资源稍少。京族渔民以机动竹排、机动木船为主要出海工具，捕鱼工具主要沿用传统的渔箔、渔网、鱼笼、虾缯等。

海水捕捞有深海捕捞、浅海捕捞和滩涂杂海作业等三种生产方式。深海捕捞的对象主要有各类大型海鱼、海蜇等，每年 4 月份是捕捞海蜇的旺季，在海蜇捕捞的季节，仅尾岛就有约 700 多张竹排出海捕捞，整个京族三岛每天捕捞上岸的海蜇约达 20 万只左右，需要 1000 多人进行海蜇加工。浅海捕捞以小型海鱼、海蟹等为主。浅海捕捞的方式主要有渔箔捕捞、拉网捕鱼、塞网捕鱼、投放墨鱼笼、放蟹网等，其中拉大网捕鱼和高跷捕鱼别具特色。拉大网捕鱼是京族人民在长期的生产实践中总结出来的生产方式，大网长达 1000 多米，重约 2000 千克，先由 30 多人抬网到海边，再由网头带头乘船在距海岸 70 多米远的地方下网，最后由几十人各在两头拉到沙滩。在渔业资源丰富的 20 世纪七八十年代，曾经有一网打 1 万多斤鱼的纪录。现在渔业资源衰减，一般一网能打几百至上千斤鱼，主要是大小黄鱼、马鲛鱼等。高跷捕鱼也是京族人民在长期的生产实践中总结出来的捕捞鱼虾的方法。在京族三岛浅海一带，为防止人在捕鱼时被海水淹没，京族人在腿上绑高跷来捕捞小鱼小虾，这就是高跷捕鱼。随着生产方式的进步，现在高跷捕鱼已逐渐被其他方式所取代，京岛一带只有五六十岁以上的老人才会踩高跷捕鱼，年轻一代基本都不会了。

杂海作业的内容主要是挖沙虫和扒螺，从事者多为妇女和老人。

海水养殖主要有对虾养殖和浅海滩涂网箱养鱼。网箱养鱼由于养殖面积有限，产量不高，年产量均在 20 吨以下。

海水养殖在东兴京族地区已经有 20 多年历史，技术相对成熟。近年来，随着市场需求的增加，东兴市京族地区海水养殖迅速发展，养殖品种主要有对虾、蟹、文蛤、虾苗、石斑鱼等，以对虾为最多。目前全市有 4

万多亩无公害对虾养殖，2010 年 1 - 9 月产量就达 2 万吨，产值 2.8 亿多元，仅此一项实现人均增收 300 元。海水养殖成为京族地区的支柱产业。江平镇海域有 2/3 被规划为养殖用海区，其中京族聚居的 5 个村养殖用海占 85% 以上。2010 年 5 个京族聚居村共有养殖水面面积 29215 亩，其中沥尾有 7228 亩，巫头 10823 亩，贵明 4933 亩，山心 3230 亩，潭吉 3001 亩。以目前当地平均每亩产虾 500 千克计算，2010 年，5 个京族聚居村年产对虾达 1.46 万吨，产值 2 亿多元。近两年京族聚居村还引进了反季节大棚养虾技术，并迅速发展，目前仅沥尾村就有大棚养虾户十几户，面积超 250 亩。与传统养虾比，反季节大棚养出的虾质好肉嫩，新鲜活虾可在春节期间上市，价格最高时可比平时高出一倍多，利润空间大，效益十分可观。

（3）海产品加工。主要有海蜇加工、海产品冷冻、小杂鱼加工鱼粉和鱼露等，以海蜇加工规模最大。海蜇加工技术从广东、山东、江苏等地传入，技术比较简单，大致可以分为分解和腌制两个过程：先用刀将海蜇的表皮、脖部、腔肠等部分分解，然后投入到盐池中腌制，加工周期为四天左右。据统计，目前京族地区的海蜇加工场约有 70 多个，加工季节主要集中在每年四月至七月间。近几年平均每个加工季节收购海蜇 700 多万个，加工生产海蜇 4.5 万吨，加工收入约 2000 多万元，人均增收约 300 元，可以解决至少 1000 人的就业。每年到海蜇捕捞期间，鲜活的海蜇从海上捕捞上岸后，经就地加工、保鲜、包装后，销往江苏、广东、上海、福建、大连等地，很受欢迎。海蜇加工不仅带动了当地京族和其他民族群众的就业，还增加了当地的财政收入。

海产品冷冻技术对京族聚居区海产品产业的发展壮大至关重要。京族聚居区海产品产量大，海产品冷冻可以使产、供、销协调一致，减少损耗。京族聚居区的海产品冷冻主要是对虾冷冻，冷冻方法采用的是加冰保鲜技术即冰鲜技术，主要使用撒冰法：先把大块冰轧碎，将碎冰直接撒在虾体表面。操作时，先在塑料鱼箱内撒一层冰，再装入一层虾，要求一层冰一层虾，冰块要撒得均匀，不能脱冰，使对虾能迅速、均匀、充分而完全地冷却。加冰保鲜技术是传统的水产品保鲜方法，它能使冰鲜的水产品基本上保持原有的生物特性，至今仍为世界各国所采用。目前，京族聚居区有 5 家生产冰块和从事对虾冷冻的小工场,年冷冻对虾 3000 吨左右。海产品冷冻尽管没有形成大的规模,但有效地解决了对虾的保存和销售问题,促进了京族聚居区对虾养殖业的发展。

除了海蜇加工和海产品冷冻外,京族聚居村还有小杂鱼加工鱼粉和鱼露等海产品加工场,但规模都较小。鱼露当地人称为"鲶汁",是当地京族人的传统调味品,至今仍有不少村民喜欢食用。鲶汁的产地主要集中在山心村,加工鲶汁以家庭为单位,其中又以从事渔箔捕捞的渔民家庭为主,其原料多为捞箔时所捕获的小鱼仔。

(4) 旅游业。京族聚居区旅游资源丰富,这里气候宜人,日照充足,草木繁茂,四季常绿,旅游季节长达 8 个月,沥尾岛上的金滩是天然的海滨浴场和旅游度假胜地,每年接待到金滩旅游的游客达 30 多万人次。巫头村的"南国雪原"、京族三岛的哈亭、"京族哈节"等自然、人文景观也吸引了大批游客前来观光旅游,近几年,每年到京族三岛观光休闲的游客达 100 万人次,2010 年,京岛风景名胜区被评定为国家 4A 级旅游胜地。位于沥尾岛上的京族博物馆,不仅成为展现京族传统文化魅力、体现国家民族政策的一个重要窗口,而且还成为游客旅游观光的重要景点,自 2009 年 7 月 29 日开馆至 2010 年 9 月,京族博物馆累计接待国内外团队 350 多批次,累计接待游客 20 万余人次,成为国内外游客了解京族历史文化的重要场所。

为促进旅游业的进一步发展,东兴市还把"京族传统文化示范基地"落户沥尾村作为特色项目进行示范建设。该项目以沥尾哈亭这一独具京族特色的建筑为中心,结合周围古树和亭前及两侧的荷塘,将京族哈亭、京族歌圩、京族风情长廊、京族文化广场等有机结合,并与京族博物馆融为一体,打造独具特色的自然人文景观。2008 年起,政府有关部门每年都介入协调和组织京族哈节传统民俗文化的各项活动,通过组织迎神、组织哈妹"唱哈"、京族舞蹈培训、京族学生独弦琴、吹螺号培训,以及组织京族学生海滩百人独弦琴表演和京族群众百张渔排出海表演,组织京族群众及社会各界人士参加迎神活动及哈节期间京族歌圩歌舞表演等活动,提升了京族"哈节"特色文化旅游品牌的影响力,成为吸引游客的又一大亮点。

3. 农民生活水平不断提高。在国家政策的大力扶持下，京族地区经济加速发展，人民生活水平逐年提高，京族实现了民族整体富裕。2009年京族聚居地江平镇农民人均纯收入达6327元，比广西农民人均纯收入高2347元。5个京族聚居村人均纯收入6678元，高于江平镇351元，高于广西平均水平2698元。其中，沥尾村人均纯收入达8237元、巫头村7936元、潭吉村6418元、贵明村5500元、山心村5300元。部分农户年纯收入超过10万元，一些农户年纯收入超过100万元，92%的家庭住钢筋水泥楼房，摩托车、移动电话、程控电话、有线电视和各种家电进入京族普通家庭，还有8%的家庭拥有小轿车。多数京族人生活已达到小康水平。

4. 教育设施逐渐完善，教育水平进一步提高。国家扶持政策的实施，进一步促进了京族地区的教育事业规范化、法制化发展，促进了京族地区教育事业的发展。自2005年以来，国家对京族地区累计投入800多万元进行教育基础设施建设。经过几年的努力，目前京族三岛的中小学校已经没有了D级危房，教学设备配套初步完善。校门、围墙、运动场、标准升旗台、旗杆、学校道路硬化等设施建成；校园进行了绿化、净化、美化、规范化；各村小学都有了图书资料室、少先队活动室、体育器械室、仪器室、卫生室；中学设有图书资料室、阅览室、理论实验仪器室、团队活动室、体育器械室、劳技室、卫生室、会议室、办公室等，配置了教学仪器、体育器械、音乐器材、美术器材，电教、劳技器材等设备，并设立了多媒体教室、微机室等现代化教学设施。京族学校教学楼、教学宿舍楼、综合楼、电教楼、教师食堂也先后建设完成。京族地区的办学条件日臻完善。

在京族聚居区学校基础设施不断完善的同时，当地学校的师资水平、教学水平、适龄儿童入学率、巩固率也在不断提高。据东兴市教育局统计，2008年底，东兴全市有京族小学生1942人，占全市小学生总人数的13.2%；京族初中生731人，占全市初中生总人数的12.5%；京族高中生217人，占全市高中生总人数的18.5%。2008年底，东兴市在中学任教的京族教师49人，占初中教师总数的9.6%；在小学任教的京族教师119人，占小学教师总数的15%；教师合格率100%。

京族学校是在2003年8月由沥尾小学与京族中学（原沥尾中学）合并

而成，是京族地区唯一一所九年一贯制学校，有 4 个教学点，有教师 78 人，在校学生 1367 人。该校在小学四年级至初中三年级实施中文和越语双语教学，同时设置独弦琴、竹竿舞等京族传统艺术学习班，教育教学质量不断提高，多次荣获防城港市、东兴市中考成绩优异奖，先后荣获"广西区第九届运动会特别贡献奖""广西壮族自治区少数民族体育先进集体""全国群众先进单位"等荣誉。此外，沥尾、巫头、山心、谭吉、贵明五个京族聚居村都设有完全小学，教学楼全部是新建的砖混结构，教学设备不断更新，教学质量逐年提高，2008 年末，京族小学适龄儿童入学率 99.8%，辍学率 0.1%；初中适龄少年入学率 98.8%，辍学率 1.68%；残疾儿童、少年入学率 66.9%。京族 15 周岁人口教育完成率 98.7%；17 周岁人口教育完成率 98.1%。2008 年京族地区全面实现"两基"目标，"普实"工作通过自治区验收。

5. 卫生事业发展速度加快。江平中心卫生院是目前京族地区唯一的一所集预防保健、医疗服务为一体的一级甲等综合医院，肩负着京族群众聚居镇——江平镇 4.8 万人的医疗卫生工作。在国家扶持人口较少民族发展政策支持下，江平镇中心卫生院得到了长足发展，卫生用房以及医疗、预防、保健、环境、业务整体水平有了很大提高，建设成了一所集医疗、预防、保健为一体并肩负乡村医生培训的综合性医院，现全院占地面积 14665.2 平方米，有病床 40 余张，有卫生技术人员 28 人，其中中级职称 14 人，初级 10 人。配备有 B 超诊断仪、X 线诊断仪、多功能半自动化仪、心电监护仪、手术麻醉机等 40 多种中小型医疗设备，提供门诊、急诊、住院及预防保健等服务，年门诊量达到 7.5 万人次以上。

由于江平中心卫生院地处边境地区，因此在为东盟边境地区入境人员提供医疗服务的同时，也承担着维护国家卫生安全的重任。目前，江平中心卫生院横向构建了跨国境疫情预警与防控双边体系，建立与越南芒街检验检疫、卫生部门定期会晤机制，互通双边疫情动态和防控措施，并建立了边民群防群控体系。京族地区医疗事业的发展不仅解决了当地群众看病难问题，还为国家卫生安全构筑了第一道牢固的防线。

在京族聚居的 5 个行政村，均建有村级卫生室。在市卫生部门及江平卫生院的帮助下，沥尾、巫头、山心还分别设立了3个卫生所和6个卫生室，并按每千人口配备1至1.5人的标准配备了乡村医生和计生接生员10人，三岛现有京族乡村医生8人，其中中专文化程度以上的4人。政府给参加卫生防疫、妇幼保健工作的乡村医生配备白大褂、听诊器、小手包、诊箱、给养设备等。乡镇、村级医疗卫生网络的建立，不仅解决了京族人民就医难的问题，同时也促进了京族地区卫生防疫、妇幼保健的进步。

自2005年东兴市开展新型农村医疗全作试点工作以来，到2009年初，京族地区新农合参合率达91%以上。为全面提高疾病预防控制综合能力，京族地区还建立了市、镇、村三级预防控制网络，并积极推进公共卫生突发事件"三网"（责任网、疫情报告信息网、应急救助网）建设，健全卫生应急管理和协调机制，提高了应急处置水平。

6. 京族文化得到进一步传承和弘扬。在国家扶持人口较少民族政策的支持下，京族文化基础设施建设逐步完善，各村哈亭周边道路的硬化、绿化以及对歌亭等一些文化设施的建成，为京族民族文化活动的开展提供了良好条件。2005年京族"哈节"被列入非物质文化遗产名录。现在，京族地区经常性地开展京族节日文化活动，每年都举办"哈节"以及独弦琴弹唱、京族艺人歌圩等活动，政府相关部门顺势而为，2008年以来，政府介入指导京族哈节文化旅游活动，扩大了京族文化品牌的知名度，同时指导和支持京族文化抢救和整理，如举办独弦琴培训班、哈妹和京族舞蹈培训班，协助京族民间抢救、整理濒临消亡的京族文字"喃字"，为京族购置独弦琴，组织成立京族民间文化中心，发动京族民间艺人搜集、挖掘、整理京族民间文化资料，整理编印成册的有《京珍歌》《京族史歌》《京族英雄杜光辉传颂》《京族传统叙事诗》等诗歌集。京族人民还创作了反映京族风情、文化的作品，如电视剧《金滩有缘》以及一批歌曲、舞蹈等，为弘扬京族文化打下了坚实的基础，促进了京族文化的发展和保护。

位于沥尾村的京族博物馆，是中国国家扶持人口较少民族发展项目，也是广西民族生态博物馆"1+10工程"的重要组成部分。博物馆内设展示中心、文物库房、多媒体演示厅和小型演出排练厅，馆内布展总面积1800多平方米，集中展示了京族民族服饰、字喃风采、生产生活工具、哈节、独弦琴、居住环境、民间信仰、婚恋礼俗、地图资料等，2009年9月对外开放时，京族博物馆举办了一系列京族文化展览，全面展示了服饰文化、音乐文化、饮食文化及节日等京族文化习俗。京族生态博物馆的展示中心和信息资料中心建成后，与由京族三岛京族聚居村组成的生态博物馆保护区构成京族生态博物馆，对京族的自然环境、人文环境、有形遗产、无形遗产进行着动态保护。该馆同时负责全市的文物调查、征集、保护、管理及研究工作。京族博物馆的建成，不仅为国内外游客提供了全面了解京族历史文化的重要场所，对于弘扬、保护京族文化也具有重要意义。

此外，京族地区的少数民族传统体育也得到重视和开展，京族学校先后获得全区第九届传统体育运动会"特别贡献奖"、国家体育总局"全国群众先进单位"奖、"广西壮族自治区少数民族体育先进集体"奖等称号。

7. 维护了民族团结，巩固了祖国的南疆边防。通过实施人口较少民族扶持项目，加快东兴市边境民族地区经济社会发展，有力地维护了当地的民族团结和边境稳定。东兴市边境线长230多千米，加强边境民族地区建设，特别是通过加快边境的交通、通信等基础设施建设，既促进了地方经济发展，又巩固了边防，而且还促进了当地与越南在经济、文化等领域的交流与合作，推动了双方的开放、开发和睦邻友好关系的进一步发展。

总之，通过几年的努力，较好地解决了制约京族聚居区人民群众生活生产的突出问题，使项目区的村屯基础设施得到明显改善、特色产业得到快速发展、群众生活质量得到较大提高、社会事业得到长足发展、村容村貌有了明显改观，综合效益显著。

五、主要经验总结

扶持人口较少民族政策在京族地区实施过程中，广西壮族自治区、东兴市以及江平镇政府有关部门积极配合，从调研、立项、资金管理、工程进展、工程质量以及工程验收等方面做了大量的组织、协调、管理、监督工作，保证了扶持规划的有效实施并取得预期效果。

（一）积极调研，制定发展规划，为扶持项目在京族地区的实施奠定了基础

为全面加快京族地区的发展，东兴市以国家扶持人口较少民族发展为契机，组织有关部门对京族地区经济社会发展情况进行了调研，在广泛开展调查研究的基础上，组织有关专家进行论证，编制了《东兴市扶持人口较少民族（京族）发展项目建设规划（2006－2010）》，合理规划了京族民族村的基础设施、产业发展目标。同时，对5个京族聚居行政村进行了发展规划修编，合理编制了民族村的发展规划，明确了京族聚居各村的发展方向和产业布局，为扶持人口较少民族政策在京族地区的实施、加快京族地区经济社会发展奠定了基础。

（二）以基础设施建设为主，为京族地区经济社会发展奠定了基础

为推动京族地区的发展，东兴市以"打基础、调结构、兴科教、强素质"为主要工作任务，紧紧抓住国家扶持人口较少民族发展的机遇，积极推进京族地区基础设施建设。2005至2009年，京族地区共实施扶持人口较少民族项目97个，投入资金5326.61万元，其中基础设施项目90个，占项目总数的92.8%，投入基础设施建设的资金5267.61万元，占总投入的98.7%，项目涉及交通、农田基本建设及水利建设、人畜饮水、教育、医疗卫生、文化体育及群众增收等，极大地改善了京族地区基础设施落后的状况，为当地经济社会的发展奠定了基础。

（三）做好宣传与监测，确保项目的顺利有效实施

在实施项目建设中，东兴市注重抓好"一宣""二公""三管""四得"工程。"一宣"，即做好宣传发动工作，利用自治区在东兴市举行"国家扶持人口较少民族（广西京族）基础设施建设项目启动仪式"等一切可以利用的媒体和平台，全方位、多渠道、多形式宣传党的民族政策和国家扶持人口较少民族专项行动。期间，先后出动各种宣传车100多辆次，组织各类文艺宣传活动60多场，发放民族政策宣传手册5000多份，使党的

惠民政策深入人心，家喻户晓。"二公"，即对项目工程坚持"公正""公开"原则，严格按照招投标条件由建设单位集体讨论，公开发包，全程实施质量监督，竣工联合复检验收，有效避免人情工程、暗厢工程和豆腐渣工程发生。"三管"，即由财政部门对有关涉及项目财务人员全程实行业务管理、收支管理和报账管理，按照少数民族扶持资金项目操作规程，由财政部门专司严格对口管理。"四得"，即每一项扶持工程建设和竣工投入使用，都要让群众看得见、摸得着、用得上，并经得起时间和群众的检验，确保项目立竿见影，发挥效益。这些措施确保了京族地区付出项目的实施并取得预期效果。

（四）因地制宜，推动特色产业发展

根据京族地区地处中越边境，既沿海又沿边，海洋资源丰富，京族语言与越南语相通的特点，东兴市积极整合、包装和利用这些资源，并作为产业发展的基地进行建设。还根据五个京族聚居村略有差异的自然环境特点，因地制宜，科学合理地为五个京族村制定了发展规划，有效推动了当地经济发展和农民增收。如根据巫头村拥有丰富的海洋资源和旅游资源，海陆交通便利，以及语言与越南边民相通的特点，制订了该村"农商结合，养捕加工并举"的经济发展规划，在该村实施"3331"致富工程：即大体上以30%的劳力搞捕捞，30%的劳力搞养殖，30%的劳力搞海产品加工，10%的劳力搞边贸。通过"3331"工程的实施，全村经济快速发展，2009年人均纯收入达7936元，比江平镇农民人均纯收入高1609元。目前该村有30个海蜇加工场，海水养殖年产量4865吨，海洋捕捞年产量10435吨。巫头村还依托本村的"南国雪原""万鹤山""京族哈亭"等旅游景点进行旅游开发，近年来观光旅游者络绎不绝，带动了本村经济的发展。此外，巫头村还有约10%的村民依托自身语言与越南边民相通的优势从事边贸活动。正是因地制宜、多渠道并举的经济发展措施，拓宽了农民增收的渠道，增加了农民收入，促进当地农民生活水平明显提高。目前，巫头村几乎家家户户住上钢筋混凝土结构楼房，人均住房面积30平方米，手机、程控电话普及率达95%，摩托车普及率97%，28户家庭购买了小

轿车，电脑走进了渔家，村民过上了富裕的生活。

六、反思：京族传统文化的抢救和保护有待加强

京族地区的经济发展给京族社会带来了勃勃生机，但也对京族文化带来极大的冲击，使传统文化日渐淡化、流失。

调查中，京族的一些文化精英对目前京族文化的现状表现出了忧虑，认为政府相关部门对京族文化重视程度不够，未采取一些有力的措施对传统文化进行保护，政府的主导地位没有起到应有的作用。他们认为目前京族特色的东西还是存在的，但是如果不进行保护，若干年后有些东西可能就消失了。因此现在必须对京族传统文化进行保护，扶持人口较少民族项目——京族博物馆的建成对于京族传统文化的抢救、保护和弘扬具有重要意义。此外，还可以通过培养京族文化的传承人等方式来保护和发展京族传统文化。

（一）民族文化呈衰落的趋势

京族文化由盛转衰，表现之一为广大群众对本民族传统文化态度的日渐淡漠。目前，中青年一代已经失去唱本民族传统民歌的兴趣。京族民歌在新中国成立前后曾经十分盛行，男女老少，几乎人人能出口成歌，内容涉及渔事生产、爱情、社会生活各方面。京族民歌的调子约有30多种，有的慷慨激昂，有的凄切委婉，具有十分浓郁的民族特色。《宋珍与陈菊花》是其中的典范，该长诗有手抄本，主要以口头传唱流传于京族民间。但目前在京族地区已经找不到一位能够完整颂唱《宋珍与陈菊花》的歌手。《过桥风吹》曾是一支家喻户晓的京族经典爱情名歌，曲目不长，曲调优美，通俗幽默，利于传唱．但现在在懂京语的青年当中，能够完整唱此曲的人也已十分少见。

表现之二为京族传统文化后继无人。例如，京族舞蹈以传统祭祀娱神舞蹈为主，多在哈节时才表演。一般由三四人一起跳，在沥尾村、巫头村的哈节，近几年来只有阮成×、黄×英等四位年纪较大的"哈妹"在跳。

舞蹈类型有花灯舞、花棍舞、花舞等。传统舞蹈也面临继承乏人的问题，至今很难找到愿意来学习的中青年人。

另外，独弦琴是当前京族传统艺术当中的瑰宝，其最大特色是只由一根弦和一根摇杆、半个葫芦、半块竹片构成，其音悠扬，独具风韵。独弦琴是京族目前保留的最有特色的一种传统民族乐器，在民族音乐界颇具盛名。然而目前能够熟练演奏独弦琴的京族人只有寥寥数人，再不保护抢救，京族独弦琴演奏将后继无人。

（二）民族文化从业人员老龄化，传统文化难以传承

以京族歌圩为例。京族歌圩至今在沥尾村、巫头村仍然得以保存，每个星期举办一次。歌圩举办日一般都会有数十人参加，但大都是60岁以上的老人。京族青年对此没有兴趣，也少有机会接触本民族的传统民歌。歌圩中极少有青年人参加。一方面，一帮古稀老人兴趣盎然、自得其乐地陶醉在民族民歌之中；另一方面，年轻人对此熟视无睹，一点也不感兴趣。民歌传承的断代现象令人担忧。

另外，以最能代表京族传统文化精髓的哈节来看，从节日的筹划、操办到具体参与，都是由"翁村"等村社组织完成，而"翁村"是由村里的寨老们从德高望重的老者里选出来的。年轻人除了围观之外，只是做一些后勤方面的工作。对整个唱哈节的筹划、执行等，年轻人都没有机会参与，实际上失去了学习、锻炼的机会。

喃字是京族人民借助汉字创造的文字，它是采用汉字的构字方法，主要借汉字表音表义而创造出来。从15世纪开始使用。在京族地区民间的歌本、经书、族谱、乡约等，除了使用汉字以外，也间杂使用一些专用于表达京语音义的"喃字"。据调查，目前在京族地区能够认识使用喃字的只剩下10多人，而且均为70岁以上的古稀老者。喃字面临着无人继承的窘境。

（三）优秀的民族传统文化尚未得到开发利用

"哈节"是京族最隆重热闹、最富有特色的民族传统节日。哈节活动最能集中展示京族传统文化全貌，是京族人民长期从事海洋渔业生产的文

化积淀;哈亭则是京族传统文化传承的重要载体。除哈节一整套祭神娱神传统仪式外,独弦琴、京族歌舞、神话传说、英雄故事、民族服饰、民族小吃等传统文化都在哈亭里聚集,哈节、哈亭使京族传统文化闻名遐迩,充满魅力。但年轻一代认为哈节缺乏新意,参与热情已日渐降低,目前哈节已出现对京族青年人凝聚力、吸引力变弱的趋势;如今虽然有各级政府部门的支持,有各级媒体每年不同程度的宣传报道,但由于对哈亭、哈节缺乏深度研究和保护弘扬开发的措施,使得哈节文化还远远不能对外界充分昭示其丰富多彩的文化内涵,导致其魅力与影响下降。

沥尾金滩因其独特的亚热带海滨景观闻名遐迩,京族三岛的旅游业也主要缘于金滩,每年闻名而来的旅游者数以 10 万计。但是,兴起于 20 世纪 90 年代的京族三岛旅游业,发展至今已有 10 多年的时间了,依然还停留在放任自流的原始状态:村民和旅游区管理委员会各自为战,村民只是向游人出租遮阳伞、游泳圈等设施,而旅游区管理委员只是向村民和其他服务经营者收取管理费,疏于对旅游区的有效管理;餐饮旅社等服务行业被动待客上门,拿不出有民族特色和地方特点的亮点吸引游客;旅游区内混乱无序,没有一个长远的发展规划。有关部门对丰富多彩的京族文化特色重视不足,民族服饰、民族小吃、民族工艺品及民族风情表演等民族文化展示,这些在国内其他旅游景点司空见惯的做法,在这里几乎是一片空白。

在最近几十年,特别是近十多年以来,京族的语言、服饰、生活习俗、生产方式等各方面都产生了淡化的趋势,中青年一代对很多传统的东西不感兴趣,普遍缺乏对本民族文化的认同,这种状况也令人担忧。[1]

七、经济社会发展存在的主要问题

京族地区扶持人口较少民族项目的实施,改变了京族地区基础设施落后的状况,解决了京族群众长期以来生产生活中的困难,群众得到实惠,

---

[1] 陈家柳. 京族 [Z] //广西民族发展报告,内部资料,2010.

受到群众的普遍欢迎。但由于地方财政扶持能力有限,京族地区经济社会发展仍存在一些困难和问题。

(一) 基础设施有待进一步完善

目前,在京族聚居的 5 个行政村 66 个自然屯中,有 10 个自然屯未通公路,通公路的自然屯大部分是等外公路,遇雨天湿滑难行,有的甚至无法通行,晴天则是灰尘漫天。聚居区农田水利设施落后,一些水库、渠道、山塘因年久失修,无法正常蓄水、运行,缺水成了制约当地农、渔业生产的重要问题。此外,京族聚居区长达 26 千米的沿海、沿河护堤,由于缺乏资金投入无法维护,也年久失修,已经有多处堤围崩塌,一旦发生洪灾、台风等自然灾害,很容易威胁到当地群众的生命财产安全。

(二) 贫困问题依然存在

尽管京族地区近年来经济发展迅速,实现了民族整体富裕,但贫困现象仍然没有消除。受自然条件的限制和历史因素的影响,京族聚居的 5 个行政村,贫困人口仍有 270 人,低收入人口 1559 人,农村社会救济对象 1167 人,有 341 户 1705 人居住的是简易房屋。

(三) 社会事业发展滞后

教育基础设施和教育环境相对较差,师资力量不足,京族子弟接受教育水平低,京族学生接受高中、大学等高等教育的比例很少;医疗条件较差,江平镇卫生院及巫头、沥尾、潭吉等村医疗设施简陋,不能满足当地群众的就医需求;农村文化、体育基础设施薄弱,农民文化生活贫乏;海水养殖的技术水平低,当地渔民科学养殖技术十分欠缺。这些都严重的束缚了京族地区的发展。

(四) 传统文化的传承与发展面临困境

如前所述,京族传统文化的传承与发展面临诸多困境。首先,目前京族参与传统文化各项活动的都是中老年人,年轻人受市场经济和现代文化的吸引而热衷于追逐经济效益和流行文化，对民族文化渐失兴趣，使用京族语言的人口逐渐减少，京族生活习俗逐渐汉化，民歌传承出现断代现象，京族文字喃字处于无人认识的濒危状况，京族传统文化的传承面临后继无人的困境，民族文化的发展呈现出衰落的趋势；其次，优秀的民族传统文化没有得到有效的开发和利用。由于对哈亭、哈节缺乏深度研究和保护开发的措施，哈节文化还远远不能对外界充分昭示其丰富多彩的文化内涵，导致其魅力与影响下降；同时相关部门对京族文化特色重视不足，民族服饰、民族歌舞、民族小吃、民族工艺品及民族风情表演等民族文化展示处于空白状态，不仅影响了当地旅游业的发展，也是导致青年一代普遍缺乏对本民族文化的认同重要因素之一。

（五）经济发展不平衡，贫富差距较大

京族聚居区居民贫富分化悬殊，沿海地区群众生活水平高，边远的自然村部分群众生活依然困难。京族人均纯收入最高的沥尾村达 8237 元，而有的自然村还不足 4000 元，这是地区之间整体上的差距。而同一个村屯的不同农户之间的差距也相当大，走进京族三岛我们随处都可以看到一栋栋漂亮的小别墅中夹杂着一些破败的泥瓦房，相当部分群众的收入远低于人均纯收入，生活还相当贫困。

此外，5 个京族行政村得到国家和自治区的大力扶持，生产生活水平提高很快，但同为京族群众，其他村的得不到专项扶持，生产生活水平较低。经济发展的不平衡很容易带来了新的民族矛盾。

（六）经济基础薄弱，财政增长乏力

京族聚居地既缺乏可持续发展的主导产业，又缺乏资源型、造血型的工业企业和加工企业，工业发展缓慢，地方财政还比较困难。

（七）干部人才培养有待加强

目前，东兴市共有京族干部 334 人，占东兴市干部人数的 13%，低于京族人口占全市人口 13.88% 的比例。现有干部中，40 岁以上的京族干部

124人，占京族干部的38%；京族干部中科级以上的干部33人，仅占东兴市科级干部的11%，占全部京族干部的9.98%。可见，京族干部队伍老化，比例偏少，中高层干部少，后备干部不足的问题亟待解决。

八、对策和措施

"十一五"期间扶持人口较少民族政策的实施，使京族聚居区人民生产生活水平得到明显提高，基础设施得到比较明显的改善，扶持人口少数民族工作各项考核指标达到了规定的验收标准，但是总体上看，当前京族聚居区的交通、水利、教育、卫生等基础设施仍然比较落后，还无法适应经济社会发展的需要，农村主导产业的发展未达到规模化、高效益的目标，民族传统文化的传承和发展面临诸多困境。因此，进一步改善京族聚居地区基础设施、增加农民收入、抢救和保护民族传统文化等，是我们下一步应努力的方向。

（一）扩大边境地区京族扶持的范围

目前，国家扶持人口较少民族项目资金安排主要以村屯为单位，安排给东兴市的资金、项目不多，并且只安排给5个京族聚居的村屯。而东兴市有京族人口1.78万人，除上述5个聚居村约1.02万人外，还有7000余人散居在全市其他18个行政村31个屯。这18个村得不到专项资金的扶持，经济社会发展明显落后，在一定程度上造成很多相邻村屯间发展不平衡的状况，不仅不利于人口较少民族聚居村的发展，而且容易导致民族矛盾，产生新的不稳定因素。得到专项扶持的5个京族聚居村人民生活水平提高较快，得不到专项扶持的其余村屯，人民生活还比较困难，民族内部贫富分化现象已对民族平等团结、共同繁荣的民族关系产生影响。京族聚居区地处中越边境，消除贫困、缩小民族内部差距对于维护民族团结，实现边疆安全和维护我国的国际形象具有重要意义。因此，应扩大对京族村寨的扶持范围，把扶持范围由原来的5个村扩大到其余村屯，以实现人口较少民族村寨全面发展的目的。

（二）改善京族地区交通现状

目前，江平镇 5 个京族聚居行政村大多数自然屯基本实现了通路、通车的目标，但大多是砂石路，标准低，与当地经济社会发展的需要不相适应，需进一步提高乡村道路标准，较大的自然屯应全部通四级公路。

（三）加快护堤、水利基础设施建设

京族聚居区的跃进堤、护岛堤、护林堤等海河堤围年久失修，有的坍塌严重，威胁了当地京族人民的生命财产安全，迫切需要进行加固。据统计，目前京族聚居区共有长达 12.75 千米的崩塌堤围迫切需要加固。一是长 5.8 千米的沥尾护岛堤及护林堤；二是长 4 千米的巫头围海大堤；三是长 0.53 千米的山心哈亭海堤；四是 0.8 千米的贵明江边堤；五是 1.62 千米的潭吉水产堤。这些项目建成，将使防洪防台风能力大为提高，不仅可以消除群众生产生活的安全隐患，还能改善 6000 亩农田的浇灌排涝问题。

此外，应加快对京族聚居区灌区水渠的建设。据统计，目前京族聚居区有 8500 亩农田浇灌和 3700 亩虾塘养殖用水问题没有解决。为此，需要修建有 3 条总长 23.09 千米的三面光干渠，其中，在巫头、潭吉灌区修建 7 千米的三面光主干渠；在山心灌溉区修建长 4 千米的三面光主干渠；在贵明灌区修建长 4.09 千米的三面光主干渠。这些水渠的建设需要投入资金约 230 万元。

（四）加大教育、医疗卫生事业的投入

教育方面，在九年义务教育实行"双免"后，京族地区中小学教育经费紧张，教学设备短缺，学生用房紧张的问题尤为突出，因此，应增加京族地区九年义务教育经费的投入，妥善处理好"双免"后学校经费紧张问题。

医疗卫生方面，江平中心卫生院地处边境地区，不仅担负着为东盟边境地区入境人员提供医疗服务的职责，也承担着维护国家卫生安全的重任。而目前无论是东兴市医院，还是江平镇卫生院、5 个京族聚居村的卫生室，医疗卫生条件都比较差，医疗设备短缺陈旧。因此应加大投入，改

善东兴市、江平镇及各村的医疗卫生条件，不仅可以解决当地京族群众就医难的问题，对于维护国家卫生安全也具有重要意义。

（五）加快对京族干部人才的培养

把素质培养和实践锻炼、短期培训与学历培训结合起来，提高京族干部素质，增加京族干部在当地干部队伍中的比例。同时，吸收公务员时，在政策方面向京族大中专毕业生倾斜，增加京族人才使用的比例，同等条件下优先录用少数民族干部；同等条件下优先提拔使用少数民族干部。建议国家放宽政策，在京族人口入学方面给予更大的扶持，如在一些民族院校成立专门的京族班，让京族青年有更多的深造机会。

（六）加强对传统文化的保护与传承

首先，采取有力措施积极抢救和保护濒临灭绝的京族优秀传统文化。如积极申报非物质文化遗产保护，争取京族优秀传统文化的合理生存空间。目前，京族"哈节"已在 2005 年被列为国家级非物质文化遗产保护名录，独弦琴被列为广西壮族自治区级非物质文化遗产保护名录。然而，尚有更多的京族优秀文化遗产需要保护和抢救。可由政府出面，安排专用资金，通过各种形式举办相关内容的培训班，由那些身怀绝技的匠师对年轻一代京族青年进行全面的培训，使之可以流传于世。其次，加大对"民族文化进校园"活动的扶持力度。要加强"双语"教学的投入，从小培养京族孩子对民族历史文化的良好认知和兴趣，鼓励京族孩子学越语，认喃字、讲京族话、弹独弦琴、跳京族舞，为京族传统文化的传承和发展培养新人。第三，处理好民族文化资源保护与开发之间的关系。对民族文化资源的保护是开发和弘扬的基础。京族的独弦琴、喃字、歌舞、哈亭文化等，如不及时进行抢救保护，很快就将失传。对于这类少数民族传统文化资源，首要的任务当然是保护。开发必须以有利保护为前提，是对民族文化深层次的保护，使它注入新的活力，使民族文化能够在新的环境下焕发新的生命力。开发的效益会使人们更意识到民族文化资源的可贵，从而珍惜自己的民族文化。将京族的民族文化资源开发与旅游经济相结合，应是可行的重要途径之一。但保护与开发，必须真正把握京族的文化精华，依靠当地京族人进行保护开发，并让当地京族人民得到切实的利益和实惠，这才是保护开发民族文化资源的根本。

（七）进一步加大特色产业发展的扶持力度

"十一五"期间对五个京族聚居村的扶持，主要是实施一些公共基础设施项目和部分社会事业项目，对特色优势产业的扶持明显不足，当地的水产养殖业、海产品加工及旅游业等特色产业规模化效益没有得到充分发挥。因此，应加大对当地特色产业的扶持力度，积极帮助当地乡村发展"公司＋协会＋农户"和订单农业，重点扶持一些市场开拓能力强、科技含量高的龙头企业，带动京族发展海产养殖和海产品加工，促进海产品的销售和转化增值，推进海产品养殖和加工的产业化经营。同时加强京族渔民的科普教育和科技推广，有计划举办一些海产品养殖、加工技术培训班，创办科技养殖示范点，提高京族群众的科技知识水平、科技意识，转变观念，促进农民增收。

表1　2005年5个京族聚居村基本情况

项目	行政村					
	合计	沥尾	巫头	山心	谭吉	贵明
总人口（人）	11711	4197	1737	1393	1401	2983
总户数（户）	2828	988	379	368	387	706
京族人口（人）	9493	3905	1608	1320	1020	1640
贫困人口（人）	270	70	40	50	40	70
不通电村（个）		0	0	0	0	0
不通电话村（个）		0	0	0	0	0
不通邮村（个）		0	0	0	0	0
不通公路村（个）		0	0	0	0	0
未饮用安全饮用水村（个）	5	1	1	1	1	1
未通广播电视村（个）		0	0	0	0	0
没有卫生所村（个）	5	1	1	1	1	1
自然村数（个）	66	23	7	9	8	19
不通电自然村（个）		0	0	0	0	0
不通电话自然村（个）	14	3	1	3	2	5

续表

不通邮自然村（个）		0	0	0	0	0
不通公路自然村（个）		10	3	1	1	1	4
未饮用安全饮用水自然村（个）		57	23	7	9	6	12
未通广播电视自然村（个）		13	4	1	2	1	5

注：根据东兴市民族局提供的数据统计

表2　2009年5个京族聚居村基本情况表

指标	计量单位	村名				
一、基本情况	X	沥尾	巫头	贵明	山心	潭吉
年末总人口	人	4500	1816	3100	1480	1513
其中：京族人口	人	4275	1725	1600	1480	1090
总户数		1132	378	7100	337	315
其中：贫困户	户	900	55	35	444	100
五保户	户	11	10	21	8	5
绝对贫困人口（按当年标准）	人		1816	70	20	30
其中：丧失劳动能力的人口	人	185	545	80	200	20
低收入人口（按当年标准）	人	4000	1090	100	1036	454
当年因灾因病返贫人口	人	400	15	30	30	300
劳动力总数	人	2400	955	1800	1184	950
耕地面积	亩	3297.00	2229.00	2900	1730	1500.00
其中：有效灌溉面积	亩	1850.00	1560.00	1300	730	800.00
桑园、茶园、果园面积	亩	0.00	0.00	0	0	0.00
林地面积	亩	3460.00	1600.00	0	0	0.00
草场面积		350.00	0.00	0	0	0.00
养殖水面面积	亩	3200.00	3080.00	1600	600	500.00
荒山荒坡面积	亩	250.00	2.00		500	200.00
自然村个数	个	23	7	19	9	8
其中：通公路的自然村个数	个				4	8
通电的自然村个数	个				1	8
通电话的自然村个数	个				1	8
通邮的自然村个数	个				1	8
能接收广播电视节目的自然村个数	个				1	8

续表

有安全饮用水的自然村个数	个	3			1	2
二、经济社会发展、生活状况	X	X	X	X	X	X
年末大牲畜存栏数	头/匹	50	3	400	60	190
年末羊存栏数	只	0	0	0	0	0
年末猪存栏数	头	150	200	550	2000	400
粮食总产量	千克	600000.00	800000.00	2100.00	2100	
经济作物总收入	万元	25000.00	100.00	20.00	0	
村级集体经济收入	万元	9.00	5.00	2.30	1	2.00
劳务输出人数	人	30	55	80	222	5
劳务输出总收入	万元	30.00		120.00	10000	
是否通柏油路（或砂石路）	是1，否0	1	1	1	1	1
是否通电	是1，否0	1	1	1	1	1
是否有安全饮用水	是1，否0	1	1	1	1	1
是否有卫生室	是1，否0	1	1	1	1	1
是否有合格乡村医生	是1，否0	1	0	1	1	1
是否有合格卫生员	是1，否0	1	1	1	1	1
是否有文化活动室（或科技文化室）	是1，否0	1	1	1	0	1
是否遭遇严重自然灾害（减产3成以上）	是1，否0	0	1	1	1	1
户通电率	%	98	100	100	100	1
有线电视入户率	%	98	40	14	15	100
户用沼气率	%	0	0	30	1.5	0
饮用安全水的户数	户	1109	0	710	320	0
使用卫生厕所的户数	户	1075	0	639	297	100
农牧民人均纯收入	元/人、年	5800.00	5800.00	4600.00	3800.00	
农牧民人均有粮	千克	218.00		450.00	15.00	2700
缺粮的户数	户	75	60	35	50	60
居住简易住房的户数	户	200	40	60	40	100
适龄儿童入学率	%	100	100			
初中毛入学率	%	98	100			
小学生辍学率	%	0.00%	0			
初中生辍学率	%	2.00%	0			
青壮年文盲率	%	0	0			

续表

三、扶持成果	X	X	X	X	X	X
是否已制定村级发展规划	是1，否0	1		1	0	0
是否已开始实施村级发展规划	是1，否0	1		1	0	0
是否有对口帮扶单位	是1，否0	1		0	0	1
是否有驻村蹲点帮扶干部	是1，否0	1		0	1	1
当年得到的扶持项目数	个		3	8	2	2
当年得到的扶持资金额	万元	140		2000	1	60
当年扶持项目直接覆盖的户数	户	750	0	550	10	200
当年扶持项目直接覆盖的人数	人	3487		2300	40	800
当年得到扶持资金、物资的户数	户	65.00	0	710	0	300
其中：当年得到扶贫贷款的户数	户	0.00	50.00	40	0	12
新增或改造基本农田	亩	0.00	0	2000	0	0
新增桑园、茶园、果园面积	亩	0.00	0	0	0	0
新增经济林面积	亩	250.00	0	0	0	0
新增或改良人工草场面积	亩	0.00	0	0	0	0
新增或改扩建道路里程	千米	4	0	5	0	0
新增或改扩建教育用房面积	平方米	1000	0	0	600	0
新增或改扩建卫生用房面积	平方米	0	0	60	80	40
新增或改扩建文化用房面积	平方米	200	0	40	0	50
当年组织培训参加人次	人次	450	200	60	480	300

注：根据东兴市民族局提供的《2009年人口较少民族聚居村动态监测表》整理

表3　2010年5个京族聚居村人口与收入情况变化表

指标	计量单位	村名				
一、基本情况	X	沥尾	巫头	贵明	山心	潭吉
年末总人口	人	4793	1736	3041	1321	1560
其中：京族人口	人	4386	1707	1680	1321	1088
总户数	户	1630	415	631	353	321
其中：贫困户	户	59	30	61	34	30
五保户	户	11	14	21	10	5
当年因灾因病返贫人口	人	27	13	23	9	10
劳动力总数	人	3086	1195	2007	962	867
耕地面积	亩	1044.1	1000	1770.4	1301.6	906.1
养殖水面面积	亩	7228	10834	4933	3230	3001
自然村个数	个	23	7	19	9	8
有安全饮用水的自然村个数	个	18	4	19	9	8
年末猪存栏数	头	229	534	788	1106	112
村级集体经济收入	万元	10.00	6.00	2.00	2.10	4.00
户通电率	%	100	100	100	100	100
有线电视入户率	%	100	100	100	100	100
户用沼气率	%			3		2
饮用安全水的户数	户	1275	237	631	353	321
使用卫生厕所的户数	户	1021	188	504	280	257
农牧民人均纯收入	元/人、年	9210.00	8743.00	5517.00	5456.00	7467.00
居住简易住房的户数	户	239	45	121	85	124
当年组织培训参加人次	人次	560	200	250	100	120

注：根据东兴市民族局提供的《2010年人口较少民族聚居村动态监测表》整理

门巴族经济社会发展调研报告

调查组成员：布琼　马子媚　冯辰皓

执笔人：马子媚　布琼　冯辰皓

门巴族是我国 22 个人口较少民族之一[①]，主要分布在西藏自治区东南部，错那县、墨脱县的背崩乡、德兴乡、墨脱镇、达木乡、甘登乡、帮辛乡以及林芝县（现已改为巴宜区，下同）的更章乡是其主要聚居区。据全国第六次人口普查数据，我国境内门巴族共 10561 人。该民族不仅人口少、居住偏远，而且由于自然地理及历史原因，其经济社会发展相对落后，基础设施建设滞后，生产生活条件较差。针对包括门巴族在内的 22 个人口较少民族的经济社会发展问题，国家已经实施了《人口较少民族发展规划（2005－2010）》（以下简称《规划》），并取得一定成效。

2013 年 5 月中下旬，在新一轮规划已投入实施之际，笔者所在课题小组前往门巴族聚居的西藏林芝地区（现已改为林芝市，下同）墨脱县进行了实地调查，通过个案访谈、部门座谈、查阅文献及收集政府各部门现有的关于扶持人口较少民族发展措施及方案的工作报告总结等方法，对西藏"扶少"政策落实状况进行了整体性的调查，并召开综合性座谈会 1 次，对民间知识分子、民间宗教代表、政府工作人员等进行了深度访谈，同时走访了各个政府部门等，对门巴族的历史、政治、经济、文化等各个方面进行了全面调查，并对门巴族经济文化发展及政策落实过程中所面临的主要问题进行思考，提出了相关建议，希望能为门巴族发展及政府决策贡献微薄之力。

[①] 根据 1990 年全国人口普查数据，以 10 万人为基数，划分为 22 个人口较少民族，《规划（2005－2010）》的扶持对象也是据此而定，本报告也以此为准。现国家人口较少民族以 2010 年第六次人口普查数据为根据，以 30 万人为基数，人口较少民族增至 28 个。

一、门巴族基本概况

（一）历史渊源

在喜马拉雅山东南麓的门隅和上珞渝地区，即今天西藏自治区东南部的错那县和墨脱县，居住着我国兄弟民族的一员——门巴族①。"门巴"意思是"生活在门隅的人"，既是自称，也是藏族和其他民族对他们的称呼。由于居住地域的差异以及历史上的民族迁徙，各地门巴族还有一些其他称呼，如自称"主巴""勒波"等。

门巴族历史十分悠久。根据神话传说、文献记载和考古材料可知，门巴族族源是门隅的土著群体与来自于西藏高原北部的群体互相融合而逐渐形成。经过漫长的历史发展，大约在吐蕃王朝统一西藏诸部以前，门巴族已发展为单一民族共同体。公元7世纪，门隅地区归入吐蕃地方政权治下，门巴族成为吐蕃的属民。公元823年，唐朝与吐蕃在拉萨大昭寺前设立的"甥舅和盟碑"中就有"南者门巴"的记载。13世纪中叶，门隅被纳入西藏萨迦地方政权的治理之下，成为元朝的一个行政区域。14世纪至16世纪，西藏噶举派势力帕木主巴政权和藏巴汗政权统治西藏，门隅成为噶举派的领地。这一时期对门巴族的部落社会和村社组织产生强烈冲击，门巴族人民开始逐渐沦为农奴。18世纪时，封建农奴制在门隅的统治已较为完备。沉重的乌拉差役②，加上连年的地震水灾和层层压榨，致使许多人户家破人亡、流离失所，他们渴望着一个没有压迫、没有剥削的好去处。这时，东部的白玛岗是一个"不种青稞有糌粑，不养牦牛有酥油，不修房屋有房住"的佛乐胜境的美丽传说，给绝望中的门巴人带来了希望，

---

① "基本概况"内容主要参考：（国家民委）西藏社会历史调查资料丛刊编辑组．门巴族社会历史调查 [M]．北京：民族出版社，2009；《门巴族简史》编写组．门巴族简史 [M]．北京：民族出版社，1987年；张江华．门巴族 [M]．北京：民族出版社，1997年等。

② 乌拉差役是指赋税、差役、地租等内容的统称，"乌拉"一词是无偿劳役的意思，种类繁多，包括各种劳役、捐税、地租等。

引发门巴族人开始长途迁徙。

门巴族的迁徙经历了一个漫长的过程。最早迁往墨脱县的已有10代人，最晚的距今有6代人，他们定居在白玛岗地区雅鲁藏布江沿岸。在墨脱，今天还能看到与他们东迁历史有关的许多遗迹，一些村庄也沿用了原籍时的地名和村名，如德尔工、地东等。部分门巴族迁居白玛岗，形成了门巴族东西分布的居住格局，给门巴族的社会发展带来了深远的影响。

西藏和平解放前，在门巴族社会中，封建农奴制统治与门巴族原始村社组织同时并存。1951年西藏和平解放，1959年西藏进行民主改革，彻底废除了封建农奴制度，门巴族人民和西藏各族人民一道，实现了社会发展的历史性飞跃，获得了民族新生。

（二）人口分布和发展

1. 人口分布

门巴族主要分布在西藏自治区东南部、错那县以南的门隅地区；主要聚居在错那县，墨脱县的背崩乡、德兴乡、墨脱镇、达木乡、甘登乡、帮辛乡以及林芝县的更章乡；有少量人口分布在波密县的扎木镇，米林县的里龙乡、卧龙镇、派镇、羌纳乡等。2010年，门巴族共约5万余人，其中分布在我国实际控制区以内的仅有10561人，其他生活在错那县南部的印控区。

山南地区错那县勒布区是西藏最早建立的门巴族自治地方，为了加强该地区的管理和扶持力度，政府撤销了勒布区的建制，成立了勒布办事处，下设麻玛等4个门巴民族乡。但从表1可以看出，门巴族的主要聚居地区在林芝地区墨脱县，这是一个以门巴族为主体的边境县。

表1 门巴族人口分布情况（2010）

地区	县	乡镇	门巴族人口（人）
山南地区	错那县	基巴乡	186
		贡日乡	147
		麻玛乡	134
		勒乡	105
		小计	572
林芝地区	郎县	仲达镇	4
		金东乡	3
		小计	7
	波密县	扎木镇	177
	林芝县	更章乡	574
	米林县	里龙乡	33
		卧龙镇	24
		派镇	52
		扎绕乡	0
		丹娘乡	14
		羌纳乡	116
		南伊乡	13
		米林镇	37
		小计	289
	墨脱县	背崩乡	2093
		德兴乡	1406
		墨脱镇	1590
		达木乡	328
		甘登乡	95
		格当乡	12
		加拉萨	2
		帮辛	1305
		小计	6831
总计			8450

2. 人口发展

近30年来，门巴族人口总量由3788人增加至10561人，人口绝对增长量为6773人，约占同期西藏人口增长量的0.67%和人口较少民族人口增长量的51.47%；近10年来，年平均人口增长率为21.5‰；近5年来，年平均人口增长率为10‰，人口数量增长速度有所放缓，这与门巴族人民生活条件的改善和医疗水平的提高有密切的关系。

（三）民族文化与传统习俗

1. 传统习俗

门巴族有自己的语言——门巴语，但没有本民族的文字，通用藏文。由于长期与藏族共居杂处，服饰和生活习俗与藏族接近。门隅地区的传统服饰为男女都穿土红色氆氇袍子和红黑色软底长筒靴，头戴褐顶橘黄边小帽、前沿留有缺口。女子身前围一条白氆氇围裙，背上披一块作避邪用的小牛皮，佩挂松石、珊瑚玛瑙等串饰。墨脱地区门巴族崇尚白色，主要反映在服饰穿戴上，男女上衣均以白色为主。女子们喜欢穿白色的无领、圆口、搭襟小上衣，一般不穿外罩衣服，下身喜欢穿有竖条花纹、下边带飘穗的筒裙。妇女系腰带，腰间佩挂小腰刀，脚穿绣花毡靴，戴项链、耳环、戒指、腰链等饰物；男子皆耳垂大环，腰佩长刀，刚健英武。

门巴族民居主要有碉房式石楼和干栏式木屋两类。干栏式木屋，是墨脱门巴族的特色房屋建筑。门巴木屋的建筑为竹木结构，一般为三层，底层无围墙，供拴养牲畜用，第二层为人居住的住室。住室的外侧有宽大的外走廊，兼作晒台，是人们编竹器、做木活的场所；底层与外走廊相连接的是一架用粗大的圆木砍凿成的木梯。第三层存放杂物，屋顶为两面坡"人"字形。门巴族粮仓与木屋是分开建造，一般相距数米或十几米，他们修房造屋从选择地基、开工到落成竣工，都有丰富的习俗和礼仪。

门巴族传统食物以大米、玉米、荞麦和鸡爪谷为主，也吃糌粑，喜吃辣椒。石锅是门巴族特有的煮饭做菜的炊具。由于石锅传热慢，炖肉做饭可保持食物的原味，十分鲜美，深受人们喜爱。门巴族居住地区多竹木，餐具主要是用竹木制作，其中最有名的是门巴木碗。在门巴族饮食礼仪中，饮酒习俗丰富而具有特色，门巴族善饮酒，特别是自酿的邦羌（黄酒），大至婚丧嫁娶、宗教礼仪，小到日常杂活、谈天说地，均离不开酒。

2. 文化艺术

门巴族的音乐是与歌、舞、戏剧结合在一起的。歌体主要有：萨玛体、卓鲁体、加鲁体和喜歌体等，其中以"萨玛"酒歌和"加鲁"情歌最为奔放、动人。门巴族所使用的大部分乐器是藏传乐器，传统乐器较少，主要的传统乐器有里令（双音笛）、塔阿让布龙（五音笛）、基斯岗（竹口琴）、牛角琴等，而藏传乐器则有神鼓、钹、铃以及各种各样的号等。

由于宗教在门巴族社会生活中的影响深远，宗教舞自然就成为门巴族舞蹈艺术的重要组成部分。宗教舞蹈，门巴语中称为"巴羌"，意为神舞。舞蹈多模拟鸟兽形象，有牛舞、猪舞、鸟舞、犬舞、大鹏舞等，主要在宗教祭典和仪式上表演，大多带有原始图腾信仰与崇拜的遗迹。

门巴族戏剧俗称门巴戏，是在门巴族丰厚的民族文化土壤中孕育、萌生、成长起来的民族艺术之花，戏剧的表演形式十分粗犷和古朴，保留着早期戏剧的古老面貌。传统剧目有《卓娃桑姆》和《诺桑王子》等。2006 年，山南门巴戏经国务院批准列入第一批国家级非物质文化遗产保护名录。

此外，门巴族的文学艺术也十分丰富，主要有神话、传说、故事和诗歌等。

（四）宗教信仰与重要节日

门巴族的宗教信仰比较复杂，原始宗教、苯教和藏传佛教互融共生、杂糅并存，是门巴族宗教信仰的显著特征。

万物有灵的原始宗教和苯教是门巴族的古老信仰。门巴族认为，山有山神，树有树精，水有水怪，风雨雷电、地震水灾乃至人的生老病死都有超自然的神灵在左右驱使。为免灾祈福，人们敬奉鬼灵，贡献牺牲，举行各种繁缛的巫术活动。门巴族的巫师种类繁多，根据职能的不同，可分为驱鬼巫师和请神巫师。驱鬼巫师有"顿龙肯"和"巴窝"，由男性充任；请神巫师有"巴莫"和"觉母"，由女性充任。

随着藏传佛教各教派的传入，部分门巴族开始信仰藏传佛教，其中宁玛派是主要信奉的教派。

门巴族的节日主要有两大类型，一类是宗教节日，一类是岁时年节。宗教节日主要有曲科节、萨嘎达瓦节、主巴大法会；岁时年节主要有门巴族新年。

（五）聚居区域自然概况①

1. 山南地区门巴族居住区

在地质地貌方面，山南地区属于喜马拉雅山南坡高山峡谷区，地势北高南低，北部河源区有现代冰川发育，古冰川地貌广布，冰碛湖、冰水平原、古冰川槽谷分布广泛，南部提斯浦尔地区为喜马拉雅山麓倾斜平原，海拔1500米。山地型河流特征明显，为"V"形河谷，以下切为主，水流湍急，支流呈树状。大部分地区海拔低于3000米，气候湿热；达旺河上游流域大部分地区河谷较宽，两岸坡度较缓，地形起伏不大，谷底有较多的农田分布。

在气候方面，从南部河谷地区到北部海拔3000米之间的地区为亚热带季风湿润气候向暖温带季风湿润气候的过渡区，海拔3000－3800米之间地区为暖温带季风气候区向高原温带半干旱季风气候的过渡区，海拔4500米以上为高原寒带半干旱季风气候区，气候过渡性明显。北部错那县城附近年均温－0.4℃，年降水量389.5米，气候湿冷，不利于农牧业发展，作物一年一熟。主要生态系统类型为中山针阔叶混交林、松林和亚高山云、冷杉林生态系统，其次为高山灌丛草甸生态系统。河谷地区有包括农田生态系统、经济林生态系统等人工生态系统分布。

2. 林芝地区门巴族聚居区

在地质地貌方面，林芝地区门巴族主要分布在雅鲁藏布江下游大峡谷，是青藏高原东南部的最大水汽通道，在大拐弯顶端北面出现达4000毫米的年降水量，多数地区年降水量在1000毫米左右。南部河谷区≥10℃积温达5500－6500℃，大于10℃日数150－240天。这种特殊的水热条件造就了大峡谷地区特殊的自然生态环境，形成了世界上最齐全的垂直自然带，拥有从热带雨林到高山冰雪复杂而丰富的动植物区系与种类，生态系统类型多样性和生物物种多样性为世人所惊叹，有"自然博物馆"之称。

---

① 资料来源：西藏自治区发展和改革委员会、西藏自治区民族宗教事务委员会．西藏自治区扶持人口较少民族发展"十二五"专项建设规划．2011年，西藏自治区民族宗教事务委员会提供．

在气候方面，海拔 1800 - 2200 米为常绿阔叶林，林内湿度极大，板根和附生植物发育，主要常绿树种有薄片青冈、墨脱青冈、西藏石栎，伴生党青冈、通麦栎等，在阳坡有乔松林分布；海拔 2200 - 2800 米为针阔叶混交林，云南铁杉林有较大面积，其林下有落叶槭树。海拔 2800 - 4000 米为亚高山针叶林，主要树种有苍山冷杉、墨脱冷杉，林中伴有喜马拉雅冷杉、怒江冷杉，海拔 4000 米以上为高山灌丛草甸及流石滩稀疏植物。河谷带局部地区有农田生态系统。

（六）经济社会概况

门巴族聚居村落通常以农业为主，兼营畜牧业、林业和狩猎，手工业生产石锅、木碗、藤器、竹器等，其中以竹木器制作最具特色。20 世纪 80 年代，其聚居地相继成立了民族乡，经济社会有了很大的发展。在党的领导下，门巴族的生产得到了较快发展，人民生活得到了一定改善。

二、门巴族扶持政策落实状况

党和国家历来重视人口较少民族的发展问题。早在 20 世纪 80 年代，针对我国相对集中居住在偏远、边境一线、社会发育程度低的人口较少民族，就制定了独具特色的发展方针和政策。随着中国经济实力的不断增强和扶贫开发、西部大开发的不断深入，以及全面建设小康社会和构建和谐社会战略目标的提出，人口较少民族的发展问题引起了国家的更多重视和社会的广泛关注，中央和地方政府相继制定实施了一系列专门扶持人口较少民族发展的政策措施，集中力量帮助这些民族加快发展步伐。2005 年，国家制定了专门针对人口较少民族的扶持政策《扶持人口较少民族发展规划（2005 - 2010）》，并在全国相关民族地区全面实施。

（一）西藏扶持人口较少民族政策现状

1. 西藏人口较少民族地域分布情况

西藏自治区是一个多民族聚居的少数民族自治区，同时也是人口较少民族聚居较多的地区,包括门巴族、珞巴族和未被确定民族成分的僜人和夏尔巴人,以及少数怒族和独龙族等。主要集中在西藏自治区日喀则、山南、林芝三地市（图1）,具体分布在隆子、错那、聂拉木、定结、林芝、米林、墨脱、察隅、朗县、波密等10个县38个乡151个行政村。其中,属于国家扶持范围的主要是门巴族和珞巴族。

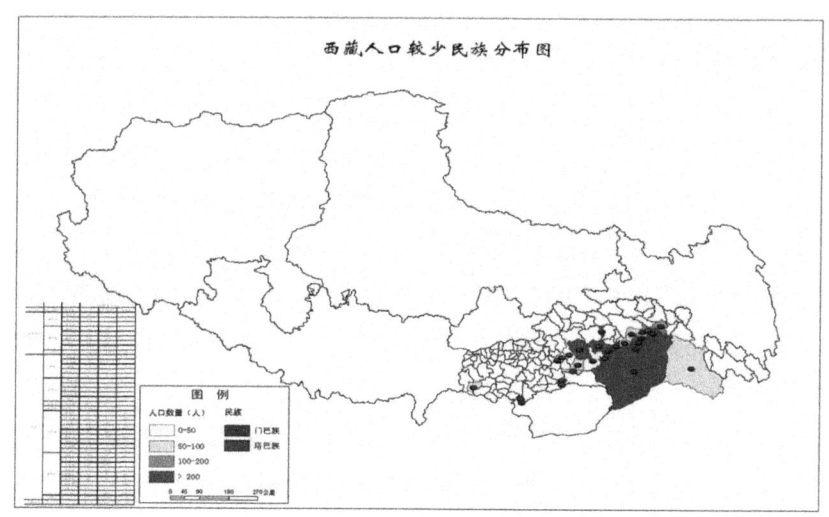

图1　西藏自治区人口较少民族分布聚居图

2. 政策措施

进入21世纪,尤其是《规划》实施以来,西藏自治区党委政府十分重视人口较少民族的发展问题,编制专项建设规划,出台实施了扶持人口较少民族的相关政策,为人口较少民族发展提供了地方性政策保障。

2005年8月29日,国务院召开"全国扶持人口较少民族发展工作会议"后,在国家发展改革委员会、国家民族事务委员会有关人口较少民族发展精神的指导下,2006年8-10月,有关专家对西藏自治区人口较少民族的生产生活状况进行了实地调查,调查人员深入错那县、聂拉木县、定结县、墨脱县、林芝县、米林县、察隅县等地区,对门巴族、珞巴族等人口较少民族居民生产生活现状以及社会事业发展状况进行了深入调查。在调研基础上编制了《西藏自治区扶持人口较少民族发展专项建设规划(2006-2010年)》和《西藏自治区扶持人口较少民族社会事业发展规划》。2006年,国家发展改革委、国家民委对《西藏自治区扶持人口较少民族发展专项建设规划（2006 - 2010 年）》进行了批复，确定"十一五"期间，国家投资西藏自治区扶持人口较少民族发展专项建设资金1300万元。自此，西藏自治区政府珙始在各方面加大对人口较少民族的扶持力度，帮助其加快社会经济社会事业的发展。

由于西藏人口较少民族大都分布在边境和贫困地区，且居住分散，又受自然条件的限制，因而发展较为滞后，如察隅县、墨脱县很多珞巴族、门巴族聚居区还存续着较为原始的生产方式，交通条件差，严重地制约着人口较少民族的发展。因此规划重点以林芝墨脱县和山南错那县、隆子县等人口较少民族区域为实施对象，加强基础设施建设，以解决长期困扰当地群众的特殊困难问题为目的，利用项目资金大力实施发展项目，主要规划实施工程集中在农村饮水安全和乡村道路与附近主干道之间的接头路方面。共安排项目71个，其中农村饮水安全建设项目9个；乡村道路建设项目13个，建设乡村道路53.95千米；小型农田水利建设项目49个，建设田间毛渠179.86千米，目前项目已全部实施完成。

经过扶持，西藏人口较少民族聚居地区基础设施明显改善，经济总量有一定增长，群众收入逐年增加，产业结构得到逐步调整，社会事业进一步发展，为今后的发展奠定了良好的基础，也摸索出诸多发展经验。作为西藏自治区独有的人口较少民族之一，门巴族涵盖在扶持项目之中。下文将主要对林芝地区墨脱县门巴族扶持发展政策的落实情况进行初探。

（二）墨脱县扶持门巴族发展情况

1. 基本概况[①]

墨脱县位于西藏东南部雅鲁藏布江下游，属高山峡谷地貌，地势北高南低，雅鲁藏布江自北向南从县城出境，境内主要河流有雅鲁藏布江及其支流西巴霞曲、丹巴曲等，是我国门巴族和珞巴族的主要聚居区之一，背崩、帮辛、墨脱、加拉萨、达木、德兴等乡镇都有较多的门巴族和珞巴族分布。其中门巴族约占总人口的66.9%。由于地处边境，民族、政治形势复杂，边境

---

① 资料来源：《西藏自治区扶持人口较少民族社会事业发展规划（2006 - 2010）》，西藏自治区民宗委2013年6月提供。

地区居民发展以及生产生活条件的改善对边疆稳定、国防安全具有重要的战略意义。

2. 《规划》实施前墨脱县发展情况

(1) 经济发展概况

墨脱地区气候湿热，适合多种植物生长，野生动植物资源十分丰富。区内门巴族人以农耕为主，生活原始古朴。全县主要产业为农业、牧业，林业所占比重很小，主要收入来自第一产业，占国内生产总值的77%，第三产业收入占国内生产总值的18%，第二产业主要是建筑业占国内生产总值5%；农村经济总收入1600多万元，扣除物价因素，人均纯收入不足1000元，县级财政自主收入为80万元；全县耕地面积2.6万亩，人均耕地面积2亩多，主要农作物有水稻、玉米、小麦、青稞、荞麦，经济作物有油菜、茶叶，盛产香蕉、橘子和各种蔬菜。

(2) 基础设施情况

2013年10月31日，西藏墨脱公路正式通车，标志着我国结束了还有县级城市不通公路的历史，实现了"县县通公路"的目标。直至2013年6月笔者调研结束，墨脱县城尚未完全通路，县内尚未形成完整的交通网络，进出墨脱及下乡极为艰苦。至2013年12月，墨脱县实现公路通乡率75%，通村率46%，农村通电率69%。能源建设滞后，通讯条件差，除县城外，7个乡尚未通电话。农村通水率76%，水利设施抵御自然灾害的能力薄弱，且有相当部分水渠年久失修。县城无供、排水设施，且无正规街道，全县基础设施建设十分薄弱，严重制约经济社会的发展。

(三)"扶少"项目实施及完成情况（2006－2010）

1. 主要扶持项目安排

为深入贯彻落实《规划》要求，促进人口较少民族经济社会发展，西藏自治区政府在实地调研的基础上，根据各地实际情况，制订了《西藏自治区扶持人口较少民族发展专项建设规划（2006－2010年）》，以改善农村安全饮水问题及村内道路建设问题为主要扶持规划目标。投资主要包括中央预算内投资和农村居民投劳折资两方面，其中中央预算内投资占总投资的 90%。主要项目及资金投入情况如下。

(1) 农村饮水安全建设项目

西藏自治区扶持人口较少民族发展专项规划农村饮水安全建设项目如表 2，共解决 11 个乡、26 个行政村，672 户 3939 人的饮水问题。其中墨脱县总投资 1025.94 万元，国家人口较少民族发展投资 923.35 万元。

表 2　西藏农村饮水安全建设项目安排表

县	受益乡镇		受益人口		投资规模		
	乡镇数	行政村数	户数（户）	人数（人）	总投资（万元）	国家投资（万元）	居民投劳折资（万元）
错那县	2	2	33	188	45.12	40.61	4.51
墨脱县	8	22	600	3560	1025.94	923.35	102.59
隆子县	1	2	39	191	45.84	41.26	4.58
合计	11	26	672	3939	1116.90	1005.21	111.69

(2) 村内道路建设项目

西藏自治区扶持人口较少民族发展专项规划村内道路建设项目如表 3，与西藏自治区通村道路项目相衔接，重点解决人口较少民族主要聚居区行政村道主干公路之间的连接路以及墨脱县各乡镇之间的内部通路问题，计划共建设村内道路 17.07 千米，解决 3 乡 5 个行政村内部的通路问题。其中，墨脱县被规划于 2008 年和 2009 年分别在格当乡兴开村以及德兴乡西让村开展村内道路建设项目。共投资 155.82 万元，其中国家人口较少民族扶持资金为 140.24 万元。

表 3　西藏村内道路建设项目安排表

县	乡镇	行政村	建设内容及规模（千米）	建设年限	总投资（万元）	国家投资（万元）	居民投劳折资（万元）
错那县	勒布办事处	麻玛 1 村	3.09	2006	46.35	41.72	4.64
墨脱县	格当乡	兴开村	2.42	2008	80.92	72.83	8.09
	德兴乡	西让村	2.8	2009	74.90	67.41	7.49
隆子县	斗玉乡	斗玉村	3.84	2010	57.60	51.84	5.76
		加麦村	4.92	2010	73.80	66.42	7.38
3 县	3 乡	5 村	17.07		333.57	300.22	33.36

2. 项目具体实施情况

在各种项目资金的大力支持以及广大干部群众的共同努力下，墨脱县门巴族聚居地区的基础设施建设和生产设施条件得到有效改善，道路情况较之以前有了很大变化，"四通五有"① 的目标也正在积极落实中。门巴族群众的生产生活水平得到一定提高。各项目建设、工程质量、进展、资金投入等基本能够按照预定规划完成，项目实施进程比较顺利。分年度具体落实情况如下：

（1）2006 年项目实施情况

2006 年西藏自治区共投资 293.98 万元：修建村内道路 3.09 千米，投资 46.35 万元（各类项目规划见表 4），共解决 153 户 956 人饮水问题，解决勒布办事处麻玛 1 村居民的出行困难问题。墨脱县未在规划范围内，没有开展扶持人口较少民族项目。

表 4　西藏扶持人口较少民族发展专项规划 2006 年项目表

序号	建设项目	建设规模	投资（万元）	国家投资（万元）	群众投劳折资（万元）
1	饮水安全建设	153 户，956 人饮水安全	293.31	263.98	29.33
2	村内道路建设	3.09 千米村内道路，解决麻玛全村居民出行困难	46.35	41.72	4.64
10	合计		3795.49	339.66	305.69

（2）2007 年项目实施情况

2007 年，扶持人口较少民族项目主要集中在解决墨脱县部分乡镇居民饮水安全问题方面，结合该地区降水和气候特点，居民饮用水安全工程建设以解决水源性缺水为主，主要途径是寻找优质水源，避免居民饮用不洁净水而导致疾病。共投资 28.29 万元，其中国家扶持资金 25.56 万元。解决墨脱县 2 乡 6 个行政村 153 户 936 人的饮水安全问题。

---

① "四通"指通电、通路、通电话、通广播电视；"五有"指有学上、有卫生室、有安全的人畜饮水、有安居房、有一项稳定收入来源的生产经营项目。

表 5 墨脱县扶持人口较少民族发展专项规划 2007 年项目表

县	乡镇	行政村名	建设内容及规模	总投资（万元）	国家投资（万元）	居民投劳折资（万元）
墨脱县	帮辛乡	旁果村	改善 37 户 248 人的饮水问题	74.25	66.82	7.42
		肯肯村	改善 19 户 131 人的饮水问题	39.22	35.30	3.92
		宗荣村	改善 32 户 181 人的饮水问题	54.19	48.77	5.42
		西登村	改善 20 户 139 人的饮水问题	41.61	37.45	4.16
		岗玉村	改善 26 户 133 人的饮水问题	39.82	35.84	3.98
	加拉萨乡	龙列村	改善 19 户 103 人的饮水问题	28.29	25.46	2.83
合计	2 乡	6 村	153 户 936 人的饮水问题	277.38	249.64	27.74

（3）2008 年项目实施情况

2008 年，墨脱县政府共投资 311.80 万元（其中，国家扶持资金约为 280.62 万元），集中解决墨脱县部分乡镇居民饮水安全问题以及部分道路问题（具体项目见表 6）。通过投资建设，共解决墨脱县 3 乡 5 个行政村 54 户 345 人的饮水安全问题，同时修建接头路 2.42 千米，解决格当乡兴开村居民出行困难的问题。

表 6 墨脱县扶持人口较少民族发展专项规划 2008 年项目表

县	乡镇	行政村	建设内容及规模	总投资（万元）	国家投资（万元）	居民投劳折资（万元）
墨脱县	加拉萨乡	久当卡村	改善 22 户 130 人的饮水问题	35.71	32.13559794	3.57
	墨脱镇	米木村	改善 27 户 138 人的饮水问题	37.90	34.11317319	3.79
		马迪村	改善 20 户 108 人的饮水问题	29.66	26.69726598	2.97
	格当乡	兴开村	改善 21 户 121 人的饮水问题	29.91	26.91974319	2.99
			修建村内道路 2.42 千米	80.92	72.82926323	8.09
		格当村	改善 54 户 345 人的饮水问题	97.69	87.92054947	9.77
	3 乡	5 村	2.42 千米接头路，解决 54 户 345 人饮水问题	311.80	280.615593	31.18

（4）2009 年项目实施情况

2009 年，墨脱县政府共投资 243.95 万元（其中，国家扶持资金约为 219.55 万元），集中解决墨脱县部分乡镇居民饮水安全问题以及部分道路问题。通过投资建设共解决墨脱县 3 乡 4 个行政村 98 户 560 人的饮水安全问题，同时修建接头路 2.8 千米，解决德兴乡西让村居民出行困难的问题。（具体项目见表 7）

表7 墨脱县扶持人口较少民族发展专项规划 2009 年项目表

县	乡镇	行政村	建设内容及规模	总投资（万元）	国家投资（万元）	居民投劳折资（万元）
墨脱县	格当乡	那巴村	改善 28 户 156 人的饮水问题	44.17	39.76	4.42
	帮辛乡	地东村	改善 19 户 109 人的饮水问题	47.00	42.30	4.70
		邦果村	改善 28 户 163 人的饮水问题	46.15	41.54	4.62
	德兴乡	西让村	改善 23 户 132 人的饮水问题	31.71	28.54	3.17
		西让村	修建村内道路 2.8 千米	74.90	67.41	7.49
合计			解决 98 户 560 人的饮水问题，修建 2.8 千米村内道路和接头路，解决墨脱县德兴乡乡西让村居民雏形问题	243.95	219.55	24.39

（5）2010 年项目实施情况

2010 年，西藏自治区主要通过投资建设，共解决墨脱县、隆子县 4 乡 4 个行政村 124 户 646 人的饮水安全问题，同时修建接头路 8.76 千米，解决隆子县斗玉乡加麦村、斗玉村居民出行困难的问题（具体项目见表 8）。其中，墨脱县获得投资 100.46 万元（国家扶持资金 90.34 万元）。

表8 西藏自治区扶持人口较少民族发展专项规划 2010 年项目表

县	乡镇	行政村	建设内容及规模	总投资（万元）	国家投资（万元）	居民投劳折资（万元）
墨脱县	德兴乡	巴登则村	改善 24 户 123 人的饮水问题	37.38	33.64	3.74
	甘登乡	甘德村	改善 39 户 209 人的饮水问题	32.05	28.85	3.21
	墨脱镇	多卡村	改善 22 户 123 人的饮水问题	31.03	27.93	3.10
隆子县	斗玉乡	斗玉村	改善 29 户 145 人的饮水问题	34.80	31.32	3.48
			修建村内道路 3.84 千米	57.60	51.84	5.76
		加麦村	改善 10 户 46 人的饮水问题	11.04	9.94	1.10
			修建村内道路 4.92 千米	73.80	66.42	7.38
合计			改善 124 户 646 人的饮水问题，修建 8.76 千米乡村接头道路，解决隆子县斗玉乡加麦村、斗玉村居民的出行问题	277.70	249.93	27.77

3.《规划》实施成效

《规划》实施后，在上级部门的关怀支持下，墨脱县各项人口较少民族发展项目纷纷建成投入使用。尽管西藏扶持人口较少民族发展专项规划项目（2006-2010）不能产生直接经济效益、增加农民收入，但在一定程度上产生间接效益。

一是门巴族聚居村农民的生产生活条件得到改善，农牧民纯收入提高。实施人口较少民族扶持项目后，农民通过投劳投工等，增加了收入，生活质量得到提高，有效促进了社会稳定。

二是随着各项基础设施的建设，尤其是交通、饮水安全的建设，改善人口较少民族聚居区域的环境质量，使得区域生产效率、发展能力得到有效提高，增强了经济发展后劲。例如：农村公路建设为项目区农民的生产、生活、经济等活动创造了有利条件，促进了商品流通；自来水改造有效地改善农民生活卫生条件，减少了疾病发生率，提高居民身体素质。

三是在部分基础设施项目实施过程中，政府十分注重生态环境的保护。

此外，在具体扶持过程中，西藏自治区结合项目区经济社会发展和人口较少民族群众脱贫致富的需要，衔接自治区经济社会发展总体规划和扶贫开发、兴边富民、以工代赈、农村人居环境和环境综合整治、部门与行业规划等有关专项规划，侧重发挥工程的整体效益。通过衔接项目的实施，极大地改善了人口较少民族地区交通闭塞的状况，提高了总体效益，为人口较少民族地区的资源开发和经济发展创造重要条件。

4. "十二五"期间重点扶持项目

2011年以来，国家民委和财政部下拨自治区扶持人口较少民族发展资金3880万元，国家发展改革委下拨自治区中央预算内投资1200万元。这些资金和项目主要用于解决人口较少民族聚居区农田水利和农村饮水安全，切实解决了部分人口较少民族地区群众饮用水和交通运输难问题，初步改变了人口较少民族聚居区基础设施条件。

（1）农村公路建设项目

公路建设包括乡和村的新建公路、改扩建公路、桥梁建设和农村社区道路硬化。公路建设中，乡以通简易公路、村以通机动车为主。新建公路主要针对原来就没有公路的乡或村和为改变闭塞状况而新建设的公路。改扩建公路是对原有标准较低、质量较差的公路予以改造和扩建为标准和质量更好的公路。

林芝地区人口较少民族聚居区2011－2015年乡村公路建设项目主要集中布局在错那县、隆子县、郎县、米林县、林芝县和墨脱县的相关乡镇。

其中，墨脱县修建农村公路（柏油路面）75千米，改扩建简易公路

37千米;新建骡马道92千米;新建桥梁9座,共计78千米;硬化村道10.1千米(具体见表9及表10)。目前,已完成部分村公路的建设。

表9 墨脱县农村公路建设内容与规模

县	乡镇	建设规模和主要建设内容
墨脱县	达木乡	达木村、珠村和贡日村村道硬化(长2.5千米,宽2.5米)
	加拉萨乡	龙列村和加拉萨村村道硬化(长1.9千米,宽2.5米)
	甘登乡	多卡村村道硬化(长0.5千米,宽2.5米)
	背崩乡	背崩乡政府至德尔贡村公路(长20千米,宽2.5米的简易沙石路);背崩乡地让村至西让村骡马驿道(长30千米,宽2.5米的简易沙石路);背崩乡巴登村骡马驿道项目(长20千米,宽2.5米的简易砂石路)
	帮辛乡	帮辛乡肯肯村骡马驿道建设(长20千米,宽2.5米的简易沙石路);帮辛乡宗荣村骡马驿道建设(长22千米,宽2.5米的简易沙石路)
	德兴乡	文浪村和那尔东村村道硬化(长4千米,宽2.5米);德果村至德兴乡政府公路(长30千米,宽3米的沙石路)
	墨脱镇	亚让村村道硬化(长1.2千米,宽2.5米);墨脱镇至亚东村公路(长25千米,宽3米的沙石路)

表10 农村公路建设内容与规模(桥梁建设计划表)

建设地点	项目名称	建设性质	建设规模(延米)	数量(座)	类型
墨脱县	背崩乡地让村至西让村骡马驿道刚架桥建设	新建	长10延米,宽3.5米	2	钢架桥
	帮辛乡肯肯村骡马驿道建设项目刚架桥建设	新建	长20延米,宽3.5米	1	钢架桥
	背崩乡政府至德尔贡村公路桥梁建设	新建	长8延米,宽3.5米	2	钢筋混凝土桥
	墨脱镇至亚东村公路桥梁建设	新建	长25延米,宽3.5米	3	钢筋混凝土桥
	德果村至德兴乡政府公路桥梁建设	新建	长15延米,宽3.5米	1	钢筋混凝土桥

(2)传统文化保护与农村体育项目

"十二五"期间,主要针对尚未形成民族文化活动氛围的居住区进行建设。

一是传统文化保护方面。在墨脱县城建设门巴族生活文化小区,修建室外活动场所;修建民族文化展示室,用于收集、整理、修复和展示民族用品,兼作民族文化资料室;对门巴族现有的歌舞曲目进行汇编,增加新的曲目；对民族服装、建筑和工艺品等工艺技艺进行挖掘和培训；建设民族文艺演出队和民族文化特色班。

二是农村体育事业方面。在墨脱县近 20 个村修建村民健身场所（兼作篮球场），购置体育活动器材，促进村民加强身体锻炼，增强体质。

（3）小型农田水利设施建设和低产田改造

在"十一五"建设的基础上，进一步加强以农田水利建设为重点的农业基础设施建设，在抓好现有水利工程维修、改造、配套的同时，建设蓄水池、整治改造渗漏渠系，加快灌区干渠建设和整治；开展耕地治理工程，通过田土间去石、修建灌溉毛渠、增施有机肥、改良土壤结构、绿化保土等措施，分期分批进行中低产田改造，培肥地力，提高耕地质量，增强抗御自然灾害能力和产出率，提高中低产田土的生产力，使农户拥有能稳定解决温饱的基本农田地或草场，解决农牧民基本口粮需要，保障农户稳定增收。

①小型农田水利基础设施建设

建设农田灌溉水渠 87960 米，其中主渠 76400 米，支渠 38200 米。

②低产田改造

低产田改造包括土地平整和土壤改良两项工程，共计 910 亩。建设内容与规模见表 11。

表 11 墨脱县小型农田水利设施建设及农田改造建设内容与规模

建设地点	建设内容	建设性质	项目名称	单位	建设规模
林芝地区墨脱县	低产田改造	新建	达木乡达木村低产田改造	亩	200
		新建	达木乡珠村低产田改造	亩	300
		新建	达木乡卡布村低产田改造	亩	210
		新建	达木乡贡日村低产田改造	亩	200
	小型农田水利基础设施建设	新建	达木乡达木村玉仁灌溉主渠	米	4680
		新建	达木乡达木村巴迪灌溉主渠	米	2500
		新建	达木乡贡日村灌溉支渠	米	13200
		新建	达木乡珠村嘎鲁灌溉主渠	米	1800
		新建	达木乡珠村灌溉主渠	米	2800
		新建	达木乡卡布村吉日灌溉支渠	米	25000

（4）小流域治理

林芝地区小流域综合治理主要包括三个方面（见表 12）。

一是在隆子县、米林县和墨脱县的 11 个乡镇 40 个行政村的小流域进行治理，总的治理规模为 3487.5 亩。其中墨脱县的治理规模为 1882.5 亩。

二是在隆子县、米林县和墨脱县的 11 个乡镇的 11 个行政村进行拦河坝建设。其中墨脱县新建拦河坝 9 千米。

三是由于人口较少民族地区民众的受教育程度低，需要加强民众保护生态环境、防治水土流失和预防自然灾害的意识，因此在安排相关生物、工程措施治理小流域的同时，在本次规划中的每个行政村安排一期小流域治理的培训班，向民众普及和宣传小流域治理的相关知识，总共安排 40 期。其中，墨脱县安排培训班 21 讲。

表 12　墨脱县小流域治理建设内容与规模

县	乡镇	小流域综合治理（亩）	拦河坝建设（千米）	生态环境保护培训班（期/年）
墨脱县	德兴乡	545	2	6
	墨脱镇	461	3	5
	达木乡	344	2	4
	加拉萨乡	532.5	2	6
	小计	1882.5	9	21

5. 墨脱县德兴乡那尔东村调研情况①

（1）基本概况

那尔东村，位于西藏林芝地区墨脱县，属于边沿前防，与中印实际控制线直线距离不超过 20 千米，为三类边境村。其自然地理位置位于喜马拉雅山东侧的雅鲁藏布江峡谷右岸，地势北高南低，在几千米以内海拔高度从 3000 米左右的高山针叶林气候区下降到海拔 700 米左右的雅鲁藏布江河谷亚热带雨林区，属山地立体气候，村内自然生态环境优美，森林植被丰富。

全村共 39 户 249 人，除两名外嫁而来的汉族妇女外，其余均为门巴族，是典型门巴族聚居村落。

---

① 《墨脱县德兴乡那尔东村经济发展规划（2014 年 – 2020 年）》。

（2）经济社会发展状况

1959 年以前，那尔东村为封建农奴社会和原始社会的混合社会形态。民主改革 50 多年来，该地得到中央和自治区的大力支持。由于该村地处雅鲁藏布江大峡谷核心区域，山高入云、峡谷深邃，交通极为艰难，截至 2013 年 6 月仍未通汽车及公路，经济社会发展严重滞后。

那尔东村经济生产主要以粮食种植为主，家畜饲养、手工竹编为辅。全村农作物播种总面积为 328.1 亩，其中粮食播种面积 274.1 亩，2012 年该村人均收入 3600 元，主要包括公益林保护补贴 1900 元/人、三类边防区边民补贴 800 元/人，以及少量竹编手工艺品销售收入。

（3）"扶少"项目实施情况

2012 年 12 月，墨脱县投入项目资金 82 万元在那尔东村开展"较少民族聚集区村内道路硬化工程"，这是该村自《规划》实施以来，开展的第一个人口较少民族扶持项目。工程采用本地村民投工投劳的方式，历时四个月，于 2013 年 4 月竣工，一方面为当地居民带来极大便利，另一方面给门巴族村民带来额外补贴收入。

笔者调研时了解到，未修硬化道路前，村子里都是泥土砂石铺成的路。这里雨水充沛，每逢下雨，村子里就变得泥泞不堪，出行十分困难，村子里门巴族小孩不穿鞋的习惯也由此形成。在其他资金的支持下，村子里也修上了公共浴室（调研期间未被投入使用）以及自来水。但自来水只有地处山势较低处的村民家才有，当地人大多依然处于靠天生活，即用雨水洗漱做饭的生活状态，安全饮水问题十分严重。这里通信信号虽被覆盖，但并不通畅，时有时无。

（4）主要制约因素及存在问题

第一，公共服务严重不足。那尔东村 2014 年年底才能通公路，村内尚未完全通信号、通网络、通邮路。该村水电站虽已建成，但仅能覆盖村民集中定居点。此外，儿童就学路程过远，幼儿园教育缺失，村内文体活动缺乏，医疗卫生条件较差等，难以满足该村发展需要。

第二，生态保护压力较大。该村为墨脱县国家级自然保护区的一部分，且雅鲁藏布江大峡谷在该处明显收窄，山势更加陡峭，加之地质疏松，夏季降雨集中，极易发生滑坡、泥石流等地质灾害，亟待加强生态环境保护，抓好水土流失治理。

第三，产业结构不合理。该村农业仍处于自给自足的自然经济状态，种植业以玉米、水稻等粮食为主，品种单一，且耕种方式粗放，产业化程度低，粮食产量极低，仅能够满足群众温饱。禽畜饲养以家庭散养为主，没有专业化饲养场所，存栏量极少。第二产业以家庭手工竹编为主，没有机械化、产业化生产，出产数量有限。此外，该村仅有个别居民外出从事建筑业和服务业。

第四，劳动技能整体较低。由于长期处于封闭落后状态，门巴族成年劳动力识字率较低，大部分没有上过学，甚至没有到本村以外参与过社会化生产，文化程度偏低，思想观念陈旧，发展思路狭窄，除传统农业耕作和简单的手工竹编品外，几乎没有其他劳动技能，这极大地制约了村落的社会经济发展。

三、扶持人口较少民族工作成效

总体来看，西藏自治区政府十分重视人口较少民族的发展问题，自专门扶持人口较少民族政策实施以来，各级政府有关部门积极配合，从调研、立项、资金管理、工程进展、工程质量以及工程验收等方面做了大量的组织、协调、管理及监督工作，保证了扶持规划的有效实施并取得预期效果。实践证明，充分动员各级行政资源，调动受益村民以及社会各方力量积极参与，是扶持人口较少民族政策在门巴族聚居区顺利实施并取得预期效果的重要保证。以2005年《规划》为主的第一轮扶持人口较少民族的总体目标和任务基本实现。

（一）《规划》的预期目标、任务基本完成

西藏自治区政府及地方政府提出："西藏也要像中央关心西藏一样，关心人口较少民族"，在此思想指导下，确立了"整村推进、一年起步、三年突破、五年见效"的总体工作方针，整合"扶持人口较少民族"专项规划、

"兴边富民"规划以及"扶贫开发"规划等在门巴族聚居区域实施的基础建设项目，改善了人民生活生产条件，提高了资源环境承载力，加强了公共服务等项目。

在各级部门的共同协作下，西藏人口较少民族聚居行政村的"四通五有三达到"达标情况良好（具体见表13）。

表13 人口较少民族聚居区的"四通五有三达到"达标情况

类别	指标	达标情况			"十一五"初期情况（2006）	提高率
		山南地区	林芝地区	全区	全区	全区
基础设施	通路	82.35%	68.75%	69.06%	25%	44.06%
	通电	64.71%	71.43%	71.94%	40.45%	31.49%
	人畜安全饮水	70.59%	80.36%	76.26%	16.67%	59.59%
	通电话	64.71%	86.61%	84.17%	33.33%	50.84%
群众生产条件	行政村农牧民人均纯收入达到本省区扶贫开发整村推进验收标准	88.32%	94.12%	89.95%	69.74%	20.21%
	有安居房	94.45%	93.37%	93.66%	40%	53.66%
	有稳定解决温饱的基本农田（草场、林地、茶园），行政村人均面积扶贫开发整村推进验收标准。	58.82%	100%	94.57%	21%	73.57%
	行政村农民人均粮食占有量（牧民人均牲畜占有量）	64.71%	100%	95.35%	30%	65.35%
公共服务	基本普及九年义务教育、基本扫除青壮年文盲的"两基"目标	100%	99%	99.22%	83.44%	15.78%
	通广播电视	64.71%	92.86%	89.21%	19.38%	69.83%
	有卫生室	29.41%	32.14%	29.50%	0%	29.50%
	有文化室率	52.94%	81.25%	74.10%	3.8%	70.30%

（二）基础设施建设不断夯实

扶持人口较少民族政策实施以来，西藏自治区加大了在门巴族聚居区的基础设施建设，通过实施通路、通电、通水、通广播电视、通邮以及安居工程、卫生等项目建设，门巴族聚居区基础设施条件明显得到了改善，不仅方便了群众生活生产，并且对推动人口较少民族地区经济社会进步发挥了重大的基础性作用。譬如，公路建设为门巴族的生产、生活提供了便利，改善了生活环境，促进了商品流通和信息交流；安全饮水工程有效地改善了当地居民卫生环境条件，减少了疾病发生，有利于门巴族群众的身体健康。

聚居区公路建设水平得到明显提高，乡镇的通达深度（通简易公路以上计）为100%，行政村的通达深度（通简易公路以上计）达到了82.35%；用电人口比例为54.6%，行政村固定电话或移动通信信号人口覆盖比例达到80.25%，广播、电视覆盖率（人口综合覆盖率）、乡镇通邮率分别达到82.7%、80.6%和90.5%，通广播电视的行政村比例由19.38%提高到89.21%，居民能收看到包括中央第一套、自治区或地（州、市）第一套在内的电视节目，能收听到包括中央第一套和西藏卫视第一套在内的广播节目，民族语言节目较为丰富。

但由于门巴族聚居村落多处于高山峡谷中，地质条件复杂，自然灾害严重，所以仍有部分公路未彻底修通，长期落后的交通运输条件严重制约着这些地区及门巴族群众的经济社会生活的发展。

（三）群众生活水平逐步提高

人口较少民族地区社会发育程度低，生产方式落后，基础设施薄弱，社会事业滞后，贫困人口多、脱贫任务重，是全面建设小康社会的重点和最难点。因此，第一轮扶持人口较少民族的一大特点是以民生为重点，使少数民族群众在生产、生活条件上直接受益。

扶持人口较少民族政策实施以来，西藏自治区政府把大量的扶持资金重点用于群众增收和改善群众生活条件，人口较少民族聚居地群众的生活因此得到很大改善。其中，门巴族农民收入日益增多，2005年农民人均纯收入为1600元，至2010年达到3450元，年均增长率达到16.6%。但与全区农牧民人均纯收入4138.71元相比仍有接近700元的差距，与2010年全国农民人均纯收入5919元相比有2469元的差距。

2010年末，接近95%的门巴族行政村内拆除了茅草房或危房，农民居住条件得到改善，家用电器也较为齐全，农牧民人均居住面积达到18.6平方米，不过与全区24.0平方米的平均水平相比仍有一定差距。人口饮水安全率约为70%，但仍有相当数量的农民缺乏安全饮用水。

总的来看，虽然与其他地区相比，门巴族群众的生活条件仍有许多方面需要改善，但与其之前相比，有些突出问题得到了有效解决，为下一步扶持工作的展开奠定了一定基础。

（四）卫生、文化教育等各项社会事业全面发展

西藏自治区人口较少民族聚居区公共服务水平提高较快，使得群众劳动素质和思想观念有较大的改变，助推了各项社会事业明显发展。

1. 教育文化事业发展

门巴族的现代教育从无到有，已走过了30余年的历程，呈现出立体发展的格局，形成了较完善的教育体系。如今门巴族地区村有夜校，乡有小学，墨脱县有小学和初中，林芝地区有民族学校和高中，自治区有各类专业学校和大专院校，祖国内地的16个省市开办了西藏中学，西藏民族学院开办边境县中学班和小学班，以及各种不定期的训练班和学习班，为门巴族青少年的学习和深造提供了各种机会和良好的条件。目前，西藏自治区人口较少民族已基本实现普及九年义务教育、基本扫除青壮年文盲的"两基"目标，适龄儿童入学率、初中毛入学率、青壮年文盲率达到"两基"验收标准的行政村比例为99.22%。村卫生室从无到有，其中用房建筑面积达到自治区规定标准的行政村比例为29.50%；建有村文化室的行政村比例由3.8%提高到74.10%，且文化室用房建筑面积达到自治区规定标准。

随着经济的发展、科学技术的普及和现代文化的传播，门巴族整体素质已有显著的提高，一大批门巴族人才脱颖而出。据不完全统计，近10年来已有100多名门巴族大中专毕业生活跃在自治区建设的各个领域，教育文化事业在扶持政策的推动下不断发展进步。

2. 医疗卫生事业发展

近年来自治区及墨脱县政府对门巴族聚居区加大了改扩建设医疗用房和添置医疗设备的力度，村卫生室从无到有，初步建立了农牧民医疗保障制度，逐步完善了医疗卫生服务体系；每千人病床数和卫生技术人员数分别达到了1.9张和2.4人。妇幼保健、优生优育工作得到进一步加强，孕产妇和婴儿死亡率进一步下降，传染病、地方病监测防治工作不断加强，突发公共卫生事件应急处置能力逐步增强。但与全区每千人病床数3.02张和卫生技术人员数3.44人的水平相比仍有较大差距。

（五）人口较少民族地区经济得到一定程度发展

20世纪80年代，门巴族聚居地相继成立了民族乡，经济社会有了一定程度的发展，生产得到了促进，人民生活也得到了一定改善。

传统门巴族以农业为主，兼营畜牧业、林业和狩猎，手工业生产石锅、木碗、藤器、竹器等。"十一五"期间以种植业和畜牧业为主的第一产业比重和产值都在下降，以竹器和石锅加工为主的第二产业迅速发展，以运输、商贸为主的第三产业发展也较为迅速。农业生产方面，人均耕地不足1亩，人均牲畜达到3.4头（只、匹），粮食单产为210千克，粮食安全在一定程度上得到了保障。

在旅游业发展方面，门巴族聚居区居民的独特生活方式、文化传统、独特的风光和资源对区外旅游者具有很强的吸引力，当地政府积极开展了旅游开发，极大地促进聚居区经济发展转型。

四、存在的问题与困难

经过"十一五"的重点扶持，门巴族聚居地区的各项事业均得到长足的发展，但由于历史和现实等诸多原因，农村人口贫困面仍较大，还存在一些亟待解决的问题和困难：

（一）各项基础设施建设滞后

1. 农田水利基础设施薄弱

部分门巴族聚居村距离水源较远，引水困难，每到干旱季节，农田灌溉得不到保障，生产用水困难。近年来在各级部门的支持下，虽然修筑了一些灌溉引水渠道，但因泥石流和山体滑坡等自然灾害破坏，损毁严重，其抗御自然灾害的能力很低。

2. 农村安全饮水问题仍有待改善

由于门巴族大多居住在边境峡谷地区，独特的地理环境，不少地方水源不稳定，工程实施难度较大，一些村寨仍人畜共饮一条沟里的水，部分农村存在着安全饮水问题。目前，因水源不洁净导致的地方病依然存在，加之基层卫生条件较差，农牧区大骨节病、肺结核、天花等疾病时有发生，严重危害着当地居民的身体健康。

3. 安居工程实施难度大

门巴族普遍居住在条件艰苦的偏远地区和边境一线，由于社会经济的发展及地理自然环境因素的制约，生活水平较低，实施安居工程的难度较大，且发展不均衡。例如：墨脱县德兴乡德兴村安居工程效果显著，已成为人口较少民族发展示范村，但许多村由于尚未通公路，交通运输主要仍是人力背运，若要盖房子，所需沙子和泥土均需从峡谷外靠人力背运，而沙子的成本又高，所以很难开展安居工程。而在其他地区（包括墨脱县城）调研时发现，由于资金有限，安居工程普遍存在房子修好后，通水、通电、通广播电视等工程仍有待进一步解决和完善的问题。

此外，在调研中发现，参与安居工程建设的部分工人反映，尽管安居工程的出发点虽好，房子也修得美观漂亮，但在局部设计上并不实用，在使用年限上存在一定隐患。

（二）生产条件差，经济社会发展滞后

在国家的大力扶持下，门巴族经济社会正逐步提高发展步伐，群众的生活水平也得到进一步改善。但大部分门巴族聚居地区自然条件差，山体

滑坡、泥石流、雪灾、雹灾、霜灾等自然灾害频繁,受地理环境因素制约,部分门巴族聚居村落至今仍保留着刀耕火种的生产方式,靠天吃饭和靠天养畜的状况未得到根本的改变,抗御自然灾害的能力较弱。其耕地面积中有85%的基本农田属于低产田,石器、木器、竹器等是门巴族农业生产的主要工具,农业生产效率与效益较低,严重制约着农牧业和农村经济的持续发展。

改革开放后,门巴族经济社会虽有了一定发展与改变,但在部分边远村寨,因地处偏园,信息滞后,缺乏市场商品意识,原有的社会形态遗留的价值观念、思维方式、生产生活方式、平均分配观念,仍严重制约着其农业生产发展,并延续着自给自足的生产生活方式。例如,一年辛苦所得粮食大多被门巴族居民用来酿酒,而不是留足自己的口粮、种子粮和饲料等,缺乏市场意识。此外,由于公路通达率低,道路艰险,富余的产品若想进入市场,其交通运输成本过高也是经济无法快速发展的制约因素之一。

(三) 社会事业发展落后

由于门巴族所处的特殊地理环境,造成文化、教育、卫生等各项社会事业发展与其他民族相比,差距较大。

1. 医疗卫生水平滞后,群众健康得不到有效保障

门巴族聚居村寨地处偏远、分布分散,乡镇和村一级医疗条件较差,卫生院(所)、医务人员均达不到国家和自治区的乡镇卫生院(所)建设和要求的标准,尤其是村一级医疗卫生设施有些基本还处于空白状态,严重缺少医疗卫生人员,已有医疗卫生人员专业素质仍有待提高。例如,那尔东村没有专门的医疗所或医务室,医疗卫生人员严重短缺,全村只有一个乡村(赤脚)医生在家行医,定期去墨脱县城参加医疗专业培训,但只能处理一些简单的常见病,负责输液、打针等,医疗设施简陋,若居民遇到稍微复杂的病症则必须到墨脱县、林芝市,甚至自治区的大医院治疗,门巴族群众看病难的问题还没有得到有效解决。

2. 科学普及水平低，缺乏科技人才

调研发现，包括那尔东村在内的墨脱县人口较少民族聚居行政村中，几乎都没有科技人才。科技人才严重短缺，科技普及水平极低，生产生活技能依然靠世代传承掌握。由于缺乏技术引导和技术服务，优势资源得不到有效的开发和利用，群众致富困难，自我发展能力弱，产业发展难度大，新农村建设任务繁重。

3. 文化教育设施落后

尽管门巴族文化教育事业不断在发展，但因经济、地理、历史等条件所限，导致其聚居区教育设施和手段落后，主要表现在：一是教育设施和专业师资严重短缺，教师素质有待提高，远远不能满足实际教育需求，现代化教学设备不仅短缺，而且已有设备也不能发挥应有的作用。二是尽管适龄儿童入学率越来越高，可是巩固率、完成学业率、升学率都比较低，学生辍学现象时有发生。笔者在调研时就经历了一名门巴族孩童突然旷课回家，意欲辍学的事件，所幸经过学校教师与家长，以及驻村干部的调解劝导重返课堂。三是适龄儿童学前教育尚未起步，文盲半文盲率较高。

此外，门巴族群众之间基本交流都是用门巴语，夹杂一些藏语词汇，汉语普及率低，而学校又缺少本民族教师，1-3年级的门巴族学生听课困难，且入学后面对三语甚至四语教育（门巴语、汉语、英语、藏语），学习压力很大，在一定程度上挫伤了孩子学习的积极性。

调研中，笔者发现门巴族村寨尽管根据规划目标已配建了文化室，但部分地区文化室建立起来后由于缺少配套的书、杂志、音响等设备，难以开展活动，文化建设滞后，且后期管理存在不少问题，导致尚未发挥其主要作用。

4. 农村体育发展滞后

当前西藏人口较少民族聚居区农村体育事业发展十分滞后，群众健身运动尚未兴起。农村体育人口比重极低，参加体育活动的人口比重不足总人口的2%，远低于全国平均水平（约30%）。农村社区体育活动场所十分匮乏，绝大多数农村没有体育活动场所，有部分行政村仅能依托初中、小学的体育设施。

（四）乡村道路建设亟待改善

"十一五"期间，西藏地区重点解决了69.06%人口较少民族聚居行政村出行难问题，但与农村经济、社会发展的需求相比，乡村公路建设还处于滞后阶段，乡村公路发展水平很低。此外，仍有接近30%的行政村缺乏对外交通设施。长期落后的交通运输条件，严重制约着这些地区及门巴族群众的经济社会生活发展。

一是公路数量少，技术标准低，通行能力差。现有的公路也多属简易公路，均为砂土路面，技术标准低，路况差，坡陡、弯急、路窄，临时性桥涵多，路面不平。

二是公路病害严重，抗灾能力极弱。由于门巴族聚居区大部分位于喜马拉雅山南坡，山高坡陡，沟壑纵横，地质地貌复杂，气候多变，条件十分恶劣。雪崩、滑坡、泥石流、水毁、崩塌等公路灾害极为频繁，时通时断，晴通雨阻的情况时有发生，且大多数乡村公路处于无管养状态，不能维持正常通行。

三是通达深度不够，布局不完备。全区人口较少民族聚居区乡镇的通达深度（通简易公路以上计）仅为41.18%，行政村公路通达深度（通简易公路以上计）仅为13.48%，门巴族聚居村落因地理条件所限，通达深度更低。

四是乡村公路通车里程少，等级低、质量差、抗灾能力弱，通车率低，公路受到的损害程度严重，仅有少数路面实现了硬质路面。还有不少行政村尚未通公路，部分行政村连机动车都无法到达，居民出行仍依靠人背畜驮，无法发展商品经济，道路建设任务十分艰巨。

（五）传统文化未得到有效保护和挖掘

门巴族有大量神话、传说、民间故事、诗歌等多种形式的传统文化，历史悠久，涵盖族群心理、宗教信仰、生活习俗等各个方面。此外门巴族有一种名为"巴羌"的宗教舞蹈，即"神舞"，也是其传统文化的重要组成，文化底蕴十分丰厚，但也未得到挖掘。

当前西藏自治区人口较少民族传统文化保护以发展旅游业为载体，以歌舞表演为主要形式，以形成集自然、人文、观光、休闲、度假为一体的旅游产业体系为工作重点，并结合自然保护和多样化民族风情展示，对促进该地区的社会建设、旅游业快速发展、增加群众现金收入等起着重要作用。但是保护面较窄，仅在部分人口较少民族聚居区展开了保护行动，大部分包括门巴族聚居村落在内的保护工作仍处于空白。而具体保护行动仅局限于对传统的生计方式、生活习俗进行展示，未能对本民族传统文化特点进行有效保护、深度挖掘。在当地，除了部分中老年妇女，已经很少有人在日常生活中穿民族服装，对他们而言，这不值得大惊小怪。毕竟，在现代化进程中，人人都享有追求个人审美及生活方式的权利，因此传统生活方式的展演并不是长久之计。此外，基层乡镇缺少能接待游客的社区文化活动场所和基本设施，这不仅制约着民族传统文化保护与延续，而且使以民族文化展示为主要内容的旅游业发展后劲不足，对于某些正在流失的非物质文化也未能进行有效抢救、保护和管理。

（六）地质灾害缺少治理，人口较少民族发展后劲乏力

门巴族大多聚居在雅鲁藏布江高山峡谷区，地形切割较大，新构造运动强烈，地震活跃，降雨量丰富，水土流失严重。特别是在雨季，由于地质灾害的发生，常常阻断交通，这不仅造成严重的经济损失，而且还严重威胁着当地群众的生命、财产安全。截至2013年，德兴乡至那尔东村只有一半路能够通车，且沿途尽是悬崖峭壁，没有防护栏等安全保障措施，险象环生，行至中途遇到一块"飞石危险区"后则只能靠人背畜驮，一旦遇到泥石流、塌方，当地群众也只能踏着危险前行，惊险程度若非亲身经历实难想象，而进入村落还需垂直向下爬一段山谷，没有路，全凭攀沿着树枝和泥土往下爬，稍有不慎便有掉落峡谷的危险。据了解，村中有不少人是在这条路上掉下悬崖葬送性命的，受伤者更是不计其数。

（七）民族乡政策上的差异倾斜，造成资源分配不均

自《规划》实施以来，国家及西藏自治区政府高度重视人口较少民族

发展问题，专门制定各项具体发展措施，整合各方面资金，大力实施农牧民安居工程建设。"十一五"期间，西藏自治区又结合"兴边富民"工程开展民房改造任务。但由于资源的局限性，政策在落实时具有一定的倾斜，大部分资金都投入到民族乡（如山南勒布门巴民族乡）和一些人口较少民族（门巴族）行政村，而墨脱县作为门巴族最主要的聚居地，却并未设立专门的民族乡。因此，扶持力度相对较弱，所获资源较少，人口较少民族扶持专项规划有的无法有效落实，从而弱化了扶持效果，这不仅不利于人口较少民族聚居区的发展，且存在潜在的民族矛盾，不利于民族团结。

（八）部分项目规划缺乏群众基础，管理机制有待完善

我国扶持人口较少民族发展的政策主要是以大量项目的实施来推动的，在2005年《规划》实施之初，国家民委要求人口较少民族聚居行政村（嘎查）要结合实际，制定村级发展规划和具体的项目，但是由于时间紧，情况复杂，上级部门对基层情况的了解不够深入，加之项目的多头管理，虽然部分人口较少民族聚居行政村（嘎查）制定了村级发展规划和项目设计，并且提出了具体的项目实施方案，但整体而言，项目规划管理中仍存在一些问题。

1. 扶持人口较少民族政策缺乏就在有的群众基础，宣传工作亟待加强

调研发现，在《规划》实施以来，尽管自治区及地方政府对人口较少民族聚居地从不同程度开展落实扶持人口较少民族发展项目，但由于政策宣传力度不够，加之项目的实施开发与兴边富民行动、西部大开发、国家扶贫开发工程等政策相衔接，项目资金有限，所以较多门巴族及周边其他人口较少民族群众甚至某些村干部并不了解国家扶持人口较少民族政策的具体内容，有的人甚至没有听说过，以至于不能积极、自主参与其中。

2. 规划管理有待加强，项目监测困难

我国"扶少"政策主要以大量项目的实施来推动，这是一项系统工程，从制定、实施到验收，有效地管控是保证规划落到实处的关键。然而大多上级部门对基层情况的了解不够深入，实施规划的具体组织者又是各

地县市民宗局，项目的多头管理普遍存在编制少、人员流动性大、业务不熟悉等问题，致使项目制定、实施和验收的差异比较大，对规划实施的过程管理缺乏连续性和有效性，项目评估体系建立不完善。

同时课题组调查发现，虽然西藏自治区开展了扶持人口较少民族发展动态监测工作，但由于门巴族地处偏远，交通不便，数据收集困难，负责数据统计、报送的工作人员尤其是统计人才匮乏，导致监测工作存在一些数据报送不及时、数据不准确等问题。

3. 缺乏项目资金的投入

虽然国家对人口较少民族发展加大了资金扶持力度，但扶持资金仍然有限、单一，分到22个人口较少民族的各个项目及聚居行政村的平均数额均不高，每年得到的扶持资金十分有限，资金缺口非常大。

此外，个别县对加快少数民族经济发展重要性的认识还存在一定差距，认为加快民族乡（镇）、村经济发展是民族工作部门的工作，因而对扶持项目的重视程度以及在资金投入的使用上还有不尽如人意的地方。同时，每年国家下拨的少数民族发展资金时间较晚，由于西藏自治区特殊气候条件，一些高海拔地区因错过施工季节，导致工程建设出现跨年现象。

五、思考与建议

针对以上门巴族在扶持人口较少民族发展政策落实及项目开展过程中存在的种种问题，课题组根据实地调查的结果，对进一步优化扶持人口较少民族政策进行了思考，并提出以下建议：

（一）深入开展政策宣传动员工作，加强舆论引导

实地调研发现，由于自然地理因素的限制，交通、通信的不便造成绝大多数门巴族群众对扶持政策一无所知，其中一些干部提到政策也是一片茫然，知之甚少。因此，各级政府应采取多种渠道方式，运用广播、电视、报纸、网络等大众媒介，深入宣传党和国家关于扶持人口较少民族发展工作的方针、政策，加大宣传力度，深入门巴族聚居区，宣传扶持人口

较少民族政策的重要意义，动员各族群众共同关心、支持人口较少民族的发展，从而提高各级干部开展工作的主动性和群众参与"扶少"工作的积极性，营造良好的社会氛围。

此外，由于绝大多数西藏自治区人口较少民族分布在边境一线，并和其他民族共同生活居住，因此政府有关部门还应在扶持过程中注意进一步促进和谐民族关系的构建，进一步巩固边防安全。

（二）扩大政策扶持范围，增加资金投入力度

由于存在贫富差距，人口较少民族不但与其他兄弟民族间存在着较大的发展差距，本民族之间也存在着一定差距。自《规划》实施以来，门巴族经济社会虽然有了一定进步，但仍需进一步大力扶持。如在基础设施方面还存在严重问题，所以政府部门应积极争取建设项目和资金，加大对交通、通信、用电的投入力度，重点用于改善门巴族生产生活设施、劳动力技能培训、农村适用科技推广、群众增收项目补助等。

同时，应当注意到"扶少"工作不能单一依靠国家财政资金，还应拓宽融资渠道，广泛吸纳社会资金与企业投入，加大金融支持力度，探索建立政府扶持、企业和银行多方参与的农村信贷担保机制。通过政府资金带头，积极鼓励、引导和支持金融机构对门巴族聚居地区有市场、有效益、符合信贷条件的项目加大信贷支持力度。

对门巴族聚居村落能够促进群众增收的种植、养殖、竹器藤编、石锅等特色产品及其加工项目，国家应安排贴息资金，适当增加扶贫贷款额度，延长还款期限，针对特殊项目实行利率优惠政策。进一步改善投资环境，积极吸附社会资金，从而增加资金总量，有效解决"扶少"工作中的资金难题。

（三）继续加强基础设施建设，尽早全面解决"出行难"问题

加强基础设施建设，是加快门巴族聚居村落建设的保障，也是根本解决门巴族生产生活条件问题的重要举措。

一是加大安居房建设和危房改造力度，加大基本农田及配套水利设施

建设。抓好低产田地改造，巩固和提高农牧业生产力，提高粮食安全水平，解决人口和牲畜饮水困难问题。加强具有门巴族特色的安全适用性住房建设，对缺乏生存条件但因守边固土不能易地搬迁的贫困户，加大帮扶力度，就地开展扶贫，提供特殊补助，保障其生产生活基本条件。

二是加大农村公路建设，改善交通条件，同时提高抵御地质灾害的能力，加强道路维养，使电力、农村公路、广播电视、电话等（"四通"）设施水平以及网络覆盖率达到全区平均水平，让门巴族聚居村落的农牧民出行困难、农牧产品商品物质运输难的问题得到初步解决。同时方便门巴族农牧民生产生活，为其脱贫致富和经济发展创造条件。

三是加大生态保护力度，保障门巴族群众饮水安全。抓好门巴族聚居村落的小流域治理工程，同时加强群众生态环境保护宣传、教育，进一步强化公益林保护机制，加大环境保护监督力度。尤其是在经济产业发展过程中，加大水土流失治理力度，为门巴族聚居村落经济社会的可持续发展保驾护航。

四是加快沼气、太阳能等清洁能源建设，切实改善门巴族群众的生活条件。

（四）加快发展门巴族社会事业步伐，完善社会保障体系

1. 教育方面

调研显示，门巴族聚居地区的人口较少民族干部受教育程度普遍较低，青壮年文盲率较高，专业技术人才缺乏，门巴族大学生较少，影响到门巴族经济社会的可持续性发展。

因而首先要继续加大教育投入力度，建立健全人口较少民族地区义务教育的经费保障机制，大力培养门巴族本民族教师，进一步完善办学条件，重视学前教育。从1985年开始，国家拨出专款对西藏义务教育阶段的农牧民子女实行"包吃、包住、包学习费用"的三包政策。今后除了对门巴族聚居地区农牧民群众子女上学继续实行"三包"政策以外，还应对门巴族学生参加高考时采取相应的优惠政策，鼓励门巴族考生上大学的积极性。在公务员录取分配时也应尽量把门巴族干部分配到本民族聚居地区工作。

第二，加强门巴族群众实用技能培训，通过"请进来""送出去"的方式，分期分批深入聚居村落对门巴族群众进行实用种植和养殖技能的培训。举办农民夜校、扫盲班、科普宣传讲座，培养经济发展急需专业人才，提高劳动者素质，鼓励致富能人带领群众脱贫致富。

第三，提高基层教师待遇，调动其为农村教育事业发展服务的积极性。

第四，提高人口素质，大力发展成人教育，实行积极的就业政策，拓宽就业渠道，加强就业能力和水平，为人口较少民族地区劳动力的转移提供服务，增强门巴族群众就业和创业能力。此外，加强门巴族聚居村落文化事业发展的支持力度，办好民族乡和门巴族聚居村落的图书室、文化室等，建立健全的文化设施运行机制及经费保障，避免其变成文化摆设。

第五，建议结合实际需要和长远规划，制定实施门巴族人才培养发展计划，建立健全人才管理工作机制，既要进得来，也要留得住。鼓励外出学习的门巴族青年回乡创业，带领当时群众一起发展。

2. 医疗保险救助方面

一是加大农村医疗卫生基础设施建设力度，健全农村医疗救助体系，做好乡镇卫生院、村卫生室设备的配套工作，重点改善条件；全面开展新型合作医疗工程，解决农牧民看病难的问题。

二是加强医疗队伍建设，聘用培养专业医疗人才，提高医生素质和服务能力，逐步消除地方病，解决农牧民看病不方便的困难。

3. 法律援助方面

少数民族的法律援助问题是少数民族群众最关心、最直接、最现实的利益问题之一。建议建立少数民族地区法律援助经费最低保障机制；将少数民族法律援助机构纳入政府管理，实行双语服务；加强少数民族法律援助队伍建设，对少数民族法律从业人员参加司法考试应给予政策倾斜。

4. 对口帮扶方面

继续组织沿海发达地区和大中城市，采取人员培训、捐资助学、经贸合作、援助基础设施建设等方式，支援门巴族经济社会发展。

鼓励和支持民营企业参与扶持人口较少民族的发展项目，同时继续开展驻村工作。实地调研发现，自治区政府已选派优秀干部到人口较少民族行政村驻村帮扶，为门巴族群众带来许多便利条件，有助于门巴族聚居村落进行基础设施建设及生产生活条件改善。

5. 特色产业方面

深入挖掘门巴族经济优势，加快特色产业发展，积极引导和扶持群众发展特色产业，促进群众增收，实现富民目标。

（1）竹器编织产业。充分利用当地丰富的竹林资源，加大竹器编织的发展力度，提高竹器编织工艺水平，丰富竹器编织品种，重点培训门巴族中青年学习竹编手艺，推进竹器编织小作坊生产和市场化经营。

（2）乌木筷生产。乌木筷是墨脱最具代表性的特产之一，但目前市场上的乌木筷大多工艺粗糙，需进一步提高乌木筷生产的组织化程度，推进机械化生产，提高制作工艺水平，减少乌木资源损耗，促进现有乌木资源的集约化利用。

（3）石锅产业。石锅生产是墨脱门巴族传统技艺，现已成为当地的特色产品之一。但由于资源分散，未能形成规模化生产和经营，资源浪费现象严重，且款式单一。目前市场假冒伪劣产品多，工艺粗糙，影响了门巴族石锅声誉。建议加大投资力度，整合资源，规范与监管市场，推陈出新，研发多种款式，并结合网络营销，开拓市场，增加群众收入渠道。

（4）香蕉等特色种植产业。门巴族聚居地区特殊的自然气候条件，特别适宜种植香蕉、枇杷、蜜柚、生姜等特色产品。建议在聚居范围内，大力推进经济果林建设，特别是在墨脱县大力推广香蕉、龙眼、荔枝等特色水果种植，适当鼓励群众成片种植，实现农民增收，改变当地产业结构单一、产量低的现状。

（5）民族风情旅游项目。建议政府在保护民族传统文化的前提下，投入资金开发当地民俗文化及生态旅游项目。例如，可以以墨脱县德兴乡风景奇秀的果果啦大拐弯以及钢架桥、吊桥、溜索桥、藤网桥等桥文化的变迁为主题开发项目，吸引更多人关心、支持门巴族聚居区的发展。

（五）重视民族传统文化保护和发展

西藏人口较少民族的传统文化是祖国文化宝库中一颗璀璨明珠，是构建中华民族多元一体格局的重要基石，也是这些民族发展的内在动力。门巴族经济社会发展的同时，民族文化的保护面临一定挑战，而文化也不再是单纯的保护问题，应该和门巴族自身发展、自治区的发展结合来考虑，采取各种措施抢救、挖掘和管理，保护门巴族传统文化精髓。

首先要加强对门巴族自身的文化教育，使他们懂得自身文化的价值，增强文化自觉意识。加大培养与民族文化相关的优秀人才，培养民族音乐、舞蹈、戏剧新的传承人，通过点点滴滴的文化传承，点燃人口较少民族永不熄灭的文化传承之火。

其次，建议强化投入力度，改善门巴族聚居区文化设施建设，加大对门巴族聚居区文化事业的经费投入，积极支持门巴族聚居区公益性文化事业和文化产业发展，提高门巴族群众的文化生活水平，促进门巴族文化事业发展。有关部门应积极修建室外活动场所；修建门巴族文化展示室，用于收集、整理、修复和展示民族用品，同时对民族服装、建筑和工艺品等技艺挖掘和整理，对"巴羌"等宗教舞蹈进行发掘与保护，成立门巴族文化艺术表演团体。

再次，要保护和合理开发门巴族非物质文化资源，充分发挥门巴族聚居区旅游优势，培育和扶持门巴族特色文化项目，大力发展旅游文化和手工艺加工（如竹藤编）等产业，加大对传统民族文化和特色村寨的保护，培育和扶持门巴族标志性文化项目，积极支持门巴族聚居地区公益性文化事业和文化产业发展。

同时，也要警惕在利益的诱导下，这些民族文化资源及自然资源成为旅游规划局、开发商的"金钵"，过度、不合理甚至毁灭性的开发方式对民族地区会造成重大影响，不仅对自然和生物多样性造成破坏，对当地居民的社会生活、文化发展和保持也会产生负面影响。门巴族的信仰中融合原始崇拜、苯教和藏传佛教的各种观念，敬畏自然的文化体系和价值观应当被国家及地方政府重视，保护其受到市场经济的冲击程度最小化。

（六）因地制宜，完善主体"参与发展"机制

一是坚持"因地制宜，分类指导"。政府在项目制定及实施过程中，要结合实际，根据不同地域不同民族的具体情况，因地、因时、因族、因事制宜，突出扶持重点，注重实效，科学立项。建议通过个别走访、实地调研等方式，深入基层了解情况，以群众需求为主导，重点解决群众反映的最突出的问题，并邀请专家科学论证，确保扶持的科学可行性。

二是"以人为本"，重视地方性知识，积极发掘地方性知识中的"文化视角""生态智慧"，探索完善作为保护主体的门巴族群众参与决策机制。因为门巴族群众既是项目的受益方又是实施项目的主体，因此政府在制定政策计划项目的时候应充分考虑当地人的全面需求，赋予他们决策参与权，重视主体意识，积极调动门巴族群众主动参与到项目的各个环节，确保项目取得实效。同时，鼓励受益门巴族群众投工投劳，形成共同促进门巴族发展的强大合力。通过让当地群众参与道路修建等基础设施项目和民居工程项目的建设，可为部分门巴族群众提供就业机会，增加收入。

六、结语

自《规划》实施以来，在国家、自治区各级政府部门的关心和帮助下，经过近五年的扶持，西藏自治区扶持人口较少民族政策实践取得一定成效，门巴族的经济社会状况得到一定改善，特别是在物质基础和环境改善等硬件建设方面取得较好成效，但道路基础设施及其他社会事业建设，尤其是文化教育、医疗和社会保障和可持续发展等方面则需要进一步引起重视。

在今后"扶少"过程中，国家和政府应当重视地方性知识的重要性，弥补发展的主体意识缺失，继续加强基础设施建设，解决出行难、看病难、发展难的问题，提倡文化建设、文化保护和居民权益保护，加强项目监督力度，完善群众"参与发展"的机制，把作为主体发展的权益还给门巴族，调整"扶少"政策过去依靠单一经济发展指标的评估体系，重视政策的宏观社会效益评估和人的基本需求评估，重视门巴族群众的基本需求

和满意度评估，尽力避免形象工程和面子工程，减少物力财力的损耗，真正为包括门巴族在内的所有人口较少民族谋福祉、改善生存状况，保证国家扶持人口较少民族政策的有效落实。

参考文献

［1］中国人口较少民族发展研究丛书编委会编．中国人口较少民族经济和社会发展调查报告［M］．北京：民族出版社，2007．
［2］陈立明 我国门巴族、珞巴族的历史回顾［J］．西藏民族学院学报（哲学社会科学版），2008．
［3］杜莉、土多旺久等著．西藏人口较少民族社会主义新农村建设问题研究［M］．西藏：人民出版社，2012．
［4］杜莉．乡村巨变［M］．北京：社会科学文献出版社，2011．
［5］西藏社会历史调查资料丛刊编辑组．门巴族社会历史调查［M］．北京：民族出版社，2009．
［6］《门巴族简史》编写组．门巴族简史［M］．北京：民族出版社，1987．
［7］张江华．门巴族［M］．北京：民族出版社，1997．
［8］陈立明．门巴族、珞巴族的历史发展与当代社会变迁［J］．中国藏学．2010（2）．
［9］朱玉福．论大力扶持西藏门巴族、珞巴族发展的意义［J］．西藏大学学报．2008（2）．
［10］刘爱军 李祥妹 周龙春．西藏自治区人口较少民族发展问题研究［J］．西北人口．2011（4）．
［11］西藏自治区发改委、西藏自治区民宗委编．西藏自治区扶持人口较少民族发展"十二五"专项建设规划，资料提供时间：2013（6）．
［12］西藏自治区民宗委编．西藏自治区扶持人口较少民族社会事业发展规划（2006 - 2010）．资料提供时间：2013（6）．
［13］朱玉福．中国扶持人口较少民族政策实践程度评价及思考［J］．广西民族研究，2011（4）．
［14］朱玉福．中国扶持人口较少民族的成就、经验及对策［J］．黑龙江民族丛刊．2012（5）．
［15］朱玉福，伍淑花．中国扶持人口较少民族发展的政策及其实践研究［J］．贵州民族研究，2011（3）．
［16］李晓斌，杨晓兰．扶持人口较少民族政策实践的效果及存在的问题－以云南德昂族为例［J］．中南民族大学学报，2010（6）．
［17］王春蕊、王金营．中国门巴族未来人口预测与民族地区经济发展研究［J］．西北人口．2007（1）．

附录一　西藏自治区"十二五"期间人口较少民族发展规划项目表

项目类别	建设规模和主要建设内容	建设起止年限	投资来源	总投资（万元）
一、传统文化保护	在墨脱县、隆子、米林县、错那县各建1个综合性文化活动小区，共计4个。每个综合性文化活动小区主要建设内容：修建水泥场地500平方米，修建露天水泥舞台150平方米及购置观演设施，修建文化展览室150平方米，修建文艺曲目编排室100平方米及购置部分必要的乐器	2011-2014	中央预算内投资	500
二、农村体育设施	在58个行政村修建村民健身场。每个村主要建设内容：修建水泥篮球场600平方米，添加一套村民室外健身设备	2011-2014	中央预算内投资	145
三、农村道路项目	在郎县、波密县、林芝县、墨脱县、米林县、隆子县、错那县新建农村公路（柏油路）35千米、改扩建农村公路（柏油路）103千米；新建简易公路85千米，改扩建简易公路37千米；新建骡马道117千米；硬化村道24千米；新建桥梁21座，共计307延米	2011-2015	中央预算内投资	7681.5
四、小型农田水利设施	在林芝地区墨脱县建设农田灌溉水渠49980米，其中主渠11780米，支渠38200米；米林县建设农田灌溉水渠37980米，其中主渠6560米，支渠31420米	2011-2015	中央预算内投资	1154.7
五、低产田改造	在林芝地区墨脱县改造低产田910亩，米林县改造低产田400亩	2011-2015	中央预算内投资	235.8

续表

六、小流域治理	在隆子县、米林县和墨脱县11个乡镇40个行政村实施小流域治理3487.5亩，新建拦河坝32千米，开展生态保护培训班40期	2012	中央预算内投资	763
合计（万元）				10480

附录二　林芝地区墨脱县"十二五"扶持项目规划表

序号	建设内容与规模		资金组成（万元）		
			总投资	国家投资	自筹投劳
1	德兴乡文浪村当地黑土猪养殖	购买母猪10头、种猪10头和仔猪50头，修建简易猪舍10座（576平方米）及相关附属配套	45	40	5
2	格当乡野花椒种植基地	修建200亩野花椒种植基地、购置3200米铁丝网围栏和苗木及建设厂房96平方米	50	48	2
3	格当乡格当村至尼木牧场道路建设	修建5千米长、2米宽	35	30	5
4	格当乡辣椒种植基地	户均种植辣椒2.5亩，共种植辣椒共120亩及围栏等	22	20	2
5	格当乡油菜基地	种植油菜150亩及种子	15	10	5
6	格当乡桑珍卡村农家乐	修建120平方米的当地民族特色房屋结构及购置桌椅和床	36	32	4
7	格当乡、德兴乡、达木乡农田围栏建设	购买农田围栏39900米	111.2	100	11.2
8	达木乡达木野花椒基地	种植150亩及购置铁丝网3000米、苗木	32	30	2
9	达木乡贡日村温室大棚	修建15座大棚，长10米，宽8米，共计1200平方米	45	40	5
10	达木乡珠村农田机耕道建设	新修1.8千米长、宽2.5米	35	30	5
11	达木乡珠村温室大棚	修建16座大棚，长10米，宽8米，每座占地面积为80平方米、共计1280平方米	48	45	3
12	甘登乡牧场骡马道建设	新修乡至萨玛牧场的道路60千米	120	90	30

续表

13	甘登乡多卡村养牛项目	购买51头犏牛，及修建简易牛舍17座	50	48	2
14	德兴乡文浪村农田围墙	建设农田围墙2150米（钢丝网）	10.75	10	0.75
15	德兴乡德兴村农家乐	建5户农家乐，修建民族茅草房，配备民族物品用具	15	12	3
16	德兴乡文浪村农田机耕道建设	修建长2500米、宽3米	25	20	5
17	德兴乡文浪村牧场人行道	修建牧场人行道4250米	45	42	3
18	德兴乡辣椒种植	种植辣椒122.5亩，购置铁丝网3000米	40	38	2
19	墨脱镇、德兴乡蜜柚种植基地	种植80亩蜜柚（低收入户每户2.5亩），购置蜜柚苗17000株	78	73	5
20	德兴乡橘子种植基地	新建200亩橘子种植基地	44	42	2
21	德兴乡德兴村砂石厂	购置1台挖掘机、1台装载机，1辆卡车等设备	200	100	100
22	德兴乡巴登则水稻灌溉渠	新修农田灌溉水渠长1200米、修进水闸2座，分水闸2处	85	75	10
23	德兴乡易贡白村奶牛养殖项目	养殖奶牛50头，建设牛棚20处及围栏	33	30	3
24	德兴乡德兴村养猪场建设	修建标准养猪圈舍450平方米，院子围墙500米，检疫房、库房等150平方米、基本水电配套设施、购买仔猪100头	65	60	5
25	墨脱镇墨脱村阿吉朗色门巴民族民俗文化村寨	新修三条长500米，宽1.5米的石子路，民俗特色的大门，原始竹木结构的房屋6间，单间面积40平方米，及相关配套设施	90	86	4
26	墨脱镇墨脱村邦塘水田水渠延伸工程	邦塘水田水渠延伸工程长3000米，50米×50米	95	90	5
27	墨脱镇亚东村门巴民族藤竹手工艺编织厂建设	厂房长20米×宽8米，4个门面每个门面40平方米，共计160平方米两层楼房，及其相关配套设施	88	80	8

续表

28	墨脱镇墨脱村低收入群众杂交野猪项目	为13户低收入户每户购当地母猪4头，种猪13头，共计52头，建设猪舍	50	44	6
29	墨脱镇玛迪村村庄滑坡点综合治理坝	村庄滑坡点综合治理坝200米	35	33	2
30	墨脱镇低产田改造	巴日低产田改造110亩、米日地产田改造96亩、玛迪村低产田改造96亩	24.16	23	1.16
31	墨脱镇亚让村玉米田建设围栏	低产田改造160亩，玉米田建设围栏长2000米	22	20	2
32	墨脱镇低收入户门巴家庭旅馆及农家乐	修建占地面积160平方米的门巴特色吊脚楼4栋，及其相关设备，每栋20.8万元，每户设备8万元	120	115.2	4.8
33	墨脱镇墨脱村邦塘低产田改造	邦塘低产田改造300亩、水田架设围栏1500米	35	32	3
34	加热萨乡加热萨村木碗加工	购置相关加工机械，新建厂房80平方米、框架结构	50	45	5
35	加热萨乡开发牧场及养牛项目	购买154头牛、种牛77头修建牛舍	184.8	180	4.8
36	背崩乡永久性水稻田围墙	修建永久性水稻田围墙长：7448米、宽：4348米	70	66	4
37	背崩乡低产田改造	9个行政村低产田改造1581.52亩	79	75	4
38	背崩乡德尔贡村鸭养殖场	购置3100只鸡、3100只鸭及配套设施	31	30	1
39	背崩乡巴登村当果日牧场吊桥	长50米，宽2米钢架结构	200	150	50
40	帮辛乡帮果村牧场骡马驿道	修建牧场道路50千米长、宽2米	80	70	10
41	石锅加工专业合作社	建设100平方米的厂房及设备	100	80	20
小计			2638.9	2284.2	354.71
1	格当乡桑珍卡下那巴养鸡场	购置240只鸡，网围栏1000米，鸡舍面积480平方米水泥结构等	25	22	3
2	格当乡桑珍卡村养鱼场	鱼庄60平方米面积，砖木结构；养鱼场占地面积2亩，鱼苗、池塘等	40	38	2

续表

3	格当乡布龙村农田灌溉水渠建设	PE 管水渠 2000 米, 进水闸 3 座, 分水闸 6 处	50	48	2
4	格当乡布龙村那嘎让草场建设、道路建设	草场面积 1.8 万亩, 新修到牧场道路总长 30 千米	55	50	5
5	格当乡格当村格当卡楠木基地	共 200 亩, 每株间隔 6 米, 每亩 110 株, 共 22000 株	120	100	20
6	格当乡牧场人工种草建设	开发占地面积 500 亩, 网围栏 10000 米	55	50	5
7	达木乡达木村堆龙水稻田水渠灌溉	农田灌溉水渠长 1600 米, 进水闸 3 座, 分水闸 4 处	50	48	2
8	达木乡卡布村水稻田水渠灌溉	水渠 3000 米, 修进水闸 4 座, 分水闸 7 处	90	80	10
9	达木乡贡日村奶牛养殖场	购买 45 头犏牛及相关附属配套	36	30	6
10	达木乡珠村稻田围栏建设	修建 2200 米围栏	11	10	1
11	甘登乡至波密骡马驿道建设	甘登乡至波密县古乡方向维修骡马驿道 98 千米	160	150	10
12	甘登乡多卡村吊桥与涵洞维修项目	多卡村至龙列村维修 7 座涵洞、2 座吊桥	95	90	5
13	德兴乡那尔东养鸡场	购买 1000 只鸡苗及配套设施	20	15	5
14	德兴乡德兴村粮食加工厂	修建 96 平方米粮食加工厂及配套设备	35	30	10
15	德兴乡文浪水稻灌溉渠	新修农田灌溉水渠长 1500 米、修进水闸 3 座, 分水闸 2 处	68	65	3
16	德兴乡人畜隔离墙	修建各村人畜隔离墙, 使用铁丝围栏, 长度共 28000 米	140	135	5
17	德兴乡加巴热米、红米种植	新开水田 100 亩, 新建引水管道 1500 米	80	78	2
18	德兴乡文浪村牧场围栏	购置 2000 米铁丝围栏	40	35	5
19	墨脱镇亚东村低产田改造	亚东村低产田改造 700 亩	56	50	6

续表

20	墨脱镇亚让常耕地架设围栏	亚让果果塘常耕地架设围栏2400米	20	18	2
21	墨脱镇米日村庄防护坡挡墙	米日村庄防护坡挡墙150米	30	28	2
22	墨脱镇玛迪村农田灌溉水渠	农田灌溉水渠450米	30	25	5
23	墨脱镇米日村农田灌溉水渠	农田灌溉水渠1200米	45	40	5
24	墨脱镇墨脱村低收入群众水产品生态养殖	新修一座深3米，长50米，宽20米的生态养殖池塘，石砌保坎；引进种鱼苗1000尾（含运费）	80	65	15
25	墨脱镇亚东村低收入户门巴民俗文化农家乐	修建门巴特色的吊脚楼，占地面积300平方米，及其相关设备	90	80	10
26	墨脱镇沙石扩建项目	购置碎石机（含发动机）1台、挖掘机1台、装载机1台、沙石筛网10个	100	50	50
27	墨脱镇低收入户门巴土鸡养殖	在米日村后山70亩林地仿生养殖门巴土鸡，架设PVC铁丝围栏7500米，修建30平方米管理房2栋，零星分布5平方米避雨鸡舍40座	55	50	5
28	加热萨乡加热萨村蔬菜大棚建设	修建21座大棚，长20米，宽5米	73.5	70	3.5
29	背崩乡背崩村至地东村马行道改道	长20千米、宽4.5米	90	80	10
30	背崩乡波东村养猪场建设	购买24头母猪和240头仔猪、修建24座简易猪舍	32	30	2
31	背崩乡波东村花椒基地	开发40亩、购买1500株苗子及铁丝网3000米	25	20	5
32	背崩乡巴登村、波东村温室大棚	修建42座大棚，长20米，宽5米	147	140	7
33	帮辛乡帮辛村农家乐及其配套设施建设	建设住宿餐饮场所300平方米、购置桌椅、床及配套设施	82	80	2
34	帮辛乡根登村枇杷种植项目	种植50亩枇杷及引进果苗	80	60	20

续表

35	帮辛乡鸡爪谷种植项目	推广种植1500亩	50	48	2
小计			2255.5	2008	252.5
1	墨脱镇特色香蕉种植基地建设	在以前刀耕地（芭蕉林地）种植阿尼莱斯特色香蕉1000亩	100	80	20
2	墨脱镇米日村黑木耳种植	在米日村村旁的小果紫薇林下放置木耳菌袋，面积约300亩。购置菌种15000袋	28	25	3
3	墨脱镇仁青崩旅游观光道建设	新修长5千米、宽4米的机耕道	80	60	20
4	墨脱镇墨脱村稻田沙石路面建设	新修长850米、宽6米的沙石路面；两边设宽0.5米、高0.5米、地板厚0.15米的水泥排水沟	55	50	5
5	墨脱镇亚让村黑甘蔗种植	引进优良黑甘蔗品种，规模化种植200亩	80	78	2
6	墨脱镇群众晒谷场建设	为44户221人群众新建面积880平方米的水泥晒场（20米/户）	105.6	100	5.6
7	墨脱镇蔬菜大棚建设	修建31户扶贫户建设钢架蔬菜大棚	186	155	31
8	格当乡占根卡村农田灌溉水渠建设	PE管水渠500米，修进水闸1座，分水闸4处	25	20	5
9	格当乡桑珍卡村上下那把种植桃林园	开发占地面积为100亩，购置果苗	35	30	5
10	格当乡桑珍卡村养猪场建设	修建标准养猪圈舍450平方米，院子围墙500米，检疫房、库房等150平方米、基本水电配套设施、购买仔猪100头	55	50	5
11	格当乡格当村尼日卡乡村公路建设	路程格当乡至尼日卡村，新建3千米沙石路，路面沙石垫层厚0.25米，路面宽4.5米，路面两侧开挖宽0.5米的排水沟	65	60	5
12	格当乡格当村养牛项目	修建牛舍，购置60头犏奶牛	48	45	3
13	格当乡农田围墙建设	修建1080亩农田围墙长11200米，2米高及其他设备	89.6	80	9.6

续表

14	达木乡达木村农家乐建设	修建96平方米农家房及配套设施	200	180	20
15	达木乡卡布村种植油菜基地	开发油菜占地面积22亩及购置榨油机	22	20	2
16	达木乡贡日村农家乐建设	修建农家乐房屋120平方米，购置桌椅及配套设施	48	45	3
17	达木乡贡日村K62达日牧场马行道	10千米（含吊桥，50米）	80	70	10
18	达木乡珠村无公害水稻种植基地	新开200亩无公害水稻种植基地	35	30	5
19	达木乡卡布村低产田改造	改造农田150亩	15	14	1
20	甘登乡甘登村温室大棚	修建27座大棚，长20米，宽5米	94.5	90	4.5
21	甘登乡村登村马行道改道	扩建6千米机耕道	22	20	2
22	荷扎村天然黑木耳种植园	种植黑木耳30亩，包括引进技术、人员培训、基地建设	30	28	2
23	德兴乡德果村、德兴村香蕉种植基地	种植香蕉100亩、引进设备、基地建设	35	32	3
24	德兴乡易贡白红辣椒加工点	引进辣椒烘干及加工设备、包装技术，建设加工点厂房100平方米	45	42	3
25	德兴乡德兴村生姜加工点建设	建设厂房6间，每间30平方米，引进烘干设备、粉碎、磨粉设备及包装设备	75	70	5
26	德兴乡德果村养野猪	引进野猪130头，修建围墙3000米	25	20	5
27	德兴乡甘蔗种植基地	种植甘蔗100亩及围墙3000米	33	32	1
28	德兴乡大蒜种植	种植大蒜100亩地及围墙3000米、引进蒜种等	15	12	10
29	加热萨乡牲畜围栏	牲畜围栏5200米	41.6	40	1.6

续表

30	背崩乡巴登村南新德旺路扩建项目	长5千米、1.5米宽	30	25	5
31	背崩乡西让村至老村庄马行道	长4千米、宽2.5米	25	20	5
32	背崩乡养羊项目	购买260只羊及配套设施和羊舍	36	33	3
33	背崩乡饲料种植	种植1360亩种植紫花苜蓿菌草等	38	37	1
34	背崩乡常耕地围墙建设	九个行政村常耕地围墙长：3811米，高2米	38.11	38	0.11
35	帮辛乡基地建设	种植草药100亩	25	20	5
36	帮辛乡茶叶种植	种植茶叶70亩基地及配套设施	50	49	1
37	帮辛乡岗玉村修建马行道	修建12千米，宽2米	24	22	2
38	帮辛乡肯肯村修建马行道	修建15千米，宽3米	30	28	2
小计			2064.4	1850	221.41
总计			6958.8	6142.20	828.62

毛南族经济社会发展调研报告

执笔人：黄润柏

一、毛南族基本概况

（一）人口分布与环境状况

毛南族是中国人口较少民族之一，主要居住在广西壮族自治区西北部的环江毛南族自治县，另有少部分居住在河池、南丹、宜山、都安等市县（自治县）以及广西境内其他县、市及毗邻的贵州省。根据2010年人口普查数据，全国毛南族人口共有101192人，其中广西壮族自治区毛南族人口占毛南族总人口的约68%。广西的毛南族主要分布在河池地区的环江毛南族自治县，约有6万多人，占全国毛南族人口的61.2%。

环江毛南族自治县地处云贵高原南麓，居广西西北部、河池市东北部，北与贵州省的荔波县、从江县接壤，东北同融水苗族自治县相接，东南与罗城仫佬族自治县毗邻，南同宜州、金城江市相邻，西与南丹县相连。

环江县境内峰峦林立，丘陵起伏，地形复杂，溶洞遍布。全县面积4572.31平方千米，地貌以山地丘陵为主，大石山区占51.91%，丘陵占42.12%，耕地面积36万亩。

环江毛南族以种植旱地作物为主，辅以养殖业。旱地作物以玉米、红薯、黄豆等粮食作物为主，近年来桑蚕、甘蔗、水果等经济作物的种植逐渐发展起来。养殖业以养猪、牛、羊、鸡、鸭为主，其中环江菜牛、香猪闻名遐迩。环江菜牛又称"毛南菜牛"，早在500多年前就成为毛南族聚居地的名优特产，是毛南人利用当地的山间饲草、野生饲料加上传统育肥方法进行培育而成，其肉质鲜嫩，素有"肉中上品"之称，2008年环江县荣获"中国菜牛之乡"称号。环江香猪属中国珍稀猪种，历代当地官府均作为贡品进贡朝廷。香猪主食山藤野菜、薯杂豆类，其味道清甜浓香，是九万大山独特珍品。2003年"环江香猪"获国家颁发的原产地理标志注册证书。

环江县地处亚热带季风气候区，气候温和，冬寒较短，夏无酷暑，年平均气温在20℃左右，全年无霜期在330天以上。雨量充沛，年降雨量在1500毫米左右，多集中在夏秋两季，由于能蓄水的河流和山塘很少，因此常受到干旱的威胁。

环江毛南族自治县辖12个乡镇（6个镇、5个乡、1个民族乡）、148个行政村（社区）、2791个自然屯和移民场（点）。2010年末全县总人口37.81万人，有毛南、壮、汉、苗、瑶、侗、水、仫佬等民族，少数民族人口35.3万人，占总人口的93.81%，其中，毛南族人口6.19万人，占全县总人口16.45%①

环江县境内的毛南族主要聚居在下南、水源、川山、洛阳、思恩、大安、长美、明伦等8个乡镇的72个行政村。这8个乡镇行政区域面积2918平方千米，占全县总面积的63.8%；耕地面积28.7万亩，其中水田面积17.4万亩，旱地面积11.3万亩。毛南族大部分居住在边远贫瘠的大石山区和高寒山区。这里多属岩溶地区，灰岩、砂岩、页岩广泛分布，毛南族分布地域山岭绵延，地貌类型多种多样，主要是山地、丘陵、峰林谷地、峰丛洼地、台地等。

2010年毛南族聚居的8个乡镇72个村1325个自然屯，总人口174302人，占全县总人口45%，其中，毛南族人口59789人，占8乡镇总人口的33.92%，占广西人口较少民族总人口的75.58%，其中以下南、川山、水源3个西部大石山区乡镇的毛南族人口最为集中。这3个乡镇共有44个毛南族聚居村，有毛南族人口4.88万人，占3个乡镇总人口的67.72%，占

---

① 根据环江毛南族自治县公安局提供的数据统计。

全县毛南族总人口的78.81%。毛南族人口比例最高的是下南乡和水源镇的上南社区。这里是毛南族传统聚居区，过去分上南、中南、下南三个乡，俗称"三南""毛南三乡"，现在分属下南乡和水源镇，原中南乡并入下南乡，上南乡也于2005年并入水源镇。1964年这里有毛南族人口14263人，占全国毛南族人口总数的63.73%，1990年有2.4万人，占全国33.20%，2000年有毛南族人口24114人，占全国毛南族总人口的22.49%。至今，这里的毛南族人口比例依然很高。2010年，下南乡辖10个村1个社区，总人口18927人，其中毛南族18762人，占总人口的99.13%。

（二）民族历史与文化

1. 民族历史

据史籍记载，今毛南族分布的地方古为"百越"民族居住之地。毛南族先民在先秦时是百越的一支，隋唐时为"僚人"的一部分，宋代开始，在汉文史书中，就把毛南族居住的广西环江县上南、中南、下南地区泛称为"茆滩""茅滩""冒南""毛难"和"毛南"等。毛南族的族名，可能由地名而得。宋代以后，汉族进入这一地区逐渐增多，有的同当地少数民族相结合而同化为少数民族，如清朝乾隆年间毛南人谭灿元立的《谭氏家谱》中说，谭氏始祖谭三孝原籍湖南常德武灵县，在任河池知州时因亏空厂税银而逃难至"毛南土苗"地方，与当地人联姻而发展成为毛南族。

据历史记载，今毛南族分布的地区元代为思恩县地，属庆远路管辖。明正德元年（1506年）思恩县改属河池州。清代思恩县属庆远府。咸丰年间，全县分前、中、左、右、后五团，毛南族地区属后团管辖。光绪年间，这里设"毛南甲"，属思恩府镇宁乡。"甲"之下有上、中、下三"额"，"额"设"团总"。"额"以下又分"牌"，"牌"有"牌头"，一般管辖十户。辛亥革命以后，一直沿用了清代的团甲制度。

"毛南"之名，过去汉文史籍有"茆滩""茅滩""冒南""毛难""毛南"多种称谓。1952年，党和人民政府经过民族识别，在尊重毛南族人民意愿的基础上,据碑刻记载称为"毛难族"。1984年9月5日,广西壮族自治区人民政府批准成立上南毛南族乡、下南毛南族乡,传统聚居区内的毛南族享受到了政府给予的特别优惠政策。1986年6月,国务院根据地方政府和毛南族人民的意愿,正式改称"毛南族"。1986年11月,成立环江毛南族自治县,同时撤销上南毛南族乡和下南毛南族乡。

毛南族中有谭、蒙、卢、韦、颜、莫等姓,其中谭姓人口最多,约占毛南族总人口的80%以上。传说他们的祖先原住湖南常德武陵县,约在明初始辗转迁来此地,与当地讲毛南话的妇女结婚,繁衍了后代。此外有覃、卢、蒙、韦、颜等姓,他们的原籍也有说是山东、福建等地的。

毛南族有自己的语言,无文字。毛南语属汉藏语系壮侗语族侗水语支,由于长期与汉、壮族人民交往,几乎所有毛南人都兼通汉语和壮语,并通用汉文。

2. 民族文化

毛南人世世代代在大石山区繁衍生息,在与大自然抗争的同时也创造了丰富而优秀的民族文化,较有代表性的有肥套、花竹帽、传统民歌、传统体育、饮食、建筑以及民间石雕、木雕、竹编、制陶等。其中肥套、花竹帽编织技艺、分龙节分别被列入国家级、自治区及非物质文化遗产名录。

肥套(毛南语)是毛南族的一种祭神仪式,专用于毛南人生育子嗣后而举行的敬神还愿活动,"肥套"活动融合了毛南族民间故事、山歌、舞蹈、音乐、打击乐、戏剧、剪纸、木面具(傩面具)雕刻等内容。"肥套"中,最具特色的是"傩",主要有傩歌、傩舞、傩戏、傩乐、傩面具、傩服饰和傩故事等,傩戏是"肥套"的核心部分。"肥套"仪式中,傩师们头戴傩面具,身穿戏服,打绑腿,穿麻鞋,持打神鞭,借助傩面具扮演成各类神灵与人交流,穿插歌、舞、乐、戏等形式以敬拜天地神仙,祈祷平安兴旺和幸福吉祥,整个活动场面欢快愉悦,其情节比较简单,但傩面人物性格鲜明,有较强的即兴表演特色,这也是毛南先民利用"肥套"活动来对后生进行性启蒙教育,有较强的趣味性。2005年,肥套列入首批国家非物质文化遗产保护名录。

花竹帽,毛南语称为"顶卡花",意为"在帽底编织花纹"。花竹帽不但能遮阳挡雨，也是过去毛南族青年男女的定情信物和传统婚嫁的必备嫁妆，是荣誉、祝福与爱情的象征，又是毛南人世代良俗文化的标志。花竹帽帽顶、帽底均编有精美的图案，编织工艺复杂且非常精细，其取材讲究，以当地特产金竹、墨竹作编织篾材，全手工分篾，篾细如发丝，辅以天然染料染色，沿用毛南族民间传统竹编工艺手工编织而成。花竹帽是毛南人吉祥、幸福的象征，也是馈赠亲朋的珍贵礼物。花竹帽编织技艺已被列为第三批国家级非物质文化遗产名录。

分龙节是毛南族公众社会中最盛大隆重的传统节日，是毛南族祈神保佑丰收的传统节日，每年农历夏至后第一个辰（龙）日前后在"三界庙"前举行，又称"庙节"，一般活动有2-3天。现在过分龙节，还增加了文体竞赛或者开展生产生活方面的科普活动等内容，并已列为第三批自治区级非物质文化遗产保护名录。

毛南族的饮食文化丰富独具特色，远近闻名的毛南菜牛肉，已获得了国家颁发的原产地保护证书。还有毛南族的五色香糯饭、毛南三酸（腩醒、瓮煨、梭发）、魔芋等民间绿色食品都很有研究和开发价值。其传统住房为干栏建筑，上层住人，下层圈养牲畜。根据使用的建筑材料不同，又可分为全木结构、砖木结构以及石、土（夯土）、木混合结构三种。

（三）经济社会发展状况

长期以来，生存和发展问题一直困扰着毛南族人民，面临着"吃水难、用电难、行路难、入学难、就医难、发展难"等诸多困境。毛南族聚居的环江县既没有可持续发展的主导产业，也没有上规模的工业企业和农林牧加工企业，经济社会发展明显滞后于广西区内大部分县市。毛南族聚居的72个村，又滞后于全县平均水平，经济社会发展面临诸多困境。

1. 资源稀缺，灾害频繁

毛南族经济以农业为主，而其世代繁衍生息的环江县西南部属大石山区，宜耕土地稀缺，人均耕地面积少且分布不平衡，农作物产量也较低。长期以来当地人均占有耕地面积均低于全县平均水平，且有逐年减少的趋势。如下南乡，1997年农村人均占有耕地1.1亩，接近全县平均1.12亩的水平，到2010年人均占有耕地降为0.86亩，仅相当于全县平均水平1.1亩的0.78%。① 该乡南昌屯1950年人均耕地1.53亩，相当于当时全县农业人口平均水平的59.5%，到1987年人均占有耕地面积0.9亩，相当于同期全县平均水平的75%。国家实施退耕还林政策后，该屯的旱地列入退耕范围，种上了香椿树、任豆树等各种树木。到2003年，南昌人均耕地实际上仅为0.78亩，相当于同期全县平均水平的64.6%。②

此外，当地自然灾害频繁，以旱灾、涝灾为最严重。

2. 贫困面大，贫困程度深

扶持政策实施前，毛南族聚居的72个村有贫困人口有80925人，占总人口的46.9%，由于受自然灾害的影响，还有一些脱贫户出现返贫现象。72个毛南族聚居村42181户中，无房户以及住房为茅草房、简易房、危房的有20569户，占总户数的48.76%，涉及人口78203人，占总人口的45.33%。环江毛南族自治县有85个贫困村，其中有38个属毛南族聚居村。

3. 基础设施落后

毛南族主要聚居的10个乡镇72个村1294个自然屯，③ 扶持政策实施前，有494个屯不通公路，占自然屯总数的38.1%。通了公路的村屯，63%是等外公路，而且坡陡、弯多、路窄、等级低、路况差，通行困难，安全隐患大；不通电话的自然屯499个，占38.6%；不通邮自然屯1034个，占79.9%；1073个自然屯存在饮水困难，10个毛南族聚居乡镇有11.2万人未用上卫生安全水，占总人口的64.5%；未通广播电视自然屯1024个，占79.1%；不通电自然屯120个，占0.9%。毛南族聚居的10个乡镇28.7万亩耕地中，有效灌溉面积12.5万亩，仅占43.55%，水利渠道仅236.99千米，且由于大多数运行年代久远，逐渐老化，损坏严重。毛南族聚居的10个乡镇农贸市场有8个属危房；农贸市场布局不合理，使用面积不足。

---

① 根据《环江毛南族自治县2007-2010年国民经济统计资料》，内部资料统计。
② 笔者在中南村南昌屯调查统计所得。
③ 2005年，木论撤乡并入川山镇，上南撤乡并入水源镇，现在实际只有8个乡镇。为保持数据的连续性，本节仍沿用10个乡镇的称谓和资料。

4. 生态环境亟待改善

自20世纪90年代初以来,环江县共接收安置市内跨县移民6万人,其中分布在毛南族聚居村的有46751人,占全县移民人数的77.92%。由于移民迁入后大面积开荒种粮种蔗,原生植被遭到严重破坏,生态环境十分脆弱,森林覆盖率降至52%。几年来,虽通过大力实施地头水柜建设、沼气池建设、退耕还林还草、封山育林、石漠化治理和河道整治等,水土流失及有关河段污染情况得到一定的遏制,但要恢复良好的生态环境和从根本上治理水土流失,还需要付出艰巨的努力。

5. 社会事业发展滞后

(1) 教育方面。毛南族聚居的72个村中,有中学14所,中心校8所,村完小70所,在校中小学学生29792人。面临的问题一是办学条件差,校舍严重不足。二是教学设备、图书紧缺。14所中学及10所中心小学教学仪器设备未有1所达到国家规定的二类配备标准,图书陈旧且配备不足。三是大量移民子女的到来增加了初、高中的办学压力,原有的办学条件无法满足移民子女的入学需要,加之师资力量薄弱,当地教学质量普遍较低。

(2) 医疗卫生方面。一是基础设施落后。县、乡、村三级医疗卫生机构业务用房紧缺。特别是乡镇卫生院,长期以来投入相对偏低,从1991年至2000年10年间,环江县乡镇卫生基础设施总投入仅380万元,因此业务用房紧缺问题尤其突出。二是医疗器械装备匮乏,设备陈旧。乡镇卫生院和村卫生所装备绝大部分仍然以"老三件"(听诊器、血压器、体温计)服务为主,诊治工作科技含量低,阻碍了基层卫生服务技术和服务能力的进一步提高,效率低下。

(3) 劳动者素质方面。环江县人口的科学文化素质明显低于全国平均水平。每十万人口中,环江有小学学历45665人,比全国平均数高23.2%;初中学历18023人,比全国平均数低22.3%;高中学历2350人,比全国平均数低64.5%;大专以上学历仅有402人,比全国平均数低71.7%。劳动者文化层次低,与全国平均水平相比差距大,而且这种差距有进一步扩大的趋势。

（4）文化体育方面。一是体育运动场馆和艺术活动场馆严重缺乏。10个毛南族聚居乡镇中4个乡镇无站房，乡镇文化站设施简陋，行政村都没有文化室。由于条件限制，文体活动几乎只能在中小学校中举行，群众性的文体活动难以普及，民族体育和民族艺术发展缓慢。二是缺乏必要的设施和经费，县图书馆、博物馆、艺术团的业务用房已成危房，室内设施落后，无资金维修或重建，影响了民族传统文化的收集、整理和传承。

6. 经济基础薄弱，财政增长困难。环江县经济基础薄弱，2004年全县地区生产总值11.96亿元，人均仅2947元，财政一般预算收入仅5770万元，人均仅142元，农民人均纯收入仅1677元，农民人均有粮407千克。环江县财政收入主要来源于矿山企业提供的税收，矿业税收占县级财政收入的60%，财政来源单一，且极不稳定，导致可用财力严重不足。

二、相关扶持政策和措施

2005年，由国家民委等五部委联合组织实施了《扶持人口较少民族发展规划（2005－2010年）》，毛南族列入规划实施范畴。为贯彻落实国家《扶持人口较少民族发展规划（2005－2010年）》要求，广西壮族自治区民委等5部门联合制定了《广西壮族自治区实施国家民委等五个部门〈扶持人口较少民族发展规划〉的意见》。环江毛南族自治县根据当地的实际情况，制订了《广西环江毛南族自治县扶持人口较少民族（毛南族）发展专项建设规划（2006－2010年）》。规划覆盖的范围包括环江县下南、水源、川山、洛阳、思恩、大安、长美、明伦等8个乡镇72个行政村的毛南族聚居区，规划期限为2006－2010年。

（一）指导思想

以邓小平理论和"三个代表"重要思想为指导，按照全面建设小康社会的总体要求，以毛南族群众为基本对象，调动各方面积极性，集中人力、物力、财力，加大基础设施、基础产业、社会公益、科教文卫、城镇设施、生态环境和特色产业的投入，突出解决制约毛南族经济和社会发展的主要问题，改善毛南族群众生产生活条件，为实现人民富裕、民族团结、社会进步的共同目标而努力奋斗。

（二）发展目标

从 2006 年开始到 2010 年，用 5 年的时间，组织各方面力量，按照高质量、高标准的要求落实所有项目建设指标；加强毛南族聚居地基础设施和公益设施建设，使制约毛南族经济发展的关键性问题基本得到解决，毛南族人民的生产生活条件不断得到改善，民族的整体文化素质不断得到提高，产业化经济得到发展，农民增收、财政增长，为全面建设小康社会奠定坚实的基础。

具体目标：交通落后状况得到大幅度改善，全县 8 个毛南族聚居乡镇通四级油路以上，72 个毛南族聚居的行政村所在地及较大的异地移民场 100% 通四级砂路以上；农村生产生活用水，特别是乡镇政府及村民委所在地机关、学校、居民的人畜饮水困难问题 95% 以上得到改善；县、乡、村中小学校舍和医疗卫生基础设施落后状况 90% 得到改变；学生人均校舍面积增加 1.23 平方米，初中生人均校舍面积增加 1.1 平方米，办学条件达到国家规定的"普九"各项指标要求；文化体育事业蓬勃发展，民族传统艺术和民间文化艺术得到有效保护和弘扬；全县生态环境明显改善，农村沼气池入户率达 60% 以上，森林覆盖率达 65% 以上；72 个毛南族聚居行政村及 20 户以上自然屯通电率 100%；改善毛南族群众的生产生活条件，水渠、水库等农业基础设施 80% 以上得到完善，农民人均纯收入年增幅达 9%。

（三）主要任务

通过国家、自治区、区直各部门的拨款扶持，对上级确认的项目按照工程实施的要求及时组织实施，对制约毛南族经济社会发展的关键性问题要重点解决，不断改善毛南族人民的生产生活条件和不断提高毛南族人民群众的综合文化素质，通过基础设施的全面改善，使毛南族经济和社会各项事业由此步入崭新的发展阶段。根据毛南族在全县的分布情况及全县经济和社会发展的实际需要，建设规划内容（详见《广西环江毛南族自治县人口较少民族毛南族发展专项建设项目规划表》）重点包括人畜饮水项目、小型农田水利项目、交通项目、通电项目、社会事业项目、农贸市场项目六大类。具体项目有：

1. 农村经济发展项目

规划建设项目83个，总投资1926万元，其中：中央投资预算内投资1143万元，地方预算内投资502万元，群众投劳折款281万元。新建饮水工程103处，解决31132人饮水难问题；水土保持200亩，新建（维修）渠道（水库）31条（处）63.7千米，新增灌溉面积14515亩；新建沼气池1050个。具体有：小型农田水利设施（包括农村饮水项目、水土保持项目）、沼气池项目等。

2. 以工代赈项目。规划建设项目228个，总投资4278万元，其中：中央预算内投资3616万元，地方预算内投资426万元，群众投劳折款236万元。新建（维修）渠道（抽水站、水坝）33条（处），渠道长67.5千米，新增灌溉面积9401亩；新建乡村道路146条459千米，独立桥13座201延米，解决59157人行路难问题；新建饮水工程267处，解决45432人饮水难问题。具体有：小型农田水利项目、乡村道路项目、人畜饮水项目等。

3. 交通项目。以未通四级砂路的行政村为对象，解决村级道路不通、不畅的问题。规划建设项目13个，总投资1395万元，其中：中央预算内投资1117万元，地方预算内投资278万元。新建乡村公路13条98.1千米，解决46064人行路难问题。

4. 能源项目。以不通电的村屯为对象，结合农村电网改造，解决毛南族群众生产生活用电问题。规划建设项目32个，总投资512万元，其中：中央预算内投资474万元，地方预算内投资38万元，架高压线93.5千米，解决32个村用电难问题。

5. 社会事业项目。规划建设项目172个，总投资3684万元，其中：中央预算内投资3500万元，地方预算内投资184万元。具体有：教育项目、卫生项目、文化项目。

6. 其他项目。下南乡农贸市场1个，总投资165万元，解决下南毛南民族乡 20018 群众的交易难问题。

（四）组织领导和保证措施

扶持毛南族发展，是实践"三个代表"和认真贯彻党的十六大精神全面建设小康社会的具体行动，是落实最近召开的中央民族工作会议精神的具体体现，县乡级党委、政府及其各有关部门必须统一认识，高度重视，加强领导，加大工作力度，强化具体措施，保证各项任务按时按质按量完成。

1. 成立一个决策科学、运转高效的指挥部，加强组织领导和工作协调

环江县成立扶持人口较少民族发展建设总指挥部，县直有关部门及相关乡镇都要相应成立指挥部，统一指挥、协调和组织各项工作。县总指挥部指挥长由县委书记、县长、人大常委会主任担任，副指挥长由分管副书记、常务副县长、分管副县长担任，总指挥部成员有县委组织部部长、县委宣传部部长、政法委书记、县委办主任、县人大常委会副主任、县政协副主席。成员单位由县委办、政府办、发改局、民族局、扶贫办、财政局等相关部门主要领导担任。总指挥部还设立宣传组、项目组、资金组、保障组、督查组、安监组和环保组。指挥部下设办公室，具体负责协调工作，县委办主任任办公室主任，县府办主任、县人大办主任、县政协秘书长任办公室副主任。县、乡、村和有关部门都要建立目标管理责任制，把各项工作任务和目标责任层层分解到单位，落实到每个干部和群众。

2. 严格把好项目建设的技术关和质量关，全面推行质量标准化和管理规范化

建设各类项目必须按《中华人民共和国建筑法》和工程建设管理规划以及工程设计方案组织实施。要落实项目技术和项目质量负责制，落实和培训各类项目的技术人员，由技术人员签订技术和质量责任状，分片指导和管理各项施工。施工中要加强质量监督检查，竣工后要验收，重大项目要组织阶段验收。对于技术性强的工程必须按规定进行公开招标、投标。坚决杜绝"人情工程"和"豆腐渣"工程，确保工程质量。要科学组织、科学施工，认真抓好安全生产、安全施工，坚决杜绝各类

工程事故发生。

县直各有关部门和有关乡镇要在上级业务主管部门的指导下，从本县项目实际情况出发，参照国家有关项目建设质量标准及实施管理规定，着眼于当前需要与未来发展相结合，逐一确定各个项目的质量建设标准及实施管理细则。对照项目建设标准，在原有的基础上填平补齐，按适度超前的原则推行项目规范化建设及科学化管理。

3. 落实任务，明确责任，严肃工程纪律，强化资金管理

一是任务落实到位，根据项目总体建设要求，项目建设任务该落实到单位的落实到单位，该落实到人的落实到人。二是资金管理到位，设立专户，实行专款专用，县级财政统一实行报账制管理，加强对各类项目专项扶持资金的管理，妥善使用。三是项目建设责任明确到位。各有关乡镇党政和县直部门一把手是项目建设第一责任人，对项目建设的目标、任务、进度、质量负主要责任。四是严肃工程和财经纪律，严格按照上级有关资金管理规定，做到专款专用，确保效益。加强审计和统计工作，不管是哪项资金，都要严格控制、严格管理，任何部门和个人都不得挤占、挪用和截留。

4. 加大宣传力度，广泛动员广大干部群众和社会各界为扶持毛南族以及全县的发展贡献力量

注重宣传工作，加强对国家扶持人口较少民族工作的宣传力度，宣传党的民族政策，宣传全县人口较少民族的基本情况，宣传扶持发展的典型经验，争取全社会对人口较少民族发展的关注，为人口较少民族发展出谋献策。

各有关乡镇党委、政府，县直各单位要深入发动群众，做深入细致的组织动员工作，鼓励广大群众积极参与投工投劳献料。要认真组织和抓好机关单位挂点包村、干部帮扶到户工作。每个有项目建设任务的村都要有机关单位挂钩帮扶。凡是涉及有项目建设的部门、单位和乡镇都必须积极主动做好工作，提前介入，积极做好服务工作。此外，督查组定期或不定期深入项目建设现场进行督查，及时发现和解决存在问题。同时要建立汇报制度，积极通报项目建设进展情况，自始至终确保项目建设的高质量、

高水平、高速度。

通过5年的努力，完成全部项目的实施任务，全面总结汇报项目实施情况，邀请上级政府和有关部门对全部项目实施情况进行综合评估验收。自治县县委、自治县人民政府对在国家扶持人口较少民族毛南族建设发展工作中成绩突出，管理到位，完成任务既快又好，未出任何事故的单位和个人给予表彰。

三、扶持项目实施及完成情况

在经过一系列的调研、论证和前期准备工作后，2007年4月，广西壮族自治区政府在环江毛南族自治县举行"国家扶持人口较少民族（广西毛南族、京族）基础设施建设项目启动仪式"，国家扶持人口较少民族基础设施项目建设正式实施。

（一）扶持的主要项目

根据环江县有关部门的统计，2006－2010年5年间，环江实际实施人口较少民族基础设施建设项目共2073个，项目总投资64495.12万元，其中：国家扶持人口较少民族发展专项资金共投入12976万元，其余为发改委系统、民族、扶贫、农业、畜牧业、教育、文体、交通、财政、林业、水利、民政、卫生等部门投入。扶持的项目主要有：水利渠道项目、人畜饮水工程项目、乡村道路项目、教育项目、卫生项目、文化项目（如村级主文化室、下南乡文化活动中心、县级文体中心等）、农贸市场项目，以及其他项目，包括安居房、沼气池、封山育林、生态公益林、生物防火带等能源及生态建设、农村电网、砌墙保土等其他基础设施，以及种养业、农畜产品加工业、第三产业、科技推广、实用技术培训等农民增收项目等。

在这些扶持项目和资金投入中，直接扶持72个毛南族聚居村的项目1858个，占全部实施项目的89.6%；投入资金38468.43万元，占全部投入资金的59.6%（见表1）。

表1 广西环江毛南族自治县以村为单元人口较少民族村级规划项目汇总表

项目类别			总计		
			项目数（个）	总投资（万元）	#中央投资（万元）
合计			1858	38468.43	38436.73
基础设施	小计		1628	32931.34	32899.64
	1	交通	597	12916.95	12916.95
	2	能源及生态建设	209	4689.87	4658.17
	3	邮电通信	15	567.2	567.2
	4	农田基本建设及水利	230	6625.85	6625.85
	5	人畜饮水	155	2290.65	2290.65
	6	教育	161	2248.9	2248.9
	7	卫生	111	583.62	583.62
	8	文化体育	139	2039.5	2039.5
	9	安居房	11	968.8	968.8
群众增收	小计		221	5478.49	5478.49
	10	种养业	147	5054.48	5054.48
	11	农畜产品加工业	2	4	4
	12	第三产业	0	0	0
	13	科技推广及培训	72	420.01	420.01
其他	14		9	58.6	58.6

资料来源：环江县民族局提供。

（二）实施及完成情况

国家扶持人口较少民族发展政策实施5年来，环江县先后投入扶持资金6亿多元，完成各类扶持项目2000多个，投入资金之多、覆盖范围之广、扶持力度之大、受益民众之多，在毛南族聚居区发展史上是前所未有的。在广大干部群众的共同努力下，项目建设、工程质量、进展、资金投入等基本能够按照预定规划完成，项目实施进程比较顺利。2009年，有65个毛南族聚居村基本实现了"四通五有三达到"的目标（"四通"指：通路、通电、通广播电视、通电话；"五有"指：有学校、有卫生室、有安全的人畜饮用水、有安居房、有稳定解决温饱的基本农田；"三达到"指：人均粮食占有量、人均纯收入、九年义务教育普及率达到国家扶贫开发纲要和"两基"攻坚计划提出的要求），通过了上级部门的整村考核验收，占毛南族聚居村总数的 90.3%。2010 年底，另外 7 个毛南族聚居村基本实现"四通五有三达到"，通过了自治区、市两级整村考核验收。至此，国家扶持人口较少民族（毛南族）发展项目全部通过国家验收，毛南族 72 个行政村也都实现了"四通五有三达到"的阶段性目标，经济社会发展基本达到了当地中等或以上水平。

四、扶持项目实施的经济社会效益及影响

经过扶持，72 个毛南族聚居村面貌焕然一新，基础设施得到明显改善，村容村貌有了明显改观，生产生活有了明显进步。扶持政策实施的 5 年，为毛南族聚居村发展最快、变化最大、民众得实惠最多的 5 年。环江县人口较少民族民众深深感受到了党和政府惠民政策的温暖。这些项目的实施，为毛南族改善生产生活条件，加快经济社会的发展奠定了基础。

（一）推动了环江县经济社会的发展

国家扶持人口较少民族基础设施建设项目的实施和投入使用，使项目区的村屯基础设施得到明显改善、特色产业得到快速发展、农民生活质量得到较大提高、社会事业得到长足发展、村容村貌有明显了改观，综合效益显著，有力推动了全县经济社会的发展。

（二）基础设施得到明显改善

环江毛南族聚居区境内大多为石山区，村民居住比较分散，环境恶劣，基础设施比较落后。由于石山地区公路建设难度大，投入资金不足造成了农村基础设施严重滞后，不通公路和缺水是两大难题。在项目建设前，有一部分村屯所需的物质，全靠肩挑背扛，效率极低。许多村屯用水要到很远的地方去挑，大片水田因无法保障灌溉改种了旱地作物，所有这些不利因素严重制约了当地农民脱贫致富步伐。国家扶持政策的实施解决了当地村民的诸多实际困难。到 2010 年底，环江县毛南族聚居的 72 个村委会所在地均有通乡的四级柏油路或砂石路，新增或改扩建村、屯级道路

115 条 299.4 千米。此外，新增或改造了基本生活设施，有 1189 个自然屯解决了人畜饮水困难，有 1267 个自然屯通电，实施安居房项目使 38700 户告别了茅草房或危房，各行政村委所在自然屯均能收听收看广播电视节目、开通有线电话或覆盖移动通信信号；除部分行政村（社区）毗邻乡镇可共享驻地文化站、图书馆、卫生院的社区外，其余均建有村级文化室、卫生室，并设立了农村合作医疗点。川山镇洞敢村委公路的修通，使全县 148 个行政村实现了"村村通"。

通过实施人口较少民族基础设施项目，使当地农民生产条件和生活环境得到了极大的改善，这些改变可使山区的群众集中力量去进行农业生产，或通过劳务输出增加收入，从而逐步走上脱贫致富的道路。水利渠道的建成，使有限的水源都得到了充分的利用，扩大了农田灌溉面积，粮食等农作物的产量大大提高；人畜饮水工程的实施，给饮水困难的群众引来了干净卫生的自来水，劳动了一天的群众无须再为用水而操心；文化室、卫生室以及学校基础设施等项目的建设，丰富了当地农民的生活，有效缓解了看病难、上学难等问题。当地村民十分感激党和政府民族政策的恩泽。洞敢村村民莫老汉由衷地说："我活了 80 多岁，受尽了行路难的苦，如果没有党和政府的民族政策，洞敢村要想通公路，那简直比登天还难呐！"

（三）产业结构得到调整，特色产业初步形成，农民增收渠道拓宽

产业结构的调整以及农民增收项目的实施，使得环江毛南族聚居区较好地发挥了山地资源优势和劳动力资源优势，种桑养蚕、甘蔗种植、菜牛饲养等特色产业逐渐成为主导产业，2008 年环江县获得"中国菜牛之乡"称号。

此外，农民增收渠道进一步拓宽。一是条件较好的地区发展了桑枝食用菌产业，拓宽了产业链；二是发展秋冬季农业生产，利用秋冬季农闲田种植秋冬菜、马铃薯、绿肥、油菜、油葵、秋玉米等；三是劳务输出，农村劳动力实用技术培训推动了环江县劳务输出的顺利开展，剩余劳力有序转移就业得以实现，2010 年毛南族聚居区劳务输出 6995 人，劳务输出总收入 6020 万元，人均劳务收入 8606 元。

（四）教育事业得到明显发展

目前，毛南族聚居村（社区）有小学 72 所，其中村完小以上学校 37 所，教学点 56 个，小学在校生 12109 人；专任教师 1034 人。扶持人口较少民族政策实施以来，环江县及毛南族聚居村教育事业得到明显发展。

首先，是"两基"攻坚取得较好成果。环江"两基"工作分别于 2005 年 10 月、2007 年 6 月通过自治区级和国家级评估验收。"普实"工作于 2006 年 11 月通过自治区级评估验收，控制辍学、保证学生就学的长效机制初步形成，办学条件有了较大改善，教师队伍素质有所提高，教育普及程度有了提升，乡镇寄宿制学校建设力度加大。

其次，是职业教育得到较大发展。环江毛南族自治县中等职业技术学校是该县唯一的一所职业技术学校，创办于 1984 年，是经自治区人民政府批准成立，由自治区教育厅备案的一所集中等学历教育，本、专科高等学历远程教育和各类短期职业技术技能培训于一体的综合性学校。2009 年 3 月，将县中等职业技术学校、县就业服务中心、县农业机械化学校、县机动车驾驶员培训学校进行整合，成立环江职业教育中心学校。目前，县职业教育中心学校占地 110.7 亩，校舍建筑面积 14370 平方米。在校学生 2874 人，其中全日制学生 1470 人，年在职学历教育及短期培训人员超过 2000 人。在岗教职工 77 人，其中，大学本科以上学历 52 人，高级职称 7 人，中级职称教师 40 人，双师型教师 20 人。

（五）卫生、文化、保障等社会事业得到较快发展

1. 卫生方面，建成了 55 个村级卫生室及环境卫生设施，群众就医难的问题得到有效缓解。72 个村农民参加新型农村合作医疗达 90%，并率先开办了新农合网络管理一卡通业务，少数民族村民从中获得更多的实惠。

2. 文化方面，当地加强文化基础设施建设，建设小型特色博物馆，建成环江民族博物馆、环江县图书馆、下南乡文化中心以及一批村级文化室，毛南族聚居村建设了 8 个乡镇级科技文化活动中心，43 个村屯级农民文化活动中心，为丰富毛南族人民的文化生活提供了必要的场所，也为毛

南族的分龙节、木面舞等民族传统文化的传承和发展提供了必要的条件，毛南族文化尤其是濒危文化得到了一定程度的保护和传承。

3. 社会保障方面，社会救助体系不断完善，保障面逐年扩大，保障标准逐年提高，困难群众的基本生活得到基本保障。

4. 优抚安置方面，全面落实优抚安置各项政策，优抚对象合法权益得到有效保障。

（六）生态保护和建设取得明显效果

1. 退耕还林。到 2010 年底，环江县累计造林 30.6 万亩，其中，退耕地还林 5.5 万亩，荒山配套造林 25.1 万亩。退耕地涉及全县 123 个村，666 个屯，13834 户农户，保存率达 85% 以上。

2. 农村生态能源建设。自 1999 年国家对农村沼气建设实施扶贫政策以来，到 2010 年底，环江县建成沼气的有 2.7 万户，入户率 34%；农村沼气服务网点共 25 个，普及全县。沼气池建设直接受益群众达 15 万人，保护森林资源 1.9 万亩，有效改善了农村人居环境，实现农民增收节支。

3. 森林生态效益补偿基金有效使用。到 2010 年底，环江县生态公益林总面积 234.6 万亩，其中国家级重点公益林补偿面积 232.91 万亩，自治区级重点公益林补偿面积 1.7 万亩。分布在全县 12 个乡镇和 1 个国有林场，涉及 130 个村民委（社区）和 6 个分场。通过加强管护，生态公益林区的农户每年均足额领取到生态补偿金。

（七）整村推进效果明显，生活条件有了改善

扶持政策实施以来，毛南族聚居区人均纯收入大幅度增加，生活水平明显改善。2005 毛南族聚居的 72 个村农民人均纯收入为 1146 元，2010 年达到 2200 元，五年间增长了 92%。

（八）人力资源开发有效开展

1. 培养少数民族干部

2005 年以来，环江县先后选送毛南族领导干部 6 人次，到中央国家机

关挂职锻炼以及到国家民委举办的人口较少民族干部培训班进行培训，还努力通过其他各种渠道对民族干部进行培养、选拔及培训，成效显著。

2. 加强基层专业技术骨干和致富能手等的培养，提升了劳动者素质

扶持政策实施以来，环江县、乡、村三级实施科技推广及培训项目26个，先后举办了种草养牛、种桑养蚕、甘蔗种植、免耕抛秧、无公害蔬菜、民族工艺、电焊等实用技术培训班60多期，累计培训农民3.6万人次，印发各类资料1.5万多册，发放教学光盘100多张，播放教学录像50多场次。通过培训，项目区毛南族农民每人已至少掌握1-2门实用技术，劳动者素质普遍提升，还涌现了一批技术骨干和致富能手。

五、主要经验总结

扶持人口较少民族政策在环江毛南族地区实施过程中，广西壮族自治区、河池市、环江县以及各乡镇政府有关部门积极配合，从调研、立项、资金管理、工程进展、工程质量以及工程验收等方面做了大量的组织、协调、管理、监督工作，保证了扶持规划的有效实施并取得预期效果。实践证明，充分动员各级行政资源，调动受益村民以及社会各方力量积极参与，是扶持人口较少民族政策在环江毛南族地区顺利实施并取得预期效果的重要保证。

（一）加强领导，健全机构

广西壮族自治区党委、政府把扶持人口较少民族发展当作大事来抓，成立了以政府分管副主席为组长的"自治区扶持人口较少民族发展领导小组"。为加强对此项工作的组织协调，环江县人民政府也成立了扶持人口较少民族发展领导小组，组长由县长担任，相关乡镇成立了专门的工作机构，加强对扶持工作的领导，并把扶持人口较少民族发展纳入党委政府的重要议事日程，制定发展规划，切实把扶持人口较少民族发展的政策措施落到了实处。

（二）因地制宜、分类指导，科学扶持人口较少民族发展

首先，编制了专项建设规划。其次，因地制宜、分类指导。根据毛南族主要聚居在边远大石山区，基础设施落后，生产生活条件较差，贫困面大，贫困程度深，群众交通、饮水困难等实际情况，2008 年集中少数民族发展资金，重点解决毛南族饮水难和行路难等突出问题，帮助毛南族群众实现了多年的愿望。

（三）开展调研与监测，确保科学决策

2007 年 5 月，广西壮族自治区民委组织自治区、市、县有关部门，分成 11 个调研小组对 72 个毛南族聚居村开展了一次全面深入的调研，2008 年 9 月，河池市民委组织市、县两级有关部门分成 5 个调研组对环江县未列入当年考核验收范围的 51 个毛南族聚居村开展调研，同时宣传国家扶持人口较少民族政策。通过调研重点了解两个民族聚居村的人力、自然和人文资源、基础设施建设、优势产业和社会发展等情况，特别是"四通五有三达到"的情况，比较全面地掌握了 72 个毛南族聚居村的经济社会发展情况。在开展调查研究的基础上，区、市、县民族工作部门先后撰写了《广西环江毛南族自治县毛南族经济社会发展情况调查报告》《环江毛南族自治县少数民族群众生产生活特殊困难问题情况汇报》《拓宽扶贫思路创新扶贫模式》等专题调研材料，为做好扶持发展工作提供了决策依据。为动态掌握落实《规划》实施情况，自治区民委还培训建立了一支动态监测工作队伍，积极开展动态监测工作，及时掌握了规划实施的进展，为有关部门决策提供了依据，为保障规划的顺利实施奠定了基础。

（四）多方配合，形成合力

通过充分发挥部门职能作用和综合协调作用，发挥人口较少民族所在县人民政府的主体作用，形成自治区政府推动，地方政府联动，各部门主动参与的良好氛围，有力地推进了人口较少民族发展。同时广泛动员干部群众参与，为扶持人口较少民族发展聚集强大动力。在实施项目的过程

中，通过广泛宣传发动民众众积极参与，使广大群众既成为项目选择者、实施者、受益者，又成为管理者和监督者，逐步转变思想观念，自觉提高自我发展能力。当地政府部门始终贯彻参与式扶贫理念，引导群众参与项目从规划到实施全程，既保障了项目的顺利实施，又有效提高了群众自我发展的能力，激发其脱贫致富的愿望。

（五）规范运作，注重实效，为人口较少民族发展提供制度保障

为高效规范地开展好扶持工作，政府部门十分注重建立健全管理规章制度，实行专户、专款、专用、专人管理资金。各级各部门充分发挥财政扶贫资金监测系统作用，进一步加强资金项目运行跟踪检查和监督，努力提高资金项目的经济效益和社会效益，确保把实事办好。

六、反思：毛南族传统文化传承与保护投入缺失

环江毛南族自治县是我国毛南族的主要聚居地，也是毛南族文化的主要发源地和聚集地。多年来，当地毛南族传统文化的传承和保护问题一直没有得到解决。虽然环江县各级政府为挖掘、传承、保护毛南族文化做出了不懈的努力，也组织了相关的活动，毛南族文化得到一定程度的发掘、抢救、传承和弘扬，但由于社会的变迁和外来文化的冲击，一些优秀的民族文化仍然濒临失传，应该引起政府有关部门的高度重视。

（一）毛南族傩文化传承面临严重危机

包括"肥套"在内的毛南族傩文化融合了毛南族口头文学、民间山歌、舞蹈、音乐、戏剧、傩面具雕刻等内容，并形成相对独立的傩歌、傩舞、傩戏、傩乐和傩故事等艺术表现形式。毛南族傩文化是以毛南族还愿仪式为载体而存在的，没有文字记载，主要通过傩师的口头传授代代相传。由于传承渠道的单一和其道具制作工艺的复杂，傩文化处于濒临失传的境况。目前毛南族地区仅有4个民间傩班，共有33人，最年长者78岁，最年轻者31岁，傩师平均年龄在60岁以上。全县资深艺精的傩师不足10

人,且这些傩师大多已经年过七旬:能勉强表演全套十几种傩舞的仅有1位老傩师,能按古曲吹奏传统唢呐、会演两种瑶王角色的老傩师也仅各有1人,掌握全套傩打击乐的仅3人,能雕刻全套36个木面(傩面具)的仅2人。能承担起传承重任的民间傩师年龄已经很大,人数锐减,有兴趣学习传统傩文化的年轻人也很少,传承危机日益深重。

为了抢救性保护毛南族傩文化,环江县成立了傩文化保护专门机构,组织了3次毛南族傩文化保护专项调查与普查,建立了傩文化保护资料数据库,县财政每年拨款20万元作为毛南族傩文化专项保护经费。但是,傩文化保护项目涉及面广、工作量大,需要投入大量的人力、物力和财力。环江县是国家级贫困县,财政十分困难,用于此项工作的经费有限。因此,需要相关部门给予经费上的大力支持。

(二)花竹帽编织工艺传承面临危机

花竹帽用竹子作材料手工编织,工艺复杂,取材十分讲究:必须于夏至后立秋前选取修直匀称的筋竹、墨竹作编织篾材,全手工分篾,分篾细如发丝,辅以天然染料染色,编织成帽子。花竹帽在毛南族地区历来被民众视为珍品,其工艺要诀按师承传统,通常只在直系或嫡系亲属间传承,一般不传外人。现年80岁的下南乡古周村毛南族老人谭顺美曾是环江县唯一能传授花竹帽编织工艺的工匠,也曾是唯一传人,2000年开始收徒传艺。但谭氏门徒编帽也仅是不定时地应人求购而作,并非长年专职编帽。花竹帽编织没有任何文字记录与图片说明,仅凭老工匠口头传授与示范世代传承。初学者掌握基本技能后参照前辈工艺成品揣摩练习,须经反复实践和长期操作方能领悟工艺诀窍与技术真谛。谭顺美老人收徒传艺已有10余年,至今"出师"的只有现年44岁的毛南族妇女谭素娟,其于2001年开始师从谭顺美老人学习编织花竹帽,如今是唯一"学成"的一个,2009年被确定为毛南族花竹帽编织技艺的第五代传承人。新的传承人的诞生在一定程度上缓解了花竹帽编织技艺的传承危机,但是这种一代只有一个传承人的"单传",依然难以走出危机的困境。由于编帽工艺复杂,费工费时,收入不高,现在很少有年轻人靠兴趣认真学艺。这门师傅带徒弟、一代传一代的手艺后继乏人,加深了危机的程度。

(三)民族语言传承危机显现

语言学家将毛南语列为"衰变语言",其使用状态正在由稳定使用向不稳定的方向发展,语言功能持续下降并出现衰退趋势。据 2000 年人口普查资料,毛南族总人口为 71968 人,但毛南语使用人口只有 3.1 万人,仅占毛南族总人口的 43% 左右。毛南人使用本民族语言的能力正在逐代衰减,其抢救工作已经迫在眉睫。

(四)民族传统民居建筑破坏严重

一直以来,毛南族传统民居建筑保存相对完好的,当属毛南族的发祥地下南乡南昌屯,但近年来这些古建筑遭到了严重破坏。2003 年笔者在该屯调查时,该屯还保留有全木结构、砖木结构以及石、土(夯土)、木混合结构三种干栏建筑 60 余栋,其中石、土(夯土)、木混合结构干栏建筑有 12 栋。这 12 栋建筑山墙基础用大块料石砌成,腰部以上用规整的青砖砌成,内部为全木结构的干栏式,屋脊两端翘起呈凤凰回首状,山墙上的窗体规整,装饰精美,分立于主村道两侧,每侧各 6 幢,排列整齐对称。屯中主道铺有青石板,较完整地保留了毛南族古村落的风貌。2006 年,环江县文化部门对该屯进行调查时,已有 27 户拆掉了原有的传统民居,新建了火柴盒式的砖混结构建筑,而且 80% 的住户是在 2005 年、2006 年拆掉的。到 2010 年底,该屯传统民居几乎被拆除殆尽,仅存一栋地处偏僻山顶的小房。南昌屯古老的青石板路,也因为车辆出入不方便,被村民铺成了水泥路。类似的情况在其他村落也频繁发生,如仪凤村下力屯原有上百间古屋,现大部分已经被拆掉,仅存四五间,这些仅存的老房也将在近期被拆掉。从旧房拆下的五六米长的石条,多已被村民砸碎建新房用。毛南族传统建筑文化正以惊人的速度消失,其抢救保护工作刻不容缓。

（五）古墓群遭盗挖严重

位于环江县下南乡堂八村东南凤腾山上的古墓群，是毛南族祖先的陵园，毛南族的始祖谭三孝就葬在这里。凤腾山古墓群规模宏大，有大小古墓 700 多座，为圆形或方形，有单体墓，也有连体墓，墓前大都有墓碑与护碑石，呈牌坊式门楼，碑顶是造型各异的石刻，雕饰各种立体图案，工艺细巧而精美。这些墓碑石雕是毛南族石匠即兴在石头上雕刻而成，是毛南族石雕的典型代表，石雕图像纷繁、内容丰富，形成风格独特的文化体系，具有深厚的文化内涵和极高的艺术价值，是毛南族传统文化的精华。2000 年凤腾山古墓群被定为广西壮族自治区重点文物保护单位。近年来这些古墓遭盗挖严重，由于缺乏经费，当地文物部门对其进行的保护相当艰难。为了保护古墓群，当地政府采取了很多措施，但收效甚微。由于缺乏资金，政府拟在古墓周边建筑围墙、种植刺类植物等保护计划无法实施，只能委托村委义务看管，或聘请附近村民作为业余看护人，至今没有专人看护。加上古墓群距离村庄较远，古墓被盗挖的情况日益严重。

此外，毛南族历史上留下的文物古籍很多，一些散落民间的古籍也因得不到挖掘、收集整理面临消失的危机。据调查，毛南族现存古籍中，仅水源镇的上南、各旦、山洞、民权 4 个村和洛阳镇的普乐、洛阳、团结 3 个村就有 275 部，其中上南村 50 部，各旦村 35 部，山洞村 20 部，民权村 22 部，普洛村 50 部，洛阳村 55 部，团结村 22 部。这些古籍主要集中在民间道公和山歌艺人手中，至今还没有得到珍藏保护。民间道公和山歌艺人大都年事已高，在他们百年之后，这些古籍有可能就此湮灭。

总体而言，毛南族传统文化传承和保护面临危机已是不争的事实。毛南族传统文化已经接近濒危边缘，肥套、花竹帽等传统文化传承人数量和年龄结构等都令人担忧，民族语言使用人数日益衰减，古墓群、古建筑等一些珍贵文化遗产如不及时进行抢救保护，将面临消失。

客观面对现实，总结经验，吸取教训，有助于我们进行理性思考，探寻相关的应对策略，制定出更符合毛南族实际情况的传承保护措施。

综观环江县扶持人口较少民族发展规划及实施结果，投入民族传统文化传承与保护的经费明显偏少。2006－2010年投入扶持毛南族发展的资金6亿多元，实施扶持项目2000多个，但投入到文化项目的只有29个，仅占项目总数的1.4％，总投资1576万元，仅占全部资金的2.4％，而且这些资金主要投向文化场馆、村文化室等文化基础设施建设，直接用于挖掘、传承、保护毛南族传统文化的资金微乎其微。尽管扶持人口较少民族发展规划在"十一五"期间扶持的重点以基础设施建设为主，但鉴于毛南族传统文化发展面临的危机状况，因地制宜，特事特办，及时采取措施加以抢救与保护，无疑是十分重要的。

七、存在的主要问题

人口较少民族扶持政策实施以来，环江县经济和社会各项事业得到了前所未有的发展，群众生活有了明显的改善和提高。但是，因受历史因素和自然条件的制约，与区内外很多县市相比，经济社会发展还比较缓慢，贫困问题仍然突出，尤其是毛南族聚居的72个贫困村的文化教育、医疗卫生、人畜饮水、道路交通、通信、供电和广电文化等方面的基础设施仍然落后。

（一）经济基础薄弱，发展后劲明显不足

环江县发展基础脆弱，经济总量小，发展水平不稳定，财政增长和农民增收还十分困难。主要表现：一是财源结构单一，仍然以"矿财政"为主，主体税源企业效益受市场因素影响严重，财政增长乏力。二是财政收入质量不高，地方可用财力严重不足，财政增支因素增多，收支矛盾突出。三是企业改制成本不断加大，企业负债逐步向财政转移，财政压力进一步加大。

（二）贫困面大，基础设施落后

据统计，环江尚有贫困村85个，其中38个属毛南族聚居村。这些村

位于大山深处,山高坡陡,属石山或石漠化地区,自然条件恶劣,农民增收困难。至 2010 年初,环江农民人均纯收入在 1196 元以下的贫困人口尚有 9.75 万人,其中贫困村贫困人口 7.89 万人,占全县贫困人口的 81%。贫困村的贫困人口主要分布在毛南族聚居的 8 个乡镇,这 8 个乡镇共有贫困人口 66108 人,占全县贫困人口的 67.8%,占 8 乡镇总人口的 24% 左右。按照中央最新公布的农民人均纯收入 2300 元的扶贫标准,大多数毛南族农民还没有摆脱贫困。

表 2　2010 年 72 个毛南族聚居村基本情况表

序号	项目	数量	比例（%）
1	不通公路的自然屯（个）	494	37.2
2	不通电的自然屯（个）	120	9.3
3	不通电话的屯（个）	499	37.6
4	不通邮的屯（个）	650	49.1
5	不通广播电视的屯（个）	45	3.3
6	没有安全饮用水自然屯（个）	1073	81
7	耕地有效灌溉面积（万亩）	12.5	43.55

注：2010 年毛南族聚居的 72 个村有 1325 个自然屯

当前毛南族聚居的 72 个行政村虽然实现了"四通五有三达到"目标,但标准较低,如人畜虽有饮用水,但很多村的饮水达不到安全卫生饮用水的标准。石山区村屯水源缺乏,人畜饮水困难问题尚未根本解决,目前毛南族聚居的村屯还有 369 个自然屯 5.1 万人缺水 1-4 个月,生产用水困难的问题也非常突出,如毛南族聚居的琳琅村,由于缺水,种桑养蚕每年比水源充足的地区少收 2 批,仅此一项,每户每年少收入 1000 元左右。

此外,生态植被也十分脆弱,部分地区水土流失十分严重,导致自然灾害频繁,扶贫成果很容易被灾害造成的损失所抵消。

(三) 社会事业发展滞后,劳动者素质较低

1. 教育方面

(1) 办学条件差,校舍严重不足。毛南族聚居地 94 所农村中小学校

生均教学及教学辅助用房面积仅达国家规定标准的50%左右,现有校舍中D级危房4400平方米,占5.2%,直接影响教育教学质量的提高和素质教育的全面实施。同时,村级小学寄宿条件普遍无法满足要求,目前尚有近三分之一的村小学生只能寄宿在附近农户家,给学校的管理和学生的生活带来很大的困难,也造成了一些边远山区小孩推迟入学,在一定程度上导致了初中学生年龄偏大,辍学率偏高问题。

(2)教学设备、图书紧缺。14所初中及10所中心小学教学仪器设备没有一所达到国家规定的二类配备标准,各学校虽在实施"贫困二"项目和"义教工程"项目时配置了相应册数的图书,但由于使用年久,大部分图书已严重破损,现有图书陈旧且配备明显不足。

(3)初、高中办学压力大。由于接收市内大批跨县移民,增加了初、高中的办学压力,原有的办学条件无法满足移民子女的入学需要,目前全县小学适龄儿童入学率99.8%,初中入学率98.8%,初中毕业生升高中率仅为33%。

(4)高中教育规模偏小。由于环江县普通高中学校和职业技术学校校园面积不够、校舍不足、教学设备欠缺、师资力量缺乏等原因,目前全县高中阶段新生入学率仅为30%左右,普通高中年招生数无法突破1200人,是教育事业的一个"瓶颈"。

(5)农村寄宿制学校的建设与管理工作存在较多问题。主要表现为:农村寄宿制学校建设配套设施不完善、学校管理难度增大、寄宿学生就学成本变高、控辍保生工作难度增大、寄宿制学校学生生活相对单调,校园文化建设有待加强等。

2. 医疗卫生方面

(1)基础设施落后。主要表现为:业务用房、病房及床位配置严重不足,乡镇卫生院医疗设备陈旧老化,公共卫生突发事件应急救援装备差,物资储备不足,救援能力有限等

(2)卫技人才匮乏。由于环江县工资待遇低、工作环境相对较差以及编制不足等原因,乡级防疫、妇幼人才严重缺乏,难以满足基层医疗卫生保健工作需要。

（3）新农合工作仍有较大阻力。环江县大石山区多，居住分散，农民参合资金的征收工作需要动用大量的人力、物力、财力，筹资的行政成本高。同时，新农合本身与城镇医保有部分交叉现象，且任务每年都在增加，因而工作难度不断加大。

（4）村级卫生室环境较差。全县还有80个村级卫生室没有房子，仍借用民房开展工作，不仅房屋陈旧、面积不足，而且设施简陋，基本医疗器械严重缺乏，功能极为不全，难以满足农村基本公共卫生服务和农民的实际医疗需求。

3. 民族文化方面

（1）体育运动场馆和艺术活动场馆严重缺乏，全县虽设有县级文化馆、图书馆、文物所、艺术团4个文化事业单位和12个乡镇级文化站，但大都是设施缺乏或过于简陋。行政村的文化室几乎是空壳子，群众性的文体活动难以普及，民族体育和民族艺术发展缓慢。

（2）缺乏必要的设施和经费，县图书馆、博物馆、艺术团的业务用房均已成为危房，室内设施十分落后，无资金维修或重建，致使民族传统文化长期以来无法收集、整理和传承，有的内容如毛南族传统文化的代表花竹帽编织、毛南傩戏等目前正面临湮灭的危险，抢救民族传统文化任务艰巨。

4. 劳动者文化素质普遍偏低

据全国最新人口普查材料统计，目前全国平均每10万人口中有小学学历37057人，环江则达45665人，比全国平均数高23.2百分点；初中学历全国每10万人口中有23344人，环江有18023人，比全国平均数低22.3个百分点；高中学历全国每10万人口中有8093人，环江只有2350人，比全国平均数低64.5个百分点；大专以上学历全国每10万人口中有1422人，而环江仅有402人，比全国平均数低71.7个百分点。文化层次越高，环江与全国的差距越大，而且这种差距呈扩大趋势。

此外，经济发展不平衡、民族内部贫富差距大、传统文化传承和保护面临危机、生态压力大、人口性别比高等，也是困扰毛南族发展的重要问题。比如，毛南族聚居区内部也因居住地域、交通便利条件、自然条件等因素的差异，经济发展不平衡，民族内部贫富差距大。如思恩镇高龙民族新村是毛南族聚居村，共32户140人，2008年人均纯收入3570元，每户都住上了钢筋混凝土房子，有31户购买了彩电，14户购买了摩托车。而下南乡下塘村384户1638人，人均纯收入仅1410元，绝大部分村民还住在泥瓦房，有的还是危房。这是地区之间整体上的差距，而同一个村屯的不同农户之间的差距也相当大。民族内部贫富分化现象对民族平等团结、共同繁荣的民族关系所产生的负面影响显而易见。

八、对策与建议

"十一五"期间，扶持人口较少民族政策的实施，使毛南族聚居区人民生产生活条件得到明显改善，但总体上看，当前毛南族聚居区的交通、水利、教育、卫生等基础设施仍然比较落后，还无法适应经济社会发展的需要，农村主导产业的发展未达到规模化、高效益的目标，农民收入增长缓慢等问题凸显。环江县是国家新时期扶贫开发工作重点县，经济总量小，发展速度慢，农村基础设施落后的现状依然突出，国家资金投入对毛南族聚居区的经济社会发展至关重要。因此，进一步改善毛南族聚居地区基础设施、提高经济效益、增加农民收入、提高人口素质，应是下一步努力的方向。

（一）继续加强交通、水利、教育、卫生等基础设施建设，提高建设标准，以适应毛南族聚居区经济社会发展的要求

凡列入国家和自治区安排建设的各类项目，尤其是教育、卫生、道路交通、人畜饮水、农田水利、能源等建设项目，应充分考虑毛南族聚居地环江县为国家扶贫工作重点县、地方财政承受能力弱的实际情况，按最低配套比例或免除地方配套资金。

1. 环江地处桂西北大石山区，绝大部分毛南族聚居村屯均处于大石山区，乡村公路等基础设施施工难度大，成本高。

2. 教育方面。一是在高中教育阶段，对毛南族地区，中央每年安排专

项资金给予扶持；二是加大偏远山区寄宿制学校建设扶持力度，安排专项经费进行基础设施建设，增加寄宿容量，为提高山区适龄儿童入学率创造更好的条件；三是加大学校医疗保健的投入力度，适当降低或减免在校生的医疗费用支出，为在校生提供医疗保障；四是加大职业教育力度，设置职业教育专项资金，加强实用技术培训，提高民族综合素质。五是创建民族特色职业教育，增设"傩面文化艺术专业""民族编织工艺专业""特产加工及营销专业"等民族特色专业，努力创建民族特色职业技术学校；六是对每年参加高考的毛南族考生，成绩达到重点大学录取分数线的给予优先录取。

3. 农村基本医疗保健方面。加大农村医疗卫生基础设施建设力度，健全农村医疗救助体系。

4. 人才方面。在人才培养和交流方面对环江给予倾斜性政策，使人口较少民族有更多的人才有机会到发达地区或上级有关部门进行工作锻炼、提高干部队伍素质，尽可能地缩小少数民族贫困地区与其他地区的距离。

（二）加大对人口较少民族发展的扶持力度

建议国家在制定扶持人口较少民族发展"十三五"规划时，继续加大财政转移支付力度，加大少数民族发展资金投入，重点扶持毛南族聚居区改善生产生活基础条件，发展特色优势产业，加大群众增收项目补助，拓宽增收渠道，加强农村实用技术推广应用和人才培养，支持毛南族文化、教育、卫生、科技等社会事业发展，加强政策扶持，加强生态环境保护建设。建议将环江县接纳异地安置移民和省管破产企业剥离学校等社会职能单位移交地方管理后所需经费纳入一般性转移支付测算范围。

（三）创建发展生产启动基金，引导农民发展特色产业

产业结构单一，无法形成规模，是造成毛南族贫困的主要原因之一。而产业结构单一，无法形成规模的主要原因，是缺少生产启动资金，一些投资较大的特色产业，如菜牛养殖等，因缺乏资金支持难以形成规模。因此，在基本解决毛南族聚居村行路难、饮水难、用电难、上学难等问题之

后，建议中央财政或地方财政划出一笔资金作为村民发展生产的启动基金，该基金的使用和管理可以参照一些境外援助组织的先进经验，采取小额信贷的方式，实行生产启动基金无偿援助、有偿使用的办法。通过扶贫发展资金与村民生产可持续发展相结合模式的探索，帮助毛南族尤其是贫困村的毛南族发展生产，增加收入，改善生活，是发展民族特色经济，缩小民族内部差距，脱贫致富的可行路径。

（四）扩大扶持人口较少民族发展的覆盖面

环江是个多民族杂居县，毛南族聚居行政村与很多非毛南族聚居村交叉存在，扶持人口较少民族发展专项资金的覆盖面只局限于72个毛南族聚居村，在一定程度上造成很多相邻村屯间发展不平衡的状况，影响到县域经济发展，不仅不利于人口较少民族聚居村的发展，而且容易引发民族矛盾。得到专项扶持的村屯人民生活水平提高较快，得不到专项扶持的村屯，人民生活还比较困难，民族内部贫富分化现象已对民族平等团结、共同繁荣的民族关系产生影响。因此，应扩大对人口较少民族村寨的扶持范围，把扶持范围由原来的人口较少民族占总人口30%的村寨扩大到人口较少民族占总人口20%的村寨，以实现人口较少民族村寨全面发展的目的。

（五）加强民族传统文化的挖掘和保护

毛南族传统文化是毛南族人民祖祖辈辈积累的智慧的结晶，是毛南族人民的精神家园，也是毛南族未来发展的核心动力所在。近年来，在外来文化的冲击和自身民族社会变迁的双重影响下，毛南族传统文化的传承和保护出现了前所未有的困境，对其进行有效的挖掘和保护已刻不容缓。因此，各级政府应高度关注毛南族传统文化保护问题，建议将毛南族传统文化传承和保护纳入重点规划项目加以实施，加大资金投入，以抢救和保护毛南族优秀传统文化。

怒族经济社会发展调研报告

执笔人：贾仲益

2000年12月，受国家民委"中国人口较少民族经济社会发展调查研究"重大课题组的委派，笔者第一次进入怒江流域，对怒族进行了为期近一个月的调查。尽管生长在桂北元宝山山脚下的苗乡，自小钻山入林，熟悉南方山区农村生活；而且从事民族学应用研究这个行当以来，也经常到民族地区调查，但初到怒江，笔者依然深受震撼：怒江峡谷的陡峭，壁立群峰的雄奇，清澈怒江的湍急，晨曦或暮色中若隐若现的村落，盘踞在江边岩台上的小屋，像一张张挂毯般悬贴在陡壁上的耕地，如同许多"之"字交叠的纹样一般镶嵌在山间的人马驿道，在汹涌的江涛和飞溅的白沫上方战栗不已的跨江溜索和铁索桥，农户家中简陋的陈设，行路偶遇的孩子身上单薄的冬装，糅合了圣诞和怒族春节却无须设席的火塘边极简单的年饭……怒族生存环境之险峻、生活条件之艰苦，在刺痛我视觉的同时，也连同这种刺痛感一道嵌进了我的记忆深处。

2011年夏天，在中央民族大学"985工程"中国当代民族问题战略研究基地民族发展与民族关系研究中心"人口较少民族经济社会发展十年回访"课题负责人杨筑慧教授的支持下，笔者带着无数疑问、怀揣忐忑之心，又一次进入怒江，寻访故地故人，希望了解：时隔十年，顽强生存于这片令人魂牵梦萦的土地上的怒族人民，在国家扶持人口较少民族政策的帮扶下，经济社会各方面发生了怎样的变化？同时，也希望通过对现行政策进行现场评估，为今后调整完善这项政策及相关措施提供一些合理化建议。

带着这样的任务，笔者一行 9 人①于 7 月初驱车赶赴怒江州。由于贡山独龙族怒族自治县的丙中洛乡、捧当乡和福贡县匹河怒族乡是怒族分布相对集中的地区，因此，本次调查也是以该两县三乡为重点。7 月 7 日到达贡山县。在完成了独龙江乡调查后，于 7 月 12 日至 18 日开展怒族调查。时值雨季，山洪频发，滑坡泥石流不断，协助调查的当地干部出于安全考虑，力劝调查组切勿深入太偏远的怒族村落进行调查，以免发生意外。因此，调查主要在交通条件相对较好、怒族分布比较集中的乡村进行，包括：贡山县丙中洛怒族乡的秋那桶、茶腊，捧当乡的闪当，以及福贡县匹河怒族乡的架究等村。需要特别提及的是，除了捧当乡的闪当村之外，秋那桶、茶腊、架究等村是 11 年前笔者曾实地调查过的村子。

调查主要采取实地调查和文献研究相结合的方法。在村落中，调查组在乡镇干部的协助下，先召开村干部座谈会，了解全村的基本情况，相关项目落实和收效情况；然后在村干部的带领下，分散进入农户家中进行问卷调查和访谈。此外，调查组还走访了乡镇政府、州县民委等部门，对有关领导进行专访，并收集相关数据和资料。由于国家扶持人口较少民族政策深得人心，各级政府和基层民众对本次调查给予了积极支持和配合，提高了调查的效率。

一、怒族基本情况

（一）怒族的人口结构

2010 年第六次全国人口普查（以下简称"六普"）数据显示，怒族共有 37523 人，其中男性 18907 人、占总人口的 50.39%，女性 18616 人、占总人口的 49.61%，女男性别比约为 100∶102；乡村 31339 人、占总人口的 83.52%，城镇 6184 人、占总人口的 16.48%；6 岁及以上共 34002 人，其

---

① 本次调查由笔者牵头，调查组成员包括张铭心副教授、王海舟讲师、中国农业大学思政学院赵建利副教授，以及民族学与社会学学院民族社会学专业硕士研究生王必良、刘晓宇、田宁，信阳师范学院历史学系学生贾桢。笔者正在念初中一年级的女儿贾致雨同学也随行体验生活。

中未上过学 5117 人（男性 2021 人、占未上过学总人数 39.50%，女性 3096 人、占未上过学总人数 60.50%）、占 15.05%，小学 15952 人、占 46.91%，初中 8259 人（男性 4489 人、女性 3770 人）、占 24.29%，高中 2571 人（男性 1471、女性 1100）、占 7.56%，大学专科学历 1451 人（男性 800 人、女性 651 人）、占 4.27%，大学本科 630 人（男性 318 人、女性 312 人）、占 1.85%，研究生 22 人（男性 9 人、女性 13 人）、占 0.06%。

"六普" 10%抽样长表数据资料还显示：怒族在业人口约占总人口的 59.22%，其中，农林牧渔行业从业人员占就业总人口的 80.11%；在其他列为统计指标的行业中，除了国际组织没有怒族的从业人员外，各行业均有少数从业者，其中制造、建筑、批发零售、住宿餐饮、教育、公共管理和社会组织等行业从业者相对较多，而金融、信息和计算机、房地产、水利/环境/公共设施管理、文化体育娱乐等行业有从业者但人数很少。从职业分布情况看，农、林、牧、渔、水利生产人员占 80.06%，专业技术人员约占 4.32%，国家机关、党群组织、企事业单位负责人约占 0.90%，商业、服务人员占 5.67%，生产、运输设备操作人员及有关人员约占 6.21%，办事人员及有关人员约占 2.84%。

与 2000 年第五次全国人口普查（以下简称"五普"）数据对比，10 年来，怒族人口构成发生了多方面的显著变化：

其一，是人口总量有明显增加。"五普"时，怒族总人口为 2.88 万人，其中：男性 1.49 万人，女性 1.39 万人；性别比为 106.87。"六普"较"五普"增加了 8700 多人，人口增幅较上一个普查周期即"四普"至"五普"要大，女男性别比较"五普"更趋平衡。

其二，是城乡人口结构显著变化。"五普"时，城镇人口有 0.25 万、占总人口的 8.79%，乡村人口 2.62 万、占总人口的 91.21%；与"四普"相比，怒族城镇人口比率提高了 3.34 个百分点。"六普"的城镇人口比例较之"五普"提高了 7.69 个百分点。

其三，是人口的行业分布有所优化。"五普"的从业人口中，从事第一产业的占 88.34%，从事第二产业的占 1.27%，从事第三产业的占

10.39%；"六普"中第一产业从业人口比例下降了 8.23 个百分点，第二产业上升约 4.9 个百分点，第三产业上升约 3.79 个百分点。

其四，是人口的受教育程度明显提高。"五普"时，6 岁及以上人口中，受过小学以上（含小学）教育的占 63.80%，受过初中以上（含初中）教育的占 22.68%，受过高中及中专以上教育的占 7.59%，受过大专、大学教育的占 1.20%；"六普"中，受过小学及以上教育人口比例提高了 21 个百分点，受过初中及以上教育人口比例提高了 15.35 个百分点，受过高中及以上教育人口比例提高了 6.15 个百分点，受过大专及以上教育人口比例提高近 5 个百分点，而文盲比例则降至 15%。

其五，是人口的职业构成发生变动。"五普"时，担任国家机关、党群组织、企事业单位负责人占从业人口的比率为 1.09%，担任技术工作的占 4.23%，办事员占 1.63%，商业、服务员的比率为 2.78%，从事生产、运输设备操作工作的比率占 1.81%，从事农林牧渔工作的占 88.46%。"六普"时，从事农林牧渔生产的比例下降了 8.4 个百分点，商业、服务及机械操作等人员比例提高了 8.5 个百分点，这是三产结构调整、优化的结果。但值得注意的是，国家机关、党群组织、企事业单位负责人的比例有所下降，专业技术人员的比例提高不明显。[①]

（二）怒族人口的地域分布

云南省怒江傈僳族自治州是怒族的主要世居地。"六普"数据显示，云南全省有怒族 28029 人，占全国怒族总人口的 74.70%，其中男性 14437 人、女性 13592 人。"六普"数据还显示，自"五普"以来的十年间，怒族人口的空间分布有明显变化。表现之一是，云南作为怒族传统的世居地，其常住人口比例从"五普"时占总人口的 96.45%，下降到"六普"的不足 75%，下降了 21.45 个百分点。表现之二是，"五普"时，怒族人口在其他省、市、区均不足 100 人；到"六普"时则大大突破了这个规

---

① 数据来源：(1) "六普"数据参考《中国 2010 年人口普查资料（上、中、下）》，国务院人口普查办公室、国家统计局人口和就业统计司编，中国统计出版社。

模,有 15 个省、市、区的怒族常住人口超过 100 人。西藏作为怒族传统世居地之一,有怒族 471 人,其中男性 231 人、女性 240 人。近年来,由于怒族农村青壮劳动力外出务工人数逐渐增多,海南省成了怒族农村劳动力的主要输入地,统计显示,海南省有怒族 1034 人,其中男性 554 人、女性 480 人,成为怒族常住人口新的重要居留地。全国其他 28 个省、市、区有怒族 1 人至数百人不等,① 是通过上学、工作、劳务输出和婚嫁婚育等途径扩散出去的。

在云南怒江州及周边地区,怒族呈大分散、小聚居的总体分布格局。怒江州的泸水县、贡山独龙族怒族自治县、福贡县、兰坪白族普米族自治县,以及比邻怒江州的迪庆藏族自治州维西县、西藏自治区察隅县,均有世居的怒族。其中,贡山县的丙中洛乡(怒族 3136 人)、捧当乡(怒族 1843 人),福贡县的匹河乡(怒族 9696 人),兰坪县的兔娥乡(怒族约 2300 人)是怒族比较集中的 4 个乡。② 根据地方政府提供的数据,怒族在上述 3 县 4 乡中相对聚居于 23 个村委会。这 23 个村委会也正是适用人口较少民族扶持政策进行重点扶持的主要对象。③

二、怒族主要分布区域的经济社会发展现状

(一)县域经济社会发展情况

如前所述,怒族相对集中分布于贡山县、福贡县、兰坪县。这里着重介绍贡山县和福贡县的经济社会发展现状。

---

① 数据来源同前页①。
② 由于"六普"的细分数据尚未公布,我们引用地方政府网站公布的地方性统计数据如下:丙中洛乡有怒族 3136 人(2008 年)、捧当乡有怒族 1843 人(2009 年),福贡县的匹河乡有怒族 9696 人(2008 年),兰坪县的兔娥乡有怒族约 2300 人(2008 年)。
③ 23 个怒族聚居村委会分别是:贡山县丙中洛乡的秋那桶、甲生、丙中洛、双拉,捧当乡的迪麻洛、闪当、永拉嘎;茨开镇的丹珠、双拉娃、嘎拉博;福贡县匹河怒族乡的普洛、老姆登、知子罗、沙瓦、架究、托坪、瓦娃、棉谷、果科;兰坪县兔娥乡的兔峨、江末等。

1. 贡山县经济社会发展现状

贡山独龙族怒族自治县位于云南西陲的怒江大峡谷北段，西与缅甸接壤，北接西藏察隅县，东与迪庆藏族自治州德钦县、维西县相邻，南与福贡县交界，陆上边境线长172.08千米。全县面积4506平方千米，南北长160千米，东西宽60余千米，县城茨开镇距州府六库镇248千米。全县森林覆盖率77.2%。截至2010年底，全县有12129户、36021人，少数民族占96.5%、达34747人，怒族、独龙族、傈僳族、藏族等是当地世居民族；城镇人口占20.3%、7299人，乡村人口占79.7%、28722人；农业人口占82.6%、29747人，非农业人口占17.4%、6274人；男女性别比约为102∶100；人口出生率约为9.09‰，死亡率约为9.06‰，人口自然增长率0.03‰。

贡山县现辖5个乡镇即茨开镇、丙中洛乡、独龙江乡、捧当乡、普拉底乡，5乡镇共辖26个村民委员会、2个居委会、238个自然村。

贡山县是一个传统农业县，① 乡村基本靠传统种养业维生。乡村从业人员共16319人，耕地总面积3150公顷，其中水田面积3750亩，其余主要是坡耕地，农民人均耕地1.64亩，比上年略有下降。主要粮食作物是玉米、土豆、麦类、青稞、旱稻等，经济作物有茶叶、核桃、草果等，畜类有黄牛、山羊、生猪等。2010年全县农业总产值（现价）13692万元，比上年增长5.5%，其中：种植业产值4395万元、增长16.8%，林业产值3185万元、下降0.8%，牧业产值5309万元、增长1%，渔业产值80万元、增长11.3%；农业服务业产值723万元、增长6%。全县农村劳务输出共1195人。农村经济总收入6841万元，农民人均年纯收入1733元，② 人均生产粮食352千克。③ 全县贫困人口共1700人。共有17000名农村居民享受政府最低生活保障。

近年来，以铅、锡、铜、锌、铁等采矿业为主的工矿业有所发展。

---

① 贡山县是全国592个国家扶贫开发重点县之一。
② 以乡镇为单位，全县农民人均纯收入最高为2519元（普拉底）、最低1012元（独龙江）；以村为单位，全县农民人均纯收入最高为2955元、最低为981元。
③ 以乡镇为单位，人均产粮最高为478千克（丙中洛）、最低为211千克（独龙江）。

2010年，全县工业总产值（现价）7856万元，比上年增长11.4%。全县第一、二、三产业的国内生产总值比重为21：40：39；农业总产值占全县国内生产总值的80%，工业总产值占20%；全县社会劳动者在第一、二、三产业中的比例分别为67.5%、8.2%、24.3%。

全县全年社会商品销售总额15141万元、较上年增长16.9%，其中社会商品零售总额13135万元、增长22.9%。全县接待国内外旅游人数约15万人，其中国际游客0.47万人、国内游客14.5万人，旅游业总收入7286.41万元。乡镇企业总收入15370万元，比上年增长22.76%。全县地方财政一般预算收入2630万元、较上年增长14.2%，地方财政支出52949万元、较上年增长87.9%，财政收入仅相当于财政支出的1/20。全部单位从业人员2815人、年均劳动报酬26477元/人，其中在岗职工人均年工资26868元。年末城乡居民存款余额19616万元，同比增长22.8%。[①]

受险峻的地理环境所限，贡山县的交通状况一直难于改善。新中国建立前，贡山县交通运输主要靠人背马驮，虽有怒江而无从发展水上交通，马帮是最重要的运力。1988年，全县也仅修通县城连接州府的公路33千米。二十一世纪前后二十年，各级政府高度重视贡山县的交通建设，投入巨资劈山开路。截至2008年底，全县公路通车里程已达606.46千米，其中：省管公路35千米，县道178.36千米，乡道181千米，专用公路212.1千米，四级以上公路里程共计354.16千米，等外公路252.3千米；沥青、水泥路面81.61千米，砂石路面和无路面524.85千米。跨怒江和独龙江吊桥共有23座、全长3195.2米，其中跨怒江吊桥13座、总长2129.2米，跨独龙江吊桥10座、总长1066米。全县路网密度为13.46千米/百平方千米。全县5个乡镇已全部通公路，26个行政村中有24个行政村通公路，公路通村率达92.31%。但由于聚落分散、地理条件复杂，实现自然村全部通公路的目标依然困难重重。

贡山县电信业近十余年发展迅速。1996年开始进行光缆通信工程建

---

① 本节关于县域经济社会发展现状的数据，参考《2011年贡山县独龙族怒族自治县领导干部经济工作手册》，内部资料。

设，1998 年成功实现电话号码升 7 位；1998 年建成多媒体宽带业务网。2010 年末全县固定电话总量达 3216 户，小灵通用户 121 户，电信 CDM 手机用户 1341 户，互联网用户 1350 户；全县 26 个村委会中，20 个村委会通程控电话，25 个村委会通移动电话；广播人口覆盖率 88.15%，电视人口覆盖率 89.47%；26 个村委会均已通电。

全县共有 15 所学校，其中小学 10 所，中学 5 所，设于县城茨开镇的贡山县中学是全县唯一的完全中学。学校教职工 453 人，其中专职教师 364 人（小学 198 人、中学 146 人）；小学在校生 3237 人，初中（含职业初中）在校生 1497 人，高中在校生 250 名。2010 年，小学毕业生 529 人，初中 473 人，高中 68 人；当年新招学生 1088 人，其中小学生 459 人，初中升 519 人，高中生 110 人。学龄儿童入学率为 99.79%。

全县共有卫生机构 9 个，拥有病床 103 张，卫生技术人员 182 人，其中执业医师和执业助理医师 71 人；每万人拥有卫生技术人员 50 人。

2. 福贡县经济社会发展现状

福贡县位于滇西北横断山脉和高黎贡山的纵谷地带，辖区沿怒江大峡谷南北展开且绝大部分在怒江东岸，南北分别与泸水县、贡山独龙族怒族自治县相邻，西与缅甸接壤，东与迪庆藏族自治州维西傈僳族自治县和怒江州兰坪白族普米族自治县毗邻，国境线长 142.3 千米，土地总面积 2724.64 平方千米，南北最大纵距 112 千米、东西最大横距 23 千米。县城与州府六库镇相距 120 千米。境内山高谷深，地形复杂，主要有江边台地、河流冲积扇、半山台地、缓坡地、高山缓地草地及山峰等 6 种类型，森林覆盖率 76.6%。受高山深谷悬殊的海拔（最高海拔 4379 米，最低海拔 1005 米）和复杂的地形影响，境内气候的垂直变化和区域变化大，有 6 个不同的气候带，年均气温 16.9℃，平均降雨量 1394 毫米，年均相对湿度在 80% 左右，无霜期 315 天，立体气候突出，属典型的旱作立体农业区。

全县共辖 7 个乡镇、57 个村民委员会、612 个村民小组。2006 年年末总人口有 9.5 万，其中 83189 人属农业人口、占 87.55%。傈僳族、怒族、白族等是境内世居民族，少数民族占全县总人口 98%。怒族则主要集中在匹河乡。

2010年，全县生产总值完成53981万元，其中，第一产业增加值完成10143万元，第二产业增加值完成21210万元，第三产业增加值完成22628万元；县级财政总收入完成4886万元，地方财政一般预算收入完成2658万元，地方财政一般预算支出58011万元；固定资产投资完成85300万元，金融机构存款余额88258万元，社会消费品零售总额完成17401万元；第一、二、三产业结构调整为18.1∶39.3∶41.9；农业总产值完成15030万元，比"十五"末增加972万元，年均增长6.9%；粮食总产量31431吨，比"十五"末增加2583吨，年均增长1.7%；农村经济总收入完成13236万元，比"十五"末增加5357万元，年均增长10.9%；农民人均纯收入1460元，比"十五"末增加662元，年均增长12.8%；全县累计接待国内外游客69.7万人次，实现旅游总收入1.72亿元；当年完成农村劳动力转移培训9330人，转移输出劳动力7570人，实现劳务经济收入2463万元。

截至2010年底，全县基本实现行政村"村村通公路"、有村级卫生室、文化站（室）；自然村通电率96%，广播电视综合覆盖率达87%，农村居民参与新农和比例95%；全县小学适龄儿童入学率99.13%，初中阶段入学率98.12%。①

（二）怒族主要聚居乡镇经济社会情况

1. 丙中洛乡

丙中洛乡是贡山县最北端的一个乡，介于东经98°23′-98°42′、北纬27°51′-28°31′之间，北与西藏察隅县察瓦龙乡为邻，南与本县捧当乡交界，东接德钦县燕门乡，西邻本县独龙江乡，位处"三江并流"世界自然遗产及国家级风景名胜区的核心地区。怒江由北向南贯穿全境，东有碧罗雪山，西有高黎贡山，两山夹一江，形成了典型的峡谷地貌。全乡总面积823平方千米，森林面积62548公顷，森林覆盖率为76%。

全乡下辖4个行政村、32个自然村、46个村民小组。2007年末，全

---

① 本节主要参考《福贡县2011年政府工作报告》。资料源自地方政府相关部门提供的纸质版；亦可见"福贡县人民政府信息公开网"。

乡总户数 1517 户、6283 人，人口自然增长率为 -0.77‰，其中：男性 3201 人、女性 3082 人；少数民族 6137 人、占全乡总人口 97.68%，其中怒族 3136 人、傈僳族 2042 人、藏族 547 人、独龙族 341 人，其他少数民族 70 人。

全乡共有耕地 14039 亩，人均占有耕地 2.48 亩。全乡粮食播种面积 1822 亩，粮食总产 2750 吨，农民人均占有粮 416 千克。全乡经济作物播种面积 2503 亩，总产量 523 吨。农村经济总收入 866 万元，农民人均纯收入 1011 元。大牲畜存栏 3394 头，生猪存栏 6640 头，羊存栏 1310 只。乡镇企业 86 个，从业人员 240 人，总产值 297 万元。文化站 1 个，文化室 2 个，电视覆盖率 75%。

全乡有中学 1 所，在校生 474 人，教职工 43 人，其中专职教师 34 人；有小学 9 所，在校生 589 人，教职工 62 人，其中教师 54 人。有乡卫生院 1 所，医务人员 12 人。①

乡境内有省人民政府批准的特级景点 3 处、一级景点 2 处、二级景点 6 处、三级景点 3 处。最负盛名的有"怒江第一湾""石门关"、滇藏茶马古道遗迹等。

丙中洛乡有多种宗教和谐并存。除了本土民间传统自然崇拜以外，还有传自藏区的藏传佛教，以及近代以来传入的天主教和基督新教。②

2. 捧当乡

捧当（怒语，意为老大居住的地方）乡位于贡山独龙族怒族自治县东北部，西北部紧邻丙中洛乡，东部和北部与迪庆藏族自治州的维西、德钦两县接壤，南部与茨开镇交界。由于地处碧罗雪山西麓，这里山势相对平缓，平均海拔 1800 米；气候温凉，年均气温 13.5-15℃，全年无霜期 265 日，日照 1352.4 小时，年降雨量 1300 毫米左右，有丰富的高山草场及江沿河谷，农牧业生产条件相对较好。全乡森林覆盖率 56.2%。

全乡总面积 488 平方千米，下辖闪当、永拉嘎、迪麻洛、马西当 4 个

---

① 丙中洛乡基础数据由乡政府提供；亦可见"贡山独龙族怒族自治县人民政府信息公开网"。
② 资料来源：丙中洛乡政府提供的《丙中洛乡乡情简介》电子版。

村民委员会、26个自然村、38个村民小组。2009年末全乡有1709户、5643人，其中乡机关81户、123人，闪当村460户、1427人，迪麻洛村557户、2100人，永拉嘎村458户、1474人，马西当村153户、519人。全乡农业人口1628户、5520人，占总人口97.82%。居民有怒、傈僳、藏、独龙、汉等9个民族成分。现有耕地面积9153亩，人均1.66亩；可利用草场5块，面积6万多亩；有经济林木4515亩，人均0.82亩；主要经济作物有白芸豆、油菜、核桃、板栗等；矿产资源主要有锡、铅、锌等重金属；野生优质药用植物有黄连、胡黄连、虫草、贝母、天麻等；全乡水能资源丰富，约5.66万千瓦装机容量的迪麻洛水电工程正在建设，是全州重点水电建设项目之一。2009年末，农作物播种面积24712亩，粮食总产量2488吨，人均有粮451千克；农村经济总收入985万元，人均纯收入1204元。乡内的主要农作物有玉米、水稻、荞麦。

目前，全乡4个行政村已基本实现通水、通电、通话、通路、通广播电视；农村低保人员2507人，占总人口的45.1%。

集中办学后，全乡共有完全小学1所，教学点2个，教学班15个，无初级中学和职业学校；教职员工共47人，其中专任教师35人，专任教师学历合格率为100%；在校小学生514人，其中寄宿生465人，占在校生90.47%。全乡青壮年人口共3359人，非文盲率为99.14%。

捧当乡有多种宗教并存。除本土民间传统的自然崇拜之外，还有传自藏区的藏传佛教，以及近代传入的基督新教、天主教，共有信教群众2225人，占总人口的38.5%。①

3. 匹河乡

福贡县匹河怒族乡位于怒江峡谷中段，距县城上帕镇45千米、州府六库镇90千米。东靠碧罗雪山，西与缅甸接壤，北连本县子里甲乡，南与泸水县接壤。土地总面积389平方千米，乡境内国境线长16千米。

全乡共辖普洛、老姆登、知子罗、沙瓦、架究、托坪、瓦娃、棉谷、果科9个行政村、47个自然村、95个村民小组。村寨多分布于碧罗雪山、

---

① 《捧当乡乡情简介》，捧当乡人民政府2010年1月18日（纸质版）。

高黎贡山海拔 1500 – 2000 米地带。2008 年末，全乡共有 3305 户、11379 人，其中怒族有 9696 人、占乡总人口 85%，是全国唯一的怒族乡；此外，还有傈僳族、白族（勒墨支系）、汉族、纳西族等其他民族。

截至 2008 年底，全乡耕地面积为 12912.9 亩，其中水田 1708 亩、旱地 11204.9 亩；大小牲畜存栏 21831 头（只），其中：牛存栏 2922 头、猪存栏 11901 头、山羊存栏 6895 只；大小牲畜出栏 10290 头（只），其中：猪出栏 6641 头、牛出栏 347 头、山羊出栏 3302 只，全乡肉类总产量 447 吨。当年全乡实现经济收入 1119 万元、同比增长 11%，农民人均经济纯收入 1052 元、同比增长 11%，粮食总产量 386.4 吨、同比增长 0.9%，人均有粮 382 千克、同比增长 0.2%。全乡绝对贫困人口 3584 人，占全乡总人口的 31.5%。

近年来，全乡大力发展生态农业，取得较大成绩。到 2008 年末，全乡完成茶园种植面积达 4200 亩，其中采摘面积 1056 亩，茶叶产量 10 吨，茶叶总产值约 178 万元。完成核桃种植面积 7500 亩、云黄连 5789 亩、草果 3200 亩、漆树 8250 亩。农村和农户经济收入来源得到有效拓展。

截至 2008 年底，全乡小学适龄儿童入学率达 99.10%，初中阶段入学率达 95.69%；全乡青壮年非文盲率 99.65%。全乡参加新农合 2503 户、9493 人，参合率为 96.41%；全年人口出生率为 7.4‰。[①]

4. 兔峨乡

兰坪白族普米族自治县兔峨乡位于县境西南部，介于北纬 26°06′ – 26°23′、东经 99°00′ – 99°21′之间。东北部与本县拉井镇接壤，东南部与大理市云龙县为邻，西与本州泸水县交界，北与本县营盘镇相连。全乡总面积 547.5 平方千米，海拔在 1360 – 3880.6 米之间，多年平均气温 18.5℃，多年平均降水量为 620.1 毫米，霜期为 60 天左右。乡政府所在地兔峨街距县城 95 千米。

全乡辖 14 个村民委员会、76 个自然村、86 个村民小组，2008 年末农业人口 18011 人、占总人口的 99%；少数民族占总人口的 83.7%。少数民

---

① 《2009 年匹河乡政府工作报告》（纸质版）。

族有傈僳族、白族、怒族、彝族、普米族、纳西族等,该乡是怒族在兰坪县境内的唯一世居地,主要集中在兔峨、江末等村。

全乡总耕地面积 2616 公顷,其中水田面积 416 公顷、旱地面积 2200 公顷。全年完成粮食种植面积 51657 亩,粮食总产达 828 万千克,比上年增长 4.7 万千克,增长率 0.57%;年末生猪存栏 14389 头,山绵羊存栏 24827 只,大牲畜存栏 13995 头(匹);生猪出栏 8320 头,山绵羊出栏 6845 只,大牲畜出栏 1165 头(匹),畜牧业总产值 564.7 万元,比上年增长 11.2%,畜牧业收入占农业总收入的 21%;全年农村剩余劳动力转移 464 人,其中通过县劳务中心输出 258 人,能人带动输出 16 人,就地安置 190 人,外出务工创收 417 万元;农民人均纯收入 1104 元。

全乡适龄儿童入学总数 1455 人,已入学 1427 人,入学率 98.03%;适龄少年 706 人,入学 628 人,初中入学率 92%;实现小学生巩固率 98.4%,中学生巩固率 97.5%。

全乡新型农村合作医疗参合率 96%,人口自然增长率控制在 0.2‰,农村低保覆盖面 28.6%。

全乡基础设施目前仍然非常薄弱,在 14 个村委会、76 个自然村中,未通路的自然村共 52 个,未通电自然村有 45 个,尚未解决安全饮用水的自然村 43 个,学校危房面积达 3890 平方米。①

三、近十年怒族聚居地区得到的扶持②

进入 21 世纪以来,中国的民族工作迎来了新中国建立后最重要也是最好的一个时期。半个多世纪特别是改革开放 30 多年国民经济的持续快速增长,使国家积累起了雄厚的国力;数十年政治和社会发展历程的经验和教训,使党和政府以人为本、和谐发展的执政理念日益清晰而坚定。也正因此,在国家做出扶持人口较少民族加快发展的决策前后,加大对西部、对

---

① 《兔峨乡 2009 年政府工作报告》(兔峨乡第八届人民代表大会第二次会议材料〈一〉)(电子版)。

② 本部分所用数据来源于贡山县民委和丙中洛乡政府、捧当乡政府提供的电子版材料。

边疆、对农村和牧区的扶持和倾斜力度的一系列惠农惠民政策也陆续出台。由于怒族主要聚居地区集西部、边疆、贫困、山区、农村等重要特征于一体，因此，十年来，促进怒族经济社会发展的政策因素，除了专门针对人口较少民族的特殊政策外，实际还有惠农惠民的系列政策、扶持西部和边境地区发展政策以及退耕还林、恢复生态等政策。

前文对从中央到地方各级政府扶持人口较少民族加快发展的政策措施已经进行了总体梳理，这里不再赘述。下面通过几个典型村寨的具体数据来展现怒族聚居地区得到扶持的具体情况和取得的具体成效。

（一）丙中洛乡秋那桶村

1. 基本村情

秋那桶村位于贡山独龙族怒族自治县丙中洛乡与西藏察隅县察瓦龙乡交界地带，世居居民主要有怒族、藏族、傈僳族。全村分为10个村民小组，即初岗、贡卡、嘎卡塔、青那、尼打丹、碧旺、石普、那恰洛和伍里一、二组。2008年末，全村共有299户、1169人，其中女性524人、占44%，农业人口1160人、占98%；少数民族1156人、占99.7%，其中：怒族785人、占67%，傈僳族173人、15%，藏族199人、占17%，此外还有独龙族3人、纳西族5人、汉族4人。村部青那距乡政府驻地约13千米。

秋那桶村地处怒江河谷，这里山高谷深，各村民小组分散在怒江两岸山麓和山腰地带。截至2008年末，全村实有耕地面积4649亩，农民人均有粮495千克；农民人均纯收入1011元，大牲畜存栏1264头，生猪存栏1466头，山羊、绵羊存栏142只。

秋那桶村既有优美的自然风光，又有丰富的人文资源。这里曾是滇藏茶马古道的要冲，迄今还有古道遗迹。怒江在这一段既宽展又比较平缓，是漂流的理想场所。居民除了保留民间传统自然崇拜外，还信奉藏传佛教、天主教、基督新教，显示出处于交通要道上居民的文化包容性，以及多元文化共存的和谐之美。

2. 各级政府促进发展的政策措施及成效

根据陪同调查的乡干部和村干部的介绍，近年来，秋那桶村围绕"绿色经济强村、民族文化旅游兴村"的目标，依托当地的自然风光和人文资源，先后实施"安居""温饱""易地搬迁扶贫""四通五有一消除"及"退耕还林"等一系列工程。目前，秋那桶村有 3 个村组已经通了油路；一个以傈僳族为主体的异地搬迁村落已经完成集中搬迁安置；通水、通电、通电视广播已实现全村覆盖；7 个村民小组实施了村间道路硬化工程；村委会办公楼、民族文化陈列室、卫生室、篮球场等公共设施已投入使用。其中，2010 年，由省民委、州民宗委投入 100 万元，集中对秋那桶村（组）进行综合性扶持建设，内容包括怒族传统民居保护和修缮、民族文化陈列室、活动场所、洗浴室、村建道路硬化、庭院整治、文化传承、劳动技能培训等。这个投入和建设规格基本上是标准化和示范性的。随着项目的陆续完成，秋那桶村的交通、通信、生活设施条件得到明显改善，民族民俗旅游开始起步。当调研小组入村调研的时候，已有 3 个农户经营起农家乐，其中两家自报近三年的年收入在 2 万 – 3 万元，并且在"五一""十一"、春节等旺季雇请亲友或乡邻 1 – 3 人帮忙，已经在获得明显经济效益的同时，产生了初步的社会效益。

（二）丙中洛乡双拉村

1. 基本村情

双拉村地处丙中洛乡南面，距乡政府所在地 11 千米，距县城 33 千米，均已铺成柏油路。东接捧当乡迪麻洛村，南靠捧当乡闪当村委会，西邻独龙江乡，北衔本乡丙中洛村。全村分九桶一组和二组、查腊一组和二组、双拉一组和二组、比必利一组和二组、酱龙组、小茶腊组、五祖组 11 个村民小组，世居村民以怒族、傈僳族为主，独龙族是 20 世纪 50 年代陆续从独龙江迁出并聚居于小茶腊的。截至 2008 年末，全村共 441 户、1576 人，女性占 48%，农业人口 1554 人、占 98%；怒族 1020 人、占 65%，傈僳族 413 人、占 26%，独龙族 143 人、占 9%。

双拉村地处怒江峡谷，山高谷深的峡谷地貌，使聚落稀疏分散，各个村组散布在山麓和高处的缓坡上。农民的传统生计属坡地耕种、林木、采集、渔猎混合的类型。自 20 世纪 90 年代中期开始，由于实行封山育林、野生动植物保护等生态修复和环境保护措施，林木采伐、野生中草药采集、野生动物捕猎等活动受到严格限制，致使农村居民的经济来源渠道急剧萎缩，越来越依赖耕作条件恶劣的坡地种植业。2008年末，全村实有耕地面积3873亩，其中包括江边的小块水田51亩；高山草场数千亩；农民人均有粮449千克；农民人均纯收入1085元；大牲畜存栏739头，生猪存栏1775头，山绵羊存栏656只。

2. 各级政府的发展扶持措施及成效

贡山县民委及其他相关部门和丙中洛乡政府认为，长期以来，双拉村由于投入不足、地处边远、基础设施严重滞后等原因，经济社会发展严重滞后；以基础设施建设为突破口，以产业结构调整为抓手，是促进该村经济社会又好又快发展的根本任务。据此，县、乡两级政府制定了双拉村扶持发展规划，并逐年加以具体落实。

一是利用国家对"全国兴边富民行动重点县"的专项投入30万元，对双拉村双拉自然村实施整村推进建设。共完成村间道路硬化及入户支道硬化2400平方米，完成村内标准公厕3座（每座20平方米），标准水泥球场1块，新建人马驿道6000米，受益78户218人。该项目自2005年底实施，2006年5月全部实施完毕。

二是利用"兴边富民行动示范点"建设项目资金30万元，对双拉村查腊自然村实施扶持建设。完成入村硬板路2500平方米（长800米、宽3.12米），村间卫生道1500米（宽1.2米）；建设民族文化演艺中心，并配置1套影像播放设备（电视1台、DVD播放机1台、投影放像设备及音箱1套）、桌椅板凳30套；组织党员、团员帮助6户特困户完成了安居房建设；组织受益农户完成了维修1000米引水管道建设任务；为查腊自然村74户、321人敷设人畜饮水管道，解决饮水困难问题；在两个村民小组各建一座20平方米的卫生公厕；新建一块标准水泥球场并投入使用。此外，还组织示范区50户农户完成科技种植1400亩。

三是投入国家扶持人口较少民族发展专项资金40万元，发展养殖业。扶持50户农户饲养黑山羊，共发放基础母羊500只；扶持107户农户饲养奶黄牛，投放基础母牛100头；扶持7个自然村饲养美国短脚种牛7头。

四是投入国家扶持人口较少民族发展专项资金40万元，进行特色种植业扶持。2006年投入16吨新鲜野生重楼，采用无性繁殖种植技术，扶持400户，完成滇重楼种植面积400亩，户均1亩；配合滇重楼种植需要，先后组织种植技术培训3期，受训480人次。滇重楼从2009年已开始有产出，户均增收约2000元，并有持续增收的潜力。

（三）丙中洛乡甲生村

1. 基本村情

甲生村位于丙中洛乡境北部，村委会距乡政府驻地约11千米，北与秋那桶村相接，南与丙中洛村相邻。全村分为秋科当、羊古当、重丁、彤它、甲生、南木开、四季桶和东风一、二组共9个村民小组。受峡谷地貌制约，居民点分散在怒江两岸的河谷台地和缓坡地带。世居居民主要有怒、独龙、傈僳、藏等民族。2008年末，全村共有346户、1201人，其中妇女558人、占48%，农业人口1076人、占98%。

长期以来，村民适应当地的环境和资源条件，形成了融坡地种植、林间和草地采集、木材采伐、森林狩猎、河滩捕鱼为一体的混合型生计。近十多年来，随着各级政府不断加大生态和环境保护力度，木材采伐、森林狩猎和采集等传统经济活动受到限制，当地农民的收入逐渐单一化，种植和养殖业成为主要生计来源。2008年末，全村实有耕地面积3019亩，人均有粮523.8千克；农民人均纯收入1162元；大牲畜存栏583头，生猪存栏1376头，山绵羊存栏68只。

2. 各级政府扶持发展的政策措施

县乡政府通过调查研究，认为甲生村是较为典型的贫困山村，全村经济以传统种养业为主，自给自足的自然经济色彩浓重；生产生活条件长期没有得到根本改善，生产生活设施严重缺乏。但这里土地资源丰富，气温适中，雨量丰沛，森林覆盖面积大，生态环境保护良好，具有较好的农业发展潜力。因此，根据全县扶持人口较少民族发展的整体规划及村民意愿，对甲生村实施了以下发展项目。

一是组织实施东风自然村整村推进项目。村间道路硬化3600平方米；新建篮球场两块（其中：小学球场 1 块），总面积为 1216 平方米；新建卫生公厕 4 座，总面积 60 平方米；扶持 4 户农户安居房建设，户均发放 1200 张石板；扶持 65 户农户改厩项目 65 间；为 10 户农户提供西门塔尔种牛 10 头，并对受扶农户进行了有针对性的养殖技术培训。该自然村项目建设总投入 45 万元。

二是组织实施了赤科当自然村整村推进项目。内容包括：扶持 30 户农户完成了危房改造；新建村间道路硬化 2400 平方米（宽 1.2 米）；新建村内卫生公厕 2 座，每座建筑面积 20 平方米；新建一块标准水泥篮球场；向 6 户重点农户提供 6 头西门塔尔种牛。该村项目总投入 30 万元。

三是组织实施重丁自然村整村推进项目。完成村间道路硬化 2400 平方米（宽 1.2 米）；架设人畜饮水管道 3000 米、1 立方水池 7 个；村民文体活动中心一个，建设面积 400 平方米。总投入 27 万元。

四是组织实施甲生自然村整村推进项目。完成村间道路硬化 3000 平方米（宽 1.2 米）；维修人畜饮水沟渠 1000 米；新建 1 块标准水泥球场；新建卫生公厕 2 座；向 5 户重点农户提供西门塔尔种牛 5 头。总投入 29 万元。

五是组织实施形它、南木、羊科当 3 个自然村畜品种改良项目。每村投入 8 万元，各有 5 户农户获得 1 头西门塔尔种牛的养殖扶持。

六是组织实施四季桶自然村整村推进项目。完成村间道路硬化 2400 平方米，新建卫生公厕 2 座，为 36 户农户新建牲畜厩舍；向 4 户重点农户提供 4 头西门塔尔种牛。项目总投入 21 万元。

上述扶持项目共投入 270 万元，涉及基础设施、民居改造、生产扶持等。随着居住环境、基础设施条件的改善，家庭经济和住房条件较好的 10 多户农户率先开展农家乐经营，目前年均收入在万元以上。

3. 扶持成效

2007 年末，上级部门对甲生村"扶持人口较少民族发展"项目实施情况验收结论如下。

（1）生产生活基础设施改善情况。全村 8 个自然村中有 7 个自然村通公路；6 个自然村完成农网改造，农户通电率 100%；6 个自然村通广播电视，另两个自然村部分农户靠自行安装的电视接收设备收看节目；6 个自然村通程控电话和通移动电话，2 个自然村通固定电话；全村有一所 60 平方米的卫生室，有乡村医生1名；全村全面完成了人畜饮水工程建设，解决人畜饮水困难比例为100%；8个自然村均已消灭茅草房，危房户比重降至1%；全村有一间70平方米的党员活动室，200平方米的村民文化活动室；村民用标准水泥球场共3块。

（2）经济状况。全村人均稳产田2.46亩，人均林地面积4亩；人均有粮515千克（不包含退耕还林补助粮）；人均纯收入1157元（含国家粮食综合直补）。

（3）教育状况。适龄儿童入学率99.1%，初中毛入学率98%，青壮年文盲率降至3.8%。

（四）茨开镇嘎拉博村

1. 基本村情

嘎拉博村为贡山独龙族怒族自治县县城茨开镇所辖，位于县城东南部约7千米，村委会北与县城连接，南与普拉底乡力透底村交界。全村分为齐朗当、黑玛、依茶独、嘎拉博、齐德、鲁卡、鸠木当等12个村民小组。世居居民主要是怒族、独龙族、傈僳族。2007年末，全村有451户、1506人，人均有粮301千克（不包含退耕还林补助粮），农民人均纯收入1097元（包含国家粮食综合直补人均97元）。

2. 各级政府扶持发展的政策措施

县、镇两级政府对嘎拉博村的发展扶持集中在2006、2007年两年间实施。2006年，县民委和镇政府利用"全国兴边富民行动重点县"专项资金，重点进行产业扶持和基础设施建设。根据各自然村实际情况和群众意愿，产业扶持集中在种养业方面，包括2年龄草果种植、秦艽种植、黑山羊养殖、人工鱼塘养殖；基础设施建设重点放在交通便利的自然村，内容包括村间道路硬化、村间卫生公厕、球场、村民文化活动室等。到2007年11月底，全村共完成2年龄草果种植2041亩，秦艽种植900亩，投放黑山羊650只，建成人工鱼塘13亩、投放鱼苗3200千克；村间道路硬化6630平方米，建完村民文化活动室1个（建筑面积80平方米），标准水泥球场2个，村内卫生公厕6座，田间沟渠400米。此外还完成安居工程34户。

3. 扶持成效

2007 末，扶持项目实施完成后，嘎拉博村的基础设施、产业情况大致如下：

（1）生产生活基础设施改善情况。全村 8 个自然村中有 7 个修通了公路；4 个自然村完成农网改造，户通电率为 81.3%；8 个自然村都通广播，可以接收中央台、省台广播节目；3 个自然村通程控电话，6 个自然村通移动电话；建成一间 60 平方米的卫生室，有乡村医生 1 名；8 个自然村全部完成了人畜饮水工程建设，所有自然村都有安全饮用水；全村已全部消灭茅草房，危房户比重降至 19.6%；全村有 1 间 70 平方米的党员活动室，1 间 80 平方米的村民文化活动室，村民用标准水泥球场 3 个。

（2）经济状况。全村人均稳产田 4.1 亩，人均林地面积约 4 亩；人均有粮 301 千克（不包含退耕还林补助粮）；农民人均纯 1097 元（含国家粮食综合直补）。

（3）教育状况。适龄儿童入学率 100%，初中毛入学率 98%，青壮年文盲率降至 1.5%。

四、对当前怒族经济社会发展面临主要困难和问题的思考

怒族当前经济社会发展面临的主要困难和问题，突出地集中在这样几个方面：一是基础设施建设严重滞后，成为制约怒族人民发展生产改善生活的瓶颈因素；二是民族教育脱离当地实际，不能为怒族地区经济社会发展提供强有力的智力支持和生力军；三是传统生计转型困难重重，人民的物质生活和精神生活仍然比较贫乏；四是民族传统文化消失加快，亟待加大传承与保护的支持力度。

（一）基础设施建设依然任重道远

1. 交通既是重中之重，又是难中之难

怒族聚居乡村基础设施建设中的重中之重，当属交通。没有便捷的交

通,生产生活资料和农林产品的运输,基本建设所需材料的运输等,所需时间成本、费用成本会大大提高,对发展生产、改善生活造成的严重制约将无法消除。以福贡县匹河乡架究村鲁门小组为例,该小组与州县公路的直线距离仅 800 米左右,但垂直高差达 500 米,运输全靠人背马驮,上下一趟要大半天,货物按重量收取运输费用,每市斤运费 0.25 元。因此,农户用各种惠农补贴购买的生产生活物资,仅运输一个环节造成的耗损就达 15%－30%。如果农户自己运输,则要搭上一个成年人几乎一整天时间,而且每次仅能背负 30－40 千克。而要将变压器、水泥电线杆等整件大型器材搬运上山,则需采取蚂蚁搬骨头的方式,由十多人抬着拖着,一尺一寸地向山上挪移,由此产生的人工搬运费甚至比器材本身的价格还要昂贵。其他如儿童就学、病人就医、走亲访友,要在狭窄、崎岖的山路上行走,一不小心就滚下悬崖深渊,出门之难,不身临其境,很难体会。因此,改善交通条件是怒族地区社会经济发展的先决条件,是重中之重。

同时,在怒族地区发展交通又属难中之难。正如前文反复提到的,怒族世代生活的怒江峡谷特殊的地理条件,给怒族地区交通发展造成了严重障碍。由于怒江河道落差大、险滩多、巨石密布,夏季暴雨成灾、洪水滔滔,秋冬春季无雨水枯,江流回旋于巨石之间,无法行船,所以河运无法发展,运输惟赖路桥。60 多年来,为了改善怒族地区的交通条件,各级政府一直在持续努力。今天,从总体上说,怒族地区的交通状况较之半个多世纪以前已经有了巨大的改善,公路系统已经将怒族所在各县、乡镇甚至半数以上的村落联系到一起,同时也将怒族与怒江峡谷以外的世界联系在一起。但是,受生计资源富集性差、无法支撑大型聚落的生存环境制约,历史上,怒族在蜿蜒上百千米的怒江峡谷两岸,形成了极度分散的上百个小型聚落。不仅如此,居民耕种的土地、采伐的林地等生产劳动场所远近不一、毫无规则地散布在聚落周边,而横亘其间的,或有湍急的河流,或有深切的溪谷,或有悬崖峭壁,或有陡坡密林。因此,要全面、根本改善怒族地区的交通状况,代价之巨、难度之大,可想而知!

目前已经初步建成的路系,是以沿怒江河谷开辟出来的州县公路这唯一通道为主干,串联位于江边的县城、乡镇政府驻地和部分村落,再通过公路桥、钢索吊桥或村道向对岸及附近的聚落延伸。由于钢索吊桥、公路桥及在陡坡和峭壁上开凿道路的建设成本高昂,加上滑坡、泥石流等地质灾害频频发生,这个路系除了主干道基本畅通之外,乡村支线晴通雨阻现象突出,而且延伸覆盖的速度缓慢,等外公路的升级建设也十分困难。

通过实地考察,我们认为,解决怒族聚居地区的交通问题,需要从两个方面入手。

一是各级政府继续加大投入,完善现有路系,提升现有道路和桥梁等级,并逐步扩大路系对居民点的覆盖面。各级政府的建设投入,需要在科学规划的基础上,整合交通、农业、民族、扶贫等各个部门的资金,适当提高等级和建设规格,稳步推进,尽量避免低标准的反复建设造成的重复消耗甚至浪费。①

二是依托和围绕现有路系,适当收缩居民点。怒族现实的居住格局,是适应传统生存方式而形成的,反映的是传统的自给自足生计的特点和要求。被动和消极地围绕现有居民点分布格局,要实现所有怒族居民点都能通公路的目标,这不仅是一个难以完成的任务,而且也是一个值得商榷的计划。因为包括怒族聚居地在内的民族地区,也需要顺应城镇化、工业化、市场化的发展趋势,来规划未来经济社会的发展蓝图。而现有路系是与怒江峡谷历史形成的政治经济社会网络格局和城镇布局相辅相成的,它既是怒江流域的交通和物流通道,也是信息和文化传播的通道,并且是整个怒江州未来经济社会发展的基本骨架和脉络。因此,依托现有的国道、省道、县道和县乡公路系统,以城镇及城镇周边、公路沿线、有一定规模的聚落如村委会所在地和耕地较多、耕作条件较好的自然村作为附吸点,将其他星散的农户,以及那些资源发掘潜力不大、自然环境比较恶劣、自然灾害易发多发、高寒地带上的小型居民点的住户,按照自愿、可行的原

---

① 在调查中,我们发现,这些年来,在实施基础设施项目建设过程中,由于没有解决好资金整合和科学规划的问题,一些地方和部门在资金有限的情况下,覆盖项目过宽,造成一些项目明显投入不足,工程达不到规格和质量标准,如一些与人马驿道相配套的钢索吊桥,由于载重能力过低,用不了几年就不得不另外架设能通轿车、农用车等农村新型交通运输工具的新桥;一些地方刚刚修通人马驿道,由于有了新的项目经费,马上又开始修建公路,人马驿道很快就废弃了,这样的反复建设,浪费大量宝贵的人力物力财力。

则，进行易地安置，不仅可以使交通难题得到较好、较快解决，而且还可为迁移安置的农户提供更多的发展机遇。相对集中化、规模化安置，有利于提高现有基础设施建设投入的效益，而缩小居民点分布范围所节省下来的道路建设资金，还可以用于提高现有路系的等级、规格和质量，使交通条件得到进一步改善。

2. 其他基础设施建设仍需注意因地制宜

近年来，在怒族聚居区，各级政府除了投入巨资改善交通之外，还实施了通水、通电、通广播电视电话宽带，建设球场、文化活动室、卫生室、垃圾池，村建道路硬化，修建沼气池等一系列基础设施项目建设，覆盖所及，怒族民众的生产生活环境和条件得到了明显改观。今后除了继续加大投入，扩大基础设施建设的覆盖领域和受惠面，让更多民众受益、使生产生活条件得到更大更全面的改善之外，还有如下一些需要完善和改进的方面：

（1）关于沼气技术推广。沼气是一种清洁、环保的重要生物能源，又是一种能够将种植、养殖联系和带动起来，产生经济与生态环保双效益的重要技术。这些年来，各级政府在全国广大农村地区大力推广这项技术，其成效得到普遍认可。但这项技术对场地、气候条件有一定的要求；是否能产生预期效益，与沼气池建设规格质量、使用者的用能习惯偏好、维护是否得法等有密切关系。从当地实际情况看：首先，怒族生活的峡谷地带一般比较陡峻，居民点往往坐落在坡度甚大的山腰或局促的江边，房屋周围稍显平展的空地极少，而且土层薄、随处岩层裸露，修建沼气池并非易事，大面积普及困难更多，像内地一些地区那样集中建池、统一供气更难做到。其次，长期以来，多数怒族乡村生产经营还很粗放，粮食产量低、余粮少，"养猪为过年"，生猪存栏量少，牛羊也以放养为主，沼气的主要原料来源少。再次，怒族积累人畜粪便浇地沃田的习惯还未普遍形成，"种卫生田"成为常态，因此，沼气池的维护也大成问题。又次，当地的气候特点是夏季多雨阴湿，秋冬天气寒冷，常年需要烧火烘烤粮食、驱寒取暖，煮饭、做菜、熬酒、烧水等，可以在火塘进行。因此，在怒族地区推广沼气技术，出发点虽好，却与当地的气候特点、地理环境、民族习惯不相契合。

（2）关于通电用电。通电工程给当地居民带来了很多便利，而怒族地区丰富的水能资源也宜于鼓励当地居民多用水电、适当减少薪炭需求以更好地保护生态和自然环境。需要注意的是：一要加强输电用电设施的安全保障。考察发现，当地乡镇的输电用电器材用品商店销售以及农户家中使用的电线、开关、插头等设备，往往都是一些价格比较低廉、质量比较低劣、安全性能较差的产品，如电线，线芯不少是铝质或极细的铜丝束的，纤细易断；绝缘层是软塑的，既薄易裂又易燃易熔；而农户牵引电线，无论室内户外，往往没有其他保护措施，很容易因各种原因受损而导致断裂漏电；随着农户使用的家用电器和其他用电设备的逐渐增多，因超载而短路或燃烧的风险也大大增加。又如插头，基本都是金属芯外凸的，缺乏经验的老人、孩子很容易在插拔时触电。因此，政府要通过监督检查，引导商家优选质量、安全更有保障的用电器材设备；实施"通电"工程时，相关部门必须严格督促施工单位采购和使用有质量和安全保障的材料和设备。二要鼓励相关企业开发一些当地适用的用电设备，如能供四五口之家全家围坐安全取暖、烘烤粮食和衣物的各式电烤箱等。换言之，通电并没不意味着相关需要都能得到满足，还需要引导市场进行其他方面的配套服务，尽量降低用电的潜在风险。

（3）关于公厕和洗浴室。在一些政府投入比较大、项目覆盖领域比较宽的示范村、样板村，我们看到在公共活动场所周围建有公厕，一些农户住房旁边修有洗浴室。修建这样的卫生设施，用意本来不错，可引导村民注意个人卫生和环境卫生。特别是在一些乡村旅游开展得比较好、有发展潜力的居民点，这样的设施可能是外地游客喜闻乐见的。但对于当地村民而言，却并非必需和适用之物。因为当地人不习惯积累和利用人的排泄物作为肥料的缘故，公厕往往成了藏污纳垢、污染空气的肮脏之所。而日常洗浴，居民更习惯在自家隐秘的内室冲洗，而不是跑到室外去招摇。

（4）关于通广播电视。通广播电视对于开阔人们的眼界、拓宽知识和信息获取渠道、丰富精神文化生活等，无疑具有重要意义。但是，实地调查发现，当地居民收看到、收听到的，除了时政类节目，就是以娱乐为主的卫视转播节目。像教育台、农村频道、普法节目等有助于提高当地居民生产生活素质的频道和节目，转播、导视很少。而州、县电视台由于经费、人员和能力所限，除了制作播放本地时政要闻之外，很少独立制作有本地特色、当地居民更喜闻乐见的乡土节目，转播的也主要是城镇居民收视率比较高的娱乐类节目。并且，播放的时间主要是根据城镇居民的一般作息时间，很少考虑农村居民的生产生活习惯和收视习惯。这就使广播电视的知识传播、信息传播、技术传播、文化传承、示范引导等功能受到很大局限。

（5）关于村级卫生室建设和医疗服务。地方政府在乡村基础设施建设中，一般都含村卫生室建设项目。目前怒族所在村委会都有了自己的卫生室，并且配备有至少一名村级卫生员，方便了村民的求医问药。但实地考察发现，村级卫生室面积比较小，一般只有两间房，外间是接待室、诊室、药房，里间是卫生员的休息室，或兼临时搭设的病床；没有专门给卫生员使用的灶房，没有避人耳目的专门诊室，没有近便的配套厕所。接待室的桌椅茶几也配不齐，病人来得比较集中或者有亲友陪伴，连坐的地方都没有。除了硬件尚需添加之外，卫生员的待遇、工作条件也难以保证。在福贡匹河的架究村访谈该村卫生员时了解到：该村卫生员小周（男，25岁）是本村人，2009年从怒江州医学专科学校护士专业回乡，在村里当卫生员兼计生员。每月固定工资390元。农忙时节帮助父母和妻子耕种，平时就背着背包，带着药品、针具，奔波在架究村的各个村组，哪里有病人就赶往哪里。由于架究村各村组都在河西的陡坡上，未通公路，全靠两条腿，行医的艰辛，可想而知！在其他调查点，村医的待遇和工作环境、条件也大抵相仿。由于怒族地区交通不便，年轻人外出逐年增多，及时送医送诊是对留守老人儿童的重要保护方式。如何通过提高工资福利待遇，留住一批经过专门训练的村级卫生员，并保障他们拥有必要的交通手段，使之安心在乡村行医，这是下一阶段需要各级政府研究解决的重要问题。

（6）关于修建垃圾池与乡村环境治理。调查发现，随着乡村居民消费工业产品的数量与日俱增，难以降解的各类废旧物品和外包装，包括电池、电灯泡、塑料袋（瓶）、玻璃瓶（渣）、金属壳、防震泡沫、化纤、橡胶等等，在房屋周围、道路两旁、河道沿岸，随处可见。这些东西不仅有碍观瞻、污染环境，而且像碎玻璃、钢钉、铁丝等尖锐之物，还极易给习惯赤脚行走的村民和缺乏安全意识的孩子造成意外伤害。由于当地居民对处置这些工业垃圾缺乏经验，因此，十分必要在各个居民点修建垃圾池，宣传、教育和引导村民逐步养成妥善处置工业品垃圾的习惯，以确保乡村环境清洁和民众生命财产安全。

以上略举数端，意在说明，旨在为怒族经济社会发展提供条件支撑的各种基础设施建设，要产生预期的效果，最大限度发挥效益，各级政府特别是相关部门必须在深入调查、倾听民需、尊重民意的基础上，科学规划、审慎选择、合理安排、有序推进，切不可简单照搬外地经验。而且，很多项目建设不仅要有常规的建设内容，还应当有当地实际需要的配套和周到服务。

（二）民族教育必须切合当地实际并服务当地发展

近年以来，由于各级政府以"普六""普九"为抓手，大力推进民族地区教育发展，怒族地区学龄人口的入学率、升学率、巩固率，教师的配置情况，学校的硬件条件等，都有明显改观。鉴于学校教育在现代社会扮演越来越重要的角色，而怒族等人口较少民族在办学和教学中的主体地位尚未得到充分体现，因此，如何办教育才能真正把国家、地方、民族、家庭和个体的利益更好地统一起来，是一个亟待深入探讨的重大理论和实践课题。结合调查所了解的情况，我们认为以下三个问题需引起各级政府高度重视：一是如何处理好集中与分散办学的关系。二是如何处理好务本与求变求通的关系，后者包括协调好通用教材与乡土教材的关系，解决公民素质教育与实用知识和技能培训的关系，以及增强国民教育延续怒族文化命脉的功能等。三是采取多种办法汇聚优质师资力量，切实提高办学水平。

第一，关于集中办学与分散办学的关系问题。自2001年《国务院关于基础教育改革与发展》（国发［2001］25号）颁行以来，地方各级政府根据理解和需要，对本地乡村教学点进行了撤并。怒族所在地区也不例外。以贡山县为例，怒族集中分布的二乡一镇7个行政村共有83个村民小组，经过撤并，现有初级中学 1 所、小学 11 所。调查中，受访村民普遍反映，现在孩子就学困难多。某乡一位曾当过小学教师的副乡长在陪同我们调查时介绍：

  现在集中办学，对于集中有限资源改善办学条件，有一定好处。比如课程师资配备比较齐，校舍相对较好，管理比较规范，等等。但是随之而来的问题也很多。一是低年级的孩子自理能力差①，生病成为家常便饭②；二是多数孩子或者因为胆小，或者是语言不通，无法与老师沟通，经常因为着急、想家而哭闹；三是小孩子对环境感到陌生，心神不宁，吃不好，睡不好，学习状态差；四是教师的负担沉重，不仅要上课，还要照料几十个孩子的起居生活，一点闪失都不能有，不仅劳累，而且精神压力大；五是一些家长放心不下，不时来校探望，见到家长的孩子哭，见不到家长的孩子更伤心，影响教学秩序；六是每个周末孩子回家，都需要家长接送，对一些人手紧缺的家庭是很大的负担。此外，孩子们大小不一，学生多了以后，照应不周，有一些大孩子欺负小同学，不仅老师担心，家长更是放心不下。由于存在这样那样的问题，有些家长甚至不愿让孩子上学，或者让孩子晚上学，从而影响了部分孩子的正常就学。

  除了这位乡领导介绍和分析的情况之外，尽管为了鼓励适龄少年儿童入学，各级政府采取了费用减免和补助的政策，但家长因孩子离家上学而需要给孩子提供零花钱、添置换洗衣物和日常用具，为跟老师和学校联系而发生通信费用，以及为接送和探望孩子而误工、发生交通费用等，这些对于相当一部分经济状况并不好的怒族家庭而言，也是很大的负担。假如考虑到实行计划生育政策后，一般家庭只有一两个孩子，家长因疼爱孩子

---

① 这位副乡长介绍说，有些低年级的孩子白天上课需要上厕所却不敢跟老师说，憋不住就拉在裤子里；晚上怕黑不敢去厕所，就把屎尿拉在床上；天气变化不会添减衣物，或者打闹把衣服弄湿弄脏不会换洗，个人卫生差，容易生病。

② 这位乡领导还介绍说，他爱人在乡中心校当老师。家里有一个大药箱，都是因为爱人作为学校老师，经常有学生来问要各种药，一点一点置备起来的。学校的老师几乎都是这样，买药都是自费的，既是自己的家常用药，也是学生们的救命药。

而在家里承受的牵肠挂肚的煎熬，远道就学所造成的困扰就更其难堪！

因此，针对怒族在怒江峡谷地带形成的高度分散的聚落格局，保留、撤并或新增教学点都应当实事求是，不可一味强调集中办学；应以所有适龄儿童都能就学、安学为第一原则，其受教育权利应当首先得到政府提供相宜条件的切实保障，其次才是家长的支持和配合。目前急剧收缩教学点以求规模效应和办学投资效益的做法，其实是一种政府省力而百姓费力的办学方式，是不可取的；在怒族聚居的贫困山区，这种集中办学方式就更显得不合情理、不近人情。

第二，务本与求变求通的关系问题。当今中国，教育的重要性被提到无以复加的地步；在民族地区，教育也被视为改变民族地区和少数民族命运根本出路。但是，什么样的教育才真正具有这样的价值？什么样的教育能够真正担当得起这样的使命？对于这样的问题，似乎并没有引起广泛的关注和严肃认真的讨论。早在20世纪30年代，我国著名的教育家潘光旦先生就曾一针见血地指出：

> 30年来所谓新式的学校教育的一大错误就在这忘本与不务本的一点上。新式的学校教育未尝不知道位育的重要，未尝不想教人生与各种环境打成一片；但是他们所见的环境，并不是民族固有的环境，而是20世纪西洋的环境。20世纪西洋的环境未尝不重要，对它求位育的需要未尝不迫切，但是因为忘却了固有的环境，忘却了民族和固有的环境的绵续性和拖联性，以为对于旧的如可一脚踢开，对于新的，便可一蹴骤几，他们并不采用逐步修正固有的环境的方法，而采用以新环境整个地代替旧环境的方法——结果，就闹出近来的焦头烂额的一副局面。①

遗憾的是，80多年过去了，当年被潘先生批评的"忘本"与"不务本"的教育，依然大行其道，尤以民族地区为甚。因为在片面理解"教育要面向现代化、面向世界、面向未来"教育方针的人们的眼里，民族地区

---

① 潘光旦. 忘本的教育 [M] //潘光旦文集. 北京大学出版社 2000: 555 - 556.

"封闭"且"落后",民族传统文化不仅属于"过去"而且"过时",似乎乏善可陈,因此凡事都要向先进地区看齐、向发达国家看齐,言必欧标美准,从而使教育的本土和民族特点长期受到忽视。其表现,包括重通用教材而忽视乡土教材的开发;重普通公民素质教育而忽视本土实用知识和技能传习,重现代新知识传播而忽视国民教育应承担的延续民族传统文化命脉的功能,等等。这样的畸重畸轻,使民族教育偏离"位育"的正道而变成不切实际的好高骛远、见异思迁。

具体到怒族地区的国民基础教育,要解决上述问题,就不能满足于通用教材教学,还需要开发与云南乃至怒江、怒族史地风物密切相关的乡土教材,使学生能够了解自己的身世、明了自己的命运,能够鉴古知今、察往知来,使其乡土感情、民族感情和爱国情怀能够次第生成互相支撑;不能满足于普通公民素质教育,还要通过本土实用知识和技能的传习,使学生能够立足家乡建设家乡,承继并光大父祖遗业,在这方水土担起保家卫国的职责;不能满足于现代新知识的传播,还要通过民族传统文化的继承弘扬,使学生能够将民族与世界、传统与现代、历史与未来连接和联结起来,而不致进退失据、丧失自我。

第三,采取多种办法,汇聚优质师资,努力提高办学水平。怒族地区和许多民族地区一样,当前办好教育面临的最急迫问题是师资问题。由于乡村公办教师一般都是来自城市或城镇,对这些习惯了城市生活的教师而言,怒族乡村是穷乡僻壤,工作条件艰苦,生活内容单调,而且收入微薄,个人发展机会少。因此,很多教师视怒乡为畏途,打心眼儿里不愿来,即使来了也不想久留。教师队伍人员流动大、心态不稳定,成为制约教学质量提升的重要因素。不仅如此,由于绝大多数教师不掌握怒语,不熟悉怒族地方情况,而学生普遍依赖母语,大多数学生家长的汉语沟通能力也较弱,因而师生之间、家校之间的联系和沟通障碍重重,这对教学和管理也造成了不利影响。要解决这些问题,首先必须通过国家财政的支持,参照大中城市中小学教师的中等或中等偏上的实际收入水平,大幅提高乡村教师的工资和其他福利待遇,用优厚的待遇留住、吸引师资;用定期进修、培训、参观学习等制度,保证乡村教师队伍的知识技能能够与时俱进。其次，采取物质奖励等激励措施，鼓励教师学习掌握怒族语言，鼓励体育、音乐、舞蹈、美术等课程教师学习怒族传统体育和艺术，在学校形成一种学习和传承怒族传统文化的良好氛围。再次，国家和地方财政提供专门经费，支持和鼓励怒族民族文化传承人等定期到校上课，为学生传授民族传统艺术、工艺和其他地方知识。此外，对于那些在怒族地区教学多年、有丰富教学经验、身体健康的老教师，在自愿的前提下，适当延长其退休年龄，使之能够为怒族教育事业继续发光发热。

当前我们国家已经积累起了比较雄厚的国力，在加快民族地区和少数民族经济社会发展方面，无论是政策还是投入，力度都在逐步加大。顺应这样的有利形势，各级地方政府和相关职能部门应当加强调查研究，结合怒族的实际情况，拿出因势利导的教育推进方案。切忌盲目效仿城市和发达地区的经验和做法，切忌机械地执行上级部门的一般性指导意见。

（三）产业结构调整需要因势利导

考察发现，多年来针对怒族基层社区和农户所采取的各种扶贫和推动发展的举措，根本上是一条旨在提高集约化程度的传统自给式种植经营之路。为了最终消灭当地刀耕火种的传统粗放经营方式，地方政府在生产工具、种子、化肥、地膜等生产要素方面进行了较大投入，还引导农户营造水田、种植水稻，发展灌溉农业。但怒江流域山高坡陡、暴雨集中的特殊地理环境和气候条件，其实并不适合普遍发展内地的精耕细作农业。怒族传统生计也并非以种植业见长，他们长期以来靠山吃山，将种植、养殖、采集、渔猎、林业结合在一起，不同区域可轮歇利用的可耕地多寡不同，这种复合型生计经营的结构也随之变化。但自20世纪50年代以来，先是受"以粮为纲"的农业政策影响，改革开放后又受到限制采集、渔猎、采伐等封禁政策影响，怒族的经济逐渐演化为单一的口粮种植业，并在耕作条件恶劣致贫、缺乏生产性投入更穷的困境中越陷越深。实践证明，口粮种植业这条"以粮为纲"的道路对怒族而言，是一条舍长就短的歧路，也是怒族长期无法靠自身努力摆脱贫困的重要原因。①

近几年来，地方各级政府似乎已经逐渐找到了多年来怒族经济发展长期徘徊不前的根源，开始重视怒族传统生计留下来的经验，开始引导和鼓励怒族民众摸索传统产业与现代产业的结合方式。在福贡匹河、贡山捧当等地的怒族村寨，部分怒族农户利用熟悉山林的传统优势，开始种植适宜本地气候条件的黄连、重楼、草果等特色药材和香料，并利用山林草地适当发展以黄牛、山羊等为主要畜种的山地畜牧，一种真正能发挥当地资源特色和当地居民传统知识技能特长的商品经济正渐成气候，少数大胆尝试的带头人，已经尝到了山林复合商品经济的甜头，民间的积极性也正在逐步被激发和调动起来。

由于国家和地方政府逐步加大对怒江的交通、通信等基础设施建设的投入，加上自然和人文旅游优势资源的开发，怒江与外部联系日益密切和频繁，里应外合发展商品经济的条件已基本具备。可以预见，这样一条注重将当地资源优势和当地少数民族长期积累的传统知识技能有效结合起来的道路，应当是有很好前景的。

（四）民族传统文化亟待发掘和传承保护

在调查中，部分受访的怒族干部和村民表示，近十年来，随着各级政府对人口较少民族经济社会发展的支持和推动力度越来越大，加上一系列惠农、惠边政策的实施，基础设施、基本物质生活条件得到了比较明显的改善。但是，随着基础设施条件的逐步改善和地方旅游资源开发推介力度的逐渐加大，他们发现：能够彰显地方特色和吸引国内外到访者的民族传统文化资源却没有得到有计划、有组织的发掘、整理并加以传承保护和开发利用。如我们实地考察贡山县城的文化娱乐场所时，最火热的一家歌厅是藏族锅庄酒吧，每天歌舞不断、人流熙攘。但却没有一家经营怒族歌舞和餐饮。在丙中洛乡，有七八家餐厅经营各色大众化的饮食，却仅有一家

---

① 贾仲益．生存环境与文化适应——怒族社会 - 文化的文化生态学解读 [J]．吉首大学学报，2005（3）．

能够提供几种怒族特色的菜品和饮品。在鲜花节等民族节庆上看到的民族歌舞、服饰，以及各种资料上看到的怒族特色建筑、传统工艺等等，在各种旅游窗口都没有得到很好的表现。

有的干部介绍，贡山县政府为了凸显人文特色，对乡村特别是那些保留着比较多传统建筑式样的村子采取了一些保护措施，包括鼓励建盖传统的木楞房并用石片覆盖房顶，由政府提供一定的费用支持；在公路沿线的移民安置点，统一修建传统式样的民居；政府对民族文化传承人进行认定、颁发证书并每年给予一定的补贴，同时要求传承人参加各类表演和展示活动，等等。

考虑到适龄少年儿童集中于学校，学生越来越成为传承和弘扬民族传统文化的主力，建议将怒族地区中小学校作为民族文化传承的主要基地，通过将民族传统文化传承人、民间知名歌舞艺人和手工艺人等引入学校课堂，以及对在校学生使用母语、传习民族歌舞工艺、积极参加民族节庆等实行加分鼓励等多种措施，培养怒族传统文化的传承人。

撒拉族经济社会发展调研报告*

调查人：良警宇 等

撒拉族是青海省的人口较少民族，为了解中国扶持人口较少民族发展政策对撒拉族地区的影响，本课题组于2011年下半年前往青海省循化撒拉族自治县进行了实地调研。本次调研的实地调研阶段时间为2011年7月。笔课题组走访了循化县的各个相关政府部门，并走访了积石镇政府，实地调查了新建村、下拉边村等政府扶持发展的重点村落。在对撒拉族社会经济发展的基本情况全面、整体性地了解的基础上，对小民族发展项目重点扶持的乡村之一——积石镇新建村进行了户访，共访问调查了48户村民，对260名村民的经济和社会生活状况进行了问卷调查。在实地调研的基础上，课题组对所获得的文献资料、统计资料、户访问卷资料进行了录入整理和分析，完成了调研报告的撰写。

一、撒拉族及循化撒拉族自治县概况

（一）撒拉族基本概况

撒拉族是青海省的人口较少民族，主要分布在青海省海东地区循化撒拉族自治县和化隆回族自治县、海西蒙古族藏族自治州的乌兰县，主要聚居区在循化县，共涉及3个县、12个乡（镇）、113个行政村，人口98753人。

---

* 课题组成员：良警宇　陈晓婧　张岳　刘莹　张红培　李平　蓝素端　韩华英　岳静林

(二）循化县基本概况

1. 自然与人文资源概况

循化撒拉族自治县位于青海省东部黄河谷地，地理坐标为北纬35°25′－35°56′，东经102°01′－102°49′。东西长90多千米，南北宽40余千米，总面积2100平方千米。循化县东接甘肃省临夏回族自治州，北连本省化隆回族自治县与民和县，西与本省黄南藏族自治州尖扎、同仁为邻，南与甘肃省夏河接壤，距省会西宁153千米，距甘肃兰州200千米，距甘肃省临夏市112千米，距热贡艺术之乡——黄南州68千米，是青海省的东大门之一，有循同、临平公路纵贯全境。

循化县地处黄土高原向青藏高原的过渡地带，四面环山，山谷相间，地势南高北低，海拔1780－4635米，海拔在1760－4635米之间，平均海拔为2300米，年均气温8.6℃。境内气候温和，夏无酷暑，冬无严寒，日照时间长，太阳辐射强，降水量小，光、热、水的垂直变化明显，属典型的大陆性气候。就全省而言，是种植条件最好的地区之一。自治县物产丰富，农作物以小麦、青稞、豌豆、黄豆、油菜为主，牧业以牛、羊、为主，园艺业特色明显，东部的清水、白庄，西部的查汗大寺等村是花椒、苹果、核桃的主要产地，所产的花椒、苹果、鸡蛋皮核桃驰名省内外，循化优良的自然条件，使这里以出产品质优良，品种繁多的瓜果蔬菜闻名全省。

水利资源富集。在青海地区，循化县是一个水利资源相对丰富的地区，境内山高沟深，水力资源丰富。黄河流贯县境北部，流长79千米，除黄河以外还有17条主要河流，其中13条为直接流入县境内黄河干流的一级支流，另有4条向南汇入甘肃省大夏河。已建成和在建的大中型电站有四座。公伯峡、积石峡是黄河上游水电开发的重大项目，装机容量分别为150万千瓦和100万千瓦，是继李家峡之后的国家和省上的大型水电站建设项目。中型水电站有黄丰（21.6万千瓦）和苏志（20万千瓦）两座，成为促进循化电力能源工业和为之服务的农副产品生产加工基地形成的有利条件。

生物资源丰富。循化县森林覆盖率为20%，境内多变的地形地貌，相对温和的气候，造就了循化县群山连绵、树木葱郁、物产丰富的独特自然景观。自治县东北和西南分布着茂密的原始森林，主要树种有云杉、油松、华山松、青冈松等，川水地区到处分布杨、柳、榆、椿等树木，全县林木总蓄积量 79.51 万立方米，是青海省森林覆盖绿最高的地区之一。此外，循化山区出产大黄、党参、三七、麻黄、干草、黄花、牛籽等六十多种药材，山林中有猞猁、狼、狐狸、白鬃、黄羊、马鸡等野生动物，开发前景可观。循化县背倚甘南、黄南两大牧区，是畜产品流入的重要地区，以肉产品加工、绒毛加工为主的粗加工型工业在街子工业小区兴起，并形成一定规模。

旅游资源特色明显。循化作为全国唯一的撒拉族自治县，撒拉族的民族历史文化、民俗风情、节庆习俗等少数民族风情在全国独树一帜。这里不仅有街子清真寺、骆驼泉、撒拉民居建筑、撒拉民族博物馆等极具撒拉族文化特色的旅游资源，也有文都寺、古雷寺、十世班禅故居和喜饶嘉措大师纪念馆等藏传佛教人文景观。全省第一个以野生植物为主的国家级自然保护区——孟达自然保护区，保护区以全省三万分之一的面积汇集了全省四分之一的物种，有药用植物 77 科 326 种。同时还有以公伯峡、积石峡为主体的黄河水道旅游资源，丹霞地貌景观等。青海省政府将黄河游览线作为发展旅游的重点区域，循化位于省内黄河段尾部，西接李家峡，东联刘家峡，而循化正是该游览带上联系两省的结点旅游目的地。丰富的自然和人文景观和资源，使循化县的民族文化旅游、生态旅游、黄河旅游、民俗旅游产业得到了快速发展，被列入全国农业观光旅游示范点、国家 4A 级旅游景区、全省旅游扶贫开发示范县、中国县域旅游品牌百强县、中国县域旅游品牌景区百强县、中国绿色名县、风景园林化城市。

交通状况大大改善，对外联系加强。循化县位于青海省东南一隅，受自然条件等多方面影响，在 2000 年前对外联系极为不便，仅有临平公路（省道）通过，受地质条件影响，路况较差，严重影响循化通行能力。目前交通状况大大改变，对外联系不断加强。

矿产资源贫乏，工业发展优势欠缺。据地质普查，循化县境内矿产资源有铁、铜、钼、沙金、硫铁矿、芒硝、石膏等，但低品位半生矿多，储量有限，开发难度大，开发前景差。

2. 历史沿革

循化地区自古以来就是多民族混居的地区。早在新石器时期，便有羌人在这里生息活动；先秦、西汉至明末时期，循化地区一直没有形成一个具有一定地理范围的独立行政区域；秦以前，循化为雍州地；春秋时"秦穆公，辟地千里，遂霸西戎"，这里的西戎系指羌人。西汉时期，循化纳入全国统一的郡县制度体系，为金城郡河关县地，后经历朝变更，所属郡县屡屡变迁，雍正八年（1730）"始立循化营，保安堡属焉"，属河州镇辖。乾隆二十七年（1762）移河州同知于循化营，称循化厅，隶兰州府。道光三年（1823）循化厅改属西宁府，民国后改西宁府为道，循化厅于1912 年改为循化县，属甘肃西宁道辖。1929 年青海建省，循化县归青海省辖，后于1959 – 1961 年，划归黄南藏族自治州代管；1962 – 1980 年，仍归省直辖，从1981 年起，归海东地区行政公署管辖至今。

现循化主要居民撒拉族系元朝中期（距今约 700 年），由中亚的撒马尔罕赶来循化的突厥人后裔。早在元朝时，撒拉族的先民——中亚撒玛尔罕人经新疆长途跋涉迁徙循化，后与周围的藏、回、汉、蒙古等民族长期相处，逐渐形成了后来的撒拉族。撒拉族有自己的语言，属阿尔泰语系突厥语族西匈语支的乌古斯组。由于和邻近的汉、回、藏等民族交往，撒拉也吸收了不少汉语和藏语的词汇，但无文字，撒拉族多通汉文。撒拉族信仰伊斯兰教，其生活习俗大体与回族相似。服饰六面撒拉族男子喜留胡子，头戴黑色或白色圆帽，身穿白汗褡，青夹袄；妇女头戴盖头，喜佩耳环、手镯等金银首饰。撒拉族善于从事商业、园艺、采伐、制革等，在湍急黄河激流上扳筏，尤为撒拉人的一手绝技。

3. 人口与社会经济发展概况

循化撒拉族自治县辖 3 镇 6 乡 154 个行政村，总人口 12.96 万人。其中，撒拉族建制村 90 个，占全县行政村总数的 58.4%；农业人口 11.384 万，城市化水平为 12.2%。少数民族占全县人口的 94.07%，其中，撒拉族人口 80630 人，占全县总人口的 62.2%；藏族人口 30234 人，占全县总人口的 23.33%；回族 10820 人，占全县总人口的 8.35%；汉族 7690 人，占全县总人口的 5.93%；土族 162 人，占总人口的 0.12%；其他民族 90 人，占 0.07%。积石镇、街子镇、白庄镇是循化现有的三个建制镇，积石镇是循化县城所在地。2009 年末，人口总数为 3.15 万人，其中非农业人口 12892 人，占全县非农业人口的 81.84%，城市化水平为 40.92%。①

循化县现状经济中，民营经济总产值已经超过农业总产值。2009 年民营经济总产值达到 102411 万元，农业总产值 30620 万元（现价）。2009 年社会总产值为 182019 万元（不变价格），比 1999 年的 40448.21 万元，增长 350%，三产比例从 1999 年的 1∶1.9∶0.5 转变为 1∶2.5∶2.5。全县 1999 年人均纯收入 818.00 元，2009 年农牧民人均纯收入 3862 元，人均口粮 277 千克。1999 年，全县贫困人口近 1 万人，2009 年年末实有贫困人口 13313 人，其中绝对贫困人口 2749 人。目前仍是国家和全省的重点扶贫县。②

循化县人口的主体是撒拉族、回族，他们具有较强的商品经济意识，勤劳而具开拓观念，以及从事商业活动的传统。每年出外打工、经商的劳务输出数以万计。撒拉族、回族等许多群众从事蔬菜、瓜果等经济作物的生产，有的开办私人企业，有力地促进和带动了地区经济的发展和当地的脱贫致富。

循化县社会经济发展中的突出问题表现在：人多地少，人口受教育水平亟待提高。循化属农业县，但境内多山，人多低地少，2009 年全县耕地总资源 197067 亩，其中水浇地 79199 亩，浅山地 104605 亩，脑山地 13263 亩，人均耕地 1.42 亩。③ 人多地少矛盾较为突出。其耕地零星破碎，浅山面积大，现代化的农业基础设施建设相对滞后，加之每年不断出现的干旱、冷冻等自然灾害，给全县粮食增产、农业丰收带来许多困难和不确定因素。④ 人口受教育程度较低，县城积石镇文盲约占总人数的 9%，小学以下水平约占 28%，全县青壮年文盲率高达 47%，人口受教育水平亟待提高。

---

① 《循化县 2009 年度主要经济指标》，循化县统计局，2010 年 4 月。
② 《循化县扶持人口较少民族发展规划实施情况总结》，2010 年 12 月 1 日；《循化县 2009 年度主要经济指标》，循化县统计局，2010 年 4 月。
③ 《循化县 2009 年度主要经济指标》，循化县统计局，2010 年 4 月。
④ 《循化县农业和科技局工作总结》，2010 年。

二、人口较少民族社会发展扶持政策和措施

2005 年，国务院批准实施《扶持人口较少民族发展规划（2005－2010年）》，对全国总人口在 10 万以下的 22 个民族聚居的 640 个行政村给予重点扶持。

撒拉族是青海省 2005 年唯一被列入扶持的少小民族。青海省委、省政府按照"国家扶持、省负总责、县抓落实、整村推进"的方针，制订了《青海省扶持人口较少民族（撒拉族）发展专项建设规划（2006－2010年）》，确定了扶持工作的重点，着重从基础设施建设、农村经济发展、社会事业、特色产业开发等四个方面来规划和落实扶持发展项目，切实扶持撒拉族地区经济社会全面发展。

（一）发展规划编制情况

《青海省扶持人口较少民族（撒拉族）发展专项建设规划（2006－2010 年）》是扶持全省撒拉族发展的建设规划，范围覆盖循化县撒拉族聚居的白庄镇 21 个村、积石镇 16 个村、街子镇 19 个村、查汗都斯乡 17 个村、清水乡 14 个村、道帏乡 3 个村等三镇三乡 90 个行政村、16771 户和 79986 人口。

此"一五"规划建设内容包括农村经济发展、道路交通、社会事业、旅游市场建设等四大类 190 个项目来规划和落实扶持发展，国家专项投资计划为 6224 万元。规划的目标是通过五年的努力，使撒拉族群众聚居的行政村的基础设施得到明显改善，群众的生产、生活和经济发展中的突出问题得到有效解决，基本解决贫困人口的温饱问题；使撒拉族的生活水平逐步迈向小康，其人均纯收入达到海东地区农民纯收入的平均水平。规划目标可概括为"四通五有三达到"的目标。即：

撒拉族群众聚居的行政村基础设施条件有较大改善，除个别条件极端困难的地区外，要实现"通电、通公路、通广播电视，通电话"。

撒拉族群众聚居的行政村"有学校、有卫生室、有安全人畜饮水、有

安居房、有稳定解决温饱的基本农田"。

撒拉族群众的人均粮食占有水平、农民人均纯收入和九年义务教育普及率指标要达到国家《扶贫开发纲要》和"两基"攻坚计划的要求。

在"一五"期间，将通过规划区的种植业结构调整，扶贫攻坚重点项目建设、人畜饮水工程、交通建设、科教文卫等社会事业的发展等项目建设，改善撒拉族群众生产生活条件，发展特色经济，促进群众增收，以期实现"四通五有三达到"的目标。

（二）扶持的主要项目及资金投入

自 2006 年国家启动扶持人口较少民族发展资金以来，循化县共获得中央扶持较少民族（撒拉族）第一个五年专项规划项目资金 6224 万元，实施项目 190 个。其中：2006 年下达投资 1800 万元，建设项目 36 个；2007 年下达投资 1800 万元，建设项目 75 个；2008 年下达投资 1513 万元，建设项目 32 个；2009 年下达投资 496 万元，建设项目 24 个；2010 年下达投资 615 万元，建设项目 23 个。5 年来，实施农村经济发展项目 55 个，投资 1390 万元。其中：①良种田改造 10 个项目，投资 111 万元，包括良种田建设 6470 亩、渠道防渗 265.7 千米、田间道路 40.8 千米、土地平整 2433 亩；②特色种植业 32 个项目，投资 444 万元，包括特色种植 6847 亩、温棚种植 220 幢；③养畜温棚建设 4 个项目，投资 442 万元，建设养畜温棚 15360 平方米；④人畜饮水工程 9 个项目，投资 393 万元。工程包括水塔 3 座、提灌站 5 座、输水管道 49.7 千米；⑤道路交通建设 39 个项目，投资 3503 万元，修建通村公路 213.5 千米；⑥社会事业项目实施 90 个，投资 991 万元。新建 90 个文化卫生室，建筑面积 11140 平方米、配备 60 套广播电视系统；⑦旅游示范村 3 个和 3 个集镇的综合治理及市场建设，共投资 340 万元。资金投向大致分为两类：一类是基础设施建设项目，占资金总量的 83%；另一类是群众增收项目，占资金总量的 17%。

（三）实施办法及主要经验

循化县委、县政府抢抓国家扶持人口较少民族发展机遇，依托国家

"小民族、大扶持、大发展"政策,坚持以撒拉族群众聚居村为重点进行扶持发展为原则,科学规划,整合资源,强化措施,扎实推进。

一是加强组织领导和协调服务工作。为了确保规划的实施,把各项工作和措施真正落到实处,成立了由县政府县长为组长,主管县长为副组长,以政府办、发改局、民宗局等16个单位为成员的循化县扶持人口较少民族发展规划实施工作领导小组,做好规划实施中的管理和服务工作。及时协调解决规划实施中存在的问题,确保规划顺利实施。

二是明确职责,同力配合,共同推进。较少民族项目牵涉到农村的方方面面,建设的内容多,协调的任务重,是一项贯穿五年的综合系统工程,必须有各单位和乡镇主要领导亲自抓,才能确保完成好这项工作。所以水利、交通、畜牧、文化、卫生、广电及有关乡镇等领导各司其职,各负其责,相互配合、积极协调,齐心协力,及时解决建设中存在的问题。进而加快和推进项目的顺利实施。

三是加大项目的宣传力度,加强协调工作,制定和完善项目使用、管护制度。要加强宣传,凝聚社会力量,合力支持人口较少民族发展。重视启动人口较少民族发展的内在动力,加强协调配合,形成工作合力。要尊重和发挥人口较少民族群众的主体作用,调动他们建设美好家园的积极性和创造性。

四是加强资金管理。较少民族项目资金管理方面,我们严格按照基本建设管理程序进行管理、保证项目资金专款专用,杜绝挤占,挪用资金现象发生,努力发挥资金使用效益。

五是动员群众参与建设和管理。充分调动基层干部和群众的积极性是落实扶持政策的内在动力,形成基层干部积极配合,广大群众积极参与,使扶持工作落到了实处。在研究确定规划项目中,充分尊重群众意愿,提高农民对实施项目的参与度,激发他们的热情和创造精神,变"国家的事"为"自己的事"。项目建设资金投资计划下达后,建设单位申报《项目实施方案》,经县较少民族办公室审核同意后方可开工建设,并与项目实施单位签定目标责任制,明确提出,凡是较少民族项目都要群众投工投劳等方式参加建设,并取得一定的劳动报酬,同时村上还派监督员参与管理，努力把农村的项目实施抓好，老百姓的事情办好。

六是对已列入规划的建设项目，在不到建设年限，没有下达投资计划之前，如果相关条件成熟，可提前实施。工程款采取垫付、预支或借贷，让群众提前收益；针对文化卫生室等公共基础设施单项投资少、规模小的状况，可与文教卫生部门争取的项目与资金整合规划，扩大建设规模，提高项目效能。

七是加强工程质量管理，强化监督检查工作。注重建设项目的前期工作，确保项目工程顺利实施。发挥监管部门的职能作用，加强项目跟踪督促，确保工程质量安全。由县发改局，会同县民委、财政、审计、监察等单位对项目实施从程序到竣工验收，从资金的拨付使用到工程质量和进度，进行全面稽查，发现问题及时提出，要求尽快整改，确保工程质量。切实做好扶持人口较少民族发展动态监测和考核验收工作。

（四）社会效益及影响

实施的扶持人口较少民族发展专项规划，政策力度之大、投入资金之多、覆盖范围之广，在循化县民族发展史上是前所未有的。

青海扶持人口较少民族《规划》实施近5年，是撒拉族生存环境不断改善、经济社会发展最快，以及撒拉族群众收入不断增长、生活水平提高最快的五年。五年来，发展专项规划实施取得了注目的进展和成果。循化县90个撒拉族群众聚居行政村已有85个村达到了考核验收标准，基本实现了规划确定的"四通五有三达到"的目标。一些昔日封闭落后的乡村，面貌焕然一新，具有了朝气和活力，生存环境得到明显改善，村容村貌、村风民风发生了较大变化，呈现出生产发展、生活改善、民族团结、社会和谐的良好局面。社会效益主要表现在以下几个方面。

一是基础设施显著改善。"一五"规划以改善群众基本生产生活条件为侧重点，主攻基础设施建设，突破和拓展了制约发展的"瓶颈"。期末，农村基础设施建设在量和质的方面均有大幅度的提升。其中全县90个撒拉族行政村实施了以村道硬化、通村公路、便民桥等项目建设，原有的村道基本实现硬化，一条条新修的水泥路通到群众的家门口。通公路的村占

100%，提升了 35 个百分点；安全人畜饮水工程，将清澈的纯净水引入庭院和灶头。达到安全人饮要求的村有 82 个，占规划村数的 91%，提升了 45 个百分点；村通电通电话工程的实施，极大地提高了村民文明的生活质量和便捷的生活方式。90 个村全部通了电和电话，分别提升了 12 个百分点和 58 个百分点。

二是特色经济快速发展。依托优势资源，调整产业结构，培育发展优势产业和特色经济，实现了经济的快速发展。农村经济总收入年均增长 16%，农民人均纯收入年均增长 17.2%。通过土地经营权流转，在黄河谷地建成了"两椒一核"种植基地和农业产业化示范基地，占地面积达 3500 亩；大力发展农区畜牧业，发挥传统养殖业优势，扶持养殖重点户，使全县的饲养量年均增长 11%。同时，积极培育地方特色工业产业体系，以"公司＋农户"的模式，相继扶持了农畜产品加工龙头企业和具有鲜明地方特色的民族传统手工业；探索出以餐饮、建筑、交通运输、民族用品加工业等产业结构多业并举，收入来源多点并收的良好态势，初步走出了一条生产发展、生活富裕、生态良好的发展路子。

三是社会事业稳步推进。在教育方面新增或改扩建教育用房 3450 平方米，办学条件进一步改善。全面落实"两免一补"政策，适龄儿童入学率达到 98.8% 以上，初中毛入学率达到 96.5% 以上，实现"普九"教育，上学难问题基本解决，适龄儿童入学率、初中毛入学率、青壮年非文盲率均达到青海省"两基"验收标准。在卫生方面，新增或改扩建卫生用房 3600 平方米，拥有卫生室的村达到了 100%，提高了 45 个百分点，新型农村合作医疗覆盖率达到 97.5% 以上，孕产妇住院分娩率达到 89.1%，"因病致贫、因病返贫"现象明显下降。在文化方面，新增或改扩建文化用房 7200 平方米，拥有文化活动室的村达到 100%，提高约 58 个百分点，有了固定的文化活动场所；能接受广播电视节目的村达到 98%，提高 37 个百分点。在社会保障方面，逐步建立社会保障制度。大力实施了安居房建设项目，使 325 户农牧民告别了危旧房、简易房，占撒拉族危房户数的 83%。已改善基本口粮田的有 32 个，占规划村数的 35.6%。

通过人口较少民族发展项目的实施，上学难、就医难、行路难、住房难、饮水难等问题得到了根本性的解决，生产生活条件及村容村貌明显改善，社会公共设施、教育卫生文化等条件得到显著增强。特别是撒拉族聚居区"四通五有"方面取得了丰硕成果。

青海扶持人口较少民族《规划》实施近 5 年，是撒拉族生存环境不断改善、经济社会发展最快的五年。循化县"十一五"期间"跨越发展、绿色发展、和谐发展、统筹发展"的发展目标得以实现，县域经济社会得到了快速发展。2010 年实现生产总值 11.23 亿元，工业增加值 2.21 亿元，完成县属固定资产投资 8.81 亿元，城镇居民人均可支配收入达到 13406 元，农牧民人均纯收入达到 4650 元，社会消费品零售总额 3.7 亿元。①

2008 年 8 月，回良玉副总理到青海省视察撒拉族发展情况，做出了指示。2009 年 7 月，国务院在青海召开全国扶持人口较少民族发展工作经验交流会，循化县被确定为现场观摩点，来自 12 个省（区、市）、25 个国家部委的领导及部门负责同志共 163 人观摩了扶持人口较少民族发展成果，充分肯定了青海省和循化县扶持民族发展的工作。

三、存在的主要问题及教训

循化县在实施扶持人口较少民族发展项目中，取得了一定成效，这一惠民工程、德政工程的经济社会效益已显现，但这些成效仅是初步的。2011 年按《规划》考核标准通过验收的行政村，其建设标准也是较低的；已列入《规划》考核验收范围但尚未通过验收的行政村，其经济社会发展仍十分滞后。从总体上看，循化县人口较少民族其发展所面临的困难仍然较多，加快发展的任务仍然十分艰巨。

一是已投资建设的项目标准起点较低，投资方向主要为改善群众最基本的生存条件，在改善民生、发展生产、促进群众增收及确保农村经济社会全面可持续发展方面投资较少，尤其是人才支持、合作开发等方面空缺。循化县 90 个撒拉族行政村中，仍有 5 个村"四通五有三达到"要求

---

① 《循化县 2010 年政府工作报告》，2011 年 2 月 25 日。

尚未达标，有些村虽然通过了考核验收，但从目前的状况来看，总体上还属于低水平的达标，其中还有近 50 个村基础设施功能仍十分落后，基础条件仍很脆弱，仍需进一步扶持。

二是已建成的近 40% 村级文化活动室、卫生室没有相应的配套设施，缺乏必要的图书和基本医疗品，文化活动室和卫生室的效能没有发挥。

三是个别乡镇及村在项目的后期使用和管护方面缺乏必要的措施和经费保障，致使部分设施闲置、设备损坏，面临着村道拓宽延伸、公共基础设施维修扩建等需要资金投入的问题。

四是农村基础设施建设覆盖面不足。自扶持人口较少民族发展项目实施以来，关注的重点是 90 个撒拉族行政村，对涉及 6 个乡镇的 38 个撒拉族群众聚居的自然村（有 2706 户、人口 13169 人，分别占全县农村撒拉族户数和人口的 10% 和 17.5%。），在第一个五年规划项目建设投资中，没有顾及，原本就基础设施薄弱、生产生活条件差，尤其是道路交通、通电、人畜安全饮用水和医疗卫生条件等仍存在许多问题，已成为制约当地人口较少民族脱贫致富的主要瓶颈。

五是社会事业发展滞后，基本公共服务均等化程度较低。农村文化基础设施薄弱，农民群众精神文化生活还比较匮乏；医疗卫生条件还较差，缺医少药问题突出，看病报销的比例偏低，社会保障乏力。

六是劳动力素质低，群众自我发展能力不强。其农业生产结构单一，再加上生产手段落后，农业生产力水平低下，增收困难，自我积累、自我发展的能力十分薄弱。

四、典型案例

在本次实地调研中，课题组以判断抽样的方式选取了循化县积石镇新建村进行典型调查。新建村位于县城黄河北岸，距县城 5 千米，既是一个撒拉族移民村，同时还是青海海东地区确定的新农村建设示范村和国家民委扶持发展较少民族的联点村。全村共有 2 个生产合作社，113 户，636 人，1260 亩耕地。

在各项扶持发展政策的支持下，2007年以来，新建村围绕编制新规划、发展新产业、建设新环境、改造新村庄、塑造新风尚，积极整合资源，完成投入1182万元，使新建村面貌发生了显著变化，在全县起到了良好的示范和带动作用。其发展的主要经验体现在以下几个方面：

一是突出农民增收，培育四大特色产业效果明显。依托新建村光热充足等自然条件优势，大力发展特色种植业，建立了700亩线辣椒、300亩优质核桃基地。发挥群众经营擅长和距离县城较近的优势，大力发展庭院经济，鼓励群众利用房前屋后空闲地，种植苹果、葡萄、杂果、蔬菜、苗木等31亩，户均增收4000元。抓住中石油援助、国家实施扶持人口较少民族发展的政策机遇，大力发展养殖业，实施了绵羊、奶牛养殖项目等项目，以统分结合、股份合作制的模式组建了养殖基地，成立了种植业和养殖业协会。结合青年创业小额贷款和新型农民培训项目，大力发展劳务经济，积极开展实用技术和"拉面"、刺绣等技能培训。争取小额创业贷款530万元，扶持该村群众大力发展"拉面经济"。目前，全村有59户群众从事餐饮业，其中在北京经营清真餐馆的达28户，"户有增收主业，村有支柱产业"的格局初具雏形。2007年，全村经济总收入达442万元，农民人均纯收入达4140元，比2006年增长18%。

二是发挥群众主体作用，村容整治富有成效。一方面，通过政府"以奖代补"、按户划分整治区域、村民出工出力和党员设岗定责、服务承诺制等活动，深入开展了"三清、六乱"为主的村容村貌整治工作。另一方面，多方筹资，加大投入力度，实施了大门、围墙、厨房、洗浴室、卫生厕所"五配套"改造工程和危房改造项目，县财政投入达51.5万元，群众自筹资金达300多万元，共整治残垣断壁68处、围墙2575米，设置垃圾处理点4处、垃圾箱12个，安装节能路灯26盏，46户农户对旧房进行了改造，102户农户实施并完成了"五配套"改造各项任务，户均领到5000元补助金和太阳能热水器一台。

三是部门联动形成合力，基础建设得到改善。采取部门支持新农村建设责任制和联户帮扶制，将各类涉农资金和项目整合捆绑，集中投放，形成合力。完成了村道硬化与拓宽延伸工程、村间渠系配套、村道绿化、农田林网建设,完成了集多功能活动室、图书室、医疗室、警务室、篮球场和村级小型广场为一体的综合村部建设,全村配备了太阳能热水器和太阳灶,完成了困难群众危房改造,维修了村级提灌站,新建了村中心小学教学楼,公共基础条件得到明显改善。

四是完善各项规章制度,长效机制初步建立。深入开展"八荣八耻"、《公民道德建设实施纲要》宣传教育和文明农户评选等精神文明建设创建活动,树立孝亲敬老、团结友爱、勤俭自强等新风气,不断增强村民文明道德素质。利用文化活动中心、图书室、科普宣传园地、法制宣传专栏,引导村民学习文化、学习科技、学习法律、督促村民讲诚信、讲科学、讲法制,不断提高群众遵守法纪意识。建立了村规民约、民主评议制度,制定了《卫生评比制度》《卫生员管护制度》《村道管护制度》等规章制度,组建了成立了村容村貌整治领导小组、卫生检查评比领导小组和青年环卫队,培养村民讲公德、讲文明、讲卫生的生活习惯,促进了长效机制建设。

在各项政策的扶持支持下,新建村已经建成了一个特色产业明显,农民持续增收,经济持续发展,社会公共事业全面发展;基础设施完善,公共服务趋于完善,村庄环境整洁优美;人民更加富裕,乡风更加文明,民主管理有序,社会更加和谐的新农村。

五、反思与建议

综合以上调研资料,可以看出,人口较少民族扶持发展政策在撒拉族地区取得了显著的成效,特别是基础设施建设、农村经济发展、社会事业、特色产业开发等四个方面,切实扶持了撒拉族地区经济社会全面发展。但仍存在许多问题,主要体现在物质基础和环境改善等硬件建设方面取得了很大的成效,但软件建设不足,可持续性投入不足,基础设施覆盖面不够,基本公共服务均等化服务建设投入不足等方面,特别是文化教育、医疗和社会保障等社会事业和可持续发展方面需要进一步引起重视。

根据调研资料,本研究提出的具体建议包括:一是加强人才支持、合作开发,在投资建设改善群众最基本的生存条件的同时,加强改善民生、发展生产、促进增收及农村经济社会全面可持续发展方面的投资。二是对已建成的近40%村级文化活动室、卫生室提供相应的配套设施，提供必要的图书和基本医疗品，发挥文化活动室和卫生室的效能。三是继续提供相关乡镇及村在项目的后期使用和管护方面的必要的措施和经费保障，避免设施闲置、设备损坏，同时加大村道拓宽延伸、公共基础设施维修扩建等需要投入的资金。四是继续扩大农村基础设施建设的覆盖面。五是发展社会事业，提供基本公共服务均等化程度，针对农村文化基础设施薄弱，医疗卫生条件较差，缺医少药问题突出，看病报销的比例偏低，社会保障乏力的状况进行重点扶持和建设。六是提大教育投入，在发展义务教育的同时，重视劳动力受教育水平的提高，加强技能培训，拓展就业渠道，提高群众自我发展能力。

新疆塔塔尔族经济社会发展调研报告

调查组成员：王晓莉　阿布都热西提·基力力　刘明新
　　　　　　连芙蓉　洪林杨　米吉提·哈尔得　马子媚
　　　　　　吴章隽
报告执笔人：马子媚　吴章隽
访谈资料整理：马子媚　米吉提·哈尔得　吴章隽

我国塔塔尔族是新疆世居民族之一，属于蒙古人种的西伯利亚类型，信仰伊斯兰教。根据全国第六次人口普查数据，约3556人，是目前我国人口最少的民族。从行政区域看，塔塔尔族主要集中分布在新疆维吾尔自治区的伊犁州、昌吉州和阿勒泰地区等3个地州、8个县、9个乡镇（场）的15个行政村。1989年7月昌吉州奇台县成立的大泉塔塔尔族乡，是全国唯一的塔塔尔民族乡，共917户4207人，塔塔尔族1450人，占总人口的34.6%[①]。本次调研主要在新疆昌吉州奇台县大泉塔塔尔族乡以及伊宁市、阿勒泰地区开展。

一、塔塔尔族基本概况

（一）历史渊源

塔塔尔族最早是我国古代北方突厥汗国统治下的"塔塔尔"部落，即后来的"鞑靼"本部，其作为一个民族约形成于15世纪，系白狄鲜于氏

[①] 数据参考来源：《大泉塔塔尔族乡人口较少民族4个民族基本情况调查表》（2012年8月）及《奇台县较少民族塔塔尔族特色村寨保护与发展"十二五"规划纲要》，内部资料。

后裔,是由蒙古人、保加尔人、奇卜察克人在历史上融合而成。"塔塔尔"(Tatars)这一族名是从历史上沿袭下来的,最早见于732年额尔浑叶尼塞碑文中的"塔塔儿"①,在后世史书中被称作"达坦""鞑靼""达达"等,均系不同汉语音译名,是本民族的自称。塔塔尔族认为"塔塔尔"一词具有两种含义:其一是指"毡房、部落"。公元7-8世纪,塔塔尔人生活在蒙古高原上,都居住在白色毡房中,聚集成大小部落;其二,"塔塔尔"是一种带刺耐旱植物的名字,俄语称为"布杜西片科"。② 目前在俄国境内,塔塔尔民族仍被称为"鞑靼"。

我国新疆地区的塔塔尔族主要是19世纪二三十年代及以后陆续从俄罗斯和中亚各国境内迁徙而来。当时,俄国封建领主加紧掠夺土地,一部分失去土地的塔塔尔人被迫出外流浪,其中有些人经过伏尔加河下游、西伯利亚、哈萨克斯坦来到中国的新疆,现居住在布尔津、哈巴河等地的塔塔尔族多半是这些人的后代,只有少数人经中亚过塔什库尔干至新疆南部。19世纪末至20世纪初,沙皇政府通过一系列不平等条约,打开了对中国新疆的通商大门。这时,处在俄国经济中心的莫斯科和中国新疆之间的喀山一带的塔塔尔商人也活跃起来,其中有些人到新疆做生意的过程中移居新疆,随之而来的还有部分教育工作者和宗教职业者。第一次世界大战及战后,又有不少塔塔尔人迁到新疆,主要是中小商人、农民和手工业者③。100多年来,迁居新疆的塔塔尔族,与当地维吾尔、哈萨克、乌孜别克、回、汉等民族休戚与共,相依互助,共同开发和保卫着祖国的边疆。

(二)人口分布及数量变化情况

1. 人口分布。塔塔尔族属于跨境民族。在国外,主要分布在欧洲东部伏尔加河流域和卡玛河渡口一带以及澳大利亚、土耳其、保加利亚和中亚

---

① 张敬仪,阿克赞. 关于"塔塔尔"一词的多种解释. 西北民族学院学报 [J],2001 (4).
② 周建华. 新疆塔塔尔族文化构成分析 [J]. 西北民族研究,2004 (4):97-105.
③ 主要参考周建华,郭永瑛. 塔塔尔族 [M]. 北京:民族出版社,1993;缪雪峰. 撒班节的起源与文化变迁 [J]. 新疆财经大学学报,2009 (1);等文献.

的哈萨克斯坦、吉尔吉斯斯坦、乌兹别克斯坦、塔吉克斯坦、蒙古等国家①。在中国，塔塔尔族主要分布在新疆维吾尔自治区境内的天山北部地区，在北疆的天山北坡经济带和伊塔阿沿边地州也有分布。其突出特点是分布在城市，主要居住在乌鲁木齐市、克拉玛依市、石河子市、昌吉市和伊宁市等；分布在农牧区的，主要散居在奇台县、吉木萨尔县、伊宁县、巩留县、昭苏县、新源县、霍城县、塔城市、阿勒泰市、布尔津县、青和县等山区和山前缓坡平原地区。

总体来说，新疆塔塔尔族人口分布的特点是大聚集小分散，即从全疆的角度看，塔塔尔族人口聚集在北疆地区（人口超过90%以上），且集中在乌鲁木齐市、昌吉州和伊犁州，但从县市一级单位看，塔塔尔族人口又散居在11个市40多个县。所以，相对于新疆其他世居民族如塔吉克族、柯尔克孜族等，塔塔尔族人口居住又比较分散。②

2. 人口数量。据全国第四次人口普查资料，1990年全国塔塔尔族总人口为5064人，其中新疆塔塔尔族总人口为4821人，占全国总数的95.20%；全国第五次人口普查资料显示，新疆塔塔尔族总人口为4921人，是世居新疆13个民族中最后一位，其中95%以上分布在北疆地区，4%分布在南疆的两州三个地区③；据2010年全国第六次人口普查统计，目前全国塔塔尔族人口为3556人，已成为我国境内人口最少的民族。在笔者的调查中发现，由于塔塔尔族人口较少，所以现在大都与其他民族，如哈萨克族、维吾尔族、乌孜别克族等民族通婚，这种联姻家庭的子女在户籍登记上多报为哈萨克族、维吾尔族等民族成分，这应是目前塔塔尔族人口较少的一个重要原因，但更多原因的探讨还需专门的主题调研。

（三）塔塔尔族文化习俗

婚姻家庭方面，塔塔尔族实行一夫一妻制。普遍与其他信仰伊斯兰教

---

① 周建华. 中国塔塔尔族人口规模的变迁和人口分布现状 [J]. 辽宁大学学报（哲学社会科学版），2003 (2)：70 - 74.
② 李建新. 新疆塔塔尔族调查研究——现状、问题与思考 [J]. 西北民族研究，2001 (4).
③ 周建华. 中国塔塔尔族人口规模的变迁和人口分布现状 [J]. 辽宁大学学报（哲学社会科学版），2003. 31 (2)：70 - 74.

的民族通婚，限制叔伯兄弟姐妹之间通婚，姑表联姻较少。婚礼按教规在女方家举行，通常新郎要在岳父家住一段时间，有的要到第一个孩子出世后才回自己家。人死后，按教规净身，缠以白布等，实行土葬。

居住上，城市塔塔尔族居民多住平顶土房，墙一般都很厚，里面粉刷石灰，有的还挂壁毯。服饰方面，塔塔尔男子喜穿白衬衣和黑裤子，外加黑色齐腰短背心或黑色对襟长衫。小帽有黑、白两色绣花。女子以戴镶有珠子的小花帽为美，喜穿白、黄或紫红色连衫带皱边的长裙，以耳环、手镯和红珠项链为装饰。

在饮食方面，塔塔尔族的日常主食除了馕、拌面、帕拉马西（馅饼）、饺子等外，还有"卡特力特"，这是用牛肉、土豆、大米、鸡蛋、盐、胡椒粉等为原料制成的一种类似于"抓饭"的食物。素以烹调著称的塔塔尔族妇女善于制作各种糕点，其中最具民族特色的风味食品当属"古拜底埃"和"伊特白里西"①。此外，有类似啤酒的"克儿西麻"，是用蜂蜜发酵制成的。还有用野葡萄制成的酒"克赛勒"，都是塔塔尔族喜好的饮料。

塔塔尔族十分重视礼仪，亲友相见要握手问候，妇女见面多握双手；尊老爱幼，热情好客，乐于助人；禁在水渠、水池、水井、涝坝附近洗衣服和在坝内洗澡游泳，忌在室内大小便，忌与妇女开玩笑，不准在住房附近、水源旁边、清真寺、墓地周围大小便、吐痰和倒脏水。

（四）文化艺术及教育事业

塔塔尔族有自己的民族语言，塔塔尔语属于阿尔泰语系突厥语族西匈语支。其中我国新疆地区的塔塔尔族主要有喀山、西比尔、诺盖、克里米亚几种方言。由于塔塔尔族与维吾尔族、哈萨克族等民族杂居，联系密切，因而这两个民族的语言、文字也逐渐成为塔塔尔族的日常用语和通用文字。目前新疆塔塔尔标准语言在喀山塔塔尔语基础上，吸收部分哈萨克语、维吾尔语而形成的。

---

① 古拜底埃是塔塔尔族日常生活中最主要的一种烤饼（中间夹有肉馅、大米、碎鸡蛋和干果）；伊特白里西和古拜底埃做法基本一样，但原料以南瓜为主，加入肉馅和大米。

塔塔尔族十分重视教育，文化事业发展较早，知识分子较多。由于一直重视教育，民族文化水平整体较高。尽管人口较少，但其语言文化始终保持着本民族的特色，而且成人的文盲率为零，在受教育方面一贯强调男女平等。早在1910年，塔塔尔族就在新疆建立了第一所具有现代教育色彩的新型学校——"曙光学校"。1915年，在曙光学校的基础上，塔塔尔人又创建了新疆历史上的第一所女子学校。19世纪末20世纪初，塔塔尔族的宗教上层人士在伊宁、塔城等地开办了以宗教教育为主、兼学一些算术、语文的学校。1941年创立的伊宁塔塔尔学校是新疆最早建立的少数民族新型学校之一。有的塔塔尔族知识分子还到农牧区办教育，为新疆教育的发展做出了贡献。

此外，塔塔尔族也是能歌善舞、热情奔放的民族。1932年，塔塔尔人创建塔塔尔剧团，这是新疆第一个现代剧团。其音乐具有独特的民族风格，节奏鲜明，活泼动听，具有中亚细亚音乐的特点。塔塔尔族的舞蹈既吸收了维吾尔、俄罗斯、乌孜别克等民族舞蹈的特点，又具有自己的独特风格。男子多踢蹲、跳跃等腿部动作，女子多手部和腰部动作。常跳的舞蹈有"艾皮拍""尕帕克"等。塔塔尔族的乐器种类繁多，著名的有"库涅"（二孔自吹的木箫），"科比斯"（置于唇间吹奏的口琴）、二弦小提琴等。唱歌、跳舞时也用手风琴、"曼陀铃"伴奏。

（五）宗教信仰与重要节日

塔塔尔族主要信仰伊斯兰教①，生活、习俗诸方面都受到伊斯兰文化的影响。塔塔尔族伊斯兰教众必须按规定时间、程序进行宗教活动：每天做5次"乃玛子"念经；每星期五要到礼拜寺作一次礼拜。主要节日有"开斋节""古尔邦节""撒班节"（又称"犁头节"），特别是"撒班节"十分隆重。"撒班"在塔塔尔语中是"犁铧"的意思，"撒班节"是塔塔尔族自己特有的传统节日，颇具民俗特色而不带任何宗教色彩，时间一般

---

① 主要信仰伊斯兰教逊尼派，有少量什叶派穆斯林。同时也存在少量的东正教、犹太教、基督教等信徒，以及少量无神论者。

安排在春耕结束、秋耕农忙开始之前，原来没有固定的日子（一般在 6 月 20 日至 25 日之间），现定在每年的 6 月 22 日。因为每年的 6 月 22 日是白天最长、黑夜最短的一天，同时正是农历夏至前后，处于春耕和接羔结束，正值牲畜长膘、庄稼成熟时节，夏收农忙即将开始，此时举行庆祝活动，包含着欢庆丰收的意义。庆祝"撒班节"时，人们多选择在风景优美的河滩湖边、树林草地来聚会，有歌舞、拔河、赛马、摔跤等群众性活动，以此增进相互间感情。同时，庆祝活动还邀请其他兄弟民族的代表参加，以增进各民族之间的友谊和团结。

（六）基本社会经济发展状况

新中国成立前，商业是塔塔尔族的主要经济手段。新中国成立后，特别是改革开放以来，塔塔尔族的经济部门种类包括商业、农业、手工业和畜牧业。农业也是生活在乡镇村庄之中的塔塔尔族的主要经济生产方式，和别的兄弟民族一样，他们种植一些常规农作物。

此外，塔塔尔族的手工业十分出名，主要经营皮革、成衣、刺绣等，尽管这已经不是塔塔尔族的主要经济部门，但在新疆奇台县的大泉塔塔尔族乡，塔塔尔族传统的手工刺绣已经发展成为当地的一个特色产业，刺绣产品远销中亚及欧洲各国。也有部分塔塔尔族从事畜牧业。

还有一些塔塔尔族聚居村落自然环境恶劣，灾害频繁，社会发育程度较低，基础设施落后，畜牧业、农业生产粗放，饲养管理和耕作方法滞后，社会生产力水平低下，社会经济发展缓慢，农牧民人均收入水平不高，低收入人口及饮水困难人数所占比重高，人均占有资源量少，所在地多是国家或自治区扶贫重点。

二、政府在扶持塔塔尔族发展方面的政策措施

随着中国社会经济实力的不断增强和扶贫开发、西部大开发的不断深入，以及全面建设小康社会和构建和谐社会战略目标的提出，人口较少民族的发展问题引起国家重视和社会的广泛关注。正所谓"小民族，

大政策",① 进入 21 世纪以来,中央和地方政府相继制定实施了一系列专门扶持人口较少民族发展的政策措施,集中力量帮助这些民族加快发展步伐。

(一) 国家扶持人口较少民族发展政策沿革

塔塔尔族作为 22 个中国人口较少民族之一,对其的扶持,涵盖在国家扶持人口较少民族工作之中。

2000 年,在费孝通的倡议下,国家民委组织由费孝通担任学术指导,由国家民委民族问题研究中心、中央民族大学、北京大学等单位共同组成的"中国人口较少民族经济和社会发展研究课题组",对 22 个人口较少民族的经济和社会发展问题进行了专题调查研究,此次调研,为国家制定扶持人口较少民族发展政策提供了重要的决策依据,引起各级政府对做好人口较少民族工作的重视,对加快人口较少民族发展步伐,促进各民族共同繁荣发展具有深远意义。

2001 年,国家民委向国务院上报了《关于建议把 22 个人口较少民族发展问题列入国家"十五"规划的意见》。同年 8 月 10 日,国务院办公厅《关于扶持人口较少民族发展问题的复函》的批示,标志着我国扶持人口较少民族工作正式提上中央议事日程。按照《复函》要求,从 2002 年开始,国务院各部门和地方各级政府在各领域加大对人口较少民族的扶持力度。其中仅 2002 年至 2004 年中央财政安排人口较少民族发展补助资金 1.17 亿元。

2005 年,经多方面调查研究和商议,制定了《扶持人口较少民族发展规划 (2005 - 2010 年)》(以下简称《规划》),标志着扶持人口较少民族政策的全面实施。自 2006 年起中央连续把扶持人口较少民族发展列入工作要点。近 20 个部门制定专项规划,安排专项资金,出台特殊政策措施,对人口较少民族的发展给予大力支持。这一系列重大政策措施和发展规划的一一落实,促使专门针对塔塔尔族的支持力度和投入也不断加大,而中央

---

① 费孝通先生提出。

和国家有关部委的高度重视，更是为塔塔尔族群众和地区的发展提供了基础性保障。

2011年6月20日，国务院批准实施《扶持人口较少民族发展规划（2011—2015年）》。该规划的实施，是我国全面深入实施第二轮扶持人口较少民族发展政策的重要标志。随着新一轮扶持人口较少民族政策的深入实施，塔塔尔族的经济社会发展迎来了前所未有的机遇。

（二）地方扶持人口较少民族的政策

新疆自古就是多民族聚居区，目前全区共有47个民族，13个世居民族，8个独有民族，其中塔塔尔族、塔吉克族、乌孜别克族、俄罗斯族4个民族属于人口较少民族，且都是跨境民族，总人口约7.4万人，主要分布在全区7个地州的19个县市、44个乡镇、95个村[①]。进入21世纪尤其是《规划》实施以来，新疆维吾尔自治区党委政府十分重视人口较少民族的发展，编制专项建设规划，出台实施扶持人口较少民族的相关政策，为人口较少民族发展提供了地方性政策保障。

根据国家要求和结合自身实际情况，新疆把制定和实施扶持人口较少民族发展规划作为工作的切入点和突破口，除塔塔尔族、塔吉克族、乌孜别克族、俄罗斯族外，还将撒拉族、达斡尔族、锡伯族、柯尔克孜族纳入扶持规划中。2002年新疆维吾尔自治区针对区内4个人口较少民族做出了《关于进一步加快人口较少民族发展的意见》《新疆人口较少民族"十五"期间经济和社会发展规划方案》和《新疆维吾尔自治区人口较少民族"十五"期间经济和社会发展项目计划》，提出新疆在近五年内做好人口较少民族工作的具体要求，编制了一份详细的人口较少民族经济和社会发展项目计划表，包括乡村通简易公路、乡村通电、村村通广播电视、农村人畜饮水、基本的人口素质教育、医疗机构和设施、群众住房改造及灾后重建、乡村文化站（室）建设和乡镇干部培训等方面，共159个项目，总投

---

① 数据来源于新疆维吾尔自治区民宗委2011年统计数据，内部资料。

资约 2.5 亿元。① 之后，新疆维吾尔自治区扶贫办编制了《人口较少民族聚居村扶贫规划》，各相关工作部门和人口较少民族群众所在地的政府部门也制定了相关的专项规划、年度工作计划。这些举措使组织实施工作具有较强的依据性和可行性，为扶持工作的顺利开展打下坚实的基础。此外，为实现自治区人口较少民族快速发展的目标，2007 年初，自治区政府提出《关于进一步加快人口较少民族发展的意见》，因地制宜，确保人口较少民族受益最大化。

2011 年，新疆维吾尔自治区人民政府颁布了《自治区兴边富民行动规划 (2011 - 2015)》及《自治区扶持人口较少民族发展规划 (2011 - 2015)》，计划未来五年，依托国家兴边富民专项资金、扶持人口较少民族发展专项资金，以及自治区各部门专项资金等，实施兴边富民行动和扶持人口较少民族发展，将"兴边富民"行动和扶持人口较少民族工作有效结合，促进人口较少民族经济社会发展，同时突出文化建设。

三、塔塔尔族乡"扶少"政策绩效评估

2006 - 2010 年，新疆维吾尔自治区合计实施扶持人口较少民族发展项目 581 个，其中：2006 年 75 个项目；2007 年 135 个项目；2008 年 109 个项目；2009 年 123 个项目；2010 年 139 个项目。作为新疆独有的较少人口民族之一，塔塔尔族涵盖在其中。由于新疆人口较少民族大都分布在边境和贫困地区，对于相对集中的人口较少民族地区，主要是加强基础设施建设，实行整体推进，彻底改变面貌；对于缺乏基本生存条件的地区，实施搬迁扶持，异地开发；对于较为分散的居住区，主要解决长期困扰当地群众的特殊困难问题，利用项目资金大力实施发展项目。

其中，塔塔尔族在新疆的人口分布呈现"大聚居、小分散"的特点，由于居住地域的气候、生产条件、受教育程度等的不同，分布在天山北坡和伊塔阿沿边地州两大区域及区域内部县市的塔塔尔族经济发展水平和人

---

① 陆健. 新疆扶持人口较少民族初见成效 [N]. 中国民族报，2005 - 05 - 24.

民生活水平具有一定的差异。下文将以塔塔尔族人口较为聚居的大泉塔塔尔族乡和伊宁市、阿勒泰地区布尔津县塔塔尔族聚居的乡镇分别作为天山北坡东段和伊塔阿沿边地州的典型代表，对塔塔尔族人口较少民族发展政策的落实情况进行探讨。

（一）奇台县大泉塔塔尔族乡

1. 基本概况①

奇台县大泉塔塔尔民族乡成立于1989年7月，是迄今为止全国唯一的塔塔尔族民族乡，也是塔塔尔族在乡村的主要聚居区。从地理区位上看，大泉塔塔尔族乡位于奇台县与吉木萨尔县之间，303省道穿乡而过，东与农六师108团相连，南隔东湾镇至天山山脉东侧西北处，西与吉木萨尔县相接壤，北至库尔班通古特沙漠，乡政府东距县城23公里。全乡有917户4207人，分属塔塔尔、哈萨克、汉、维吾尔、回、蒙古等8个民族，其中牧业人口3247人，占全乡总人口的78%；少数民族669户，占全乡总户数的73%。其中塔塔尔族1450人，占全乡总人数的34.6%。②

改革开放前，塔塔尔族主要聚居在该乡的黑沟村和大沟村（即南山牧场）。改革开放后，政府实施了牧民搬迁定居工程，将一部分牧民搬迁至大泉湖平原区定居，形成新的大泉湖村（大泉湖平原区定居点）。现今塔塔尔族乡实行乡村两级管理，辖7个行政村，其中4个牧业村，3个农业村，分别为烧房沟村、黑沟村、大泉湖村、大沟村、牛毛泉子村、马莲滩村和农业七村。

全乡总面积1349平方公里，其中草场162.4万亩，分为南山山区和大泉湖平原区两个区域，南山山区夏牧场草场155.4万亩，平原区面积7万亩，畜牧以牛羊育肥、奶牛、土鸡、马鹿等养殖为主。全乡耕地面积46252亩，人均占地6.5亩，主要农作物有小麦、玉米、甜菜、番茄、土

---

① 数据参考《奇台县较少民族塔塔尔族特色村寨保护与发展"十二五"规划纲要》（2011年3月）；大泉塔塔尔族乡人口较少民族4个民族基本情况调查报表，2012年8月，内部资料。
② 数据来源参考新疆奇台县塔塔尔族乡"十一五"扶持发展专项建设规划，2006年8月，内部资料。

豆、油料、大麦、打瓜及饲草、苜蓿等。

2. 《规划》实行前大泉塔塔尔族乡社会经济发展状况

大泉塔塔尔族乡建乡时间较晚,由于历史、自然条件等多方面原因,全乡经济社会发展水平还比较滞后,乡村两级集体积累薄弱,全乡人均国民生产总值和农牧民人均纯收入低于全县人均水平。概括起来主要表现在以下几个方面。

一是产业结构单一,农牧业科技水平低。全乡经济以农牧业生产为主,二、三产业所占比例很小,农牧业收入中来自畜牧业的比重偏大。大部分塔塔尔族群众长期居住在山区,信息闭塞,对畜牧业生产缺乏市场竞争意识,仍然沿袭着传统的粗放式养殖方式,科学养畜技能差,畜禽品种杂,商品化的育肥圈养规模小,牲畜品种改良进度慢。搬迁到农区的大部分牧民种养殖技术差,农业生产新技术应用不足,经营管理跟不上,造成农作物产量低,农业结构调整幅度小。

二是基础设施建设不完善,制约社会事业发展。农业基础设施建设不完善,资金投入不足,道路、居民饮水、用电、广播电视邮电通信、科技培训等生产、生活配套设施尚未实现全乡覆盖,造成市场信息不灵,服务体系不健全,科技服务力度不够等问题存在,部分村无固定的文化站和医疗卫生服务场所,不能满足当地群众的生存和生活条件,一定程度上制约了该乡科技、教育、文化、卫生事业的长足发展,对经济发展造成一定影响。

三是生态脆弱,牧民定居步伐缓慢。由于缺乏资金,大多数塔塔尔族牧民无力搬迁至平原区,仍然居住在山区,主要以放牧为生。长期超载放牧,致使草场沙化、退化严重,造成草场由北向南正以每 10 年 1 千米的速度退化,并有加速趋势,草场载畜量下降,耕地面积逐年缩小,生态建设投入不足,直接危及农牧民群众今后的生存条件和生存空间。搬迁到平原区的居民建房过于分散,占地太大,浪费土地,不仅不利于居民点的整体规划,还不利于开展科技培训、文化教育、政策宣传等活动,同时还直接影响了民族教育质量和牧民自身素质的提高。

四是土地瘠薄,农副业经济效益低下。全乡 2.176 万亩耕地,能够种植玉米、苜蓿、亚麻等作物的耕地面积较少，大部分耕地虽能种植小麦、油料、甜菜等作物，但由于开垦时间短，盐碱大，加之地下水位连年下降，水资源不足，水土不平衡的矛盾日益突出。加之农牧民自身经济条件差，对农业生产的新技术投入不足，经营管理不善，造成农作物产量低，农产品加工滞后，使全乡农副业整体经济效益低下，农业结构调整步履维艰。

3. 大泉塔塔尔族乡"扶少"项目扶持及完成情况

改革开放以来，塔塔尔族乡农牧业生产虽有一定增长，但与其他乡镇和地区相比还有很大差距。2005年，塔塔尔族被列入《扶持人口较少民族发展规划（2005－2010年）》实施范畴。在西部大开发进程中，随着国家对少数民族地区及人口较少民族的大力扶持，大泉塔塔尔民族乡政府也开始重视人口较少民族发展工作，并从维护民族团结大局出发，把加快人口较少民族村的发展作为全面建设小康社会、构建和谐社会的重要任务。同时紧紧抓住国家对人口较少民族发展项目资金扶持的优惠政策，使全乡的基础设施建设得到不断完善，农牧民的生产生活水平有了明显提高。

（1）扶持的主要项目规划

为深入贯彻落实《规划》要求，促进塔塔尔族经济社会发展，奇台县政府及大泉塔塔尔族乡政府根据当地实际情况，制订了《新疆奇台县塔塔尔族乡"十一五"扶持发展专项建设规划》，规划范围涉及交通、农田基本建设及水利、卫生、文化体育、牧民安居工程、广播电视、科技推广及培训等分项内容。主要扶持项目及资金投入情况如下：

①交通项目——塔塔尔乡烧房沟村、黑沟村、大沟村、半截沟村（大泉湖村）公路改造工程

奇台县塔塔尔民族乡总人口4207人，其中塔塔尔族1450人，大部分居住在天山深处的黑沟、烧房沟、大沟和半截沟等4个牧区，距县城约50公里，地势南高北低，山沟重叠不平，交通极不方便，严重制约4个牧业村的经济发展。经测算，4个村共需修建通村公路23公里，共需投资230万元，其中要求国家补助184万元。

②农业基本建设及水利项目

A. 机井更新 17 眼，投入 170 万元，申请投资 119 万元。2005 年该乡播种面积为 2.3 万亩，人均 6 亩，有机电井 72 眼，因大多数机井是上世纪 80 年代前打的老井，随着水位不断下降，4 个牧业村有 17 眼机井需更新改造，每眼机井平均投入 10 万元，计 170 万元。

B. 防渗渠道 38 公里，投入 152 万元，申请中央投资 106.4 万元，自筹 45.6 万元。2005 年全乡共有各类渠道 228 公里，防渗渠 88 公里，还有 38 公里土渠需修水泥盖板渠道，提高水利用率 40%，增加灌溉面积近 3000 亩。每公里平均需投入 4 万元，共需投入资金 152 万元。

C. 村级卫生所建设项目。按照卫生部甲级卫生室标准，4 个牧业村每个村卫生室需三室分开，每个村卫生室建筑面积不少于 90 平方米，共计 360 平方米，每平方米 1000 元，仅房屋建设需资金 36 万元。另外配置相应的卫生室诊疗设备如诊断床、药品柜、常用器械包、常用药品等需资金 16 万元，二项合计村级卫生所共需资金 52 万元，其中申请国家投资 16 万元。

③乡文化站、村文化室建设项目

A. 乡文化站成立于 1989 年，但无固定站舍和活动场地，借用办公室不足 20 平方米。为加强文化阵地建设，满足文体活动需要，需修建一座 200 平方米文化中心，包括内部基本设备，需资金 35 万元。其中：申请国家投资 20 万元，自筹 15 万元。

B. 4 个牧业村各建一座 50 平方米的文化室，配套相关设备。其中：主体修建装饰及配套相关设备，1 座文化室需资金 8 万元，4 座共需资金 32 万元。计划申请国家投资 20 万元，自筹 12 万元。

④牧民定居工程

大泉塔塔尔族乡是以牧业生产为主的少数民族乡。由于牧民定居资金短缺，截止规划前尚有70户牧民未实现定居。为从根本上解决这一问题，加快牧民定居步伐，促进牧区经济健康快速发展，计划将70户游牧或半定居牧民家庭搬迁至大泉湖平原区实现完全定居。搬迁定居中每户牧民需投资2.5万元，其中国家投资2万元，牧民自筹5000元。70户共需资金175万元，其中需中央投资140万元，自筹35万元。

⑤广播电视工程

随着农牧民生活水平日益提高，广大农牧民对外来信息的需求也日益增强，广播电视成为接收外来信息的主要渠道。计划为4个牧业村各修建有线电视接收站1个，并配套相关设备，预计总投入60万元，其中申请国家投资48万元，自筹12万元。

⑥科技推广及培训项目

大泉塔塔尔族乡因长期以来缺乏农牧民学习培训的场所，多数牧民掌握运用农科知识有限，严重制约了该乡经济的发展和农牧民收入的增长。为了尽快提高农牧民的文化素质，给农牧业的增产增收、农牧民致富带来科学种田、养殖等先进技术，计划修建一个300平方米科技培训中心并配套相关设备，预计总投资57万元（包括主体修建30万元，装修、购置设备及人员培训费27万元），其中申请国家投资50万元，自筹7万元。

此外，2010年计划依托民族特色文化资源优势，在大泉塔塔尔族乡沿路修建塔塔尔族民族风情园，充分挖掘塔塔尔族的民俗、民风、民情等文化资源，通过民族风情园的建成，带动塔塔尔族餐饮业、塔塔尔族手工艺品等的发展，向世人展示塔塔尔族文化。

具体发展规划见表1。①

---

① 参考《新疆奇台县塔塔尔族乡"十一五"扶持发展专项建设规划》，2006年8月，内部资料。

表1 大泉塔塔尔族乡"十一五"扶贫发展规划项目

	序号	项目所在地	项目名称	建设规模及内容	总投资（万元）	受益人口较少民族		
						中央投资（万元）	民族	人口（人）
交通	1	奇台县塔塔尔乡烧房沟村	乡村道路建设	道路总长7公里	70	56	塔塔尔族	320
	2	奇台县塔塔尔乡黑沟村	乡村道路建设	道路总长5公里	50	40	塔塔尔族	558
	3	奇台县塔塔尔乡大沟村	乡村道路建设	道路总长5公里	50	40	塔塔尔族	280
	4	奇台县塔塔尔乡半截沟村（大泉湖村）	乡村道路建设	道路总长6公里	60	48	塔塔尔族	292
农业基本建设及水利项目	1	奇台县塔塔尔乡烧房沟村	机井更新	更新机井5眼	50	35	塔塔尔族	320
	2	奇台县塔塔尔乡黑沟村	机井更新	更新机井4眼	40	28	塔塔尔族	558
	3	奇台县塔塔尔乡大沟村	机井更新	更新机井3眼	30	21	塔塔尔族	280
	4	奇台县塔塔尔乡半截沟村（大泉湖村）	机井更新	更新机井5眼	50	35	塔塔尔族	292
	5	奇台县塔塔尔乡烧房沟村	防渗渠道建设	修建防渗渠道10公里	40	28	塔塔尔族	320
	6	奇台县塔塔尔乡黑沟村	防渗渠道建设	修建防渗渠道10公里	40	28	塔塔尔族	558
	7	奇台县塔塔尔乡大沟村	防渗渠道建设	修建防渗渠道8公里	32	22.4	塔塔尔族	280
	8	奇台县塔塔尔乡半截沟村（大泉湖村）	防渗渠道建设	修建防渗渠道10公里	40	28	塔塔尔族	292
村级卫生所建设	1	奇台县塔塔尔乡烧房沟村	村级卫生所建设	建设面积90平方米及诊疗设备	13	4	塔塔尔族	320
	2	奇台县塔塔尔乡黑沟村	村级卫生所建设	建设面积90平方米及诊疗设备	13	4	塔塔尔族	558
	3	奇台县塔塔尔乡大沟村	村级卫生所建设	建设面积90平方米及诊疗设备	13	4	塔塔尔族	280
	4	奇台县塔塔尔乡半截沟村（大泉湖村）	村级卫生所建设	建设面积90平方米及诊疗设备	13	4	塔塔尔族	292

续表

乡文化站、村文化室建设	1	奇台县塔塔尔乡烧房沟村	村文化室建设	建筑面积50平方米及相关设备	8	5	塔塔尔族	320
	2	奇台县塔塔尔乡黑沟村	村文化室建设	建筑面积50平方米及相关设备	8	5	塔塔尔族	558
	3	奇台县塔塔尔乡大沟村	村文化室建设	建筑面积50平方米及相关设备	8	5	塔塔尔族	280
	4	奇台县塔塔尔乡半截沟村（大泉湖村）	村文化室建设	建筑面积50平方米及相关设备	8	5	塔塔尔族	292
	5	奇台县塔塔尔乡文化站	乡文化站建设	建筑面积200平方米及相关设备	35	20	塔塔尔族	1450
牧民定居工程	1	奇台县塔塔尔乡烧房沟村	安居房	搬迁定居牧民25户	62.5	50	塔塔尔族	125
	2	奇台县塔塔尔乡黑沟村	安居房	搬迁定居牧民20户	50	40	塔塔尔族	100
	3	奇台县塔塔尔乡大沟村	安居房	搬迁定居牧民15户	37.5	30	塔塔尔族	75
	4	奇台县塔塔尔乡半截沟村（大泉湖村）	安居房	搬迁定居牧民10户	25	20	塔塔尔族	50
广播电视工程	1	奇台县塔塔尔乡烧房沟村	广播电视	有线电视接收站1个及配套设备	15	12	塔塔尔族	320
	2	奇台县塔塔尔乡黑沟村	广播电视	有线电视接收站1个及配套设备	15	12	塔塔尔族	558
	3	奇台县塔塔尔乡大沟村	广播电视	有线电视接收站1个及配套设备	15	12	塔塔尔族	280
	4	奇台县塔塔尔乡半截沟村（大泉湖村）	广播电视	有线电视接收站1个及配套设备	15	12	塔塔尔族	292
科技推广及培训项目	1	奇台县塔塔尔乡机关	科技培训中心	建筑面积300平方米及配套设备	57	50	塔塔尔族	1450

根据项目测算，"十一五"期间塔塔尔民族乡建设项目，共需投入资金963万元，其中交通设施建设投入230万元，农田水利建设投入170万元，修建防渗渠道投入152万元，修建乡文化站投入35万元，修建村文化室投资32万元，安居房工程投资175万元，修建村卫生所投资52万元，建有线电视接收站及配套设备投入60万元，修建科技培训中心及配套设备投入57万元。

同时，大泉乡提出和制定了《2006－2010年少数民族和民族地区综合扶贫示范项目规划》，规划项目共6项，总投资420.8万元，其中畜牧业发展项目投资 65 万元，乡村道路建设投资 86 万元，农网改造项目投资 100 万元，人畜饮水工程投资 64.8 万元，有线电视工程投资 27 万元，刺绣加工厂建设项目投资 78 万元。

（2）项目实施情况

自"十一五"规划以来，大泉塔塔尔民族乡紧紧抓住国家实施西部大开发和扶持少数民族地区经济发展的历史机遇，抓住"乌昌经济一体化"和昌吉州加快东三县发展的战略机遇，不断完善经济社会发展思路，贯彻落实国家扶持人口较少民族发展和兴边富民的优惠政策，落实《扶贫发展规划》。乡政府对塔塔尔族发展的扶持工作以牧民搬迁为重点，坚持"农业稳乡、牧业强乡、二三产业富乡"的经济发展战略，调整农业产业结构，充分利用 303 省道的地缘优势发展路边经济，拓宽渠道，多方争取项目资金，不断加大基础设施建设力度。目前全乡经济发展，社会稳定，农牧民生产生活水平得到改善。

①资金投入情况

根据新疆维吾尔自治区政府有关部门统计①，2006 至 2010 年五年间，奇台县共获得扶持人口较少民族发展资金 483 万元，其中大泉塔塔尔族乡获得 388 万元。2006 - 2010 年间奇台县及大泉塔塔尔族乡所获发展资金明细如下图，其余资金则为国家扶贫、民族、农业、畜牧业、财政等部门投入。

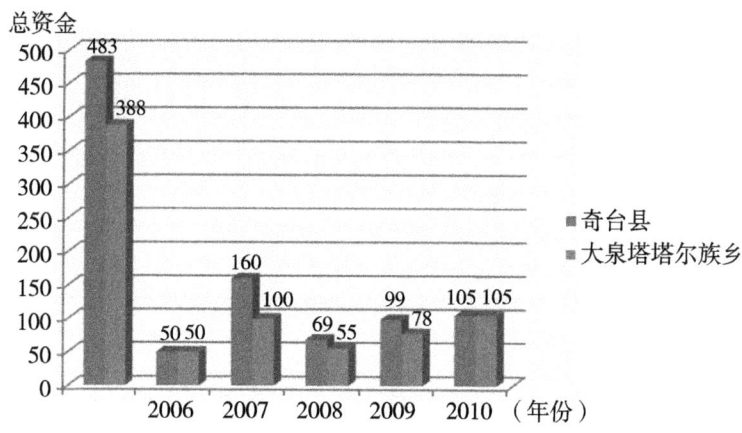

---

① 数据参考奇台县大泉塔塔尔族乡《2006 - 2010 年扶持人口较少民族发展分年度村级资金明细表》，内部资料。

奇台县扶持人口较少民族发展工作坚持以人为本，依托国家对人口较少民族扶持的政策优势，全面落实高效节水、高效经济作物种植、优质小麦生产和小麦良种繁育、现代畜牧业养殖、塔塔尔族村落等基础建设，使农业基础设施日益改善，农村经济合作组织运行规范，新农村建设、牧民搬迁稳步推进，刺绣产业逐步形成，集体经济不断壮大，民俗文化旅游初见成效，积极推进了人口较少民族经济和社会事业的发展。表2为奇台县扶持人口较少民族发展工作2007年资金项目安排情况（举例）。

表2 奇台县扶持人口较少民族发展工作2007年资金项目安排情况

项目名称	项目实施地点	项目建设内容	总投资（万元）	专项建设资金（万元）	少数民族发展资金（万元）	扶贫资金（万元）	其他资金（万元）
刺绣加工	大泉塔塔尔族乡	购置次修设备、进行技能和管理培训	20		20		
烧房沟村安全饮水	烧房沟村	修建水塔	20		20		
大沟村安全饮水	大沟村	打机井	10		10		
黑沟村危房改造	黑沟村	对已搬迁的80户牧民的50户进行抗震安居改造	50		50		
村卫生院修建项目	大泉塔塔尔族乡		18	18			
教学建设	乡中心校	购置教学设备	30	30			
基层政权建设	马莲滩村	村文化室修建	10				10
抗旱资金	大泉塔塔尔族乡		10				10

②项目实施完成情况

在各方的共同努力下，各项目建设、工程质量、进展、资金投入等基本能够按照预定规划完成，项目实施进程比较顺利。

在各种项目资金支持下，塔塔尔聚居村的基础设施建设和生产设施条件得到改善，基本实现了"四通"（通电、通路、通电话、通广播电视）、"五有"（有学上、有卫生室、有安全的人畜饮水、有安居房、有一项稳定收入来源的生产经营项目），通过了上级部门的整村考核验收，农牧民的收入水平和生活质量明显提高。

到 2010 年底，大泉塔塔尔族乡农牧民人均纯收入实现 7389 元，完成农业总产值 16031 万元，农业增加值 8690 万元；经济总收入达到 13099 万元；全乡工农业经济总收入达到 1.249 亿元，较上年增长约 19%。2011 年，实现农村经济总收入 14692 万元，农牧民人均纯收入达 8913 元，较 2010 年增加 1524 元。其中，种植业实现人均增收 469 元，畜牧业实现人均增收 695 元，劳动力转移和二三产业实现人均增收 365 元。全乡共有机电井 72 眼。完成牧民定居 40 户，安居富民工程 466 户。其中，塔塔尔族人均收入由 2008 年的 3927 元增长至 2011 年的 6465 元。

具体项目完成情况如下：

一是水利设施建设类项目。

2005 年大泉塔塔尔族乡争取国家项目资金 7.5 万元，自筹 10 万元，完成人口较少民族聚居村黑沟村上山地区 460 亩旱地喷灌工程，有效地改善了生产条件，增加了上山地区牧民的收入；争取人口较少民族发展资金 16.2 万元，修建了 2.5 公里的防渗渠。2006 年争取资金 50 万元修建 7.7 公里 U 型渠。2007 年争取人口较少民族项目资金 11 万元，解决人口较少民族聚居村大沟村安全饮水问题。通过加大水利设施建设力度，解决了人口较少民族聚居村农牧民安全饮水问题，同时增加了灌溉面积，使有限的水资源得到充分利用。2008 年争取人口较少民族聚居村烧房沟村和黑沟村机井配套项目资金 160 万元。2009 年争取项目资金 25.5 万元，修建黑沟村防渗渠 3 公里；争取项目资金 15 万元，修建大沟村防渗渠 2 公里。2010 年争取项目资金 46 万元，修建大沟村防渗渠 11 公里；争取项目资金 55 万元，修建烧房沟村防渗渠 13 公里；争取项目资金 100 万元，自筹资金 50 万元完成了牧区节水灌溉示范项目工程；争取项目资金 420 万元建成万亩饲草料基地一个；争取资金 296 万元完成节水加压滴灌 2.5 万亩，其中小麦 1.5 万亩。

二是社会公益设施建设类项目。

A. 乡村道路项目。2008 年争取项目资金 36 万元铺设黑沟村农田砂石路 5 公里；争取项目资金 52 万元铺设大沟村农田砂石路 6.5 公里；投入资金 50 万元，为烧房沟村新居民点架设线路。2009 年争取国家道路建设资金 89.6 万元，修建黑沟村、大沟村村村通柏油路 3.2 公里。截至 2010 年全乡铺设沙石路 7.8 公里、桥涵 15 座，全乡沥青混凝路铺设率达 92%。

B. 教育项目。2008 年争取资金 30 万元修建了中心校学生宿舍楼，现已投入使用；争取资金 10 万元，为中心校购置教学设备。

C. 卫生项目。2005 年争取资金 23 万元修建乡动物防疫站。2008 年争取资金 12 万元，修建了黑沟村、大沟村卫生室，方便了农牧民就近看病。

D. 文化项目。2006 年争取国家资金 78 万元，修建了乡办公大楼，解决了村级无场地办公现状，有效改善了村级办公条件。2007 年争取资金 66 万元修建了烧房沟村、黑沟村、大沟村三个村的文化室，丰富了农牧民的文化生活。2008 年争取 10 万元的篮球场建设项目，为黑沟村、农业七村购置相关配套器材。2009 年争取项目资金 30 万元修建村级文化娱乐活动场所 1 个，修建文化活动广场 1 个，农牧民综合文化活动中心 1 个，丰富了全乡农牧民的业余文化生活。

E. 通信项目。2005 年争取资金 400 万元，为大泉湖地区安装了程控电话，其中，烧房沟、黑沟、大沟三个村各投入 100 万元，加强了地区之间的信息交流。

F. 其他项目。修建围墙 3.5 公里；粉刷围墙 800 米；安装路灯 80 盏；设立新农村宣传牌 50 个；路牌 10 个；修建垃圾处理点 2 个；修建汽车站 1 个；改厕 100 座，"一池两改"配套率达到 100%，改厕率达到 80%。这些基础设施的完成，为新农村建设奠定了基础。

三是草场围栏保护工程。

2005 年争取国家投资 75 万元，完成大泉湖秋草场 30 公里的围栏建设，其中：烧房沟村投资 12.5 万元，黑沟村投资 25 万元，大沟村投资 10 万元。2006 年争取资金 285 万元，完成草场围栏工程 114 公里。2007 年争取资金 7 万元，完成南部山区 3 万亩的草场围栏工程。这些项目的实施，加快推进划区轮牧、休牧和禁牧工程，缓解了草场压力。

四是牧民搬迁工程项目。

牧民定居是实现人口较少民族经济快速发展的重要途径。由于大多数牧民还长期居住在山上，信息闭塞，严重制约了人口较少民族村的经济发展。通过实施牧民搬迁工程鼓励农牧民从大山中走出来，接受新事物、新信息，有助于促使他们早日摆脱贫困。奇台县为改善人口较少民族的经济发展条件，从1998年起开始实施牧民定居工程。2007年以来利用人口较少民族发展资金，在大泉塔塔尔族乡新建牧民定居点，安置了80户牧民。2008年争取国家人口较少民族资金50万元，为黑沟村修建抗震安居房50栋。2009年紧抓国家对人口较少民族扶持优惠政策，积极争取牧民定居资金115万元，修建烧房沟村、黑沟村、大泉湖村牧民定居抗震安居房46栋，搬迁牧民46户。2010年争取项目资金45万元完成12户塔塔尔特色民居改造项目。通过实施牧民定居工程，逐步引导人口较少民族的牧民转变了生产生活方式，提高了收入。

五是农民增收项目。

2010年，大泉塔塔尔族乡特色农作物面积达11563亩，已完成高效经济作物15245亩，完成率达131%；完成"千元田"2.605万亩。同时结合牧民定居项目完成"牛羊养殖—沼气—温室大棚"三位一体蔬菜大棚10座，此举特别适于牧民定居的庭院经济发展模式，建造方式为前棚后圈，可以形成牛羊养殖、沼气和蔬菜种植三者之间相互依赖、相互依存的关系，既实现经济效益，又节约能源，一方面解决农牧民耕地少问题，另一方面加快庭院经济发展步伐，进一步拓宽农牧民增收渠道，彻底转变农牧民观念，使牧民定居点逐步形成家家"一块田、两头牛、一座棚"的发展格局，促使农业全力带动畜牧业发展。

同时，加快畜牧业发展步伐，2008争取较少民族项目资金55万元，修建了黑沟村和大沟村奶牛养殖小区7个。2009年争取项目资金48万元用于黑沟村、大沟村农牧民购畜补助，滚动发展壮大村级集体经济，经测算每年可为集体创收10万元。2010年牲畜最高饲养量任务达到11.18万头（只），牲畜商品数7.68万头（只），年末存栏3.5万头（只），育肥牛

0.45万头，育肥羊3.2万只。新增改良示范户4户，改良点2个。积极争取资金50万元新建养殖小区1个，完成标准化挤奶厅一座，办理托牛所1个。进一步完善了养殖小区功能，确保了牲畜集中养殖，达到人畜分离，全面促进了畜产品科学化、规模化的生产，形成"农牧结合，以农促牧"的良性循环局面。

六是民族刺绣艺术发展项目。

近年来，大泉塔塔尔族乡十分重视民族刺绣艺术的保护与发展，专门制定了刺绣工艺品发展规划。2008年争取人口较少民族项目资金20万元购置45台刺绣设备，并组织265人进行了技能培训，帮助塔塔尔族妇女提高刺绣技能，拓宽就业途径。

同时，奇台县政府成立大泉塔塔尔族乡塔塔尔族刺绣手工艺品协会，以更好挖掘和开发塔塔尔族手工刺绣商品，使原先零散家庭式制作向有组织的集中统一规模化制作转变。同时积极做好刺绣品加工中的技术指导、销售服务等工作，增强手工刺绣商品的市场竞争力，帮助塔塔尔族妇女改变传统生活习惯，为家庭增加收入，提高她们参与社会劳动的能力。截至2010年，协会共有会员55人，刺绣厂房一间，展厅一间，已配备刺绣机20台，目前协会正在逐步向规范化、规模化、专业化方向运转，刺绣产品不仅走进了乌鲁木齐等国内市场，而且还远销到英国、哈萨克斯坦等国际市场。2010年塔塔尔族刺绣产品在世博会走俏，十余种产品为农牧民创收1.5万元。刺绣培训、设计、生产和销售一条龙产业链开始逐步形成。刺绣现已成为扶持塔塔尔族经济社会发展的重点。

此外，大泉塔塔尔族乡还争取项目资金30万元完成刺绣市场建设项目，并计划成立塔塔尔族刺绣加工厂，以加工厂为中心，以分会办公点和若干个家庭式作坊为分布点，生产加工刺绣手工艺产品。计划总投资187.6万元，其中，固定资产投资157.6万元，流动资金30万元，以进一步提升刺绣工艺，壮大刺绣产业。

七是联合国援助人口较少民族综合扶贫示范项目。

近年，国家民委与联合国开发计划署合作实施的"人口较少民族和民族地区综合扶贫示范项目"在新疆奇台县开展，大泉塔塔尔族乡成为项目所在区。奇台县民宗局一方面聘请专家分年分批分类在奇台县培训中心对塔塔尔族农牧民进行培训，进一步提高农牧民的素质；另一方面在烧房沟村、黑沟村、大沟村设点，聘请有关部门技术人员开展农作物种植、畜牧业养殖、节水灌溉和温室蔬菜大棚等实用技术培训，提高广大农牧民学科技、懂科技、用科技的水平。

仅 2007 年上半年，共邀请专家进行专题培训 5 场次，巡回宣讲 8 场次，召开座谈会 3 场次，文艺活动 3 场次，各村外聘专家授课 9 场次，观看科技片 8 场次，反邪教片 8 场次，观看远程教育资源下载片 12 次，散发各类宣传单 1000 余份（汉哈两种语言）。各类培训班达 2017 人，占劳动力的 82%，村组干部培训 105 人次，村组党员培训 840 人次，占村组党员 98%。示范户培训 392 人次，对讲师团人员进行课前培训 2 次，搬迁平原农牧民集中培训人数达 365 人，深入山区宣传培训人数达 500 余人。培训工作深入到乡、村、户，确保全乡项目区户知晓率达到 100%。同时聘请有实践经验和掌握技能的专业教师授课，讲课内容具有前瞻性和实用性。讲课方式因时因地灵活变动，通过集中授课、交谈式讲解、引导和询问等形式，使培训达到了良好的成效。

此外，由于农牧民接受新事物思想意识淡薄，许多新技术、新品种还没有得到很好利用，所以当地政府通过加大对农牧民教育培训力度，采取"请进来，走出去"的方式，组织外出参观学习，拓宽农牧民视野，使其转变观念。

八是就业创业及劳动力转移工作。

为切实加强农村剩余劳动力转移工作，拓宽人口较少民族村民外出务工的途径，培养更多塔塔尔族人才，大泉塔塔尔族乡成立了劳动力转移领导小组，负责劳动力转移的具体工作，组织带领全体成员外出找门路，寻市场，并以国家实施"阳光工程"为契机，依托县职教中心、兴奇驾校、西域驾校等培训点，组织剩余劳动力参加技能培训，提高就业机会，拓宽转移渠道。2010 年大泉塔塔尔族乡党委、政府将全民创业就业工作纳入议事日程，积极鼓励农村实用人才进行创收，共转移农村劳动力 720 人（长期工 356 人，短期工 364 人），组建打工队 7 个，新增转移劳动力 165 人，新增收入62万元，进一步健全了劳动力转移档案。完成新建农牧民专业合作社1个，劳务协会1个，完成劳动力转移培训444人，其中145人取得技能培训职业资格证。

九是社会保障方面。

近年来，乡政府高度重视农牧民社会保障问题，按照城乡统筹发展的要求，进一步完善农村社会保障制度，让所有农牧民都能够享受到公共财政的阳光，确保改革发展成果能够惠及农牧民。截止2010年塔塔尔族乡享有社会保障的有695人。其中，贫困户85户340人，低保户73户273人，残疾人76人。年享有扶贫救济金额9.5万元，农牧民参合率达97%。通过关心帮助弱势群体提高了农牧民生活质量。

（二）其他地区塔塔尔族扶持情况

1. 阿勒泰地区——布尔津县①

布尔津县位于新疆北部，是阿勒泰地区交通中心，西部与俄罗斯、哈萨克斯坦接壤，东部毗邻蒙古国，国界线长218公里，是全国少有的四国交界区域，总面积10540平方公里。全县辖5乡2镇，人口约7.2万人，包括哈萨克、汉、回、蒙古、维吾尔、塔塔尔等21个民族，其中少数民族约占69%。塔塔尔族是布尔津县分布较多的人口较少民族，共有805人（截止2010年），主要分布在布尔津县三个人口较少民族聚居村——杜来提乡的阿合达木村（128人）、冲乎尔乡的布拉乃村（360人）和阿克阿依勒克村（317人）。

（1）"扶少"项目扶持及完成情况

自2005年国家实施《扶持人口较少民族发展规划（2005－2010）》以来，布尔津县结合实际，制定了《布尔津县扶持人口较少民族发展专项建设规划（2005年－2010年）》，明确了布尔津县扶持人口较少民族发展的指导思想、发展目标和主要任务，同时结合冲乎尔乡布拉乃村、阿克阿依

---

① 该部分参考《布尔津县扶持人口较少民族发展总结（2012）》、《布尔津县扶持人口较少民族发展专项建设规划（2011年－2015年）》，2010年12月，内部资料。

勒克村、杜来提乡阿合达木村出行难、人畜饮水困难、无村级文化室等实际困难，积极争取自治区民宗委项目资金，分别制定村级《规划》。

截至2011年，已实施人口较少民族发展资金项目36个，如布拉乃村乡村道路建设项目、布拉乃村文化室建设项目、阿克阿依勒克村人畜饮水建设项目、阿克阿依勒克村卫生室建设项目等，共投入项目资金961万元。其中自治区扶持人口较少民族发展专项资金项目19个，426万元，主要包括通路、文化室、广播电视、水利、安居房改造、培训、设备购置、设施农业建设、安全饮用水、奶牛品种改良等项目；中央预算内人口较少民族发展资金项目17个，共计535万元，主要有草场、牲畜棚圈建设、小学建设、道路、三室建设、人畜饮水、庭院经济发展、牧民定居、发展畜牧业、购买良种牲畜等项目。具体如表3：

表3 2005年至2012年少数民族发展资金投入一览表（万元）

年份	序号	项目名称	资金到位数额	总金额
2005	1	杜来提乡阿合达木村安装有线电视（人口较少民族项目）	20	40
	2	冲乎尔乡布拉乃村道路建设（人口较少民族项目）	20	
2006	3	布尔津县冲乎尔乡布拉乃村危房改造项目（较少民族项目）	50	90
	4	布尔津县杜来提乡阿合达木村节水灌溉项目	40	
2007	5	冲乎尔乡布拉乃村发展旅游项目（人口较少民族项目）	20	80
	6	冲乎尔乡阿克阿依勒克村危房改造项目（人口较少民族）	30	
	7	杜来提乡阿合达木村危房改造项目（人口较少民族项目）	30	
2008	8	冲乎尔乡布拉乃村蔬菜大棚建设（15座）（布拉乃村）	24	44
	9	冲乎尔乡阿克阿依勒克村安全饮用水建设	10	
	10	杜来提乡阿合达木村奶牛品种改良	10	
2009	11	杜来提乡暖棚建设（阿合达木村）	35	132
	12	冲乎尔乡扬水站支渠防渗建设（布拉乃村）	35	
	13	冲乎尔乡防渗渠道建设（阿克阿依勒克村）	32	
	14	杜来提乡发展设施农业（阿合达木村）	10	
	15	杜来提乡防渗渠道建设（阿合达木村）	20	

续表

年份	序号	项目名称		总金额
2010	16	布尔津县布拉乃村奶牛品种改良	20	90
	17	冲乎尔镇阿克阿依勒克村土地开发	30	
	18	杜来提乡阿合达木村膜下滴灌建设	25	
	19	冲乎尔乡发展养殖业	15	
2011	20	杜来提乡发展畜牧业	50	110
	21	冲乎尔镇发展庭院经济	20	
	22	冲乎尔镇牧民定居点发展畜牧业	40	
2012	23	冲乎尔镇发展畜牧业	30	110
	24	冲乎尔镇发展畜牧业	50	
	25	杜来提乡发展畜牧业	30	

表4　布尔津县2005年至2010年少数民族发展资金到位情况表（万元）

年份	序号	项目名称	资金到位数额	总金额
2005	1	禾木哈纳斯蒙古民族乡文化站购置设备	15	
2006	2	也格孜托别乡文化室设备购置项目	10	
2007	3	也格孜托别乡危房改造项目（发展资金项目）	10	
	4	禾木哈纳斯蒙古民族乡特困群众危房改造项目（发展资金项目）	10	
2008	5	阔斯特克乡防渗渠修复	20	
2007	6	布尔津县沙棘种植	20	
	7	也格孜托别乡防渗渠建设（也乡）	10	
2010	8	禾木哈纳斯乡发展黑蜂养殖	20	

表5　布尔津县发改委中央预算内资金项目投入表（万元）

年份	序号	项目名称	投资金额	总金额
2006	1	冲乎尔乡阿克阿依勒克村人畜饮水建设项目	34	150
	2	冲乎尔乡阿克阿依勒克村基层设施建设	22	
	3	冲乎尔乡布拉乃村道路建设项目	50	
	4	冲乎尔乡布拉乃村基层设施建设项目	22	
	5	杜来提乡阿合达木村基层设施建设	22	
2007	6	布尔津县冲乎尔乡布拉乃村牲畜暖圈	35	140
	7	布尔津县杜来提乡阿合达木村牲畜暖圈建设	35	
	8	布尔津县杜来提乡阿合达木村小学建设	40	
	9	布尔津县杜来提乡阿合达木村道路	30	
2008	10	冲乎尔乡阿克阿依勒克草场（人工草场建设750亩）	45	45

①2006 年项目实施情况

2006 年实施项目 8 项，人口较少民族发展资金 250 万元，其中自治区扶持人口较少民族发展资金 100 万元，项目 3 个，分别为杜来提乡阿合达木村节水灌溉项目（40 万元）、冲乎尔乡布拉乃危房改造项目（50 万元）、也格孜托别乡文化室设备购置项目（10 万元）；中央预算内人口较少民族发展资金 150 万元，项目 5 个，项目已全部完工。

②2007 年项目实施情况

2007 年实施项目 9 项，人口较少民族发展资金 240 万元，其中自治区扶持人口较少民族发展资金 100 万元，项目 5 个；中央预算内人口较少民族发展资金 140 万元，项目 4 个，项目已全部完工。

③2008 年项目实施情况

2008 年实施项目 5 项，人口较少民族发展资金 109 万元，其中自治区扶持人口较少民族发展资金 64 万元，项目 4 个；中央预算内人口较少民族发展资金 45 万元，项目 1 个，项目已全部完工。

④2009 年项目实施情况

2009 年争取自治区扶持人口较少民族发展资金 132 万元，项目 5 个。

⑤2010 年项目实施情况

2010 年，布尔津县争取少数民族发展资金 440 万元，项目 15 个。其中：人口较少民族发展资金 4 个，90 万元；兴边富民行动资金 11 个，资金 350 万元，项目覆盖 4 乡 2 镇 14 个村，涉及 632 户广大农牧民群众，主要有劳动力培训、道路、畜牧、水利、养殖等多个领域。

⑥2011 年项目实施情况

2011 年，布尔津县争取人口较少民族发展资金 110 万元，完成实施项目 3 个，主要用于杜来提乡发展畜牧业、冲乎尔镇发展庭院经济和冲乎尔镇牧民定居点发展畜牧业，现已投入使用。

（2）达标情况

自《规划》实施以来，布尔津县认真贯彻落实国家民族政策，按照"四通五有三达到"的标准，紧紧抓住经济建设的主线，以人口较少民族为重点，以增加农牧民收入为核心，以加快人口较少民族的发展和改善农牧民的生产生活条件为目标，带动和促进全乡的经济和社会的发展。

2005 年之前布尔津塔塔尔族聚居村经济收入普遍较低，文化程度不高，信息闭塞，生产力低下，严重阻碍社会经济发展。经过深入调查及乡村两级研究决定，同时在村民代表的参与下，各村确定了村级发展规划，其中包括农田水利设施建设、道路交通建设、教育文化建设、生态建设等项目。2011 年布尔津县农牧民人均纯收入为 6005 元，较 2010 年增加 598 元，同比增长 11.06%，超过全区农牧民人均纯收入增幅 1.4%。其中，冲乎尔乡布拉乃村和杜来提乡阿合达木村在 2008 年已达到"四通五有三达到"标准，冲乎尔乡阿克阿依勒克村由于基础设施较为滞后、人口居住分散等原因，在 2009 年通过达标验收。

①杜来提乡阿合达木村的经济社会发展情况

阿合达木村位于 217 国道以北 4 公里，西距乡政府驻地 13 公里，总面积 79.5 平方公里，海拔高度 491 – 510 米。属大陆性北温带寒冷气候，冬季寒冷漫长，夏季炎热短促，昼夜温差大，年平均气温 4℃，年极端最高温度为 38℃，极端最低温度为 – 41.2℃，无霜期为 126 天，土壤冻结在 11 月 20 日左右，解冻时间在 4 月中旬左右。布尔津河为阿合达木村主要灌溉水源。

该村组建于 1997 年，共有 140 户 584 人，其中塔塔尔族 33 户，128 人（截至 2010 年）。可使用耕地面积 5855 亩，草场面积 2000 亩，以发展畜牧业为主。2011 年牲畜最高饲养量 11734 头（只），年末牲畜存栏 6179 头（只）。2011 年农牧民人均收入 4895 元，较 2007 年增长了 2575 元，但集体经济仅为 6.5 万元，增长速度缓慢。教育事业蓬勃发展，"两基"顺利通过验收达标；村民安居乐业，相继实施的微波电视及"三室"（包括文化活动室）建设，极大地丰富了群众的文化生活。

②冲乎尔乡布拉乃村社会经济情况

布拉乃村位于冲乎尔乡河西，村委会距乡政府 5 公里，惯称为四村，建置于 1959 年，哈纳斯公路穿村而过，是一个农业村，由 4 个自然村组成。该村现有农牧民 268 户 1462 人，由哈萨克、回、塔塔尔等民族组成，其中人口较少民族（塔塔尔族）72 户 360 人（截至 2010 年）。

村域经济主要是以农为主，农牧结合。有耕地面积4719亩，草场面积500亩。农业种植小麦、玉米、豆类、苜蓿等作物。畜牧业主要以养殖本地土牛和阿勒泰大尾羊为主，由于该村各项基础设施建设差，土壤贫瘠，碱化严重，被列为自治区第一轮重点扶持的贫困村。2011年牲畜最高饲养量9811头（只），年末牲畜存栏5954头（只）。2011年该村实现社会生产总值1454.11万元，较2007年增长406.91万元。农牧民年人均收入5381元，较2007年增长3031元，村集体经济2.83万元，较2007年增长1.33万元。

③冲乎尔乡阿克阿依勒克村社会经济发展情况

阿克阿依勒克村位于冲乎尔乡东山一带，距乡政府驻地12公里，建置于1959年，是一个牧业村，由4个自然村组成，惯称为牧业一村。总人口1410人，311户，由哈、蒙古、维吾尔、塔塔尔等民族组成，以哈萨克族为主。其中较少民族（塔塔尔族）63户317人（截至2010年）。可使用耕地面积2470亩，草场面积5600亩。该村经济主要以牧业为主、农牧结合的方式发展。农业种植小麦、玉米、豆类、苜蓿等作物。畜牧业主要以养殖本地土牛和阿勒泰大尾羊为主。该村牧民居住分散，土地极少，牲畜品种差，各项基础设施建设落后，大部分牧民生活较为贫困，被列为自治区第三轮重点扶持贫困村。2011年牲畜最高饲养量31001头（只），年末牲畜存栏17915头（只）。2011年农牧民人均收入5680元，较2007年提高了3230元，集体经济为8.47万元。

(3)《规划》实施之后的社会效益和经济效益

《规划》实施后，在上级部门的关怀支持下，布尔津县各个人口较少民族发展项目纷纷建成投入使用，产生明显的经济效益和良好的社会效益。取得的主要成效有：

第一，塔塔尔族聚居村落农牧民生产生活条件明显改善。

2011年，布尔津县通过落实少数民族发展资金，吸附各类涉农项目资金170余万元，受益农牧民达1050余户。其中安全饮用水项目的实施，解决了也格孜托别乡哈拉阿尕什村和江阿塔拉村136户牧民吃水难问题，使他们结束了夏天从河道、坑塘、山泉中取水饮用，冬季远距离拉水，人畜共饮水的历史。安居房项目的实施，使全县 200 户农牧民结束了住危房的历史，并使 40 户牧民搬进了宽敞明亮的砖混抗震安居房。示范点配套设施建设，加快了该县牧民定居步伐，树立了良好的国家形象。劳动技能培训项目的实施，使农牧民掌握了更多的旅游服务技能，并通过参与旅游业人均增收近 300 元。

第二，调动了农牧民发展家庭经济的积极性。

布尔津县 2011 年投入 40 万，为窝依莫克乡购置 200 只种羊用于滚动扶贫，实行循环养殖模式（将适龄母羊及种羊按照一定比例发放给养殖户进行养殖，待母羊产羔且羊羔断奶后，将羊羔发放给养殖户，将母羊及种羊回收，继续按照一定比例发放给另一批养殖户进行养殖，如此循环养殖，可在较短时间内实现农牧民养殖业的发展壮大）；通过实施少数民族能力培训项目，举办旅游、手工艺加工培训班，为 300 余户农牧民提供培训，使他们掌握技能，提高就业和增收能力。这些项目的实施解决了边远乡村农牧民在生产发展中资金不足的问题，改善了他们基本的生产生活条件，增强了自我发展能力，达到了扶贫的预期效果。

第三，有效改善村庄面貌，促进了经济发展和社会稳定。

随着布尔津县三个人口较少民族（塔塔尔族）聚居村落"四通五有三达到"的达标，塔塔尔族农牧民生产生活条件均有明显改善，并且拓宽了与外界进行信息交流的渠道，引进高科技，发展经济扩大生产的意识逐渐增强，同时也树立了自我发展的信心。此外，少数民族发展资金项目的落实对增强各民族间的凝聚力也发挥一定效力，使干群、党群关系日益融洽。在项目实施过程中，农牧民积极配合，全身心地投入发展家庭经济，提高生活水平，促进了社会稳定和新农村建设。

（4）存在的问题及建议

一是由于自然条件等方面的原因，布尔津县人口较少民族聚居地区社会发展总体水平较为滞后，基础设施及配套建设还不完善，农牧民生产生活水平还比较贫乏，因灾因病致贫、返贫的现象仍然存在。因此加大对人口较少民族政策扶持仍是新时期、新阶段一项长期而艰巨的重要任务。

二是人口整体素质有待进一步提高。尽管布尔津县近几年不断加大对教育的投入和农牧民科技培训力度，但仍有许多边远牧区、人口较少民族聚居地的农村劳动力文化水平较低，自主创业能力较差，在资金、项目及科教支农等方面需要进一步加大对人口较少民族聚集贫困乡村的支持力度。

三是提高土地利用率。为加快人口较少民族地区经济发展，布尔津县还需进一步加大土地开发和改造力度，通过改良土壤，提高土地的利用率，促进产业结构调整，帮助人口较少民族聚集村贫困人口加快脱贫致富步伐，这需要上级部门给予更好项目和资金的支持。

2. 伊犁哈萨克自治州①

新疆伊犁哈萨克自治州地处祖国西北边陲，是全国唯一的既辖地区又辖县市的自治州。全州面积5.67万平方公里，人口270万，其中哈萨克族占总人口21%，少数民族占61%。该州人口较少民族主要包括俄罗斯族、乌孜别克族、塔塔尔族、塔吉克族、撒拉族等，该地区塔塔尔族人口约占全国塔塔尔族人口的50%。

(1) 伊犁州"十一五"期间人口较少民族扶持情况

伊犁州共有13个人口较少民族聚居区域村落，包括伊宁县3个（其中1个撒拉村）村，特克斯县5个村，昭苏县2个村，新源县2个村，霍城县1个村。各民族均以大杂居小聚居为主要分布特点，表现在"城镇、农区多民族杂居，牧区民族成分相对单一"。

由于伊犁州地处边境，基础设施建设比较薄弱，土地坡度比较大，肥力低，产业结构单一，农牧民增收渠道较少，仍有很多农牧民没有摆脱贫困，资源转化程度和投资环境还需进一步改善。农田水利建设较为落后，文化教育、医疗卫生等基础设施建设的投入严重不足。

2006年至2010年，伊犁州共投入扶持人口较少民族发展资金4181万元，项目173个。其中，2006年投入扶持人口较少民族发展资金170万元，项目9个；2007年投入扶持人口较少民族发展资金310万元，项目14个；2008年投入扶持人口较少民族发展资金674万元，项目20个。2009

---

① 该部分主要参考伊犁州直扶持人口较少民族发展"十一五"期间工作情况汇报，2011年1月，内部资料。

年下达伊犁州的人口较少民族发展资金 1199 万元，项目 40 个。2010 年下达伊犁州的人口较少民族发展资金 1367 万元，项目 46 个。这些项目的实施已经显现出良好的经济效益和社会效益。2010 年底，城镇居民人均可支配收入 13050 元；农牧民人均纯收入 6592 元。扶持工作重点主要包括以下几个方面：

第一，关注民生，改善生产生活条件。

一是加强农村水利建设，让农牧民用上安全卫生的饮用水。伊犁州人口较少民族聚居村大多数都在偏远山区，环境艰苦，自然条件相对较差，部分水利设施以及饮水管网已年久失修，人畜饮水成为一大问题。针对这一情况，州党委、州政府组织民宗、水利、财政、扶贫、发改委等部门，深入农牧区第一线进行了解、勘察、设计、立项，掌握第一手资料，并尽快组织实施项目。饮水建设项目实施后，少数民族群众饮水困难的现状得到根本改观，减少了地方病的发病率，增强了他们的生产就业能力，切实增加了当地农牧民的收入。

二是加快农村道路建设，解决村民行路难的问题。"要想富，先修路"是当地比较深入人心的一种观念，当地政府也正着力于实现"村村通"。

三是积极推进危房改造工程，改善农牧民居住条件。伊犁州大多数农牧民至今仍居住在土坯房里，抗震性能差，大多数年久失修，成为危房，且地震时有发生，严重危及老百姓的生命和财产安全。为解决这一问题，州党委、州人民政府多次召开专题会议安排部署，各县委、县政府也高度重视制定措施，采取"国家支持一点、地方筹措一点、个人负担一点"的办法，将危房改造资金和人口较少民族扶持资金捆绑使用，整合资源，办大事，确保资金发挥最大效益。

第二，发展特色产业，促进农牧民增收致富。

调整经济产业结构，发展特色产业，积极引导农牧民拓宽致富渠道，促进农牧民持续增收，是夯实社会主义新农村建设的经济基础。伊犁州主要以农牧业生产为主，加之自然条件比较艰苦，大多数农牧民仍然靠天吃饭，因此，农牧民收入普遍偏低。近年来，伊犁州民宗委、各县民宗局主动会同各县农业、畜牧、水利、财政、扶贫等部门，因地制宜，依靠科技进步，选准好的项目，推进"一村一品"，通过示范引导，促进增产增收。几年来，共投入扶持人口较少民族发展种养业及其加工业资金2433万元、73个项目，促使一部分农牧民率先走上了致富之路。

昭苏县人口较少民族聚居村以塔塔尔族、乌孜别克族为主，一直是以粗放和游牧养殖为主要生计方式，未形成规模化和产业化。牧民整体从山上搬迁下来安居后，县委、县政府经过反复考虑，拟建立畜牧养殖示范基地，采用"农户+基地"的方式运作，即由人口较少民族乡政府组织实施，成立畜牧养殖建设开发、群众积极参与的项目建设，具体为：修建畜牧养殖示范基地，指导群众养殖或育肥，农户自家建立标准化牛、羊圈，将山上的牛、羊（幼畜）赶下山圈养，成年畜育肥由乡政府提供技术，帮助解决饲料，并收购商品畜，解决销路问题。示范基地的建立可使牧民有一项长期、稳定、可观的经济收入，形成产、供、销一条龙的产业格局和规模，为塔塔尔族、乌孜别克族群众的脱贫、增收、致富打下坚实的基础。

第三，加强农村劳动力技能培训，提高农牧民素质。

塔塔尔族、乌孜别克族妇女擅长刺绣。过去，人口较少民族刺绣技艺的传承主要依靠口传身授，技艺的提高依赖于长期摸索中的熟能生巧，所以产品往往与市场需求存在较大差距，加之受传统思想和产品工艺质量的影响，她们的刺绣产品主要是自己使用。为促进各县（市）手工刺绣技术和从事手工刺绣妇女间的交流，使她们开阔眼界、增长见识，了解地区手工刺绣发展状况和社会发展事业，不断提高刺绣水平，相关政府部门积极推动伊犁河谷地带刺绣产业规模化发展，从而调动和激发了广大农牧区少数民族妇女参与经济社会发展的积极性。

此外，民宗局加大了农村富余劳动力培训力度，逐年扩大劳务输出量。2006年以来，共投入扶持人口较少民族发展科技推广及培训资金555万元，对5万余名农牧民进行了技能培训，使一部分农牧民走上了致富之路。

第四，加大对农牧区教育文化设施建设投入力度，建设文明和谐新农村。

建设社会主义新农村的要求就是要"生产发展、生活宽裕、村容整洁、乡村文明",当地政府把新农村建设与人口较少民族发展规划密切联系起来,进行农牧民文化站、卫生室、广播室等的建设,新建、改建农田基础设施,发展农业主导产业,提高农牧民的生活物质水平和科技文化素质,改变农牧民精神面貌。

(2) 伊宁市塔塔尔族基本概况

伊宁市是新疆伊犁哈萨克自治州的首府,是整个伊犁河谷政治、经济、文化中心和交通枢纽,全市辖区总面积675.85平方公里,总人口为471462人,其中塔塔尔族508人,其他人口较少民族主要有乌孜别克族4168人,锡伯族4591人,俄罗斯族755人,撒拉族372人[①]等,是除大泉塔塔尔民族乡之外的又一塔塔尔族聚居地。

伊宁市塔塔尔族人口居住相对集中,民族文化保持现状较好。受家庭教育影响,多数人会讲塔塔尔语,也认识塔塔尔族文字。在伊宁市的十一号小区附近有一个塔塔尔族的"圣地"——塔塔尔族祖坟,这是一个多世纪以来凝聚和团结着塔塔尔族的精神家园,里面安眠着为新疆和塔塔尔民族做出重要贡献的塔塔尔族知名人士和各行各业的杰出人物[②]。自1830年起,祖坟就开始安葬亡人,并一直受到政府的保护,迄今已有近200年的历史。1914年伊宁市创办了第一所塔塔尔女子学校——曙光学校,招收当地塔塔尔族、维吾尔族、哈萨克族女子入学,这也是新疆最早一所初具规模的女子学校。塔塔尔民族在伊犁长期的生产生活中形成了自己独特的教育文化、民族服饰、歌舞乐器、各种刺绣、建筑、饮食等文化,这为塔塔尔民族旅游业的发展奠定了坚实的基础。

目前伊宁市政府在扶持塔塔尔族经济社会发展工作方面将重点放在旅游规划上,主要采取以展示塔塔尔民俗风情为主要内容的民族文化特色旅游项目,以吸引游客关注。此外,为了传承本民族的语言文化,伊犁塔塔尔族文化研究会2002年在伊宁市开办了塔塔尔语言文字培训班,但目前塔塔尔族仍没有自己的一所专门学校,也没有自己的教材,更没有培养出专

---

① 伊宁市2010年《各民族人口统计》。
② 王金枝:《新疆塔塔尔族原始崇拜研究》(D). 新疆师范大学. 2009.

门的塔塔尔语教师，在语言文化的传承方面仍然主要依靠民间力量以及塔塔尔族民众的民族自觉性。

四、扶持人口较少民族政策实践程度评价

总体来看，自《规划》实施以来，国家及新疆维吾尔自治区政府对塔塔尔族的扶持政策实践成效显著，有力地促进了塔塔尔族聚居地区经济和社会各项事业的发展，为下一轮扶持政策的落实打下了良好的基础。

（一）基本实现《规划》的预期目标、任务

新疆维吾尔自治区政府及地方政府始终坚持"国家扶持，省负总责，县抓落实，整村推进"的方针，通过经济、交通、能源、教育、医疗、广播电视、文化和村镇基础设施等方面的项目建设，改善了人口较少民族聚居区的基础设施和生产条件，使各项优惠政策得到有效落实，扶持人口较少民族政策的目标、任务基本实现，并产生了良好的经济和社会效益。截至2010年底，塔塔尔族聚居行政村初步实现"四通五有三达到"等83项指标，为进一步深入实施扶持人口较少民族发展政策、促进塔塔尔族的更好发展奠定了基础。

（二）基础设施建设不断夯实，生产生活条件日益改善

扶持人口较少民族政策实施以来，新疆维吾尔自治区从人口较少民族聚居村急需解决的问题入手，针对人口较少民族聚居地区加快发展交通、水利、通信、环保、教育、卫生等基础设施的建设和发展，通过通路、通电、通水、通广播电视、通邮以及安居工程以及基本农田建设工程等项目的不断实施，塔塔尔聚居区基础设施建设不断夯实，群众生产生活条件得到明显改善。

（三）促进增收，提高群众生活水平

扶持人口较少民族的主要任务之一是改善群众生活生产的基本条件，

通过集中扶持，解决贫困人口的温饱问题，使人口较少民族顺利实现全面建设小康社会的目标。扶持人口较少民族政策实施以来，塔塔尔族聚居地群众生活得到很大改善，自我发展能力明显增强。譬如，大泉塔塔尔族乡特色农作物面积达 11563 亩，已完成高效经济作物 15245 亩，完成率达 131%；完成"千元田"2.605 万亩（截至 2010 年底）。2008 年伊犁州伊车乡人均纯收入 4827 元，2009 年全乡人均纯收入达到 6066 元，增长了 20.4%，激发了农牧民发展建设的积极性，由此伊车乡也探索出了使农牧民增收的特色发展模式。

（四）各项社会事业全面发展

当前，塔塔尔族的教育、低保、医疗等社会事业全面发展，完全普及九年义务教育，塔塔尔族聚居地区已全部建立了新型农村合作医疗制度和农村低保制度，人口较少民族行政村医疗卫生和文化体育基础设施建设不断加强，解决各族群众"看病难、文化活动场所少等问题"的任务基本实现。譬如，大泉塔塔尔族乡的四个塔塔尔族聚居行政村全部实现了村村通电话、通广播电视，村村都有卫生室和文化活动室的目标；村公路达四级油路；户通电率达 100%；通广播电视率达 100%，其中，能收看中央第一套的电视节目和自治区一套电视节目达 100%，收听到中央一套和自治区一套节目达 100%，民族语言节目达 100%，村适龄儿童入学率达 100%，初中毛入学率达 100%，小学学生辍学率 0%，初中学生辍学率 0%，青壮年文盲率 0%，达到自治区"两基"验收标准。

（五）凝聚民心，用发展增进民族团结，共同繁荣

塔塔尔族大多分布在我国边疆地区，属于跨境民族，通过实施人口较少民族扶持项目，特别是通过加快边境地区的交通、通信、教育、卫生等基础设施建设，既有利于加快边疆地区经济社会发展，增强了各族群众对祖国的向心力和凝聚力，还有助于促进边境地区与邻国在经济、文化等领域的交流与合作，增进睦邻友好关系。

(六) 深入挖掘人口较少民族地区优势产业，加快特色经济发展

特色经济是加快人口较少民族地区经济发展和调整产业结构的一个有力引擎和重点突破口。由于塔塔尔族多分布在我国西北边陲，有着得天独厚的自然、气候、环境资源优势，以及丰富多彩的民族文化。当地政府因地制宜，结合自身资源优势，着力打造特色产业，如民族传统刺绣产业、民族风情旅游项目等，使之成为塔塔尔族发展民族和地域经济的源泉和动力。在西部大开发、扶少政策、兴边富民行动、扶贫开发以及新农村建设等机遇面前，更是大力发展多元特色经济，使塔塔尔族群众成为直接受益者，增加了就业机会和收入。

五、主要经验总结

自"扶少"工作开展以来，新疆奇台县、伊宁市、阿勒泰地区在落实《规划》过程中，各级政府有关部门积极配合，从调研、立项、资金管理、工程进展、工程质量以及工程验收等方面做了大量的组织、协调、管理、监督工作，保证了扶持规划的有效实施并取得预期效果。主要做法如下：

(一) 加强领导，健全机构，是做好扶持人口较少民族发展工作的基础

在党中央、国务院、各有关部委的大力支持下，新疆维吾尔自治区根据扶持人口较少民族发展规划，把改善基础设施、生产设施条件和生活环境，明显提高农牧民收入水平和质量，作为扶持人口较少民族发展的主要任务。各地州还专门成立了"扶持人口较少民族工作领导小组"，相关乡镇成立了专门的工作机构，加强对扶持工作的领导，把扶持人口较少民族发展纳入党委政府的重要议事日程，制定发展规划，建立配合协调机制，认真落实扶持人口较少民族发展的政策措施，保证了扶持人口较少民族发展项目有序、协调、顺利开展。

（二）坚持"因地制宜"是扶持人口较少民族发展的根本出路

新疆在扶持项目实践过程中，编制了专项建设规划，以聚居村为重点，制定村级发展规划，注重以市场为导向，开发当地资源。通过发展生产力，培育贫困农户自我积累、自我发展的能力，集中力量做好人口较少民族地区经济与社会发展的推进工作。同时，因地制宜、科学发展，根据塔塔尔族主要聚居在边远农牧区，基础设施落后，生产生活条件较差等实际情况，重点解决塔塔尔族饮水难和行路难等突出问题，如2007年奇台县争取人口较少民族项目资金11万元解决大泉塔塔尔族乡大沟村安全饮水问题，2009年争取国家道路建设资金89.6万元，修建黑沟村、大沟村村村通柏油路3.2公里，为新农村建设奠定了基础。这些举措有力促进了塔塔尔族经济社会的平稳发展。

（三）依靠科技，改善农业基本生产和生态环境，是扶持人口较少民族发展的治本措施

科学技术是第一生产力。在项目开展过程中，自治区政府始终用科学技术指导项目的实施。以基本农田建设为中心，坚持低产田改造、小流域治理和生态建设，特别是近年来全区以喷灌为主的高新节水技术革命的不断深化，不仅有效地增加了农牧民以土地、草场为主的生产资料占有量，而且使全区农业实现了由落后的传统粗放型向现代集约型的转变，有力推进了人口较少民族聚居区地区的经济发展。如昭苏县在新疆褐牛养殖项目中，有效发挥县畜牧局技术人员的作用，严把购买饲养、疫病防治、配种和改良关，取得了显著成效。

（四）重视畜牧业基础设施建设，是扶持人口较少民族发展的有效办法

畜牧业是新疆人口较少民族聚居区的支柱产业，多年来人口较少民族聚居乡镇从生态移民工程入手，重点加强牧民定居、暖圈建设、饲草料基地建设、草场围栏、牧道等基础设施建设，从而有效解决了塔塔尔族牧民生产、

生活中存在的问题，提高了畜牧业生产效益，增加了牧民的收入。

（五）严控项目规划管理，是扶持人口较少民族发展的关键

为确保扶持人口较少民族发展工作顺利进行，新疆通过可行性研究和评估，不断充实和完善项目库建设，突出富民主题，对列入扶持人口较少民族发展专项规划的项目，组织有关部门进行论证和评估，对项目进展情况进行定期检查和不定期检查，及时发现和解决实施中存在的问题，以确保项目的顺利实施。同时严格执行项目管理制度，实行建设项目法人制、招投标制、工程质量监理制和施工竣工验收制度。

（六）统筹兼顾，对口帮扶，是扶持人口较少民族发展的重要举措

在项目实施过程中，政府重视项目可行性，坚持资源转换和可持续发展理念，坚持经济效益、生态效益和社会效益兼顾，每年在申报项目前，都十分重视前期调研立项工作，使项目切实发挥富民作用。同时，新疆各地还积极开展"地县单位对口帮扶""万人扶贫工程""单位包村、干部驻村帮扶"等工作，对人口较少民族聚居村进行对口帮扶。通过多方协调和积极努力，形成了全社会扶持人口较少民族发展的社会氛围，有力地促进了人口较少民族聚居村脱贫致富的步伐。

（七）实施移民搬迁整合资源，是扶持人口较少民族发展的重要环节

包括塔塔尔族在内的人口较少民族聚居村大多地处高寒山区，交通、信息闭塞，生态环境恶劣，雪灾、泥石流、洪水等自然灾害频繁，畜牧业发展受到严重制约，粮食无法自给。为彻底解决牧民贫困问题，新疆维吾尔自治区及地州政府把实施移民搬迁作为扶持塔塔尔族发展工作的一项重要措施，结合兴边富民行动，将人口较少民族聚居乡村住房建设与抗震安居工程、牧民定居、生态移民、迁村并点等项目结合起来，合理整合各方面资源，突出重点，制定移民搬迁规划，从改善农牧民生产、生活条件入手，合理利用有限的扶贫资金和社会帮扶资金，用于修建搬迁房、卫生

院、文化站和帮助农牧民发展养殖业等，有力地促进塔塔尔族发展。

（八）规范运作，注重实效，是扶持人口较少民族发展的制度保障

为高效规范地开展好扶持工作，政府部门十分注重建立健全管理规章制度，严格落实专户、专款、专用、专人管理资金。实行财政资金报账制，按照"民委系统管项目，财政管资金，资金跟着项目走，专款专用"的原则，管好用好专项资金，各级各部门充分发挥财政扶贫资金监测系统作用，进一步加强资金项目运行跟踪检查和监督，努力提高资金项目的经济效益和社会效益，确保把实事办好。

六、存在的主要问题

（一）资金有限，村级基础设施建设仍然薄弱

由于塔塔尔族大多地处边境，农田水利、医疗卫生、文化教育等与群众生产生活密切相关的基础设施建设仍旧比较薄弱，多数农牧区存在饮水困难、产业结构单一、农牧民增收渠道较少等问题。以大泉塔塔尔族乡为例，尽管近年来实行牧民定居工程，但大泉塔塔尔族乡仍有 200 多户牧民居住在山区，生活生产条件差。在交通方面，从南山山区到乡政府的道路每年都在修复，但是受到自然灾害的影响，经常出现交通公路中断的现象。在通讯方面，由于山区的各村尚未通网络，村民主要通过电视、收音机了解外面的情况。农村卫生方面，多数村的环境卫生状况较差，人畜混居的现象仍然存在。饮水方面，山区牧民自来水管线未入户，只有部分裸露活水龙头，遇洪水侵袭便会管道破损，造成供水困难；自来水水源地距牧民居住点较远，且由于是人畜共用的水源，常有牲畜粪便、落叶及沙土，造成水源地环境差，严重影响水源质量。文化建设方面，2011 年后，大泉塔塔尔族乡原来的四个牧业村合并为大泉湖村，三个农业村合并为石门泉村，村级文化室已经不能满足现实要求，急需修建新的文化室。这些基础设施建设需要资金量大，但聚居区政府资金有限，仍需争取相关项目

解决资金困难问题以及农村基础设施建设覆盖面不足的问题。

此外，在改善民生、发展生产、促进增收及农村经济社会全面可持续发展方面投资较少，尤其是人才支持、合作开发等方面空缺。

（二）经济社会发展相对滞后

塔塔尔族聚居牧区的经济社会发展由于受自然条件等诸多方面的限制，与全国、全区其他人口较少民族地区相比仍然存在较大差距。

1. 文教基础薄弱。尽管塔塔尔族十分重视教育，成人文盲率为零，但由于聚居村落大都分布在山区，受自然条件、经济条件和办学条件等诸多因素制约，个别自然村落实九年义务教育存在不同程度困难。部分村级小学由于校舍简陋、师资力量薄弱、生源少、办学条件差等多种原因，存在教学质量不高、教育手段落后、缺乏高素质的双语教师等现象。此外，部分已建成的村级文化活动室没有相应的配套设施，缺乏必要的图书，文化活动室的功能没有得到有效发挥。

2. 医疗卫生问题突出。塔塔尔族农牧民大多分布在偏远地区，虽然各个村落均建有卫生室，但基本医疗设施条件差，缺医少药问题突出，乡村医生严重不足，且医生的业务技能和综合素质偏低，引进人才困难。乡村卫生防疫和医疗保健体系不完善，少数民族群众看大病难现象突出，大量塔塔尔族农牧民为治病长途跋涉到大城市找大医院专家看病，增加了不必要的医疗支出和病人的风险，看病报销的比例偏低，社会医疗保障乏力。值得注意的是，近五年来尚没有项目和资金投入人口较少民族保健体系的建设。

3. 水资源相对匮乏。由于水资源短缺，灌溉方式落后，以及缺乏农业种植生产经验等多种因素影响，致使农业生产效益较低，农牧民增收缓慢。加之农业生产基础设施不配套，严重影响了塔塔尔族农牧民发展农业的积极性，制约了农业的快速发展。

4. 养殖业尚未形成一定的发展规模。为了改善牧民生活条件，国家开展牧民定居建设，但是无论是搬迁到平原区的牧民，还是仍然居住在山区的牧民，养殖业依然是塔塔尔族牧民生活的主要来源。但牧民的养殖业仍然以零散养殖为主，尚未形成一定规模，养殖牛羊的品质不高，亟需对牛羊品种进行改良，增加养殖业收入，提高牧民生活水平。

5. 缺乏后期项目维护经费保障。个别乡镇及村在项目的后期使用和管护方面缺乏必要的措施和经费保障，致使部分设施闲置、设备损坏，面临着村道拓宽延伸、公共基础设施维修扩建等需要资金投入的问题。

（三）民族传统文化的保护和发展面临困难

在经济全球化的冲击下，人口较少民族传统文化的研究和保护、传承成为一项十分重要和紧迫的工作。尽管塔塔尔族群众的文化保护自觉性相对较高，但存在不少问题，塔塔尔族文化保护与发展需求十分迫切。

1. 语言保护问题

"现在我们好多塔塔尔族说的塔塔尔语已经不是很纯了，都偏哈语或维吾尔语。然后就算知道真正的塔塔尔语的也是一些大人，他们随着时间分化，也开始跟着我们说维吾尔语、哈萨克语、汉语了。每次我们聚会都要强调不要丢掉本民族的语言问题"（访谈记录）。

"有些学生觉得这是本民族的一部分，塔塔尔族应该知道塔塔尔族语言，但有一些就想着算了，我今天去干活挣钱去吧，就觉得学这个有什么用处呢"？（访谈记录）

由于塔塔尔族人口越来越少，在现代化浪潮之下，塔塔尔族原有的语言、文化资源遭遇到前所未有的冲击，面临文化断裂的严峻局面。如对本民族语言不够重视，代际传承出现断裂迹象，尤其是年轻一代已很少能自如书写本民族的文字。而在生活中，塔塔尔语的使用领域多为生活用语。为了谋生和社交需要，大多塔塔尔族使用其他民族语言较多。此外，用塔塔尔语言文字记载的文献资料数量也较少。

2. 传统文化及民族节日问题

如今，在大泉塔塔尔族乡，具有塔塔尔族特色的建筑已十分少见，在日常生活中着民族服饰者甚少，传统的民族歌舞也只在重大节日时才能一睹风采。民族传统文化面临着弱化、变异、趋同的危险。而塔塔尔族传统民族节日——"撒班节"虽已被列入第三批国家级非物质文化遗产名录进行保护，但在政策及资金支持上尚未真正落实。

"其实我们（想的）好的一面是在中国塔塔尔族不要消失了，不要被民族同化了。为了我们塔塔尔族彼此之间会互相认识，我们就组织了撒班节，这个集会的目的也就是年轻人相互认识，像谈恋爱、结婚、生子，他们的孩子也像塔塔尔族人一样长大生活，从而保护民族传统，增强民族凝聚力。"（访谈记录）

此外，其传统民族文化艺术也濒临消失，传承者越来越少，亟待保护发展。"我们的手风琴也快失传了，再不给小孩教一教就失传了。还有塔塔尔的特殊舞蹈，塔塔尔的服装，历史，都在被慢慢遗失。像维吾尔族有阿里木，唱歌的很有名，大家就都知道维吾尔族这个民族了，我们也想把我们的歌曲、舞蹈推广出去。"（访谈记录）

（四）劳动力转移和培训面临的问题

自2005年"扶少"《规划》实施以来，新疆维吾尔自治区政府根据实际情况对扶持人口较少民族发展工作及时进行适应性调整，由开始重点投入基础设施项目过渡到现在向群众增收项目倾斜。一部分塔塔尔族农牧民逐渐脱贫致富，同时也带来了剩余劳动力等问题。尽管在推行"阳光工程"项目（阳光工程是农业部等中央六部委自2004年开始在西部少数民族地区组织实施的一项免费的农村劳动力转移培训工程，旨在增强西部少数民族地区农牧民群众科技素养和致富能力。）带动下，新疆农村富余劳动力转移培训工作得到有效落实，从规模和质量上均取得长足发展，各族农牧民在不同方面和程度受益，但仍存在不容忽视的问题。

1. 农村劳动力文化素质普遍不高，参加培训意愿不强。一部分农牧民思想观念陈旧，安于现状，在接受培训教育时，缺乏自觉性和主动性，不愿外出打工就业。

2. 语言障碍问题。少数民族群众汉语水平不高，语言不通已成为接受培训的障碍，使得村民对项目性质和实施方式的理解不是很到位。特别是在偏远地区的农村，农民文化程度普遍不高，只能与汉族群众进行简单的口语交流，对于转移培训尤其是专业性强的技能培训，更是不能接受。

此外，由于资金缺乏、条件差、待遇低，形成外地人才不愿来、本地人才留不住的局面。

（五）重项目轻管理，扶持工作缺乏长效机制

我国扶持人口较少民族发展的政策主要依托大量项目的实施来推动，在项目落实过程中，也开展了项目调研、规划和设计以及监督考核等环节，取得初步成效，但整体而言，项目规划管理中仍存在一些问题。

一是群众对"扶少"政策缺乏了解，宣传工作亟待加强。调研发现，自《规划》实施以来，尽管自治区及地方政府通过落实扶持人口较少民族发展项目以促进人口较少民族聚居地的发展，但由于政策宣传力度不够，加之大部分塔塔尔族聚居行政村人口分布呈现与其他民族交错杂居的格局，且项目的实施开发大多与国家扶贫开发政策相衔接，项目资金有限，基本都用于"整村推进"，没有特别针对塔塔尔族的项目，专项政策、资金的"针对性"在实践过程中被模糊、淡化，所以较多塔塔尔族及周边其他人口较少民族群众并不了解国家扶持人口较少民族政策的具体内容，有的人甚至没有听说过，以至于不能积极、自主参与其中。其他民族也不能充分理解国家实施扶持人口较少民族政策的初衷和目的、意义，成为影响同区域内民族关系的潜在因素。

二是规划管理有待加强，项目支持后劲不足。扶持人口较少民族发展规划是一项系统工程，从制定、实施到验收，有效地管控是保证规划落到实处的关键。但在项目实施过程中，普遍存在重申报、建设轻管理的问题，导致项目效益低，项目制定、实施和验收的差异比较大，对规划实施的过程管理缺乏连续性和有效性。譬如，现每申报一种项目直至项目实施完成，少则需要1-2年，多则需要3-5年，但每一项项目拨付资金只能进行小部分建设，剩余部分还需要再次申报，等再次申报的项目实施后，前面已实施的项目工程建设已破旧，还需重新申请，长此以往造成了新旧更替的恶性循环，项目效益得不到充分体现。同时项目建设较分散，存在多个项目不能集中实施，对新农村建设造成极大影响，致使新农村建设步伐缓慢。

三是动态监测机制存在一定问题。为了全面、准确、及时地掌握扶持人口较少民族政策实施进展情况，国家民委开展了以人口较少民族聚居行政村（嘎查）为监测对象的扶持人口较少民族发展动态监测工作。课题组调查发现，虽然塔塔尔族聚居行政村开展了扶持人口较少民族发展动态监测工作，但由于数据收集困难，负责数据统计人才匮乏，导致监测工作存在数据报送不及时、数据误差等问题。

四是缺乏项目资金的投入。虽然国家对人口较少民族发展加大了扶持力度，但扶持资金仍然有限，分到塔塔尔族及周边其他人口较少民族的各个项目及聚居行政村的平均数额不高，资金缺口非常大。此外，个别地区及部门对加快少数民族经济发展重要性的认识不够，因而在资金投入、重视程度以及对国家投入的项目资金的使用上还有不尽人意的地方。另外，个别乡镇及村在项目的后期使用和管护方面由于缺乏必要的措施和经费保障，导致部分设施闲置、设备损坏等问题。

（六）人口负增长趋势严重，存在人口安全危机

近年来，在国家的大力扶持下，塔塔尔族在经济、社会、文化等方面都得到了较快发展，但其人口发展问题并未得到彻底解决，存在严重的人口安全危机。

据第六次人口普查数据，塔塔尔族为 3556 人，成为我国 56 个民族中人口最少民族，较第五次人口普查数据（4896 人）少了 1000 余人，呈人口负增长趋势，负增长率达到 27%，存在严重的人口安全危机。

造成人口负增长情况的原因较为复杂，一方面是 20 世纪 90 年代后，塔塔尔族同其他少数民族一样，实行计划生育，生育水平较低，人口出生率低于死亡率，成为全疆人口增长率最低的民族之一；另一方面还存在人口向境外迁移的情况，如出国留学、海外移民等人口外流情况较多。如俄罗斯的鞑靼斯坦共和国对中国塔塔尔族实行免费高等教育，完成教育后方便移民的政策也造成了中国塔塔尔族的不断减少。此外，由于塔塔尔族人口较少，且分布较散，本民族内部通婚越来越不易，和其他民族通婚的情况增多，族际通婚后，其子女的民族成分大多选择维吾尔族、哈萨克族等

新疆人口较多民族。

尽管我国一直有相应的针对少数民族的优惠生育政策，但与人口发展较快的壮族、满族、回族等相比，塔塔尔族人口发展危机相当严重。目前我国针对人口较少民族采用单独列举特别立法保障的仅有内蒙古、黑龙江、甘肃和云南四地，新疆仍未单独出台相关法律。

（七）散杂居塔塔尔族受重视程度不足，局部发展不均衡

本次调研笔者主要以乌鲁木齐大泉塔塔尔民族乡为田野点，同时对塔塔尔族相对集中的散杂区伊宁市、阿勒泰地区布尔津县的塔塔尔族"扶少"政策落实情况进行深入了解。大泉塔塔尔族乡是全国唯一一个塔塔尔民族乡，受到国家少数民族发展资金以及人口较少民族项目的扶持力度较大，然而在其他散杂地区情况却并不乐观。散杂区塔塔尔族的利益难以得到保障，受重视程度远远不够，在民族文化保护和社会发展方面举步维艰。

（八）群众参与意识低，仍需重视主体需求

在政策落实过程中，文化作为塔塔尔族集体表述与历史记忆的重要方式与手段，其文化的主体即塔塔尔族群众在很大程度上并未成为代表文化发声的主体，丧失一定的发言权，使得这种表述与记忆在单一的经济发展指标和各类统计数据中失去了自我，消弭了认同，从而也引起了塔塔尔族人的困惑，其真正经济文化需求陷入表达困境，政策、实践与文化主体之间产生隔阂与矛盾。

问：针对咱们较少民族，你们希望在哪些方面获得帮助？

答：建立我们自己的学校，本来伊犁有一个但已经关了。内地我就不说了，至少新疆应该建立咱们自己的学校，第二就是多给点机会给我们宣传自己的民族文化，因为我们人数太少了。比如说中央电视台搞个"走进塔塔尔族"，搞个专题把塔塔尔族介绍一下。最好在工作方面也给我们一些优待，我们也希望我们有自己的发言人，在政府上或者怎么样，让国家听到我们自己的声音。（访谈记录）

答：我们自己很勤劳，养活自己没问题，但是我们很想为自己的民族

做一点事，国家也应该扶持一下了，我们是最小的兄弟，像大熊猫一样的兄弟，再不保护就没了。我们问政府要活动室都要了 20 年了，光说塔塔尔有个清真寺，也不给地，给我们盖个两层楼，（塔塔尔）协会有个办公的地方，我们很需要这方面的支持。（访谈记录）

由此可见，问题并不是扶持本身，而可能是扶持的观念与实施方式。尽管已经有了一整套的考虑人口较少民族共通性的现有制度安排，但也应该在整个民族国家体系之中，考虑不同地区、不同族群的差异性，在普遍性中寻找特殊性。为促进塔塔尔族全面发展，政府需要做出相关制度安排，考虑塔塔尔族群众的主体性，广泛发动广大塔塔尔族干部群众参与到项目论证、设计、实施的各个环节，确保项目取得实效。一方面使扶少政策深入人心，调动群众的积极主动性，另一方面让他们在发展中获得表达意愿、参与决策的机制和能力，增加项目的科学性、可行性。

七、思考与建议

针对以上塔塔尔族在扶持人口较少民族发展政策落实及项目开展过程中存在的种种问题，课题组根据当地政策实施的成效及塔塔尔族社会发展的新变化，对进一步优化扶持人口较少民族政策进行了如下思考：

（一）强化宣传力度，使政策深入人心，营造社会氛围

政府部门应加强扶持人口较少民族政策的宣传工作，充分利用电视、广播、报纸等媒介，广泛宣传扶持人口较少民族发展的重大意义，宣传扶持人口较少民族政策的指导方针、目标任务、重点工程，使"扶少"政策真正深入人心。同时，积极宣传扶持人口较少民族的典型经验和实际成果，动员各族各界群众共同关心、支持并积极参与扶持人口较少民族的发展，扩大社会影响力，为扶持人口较少民族政策的有效实施创造良好的社会环境和舆论氛围。政府部门在对人口较少民族扶持过程中，还应注意对民族关系的适时调适，进一步促进和谐新疆、和谐民族关系的构建。

（二）继续夯实基础设施建设，改善农牧民生产生活条件

1. 农田水利方面。继续加大农村安全饮水工程的实施力度，实现塔塔尔族农牧区人畜安全饮水。同时加强基本农田保护工作，科学有效地保护和开发土地资源。

2. 住房交通方面。结合抗震安居工程、扶贫开发和农村沼气等重点项目建设，进一步加强农村环境综合治理，重点实施农村绿化、硬化、美化工程，重视生态建设和环境保护，努力改善农牧民住房、交通等基础设施条件，加强公路建设及维护保养，增强农牧区可持续发展能力，为塔塔尔族经济和社会发展创造良好条件。

3. 教育方面。首先继续加大教育投入力度，加强学校建设和师资队伍建设，提高教学质量，改善办学条件。结合实际情况对塔塔尔族贫困生实行学费、住宿费、伙食费补贴或全免的政策，建议在中等职业教育和高中教育实行免费教育，并优先录取每年参加高考成绩优秀的塔塔尔族学生，对人口较少民族继续在高校招生和内地新疆高中班升学考试等方面实行倾斜照顾政策。其次，高等教育要有针对性地培养农业和科技方面的专业人才，加强实用技术培训，提高农牧民综合素质。再次，提高农村教师待遇，调动其为农村教育事业发展服务的积极性，并加大高校对口支援力度，促进优质教育资源共享。

4. 医疗保险救助方面。一是加大农村医疗卫生基础设施建设力度，健全农村医疗卫生服务体系，做好乡镇卫生院、村卫生室设备的配套工作。进一步完善新型农牧区合作医疗制度，提高新农合筹资标准和农牧民受益水平，有效解决农牧民看病难看病贵的问题。二是培养基层专业医疗人才，建立多种人才培养渠道，做好农牧区定向免费培养医学生的报考和就业安置工作，加大城市卫生系统支援农村卫生工作力度，解决农牧民看病不方便的困难。三是做好疾病预防控制、妇幼保健和健康教育工作，普及卫生防病知识，提高塔塔尔族群众自我保健意识和能力。

（三）扩大政策扶持范围，增加资金投入

建议在基础设施、产业开发、科技推广等方面取得初步良好的社会、经济效益的情况下，应积极争取中央和自治区的各类项目和资金，加大对交通、通讯、饮水工程等的投入力度，逐步改善塔塔尔族农牧民的生产生活条件，增加公共文化服务体系建设的经费，重点发展特色优势产业，拓宽增收渠道，加强生态环境保护等，全方面扶持塔塔尔族发展。同时，应当注意到扶少工作不能单一依靠国家财政资金，可以拓宽融资渠道，广泛吸纳社会与企业投入。加大金融扶持力度，对符合国家政策规定和信贷原则的贷款需求给予积极支持，大力推广农户联保贷款，探索建立政府扶持、企业和银行多方参与的农村信贷担保机制。

（四）重视人才培养，以"造血性"项目引领发展

人口较少民族地区要从根本上改变现状，关键在于民族整体素质的提高。在扶持过程中，应注重进一步加大塔塔尔族人才的培养力度，提升塔塔尔族群众的综合素质和技能，使被扶持主体通过自己的努力来获得发展空间，提高其自我发展的意识与能力。特别是加强人口较少民族法律援助和医疗文教队伍的建设，建议采取定向培养、专项培训等措施，对塔塔尔族群众在从事专业工作及考试方面给予重点性政策倾斜。同时，多开展提高广大农牧民整体素质和针对各类适用人才的技能培训和创业培训等"造血性"项目，采取普遍教育与重点培训相结合、举办讲座与现场辅导相结合、典型示范与结对帮扶相结合的办法，提高劳动者素质，鼓励致富能人带领群众脱贫致富，促使广大农牧民直接和间接受益，推动经济发展。

（五）重视民族传统文化保护

第一，要加强对塔塔尔族自身的文化教育，使他们懂得自身文化的价值，懂得为什么要弘扬发展民族文化，如何把先进的民族文化科学地融入这个崭新的时代，使它如鱼得水，更加理想地传承发展。

第二，重视民族语言教育，培养民族文化传承人才。民族语言的教育

和保护问题是塔塔尔族群众最为关心的问题之一。国内迄今没有一本塔塔尔语教学的课本或书籍，也没有塔塔尔语的教学老师，应加大这方面的人才培养及支持力度，以使优秀的民族传统文化得到传承。虽然大多数群众提出应当建立专门的塔塔尔语言学校。但客观来讲，由于人口稀少且过于分散，开办学校的需求并不现实，但这并不意味着无作为。大泉塔塔尔族乡申请建立双语幼儿园亦是一条出路，可以从小为孩子创造语言环境，但调研组认为该幼儿园一旦建成政府应不遗余力加强教育资源配置，吸引塔塔尔族学习，促使培养的可持续性。此外，应在塔塔尔族聚居区开办业余培训班，聘请从鞑靼斯坦留学回来的塔塔尔族学生或其他人才教授。同时，政府应大力支持恢复《中国塔塔尔》的刊印出版，为塔塔尔族文化交流搭建更多平台。此外，随着老传承人的离世，要抓紧时间培养新的传承人，培养文化自觉意识，通过点点滴滴的文化传承，点燃人口较少民族永不熄灭的文化传承之火。

第三，强化投入力度，修建塔塔尔族文化中心及历史博物馆等。对此，新疆地区下一步扶持塔塔尔族的重点工作之一是立足塔塔尔族民族文化和生态资源实际，大力发展民俗生态旅游经济。虽然乌鲁木齐、伊宁、塔城各地均有塔塔尔协会，但都是群众组织，缺乏政府和资金支持，没有得到相关政策配置的资源，也没有自己专门的文化活动场所。新疆大学教授阿不都拉·阿巴斯（塔塔尔族人大代表）曾代表塔塔尔族提出建立"中国塔塔尔族非物质文化遗产发展和保护中心"的建议后，国家民委、文化部专门出台文件同意建设，新疆维吾尔自治区文化厅、民委也大力支持。此外塔塔尔族乡也已申请建设民族历史博物馆和塔塔尔民族风情园，这些项目都在落实过程中。相信随着文化中心及历史博物馆等场所的建立，塔塔尔族的一些优秀传统文化将得到更好地保护和传承。

同时，还应重视塔塔尔族历史研究，保护塔塔尔族具有历史价值与民族特色的建筑物及其他文化。"撒班节"作为塔塔尔族最具特色的传统节日及非物质文化遗产，更应得到政府的大力支持与保护，例如拨付专项节日补助资金，建设固定专门的节日庆祝场所等，一方面提高举办者的积极性，挖掘节日文化丰富内涵，增强民族交流与融合；另一方面也为塔塔尔族传统文化搭建一个展示交流的舞台，促使其他民族更加了解塔塔尔族。

第四，充分发挥塔塔尔族聚居区旅游优势，大力发展旅游文化和手工艺加工等产业，加大对传统民族文化和特色村寨的保护，将少数民族文化传统资源纳入国家的民族民间传统文化保护工程。

（六）全面深化项目调研、实施、管理监督环节

一是重视主体性，完善群众参与机制。广泛发动广大塔塔尔族群众主动参与项目的实施和监督管理中去，让塔塔尔族农牧民成为项目筛选、评估、立项、审批、投资、实施、检查、验收等环节的主体。在项目立项前，重视扶持主体的需求，将农牧民亟需解决的问题作为立项的重点。在项目实施过程中，在农牧民中反复进行宣传，增强参与意识，确保项目取得实效。一方面使得国家扶持人口较少民族的政策深入人心，调动群众的积极主动性，把"要我干"转变成"我要干"；另一方面增加项目的科学性、可行性。譬如，由于新疆地区10月份天气寒冷干燥，不利于项目建设，过去一些项目在设计论证环节未将气候等因素纳入计划，导致不少项目增加成本。建议在项目实施中能够因地制宜，科学规划协调资金拨付时间和项目建设时间，可针对部分项目灵活在7月份前拨付资金，加快资金到位，以保证项目的实施质量和效益，并结合各地区实际情况给予延长和进一步加大资金投入。

二是加大监督管理和检查力度。为确保项目发挥实效，扶少政策落实到位，各有关部门应充分发挥职能作用，切实做好组织实施工作，加大项目实施监督力度，保证项目质量。严格按照国家专项资金管理的有关规定和办法以及《新疆维吾尔自治区"少数民族发展资金"管理使用实施细则》，建立项目规划实施的管理运行工作机制，同时规范资金的使用监管力度，专户管理、单独建账核算，加强每一笔专项款的监督和审批，有效防止项目资金挪用、截留、擅自改变资金用途的现象发生，确保项目资金及时足额到位。

三是继续重视扶持塔塔尔族发展项目动态监测和效益评估工作，及时了解和全面掌握各类各项工程的发展动态，从而适时结合实际需求调整项

目进度和人力、物力投入，并积极动员塔塔尔族群众主动参与到监督环节中去，做好人口较少民族发展项目考核验收和自查工作。按照各项考核指标，进一步做好项目的跟踪、监督、反馈工作，确保少数民族发展资金发挥最大效益。此外，从动态监测各组成要素看，对扶持政策效益的评价，普遍关注于单一经济发展指标及对经济发展的带动作用，重视基础设施、产业结构发展等，对科教文卫等社会事业及传统民族文化保护方面的扶持力度不够，致使民族传统文化受到一定冲击，不利于塔塔尔族经济社会和文化的综合发展。政府部门在进行扶持效益评估时，应将文化和扶持主体参与发展的实际权益等纳入考核标准，坚决避免形象工程、政绩工程和面子工程。

（七）对塔塔尔族人口发展进行立法保障

鉴于塔塔尔族近年呈现人口负增长的趋势，客观存在的人口安全问题，亟需对其人口发展进行立法保障，这对塔塔尔族民族整体人口发展可持续性具有重大意义。尽管我国一直有相应的针对少数民族的生育优惠政策，但是与人口发展较快的一些民族相比，塔塔尔族人口发展危机问题相当严重。目前我国针对人口较少民族采用单独列举特别立法保障的有内蒙古、黑龙江、甘肃和云南四省区，而塔塔尔族聚居的新疆至今未单独出台法律，这一现状不利于塔塔尔族的人口可持续发展保障。

因此，建议在国家统一立法中，对包括塔塔尔族在内的人口在一万以下的"人口特少民族"实行合理有差别的人口与计划生育政策，在孩子生育数量的限制上实行不同的标准，鼓励年轻人生育，并出台相应奖励政策，从而达到帮助人口恢复的目的。特别针对近年出国人员增多的问题，应加大对塔塔尔族富余劳动力转移、民族特色技能培训、教育、就业等多方面政策上的倾斜扶持，以政策保障人口环境。

（八）坚持因地制宜，重视散杂地区塔塔尔族受益均衡

当前扶持人口较少民族工作主要在人口较少民族聚居区开展，这种一刀切做法往往会导致受益主体的不均衡。就塔塔尔族而言，聚居塔塔尔族

能够较好地受惠于人口较少民族的扶持政策，社会整体呈现较好的发展状况，但散杂居塔塔尔族却对国家相关政策了解甚少，并不能得益于国家相关政策。因此，建议政策制定时应该考虑到散杂居人口较少民族的权益保障问题，通过深入调研，编制规划，加强领导和督查，进一步拓展帮扶工作的点面结合。

同时，在政策落实过程中，政府各部门应按照"因地制宜、分类指导"的原则，深入调研，结合实际确定建设任务。对经济社会发展严重滞后的地区（村落），以提高群众生活保障为主要建设任务；对基础设施条件相对较好的地区（村落），以全面发展社会事业、发展特色产业为重点；对生存条件较好，基础设施相对落后的地区，以改善基础设施为重点，从而为扶持人口较少民族发展奠定坚实基础。

八、总结

总体来说，自《规划》实施以来，"十一五"期间，国家及新疆地区针对人口较少民族的第一轮扶持工作主要是以改善和提高人口较少民族群众生产生活条件为根本出发点，以加强基础设施建设、改善生产生活条件、促进社会事业发展为重点展开。在具体落实过程中，根据实际情况，塔塔尔族聚居村落主要按照"四通五有三达到"的要求，重点围绕基础设施建设，特别是机井改造、乡村道路建设、农业基本设施、人畜饮水、农田水利、乡村办公条件以及农牧民技能培训等进行扶持。在国家、区、州等各级政府部门的关心和帮助下，经过近五年的实施，新疆地区扶持人口较少民族政策实践取得显著成效，塔塔尔族的经济社会状况得到明显改善，有力促进了塔塔尔族聚居村落经济和社会各项事业发展，特别体现在物质基础和环境改善等硬件建设方面，基本解决群众吃水难、行路难、危房改造、乡村办公条件差等问题，但软件建设，特别是文化教育、医疗和社会保障等社会事业的可持续发展等方面则需要进一步引起重视。

调研组希望，通过对扶持人口较少民族政策进行回顾分析，对针对塔塔尔族的扶持人口较少民族政策的实践程度进行评价，对发展和完善包括塔塔尔族在内的人口较少民族的扶持政策提出思考，从而对大力宣传党中央、国务院实施扶持人口较少民族发展的决策部署，对更好地深入实施人口较少民族扶持政策，促进边疆稳定、民族团结贡献微薄之力。

参考文献

［1］杨志刚，张巨成．塔塔尔族：新疆奇台县黑沟村调查［M］．昆明：云南大学出版社，2004.

［2］周建华、郭永瑛．塔塔尔族［M］．民族出版社，1993.

［3］伊里旦·伊斯哈科夫．来自伏尔加河畔——塔塔尔族［M］．昆明：云南人民出版社，2003.

［4］周建华．新疆塔塔尔族文化构成分析［J］．西北民族研究，2004（4）．

［5］周建华．塔塔语变异现象探析［J］．语言与翻译，1997（3）．

［6］周建华．塔塔尔人的语言使用概况［J］．语言与翻译，2000（1）．

［7］陈宗振，伊里千．塔塔尔语简志［M］．北京：民族出版社，1986.

［8］宋景民．对蒙古族、藏族、塔塔尔族、乌孜别克族11位青年人头发毛干的扫描电镜观察［J］．解剖学杂志，1994（4）．

［9］崔静，吉丽尼沙．新疆塔塔尔族青年体型、躯干、四肢主要体质特征调查［J］．中国局解手术学杂志，1999（4）．

［10］周建华．中国塔塔尔族人口规模的变迁和人口分布现状［J］．辽宁大学学报，2003（2）．

［11］朱玉福，伍淑花．中国扶持人口较少民族发展的政策及其实践研究［J］．贵州民族研究，2011（3）．

［12］朱玉福．中国扶持人口较少民族政策实践程度评价及思考［J］．广西民族研究，2011（4）．

［13］李晓斌，杨晓兰．扶持人口较少民族政策实践的效果及存在的问题——以云南德昂族为例［J］．中南民族大学学报，2010（11）．

［14］陆建．新疆扶持人口较少民族初见成效［N］．中国民族报，2005-05-24.

［15］杨圣敏，丁宏．中国民族志［M］．北京：中央民族大学出版社，2004.

［16］中国人口较少民族发展研究丛书编委会编．中国人口较少民族经济和社会发展调查报告［M］．北京：民族出版社，2007.

［17］奇台县较少民族塔塔尔族特色村寨保护与发展"十二五"规划纲要，2011年3月，内部资料.

［18］新疆奇台县塔塔尔族乡"十一五"扶持发展专项建设规划，2006年8月，内部资料.

［19］布尔津县扶持人口较少民族发展专项建设规划（2011年-2015年），2010年12月，内部资料.

［20］朱玉福．中国扶持人口较少民族的成就、经验及对策［J］．黑龙江民族丛刊，

2012（5）
[21] 朱玉福. 兴边富民行动 10 周年：成就、经验及对策［J］. 广西民族研究，2011（1）
[22] 李建新. 新疆塔塔尔族调查研究——现状、问题与思考［J］. 西北民族研究，2001（4）
[23] 钱薇，郭艳芹. "十二五"时期新疆扶贫开发的战略思考［J］. 新疆财经大学学报，2009（1）
[24] 张敬仪，阿克赞. 关于"塔塔尔"一词的两种解释［J］. 西北民族学院学报，2001（4）
[25] 缪雪峰. 撒班节日起源与文化变迁［J］. 新疆财经大学学报，2009（1）
[26] 伊犁州直扶持口较少民族发展"十一五"期间工作情况汇报，2010 年 1 月，内部资料.

新疆乌孜别克族经济社会发展调研报告

调查组成员：王晓莉　阿布都热西提·基力力　刘明新
　　　　　　连芙蓉　洪林杨　米吉提·哈尔得　马子媚
　　　　　　吴章隽

执笔人：阿布都热西提·基力力　米吉提·哈尔得

乌孜别克族是我国新疆世居少数民族之一，散居在新疆的许多城乡。据2010年第六次全国人口普查，我国乌孜别克族有10114人，是人口较少民族之一，其社会经济文化事业发展，既有自身的特点，也与其他人口较少民族有共通之处。对之进行深入调查，总结人口较少民族扶持政策的经验、教训，有助于推动人口较少民族更好的发展。

一、历史源流

从宏观角度来看，乌孜别克族的形成乃是以帖木儿王朝统治下的中亚地区操突厥语诸族为主并结合南下突厥 – 蒙古人成分，于16世纪初以后逐渐融合形成的。①

根据文献记载和调研中所获得的资料可知，我国乌孜别克族的迁入是分时期、分职业的，且散居在新疆各地。

---

① 《乌孜别克族简史》编写组，修订本编写组编．乌孜别克族简史［M］．第8页．民族出版社，2008．

（一）宗教人士的迁入

从 8 世纪后半叶到 9 世纪初，伊斯兰教成为中亚大多数世居民族所信仰的宗教。整个河中地区成为伊斯兰世界的一部分，布哈拉、撒马尔罕、花剌子模、喀什噶尔成为当时中亚伊斯兰教文化中心。在中亚各突厥语诸族同属一个文化圈的情况下，文化、宗教的交流在各个地区居民之间是相当频繁的，当时喀什噶尔、布哈拉、撒马尔罕也作为中亚经堂教育的最高学府的集中地，吸引着各地的教徒前来学习交流。曾有不少布哈拉、安集延籍的学者前来喀什噶尔执教，同时也有很多执行传教任务的传教者前往后来被称为"新疆"的这一地区传授与交流伊斯兰教。这样，在历史上就陆续有乌孜别克人的先民迁入喀什噶尔、叶尔羌等地区。

（二）商人的迁入

乌孜别克人和维吾尔人在中亚都属于农耕定居民族，他们居住的地带正是东西方商路——丝绸之路的要道，在整体商业大环境的影响下，乌孜别克族、维吾尔族很早就萌发了商业意识，在长期的跨地域（费尔干纳盆地和塔里木盆地）的商贸经济活动中，成就了乌孜别克族和维吾尔族善于经商的声誉。随着 9 世纪左右伊斯兰教在中亚成为大多数民族的宗教信仰之后，新疆与国外的联系也变得日益频繁。从 15、16 世纪开始，维吾尔族、乌孜别克族的先民来往于撒马尔罕、布哈拉、喀什噶尔、叶尔羌等地，主要经营丝绸、茶叶、瓷器、棉花以及其他土特产等物品，此外还途径阿克苏、吐鲁番至今日的甘肃酒泉等地，也将货物转销到内地，于是在内地、新疆以及国外之间便形成了一个大的贸易互动圈。当时不仅货物流转于各地，身怀技艺、学识的文人、作家也在四处漂移。这其中也包括大量的乌孜别克商人，他们的足迹随着商业路线的延伸而遍布南疆、北疆的各个重要城镇，他们当中的一部分人在当地娶妻、生子，或者是举家搬迁，长期留在了新疆。

（三）因躲避战乱和压迫迁入

从18世纪初开始，沙皇俄国对中亚发动了以殖民扩张和经济掠夺双重目的的侵略战争，其时间长达百余年。在这期间，中亚各民族遭遇了战乱的危害，各民族纷纷迁往邻近兄弟民族地区寻求避难与帮助。乌孜别克人在此期间为了躲避战乱与迫害，陆续迁入了喀什噶尔和伊犁地区。1878年清政府平定阿古柏事件，浩罕汗国已被沙皇俄国占领，这导致又有一部分乌孜别克人从中亚迁居到新疆境内。第一次世界大战以后，战争、动乱和自然灾害给中亚带来灾难，不少中亚乌孜别克人依靠定居新疆的同族人的血缘和社会关系，纷纷迁到新疆谋生。1916年，中亚发生反对沙俄压迫的民族起义，部分乌孜别克人随哈萨克难民来到伊犁；苏联政府在中亚成立政权时，原本为中亚城市人口的一部分乌孜别克人富商、地主、贵族、知识分子、军官及眷属也成批逃来新疆，落户于新疆一些城镇。由于苏维埃提倡无神论，部分宗教人士也来到新疆。1929－1932年，苏联实行农业集体化，又有大批乌孜别克人进入新疆。"我的爷爷当时是一位有威望的知识分子，20世纪，由于苏联斯大林的一些政策的实施，使他们受到了压迫，因此举家迁移到这边来的。像我爷爷这样的乌孜别克人有很多，像知识分子、宗教人士、商人等，都是由于苏联当时的错误的政策而被迫迁居到新疆境内。"

二、人口现状

（一）人口变迁

我们可以从历年的人口普查资料中了解到（见表1），从新中国成立至今，由于兵团建设以及在疆汉族人口的剧增等原因，新疆维吾尔自治区总人口处于不断的快速增长中，然而乌孜别克族人口却呈现出不规则的变化。

表1　新疆乌孜别克族人口变化（单位：人）

民族	1949年	1953年	1964年	1982年	1990年	1999年	2010年
汉族	291021	332126	2321216	5286532	5695409	6871528	8746100
少数民族	4042379	4451477	4948851	7795101	9461474	10878472	13067200
乌孜别克族	12174	13580	7683	12433	14715	13918	10114

注：新疆历次人口普查资料，《新疆统计年鉴（2000）》（苏德贵主编，中国统计出版社，2000年）；《中国2010年人口普查资料》，中国统计出版社，第一卷，2012年，第49页。

这几个阶段的人口变化可以概括为：

第一阶段是增长阶段。从1953年的第一次人口普查可以看出，乌孜别克族人口数从12174人增长到13580人，人口增长率约为11.55%，略高于同期其他少数民族人口的平均增长幅度10.12%[1]。

第二阶段是人口迅速下降阶段。从表中我们可以看到，我国乌孜别克族人口在1953年达到了一个高峰。然而在之后的10年之内，乌孜别克族人口数迅速下降，1963年降至最低点6500人，1964年为7683人[2]。这一阶段乌孜别克族人口迅速降低的原因主要是，20世纪50年代中期后国内发生了各种政治运动，使一些知识分子、宗教人士、商人都受到了不同程度的伤害，尤其是随着中苏关系恶化，使得很多与苏联有亲属关系的乌孜别克人都受到了怀疑和审查，因此不少乌孜别克人觉得在新疆继续生活没有安全感，他们想方设法迁回苏联。在这种背景下苏联的宣传和鼓动以及国内政治、经济形势恶化造成了1962年的"伊塔事件"。在伊犁和塔城地区生活的不少乌孜别克族和塔塔尔族也随着当时向境外迁移的维吾尔族、哈萨克族迁入了苏联。

第三阶段是人口恢复增长阶段。从20世纪70年代到90年代初，乌孜别克人口数有一个显著的增长，从1964年的7683人猛增到1982年的12433人，增长了61.8%，从1982年到1990年又从12433人增长到14715人，同比增长18.35%[3]。

第四阶段是缓慢的减少阶段。经过人口规模的变迁，近20年来乌孜别

---

[1] 新疆历次人口普查资料，《新疆统计年鉴（2000）》，其中笔者进行了相关数据的计算、处理。
[2] 新疆历次人口普查资料，《新疆统计年鉴（2000）》，其中笔者进行了相关数据的计算、处理。
[3] 新疆历次人口普查资料，《新疆统计年鉴（2000）》，其中笔者进行了相关数据的计算、处理。

克族人口有略微减少的趋势。乌孜别克族人口数从 1990 年的 14715 人减少到 1999 年的 13918 人，同比降低 5.42%。又从 1999 年的 13918 人减少到 2010 年的 10114 人，同比降低 27.3%。[①] 其因主要有生育率的降低、民族成分的改变、人口迁移等。

（二）人口分布特点

乌孜别克族是一个城市化较高的民族，不论我们在各地实地调研过程中还是与该民族群体进行的访谈的资料中都可以看出这一点。在全国范围内，根据 2010 年的人口普查资料的记录得知，乌孜别克族全国人口数为 10569 人[②]，其中乡村人口为 3346 人[③]，镇一级人口 2317 人[④]，城市人口约为 4906 人[⑤]。可见乌孜别克族人口有将近一半以上是居住于城镇地区，人口城市化较高。除此之外我们还可以看到，如今越来越多的乌孜别克族人口开始向内地迁移，分布于全国许多地区和城市，包括北京、天津、浙江、湖南、广东、上海等，这些地区的乌孜别克族人口数达到 455 人[⑥]，主要包括商人和知识分子群体，形成了"大分散，小聚居"的分布特点。

三、经济生活

新疆维吾尔自治区的乌孜别克人一直保持着悠久的经商传统，其手工业、园艺业、刺绣等产业也负有盛名。在乌孜别克族迁入新疆的这一过程中，经济上与国内外的互动是非常频繁的，在经济互动的基础上便会逐渐引起文化互动、宗教互动等一系列相伴而生的互动行为。例如，当时在商人、探险家游走于各地经商、探险的同时，其他各行业的人才也会紧随着他们，游走于各地，包括艺人、文人、宗教人士、园艺业能手、民族刺绣行业能手

---

① 新疆历次人口普查资料，《新疆统计年鉴（2000）》，其中笔者进行了相关数据的计算、处理。
② 中国 2010 年人口普查资料 [M]．第一卷．中国统计出版社，2012：49．
③ 中国 2010 年人口普查资料 [M]．第一卷．中国统计出版社，2012：109．
④ 中国 2010 年人口普查资料 [M]．第一卷．中国统计出版社，2012：89．
⑤ 《中国 2010 年人口普查资料 [M]．第一卷．中国统计出版社，2012：69．
⑥ 中国 2010 年人口普查资料 [M]．第一卷．中国统计出版社，2012：49．

等。"新疆的乌孜别克人基本上居住在城市，当初从国外迁移来的人也大部分是来自城市的，来自农村的人并不多，而迁来的人都是某方面的有技能的人。现在这里的乌孜别克人大多是从事自己拿手的职业，比如在和田有从事乌孜别克族民族医学的医生，在喀什有合伙开餐馆、公司的商人，还有一些则是文学家、宗教人士，也有从事民族刺绣，农村旅游等行业的人"。

表2 乌孜别克族分职业人口（单位：人）

民族	合计	国家机关、党群组织、企业、事业单位负责人	专业技术人员	办事人员和有关人员	商业、服务业人员	农、林、牧、渔、水利业生产人员	生产、运输设备操作人员及有关人员	不便分类的其他从业人员
汉族	65624215	1212401	4594688	2923525	11016430	30448221	15363859	65091
乌孜别克族	377	11	53	48	79	119	67	—
少数民族	6032856	56368	297777	170343	571732	4185177	746859	4600

注：中国2010年人口普查资料，《新疆统计年鉴》中Excel表格数据，笔者对数据进行了相关处理。

根据相关数据，与全国的汉族、少数民族相比较，乌孜别克族人口职业分布呈现出自身的特点：

第一，乌孜别克族人口从事脑力劳动的比重超过了29.7%（表3中前3项之和），而在全国范围内少数民族从事脑力劳动的仅仅为8.5%左右，全国汉族从事脑力劳动者的比例（13.3%）也低于乌孜别克族脑力劳动者的比例①。虽然在数据上乌孜别克族人口从事脑力劳动的比重比较高，但是人数却不多，仅100人左右，而且这是全国范围内从事脑力劳动的人数。由于如今内地发达地区有较多的乌孜别克族迁入，因此乌孜别克族专业技术人员也较多的集中在内地。此外，政府工作人员则主要集中在新疆维吾尔自治区木垒哈萨克自治县大南沟乌孜别克乡，而其他地区则相对较少，或正处于逐年降低趋势。其原因是多方面的，如近期乌孜别克族家长不愿意送孩子上学、政府部门的招聘岗位没有对乌孜别克族做出相应的名额分配优惠政策、知识分子和专业人才外流等。

---

① 中国2010年人口普查资料，《新疆统计年鉴》中电子版数据，笔者对数据进行了相关处理。

表3　乌孜别克族分职业人口比率（单位:%）

民族	国家机关、党群组织、企业、事业单位负责人	专业技术人员	办事人员和有关人员	商业、服务业人员	农、林、牧、渔、水利业生产人员	生产、运输设备操作人员及有关人员	不便分类的其他从业人员
汉族	1.85	7.00	4.45	16.79	46.40	23.41	0.10
乌孜别克族	2.92	14.06	12.73	20.95	31.56	17.77	
少数民族	0.93	4.94	2.82	9.48	69.37	12.38	0.08

注：中国2010年人口普查资料，《新疆统计年鉴》中Excel表格数据，笔者对数据进行了相关处理。

第二，乌孜别克族人口从事体力劳动者相对较少。少数民族体力劳动者比重超过81%，其中农业、林业、牧业、渔业、水利业生产人员比重接近70%；汉族从事体力劳动者比重约为69.8%，其中从事农、林、牧、渔、水利业生产人员比重约为31.56%。从这两组数据的对比来看，乌孜别克族从事体力劳动人员比例要大大低于全国少数民族，也低于全国汉族，从事农、林、牧、渔、水利业生产人员的比重仅为少数民族比例的一半，而且比汉族的比例要低15%左右[①]。由于乌孜别克族人口主要集中在城镇地区，而且出于他们教育程度较高或是比较乐意经商的传统，乌孜别克族从事体力劳动人数较少也不足为奇。其实，乌孜别克族从事农牧业的人口主要集中在北疆，如大南沟乌孜别克乡，除此之外有很少一部分分布在喀什、莎车地区。在调研过程中我们也发现了有些乌孜别克族牧民在定居以后，在从事农牧业的同时，也开始慢慢地因地制宜的改变其经济增收方式，如经营刺绣业、旅游业等行业。一位乌孜别克族牧民跟我们谈道：

我原来的职业是老师，教了很多年的书，但是工资不高。家里妻子和一个孩子就负责料理家务和放牧。从2007年开始我们的生活条件开始有所好转，因为妻子能做一些刺绣，所以最开始我们开了一个店铺，起初是自己

---

① 中国2010年人口普查资料，《新疆统计年鉴》中电子版数据，笔者对数据进行了相关处理。

干，后来是招人给我们干，主要是把这边的刺绣产品销往阿勒泰、昌吉、伊犁等地区，另外也会往蒙古国销售这些刺绣产品，然后与此同时我们也会进口一些高档品在这里销售。后来从2011年开始我们想在这边搞个民族风情园，主要是搞乡村旅游、民族旅游。一方面由于这边没人做这个，所以应该能做的不错，另一方面这样的风情园可以宣传我们自己的民族文化。

第三，乌孜别克族依旧在他们传统的商贸行业上占据有利的地位。从图表中可以看出，全国乌孜别克族从事商业、服务业人员的比重是20.95%，这比全国汉族商业、服务业人员比重（16.79%）多4个百分点，而且约是全国少数民族商业、服务业人员比重（9.48%）的两倍①。一位乌孜别克族知识分子谈道："现在在我看来乌孜别克人一方面是擅长经商，另一方面是乐于选择这种自由职业，因为这样约束就相对较少。……另外自由职业的他们可以更好地维持自己的宗教信仰。"

另外，从全国人口较少民族农牧民人均纯收入的对比中可以看出，乌孜别克族农牧民人均纯收入为3564元，在新疆人口较少民族中的收入从高到低排名第4位，在全国人口较少民族内纯收入从低到高排名第18位②。随着我国对农牧民定居问题的推动，各地区都在渐渐的安置农牧民到相应的定居点生活。在这一项目进行过程中，必然存在很多意想不到的问题，另外人力、物力的投入也需要一段时间才能体现其效果。经过调研组的实地调查发现，在当前各项政策的实施中取得了较大的成效，例如牧民的生活水平、生活质量有所提高，公共卫生、饮食安全有所改善，牧民的文化活动、教育事业也有稳步的提高。但是，一些乌孜别克族没有下山定居的问题仍然存在，其中的主、客观问题需要解决。同时，定居后的农牧民中虽然有部分人开始增加自身其他方式的收入，但大部分牧民因失去原有的畜牧业经济方式，还未能很好地适应新式的畜牧业转型，因此政

---

① 中国2010年人口普查资料，《新疆统计年鉴》中电子版数据，笔者对数据进行了相关处理。
② 新疆维吾尔自治区教育厅经济发展规划处获得资料，《自治区扶持人口较少民族发展规划（2011－2015）》2011年12月，第93页。

府应该以合理的方式引导这一群体增加额外收入。在我们的调研过程中也看到了政府引导农牧民创收的新方式，例如民族旅游业、民族刺绣业、新型畜牧业等行业的计划与实施，这些举措还有待推进，实施的效果也有待继续提高。总的来说，解决乌孜别克族农牧民定居问题，增加农牧民增收渠道，提高农牧民收入成为当下解决乌孜别克族农牧民致富问题的关键。

四、教育状况

据 2011 年底统计，新疆维吾尔自治区全区总人口 2208.71 万人，其中少数民族人口占 59.5%。新疆维吾尔自治区的发展归根到底必须重视人才的培养，这其中更重要的是少数民族人才的培养。截至 2011 年底，新疆维吾尔自治区共有各级各类学校 8785 所，在校学生 456.18 万人，其中少数民族学生 60.9%；各类学校教职工 36.87 万人，其中专任教师 30.53 万人，少数民族专任教师占 54.6%。全区每万人口拥有的普通高校、普通中专、普通高中、初中、小学在校生分别为 117 人、73 人、196 人、442 人、869 人。全区主要劳动年龄人口平均受教育的年限为 9 年①。

表4　全国乌孜别克族人口教育水平人数及对比（单位：人）

民族	6岁及以上人口	未上过学	小学	初中	高中	大学专科	大学本科	研究生
汉族	1140804980	53726722	317175239	482244975	176525992	64353701	42822692	3955659
少数民族	101739782	8409525	40036031	35930810	10120725	4256750	2803025	182916
乌孜别克族	9596	196	2809	2857	1692	1079	919	44

注：中国2010年人口普查资料，《新疆统计年鉴》中Excel电子数据运用，笔者对数据进行了相关处理。

通过各民族人口受教育程度的比较可以看出，乌孜别克族人口文化素质较其他民族来说相对较高。通过全国 2010 年人口普查数据资料，对各民

---

① 新疆维吾尔自治区教育厅提供《新疆教育基本情况》，2012年，第3页。

族 6 岁及以上人口进行的受教育程度普查结果显示，在 6 岁及以上人口中，与汉族、各少数民族相比，乌孜别克族未上过学的人口比重是最低的，约是汉族的 1/2，少数民族的 1/4。① 此外，乌孜别克族受教育程度为小学的比重略低于汉族和其他少数民族。整体上我们看到乌孜别克族人口教育水平很高，但小学入学率却比较低，这似乎出现了一个矛盾，但这一矛盾的出现是有其原因的。自 2003 年开始新疆维吾尔自治区开始实施"双语"教学模式，起初群众普遍都是以积极、乐观的态度看待这一政策。家长们认为，双语教育的实施有助于自己子女两种语言的掌握，孩子以后会成为双语精通的人才，孩子的前途就比较好。但是，从 2003 年至今的 9 年左右的时间里，群众看到的双语政策没有达到他们所期望的效果。由于少数民族语言课程被严重的压缩，虽然名为双语教学，但基本上还是属于单语制教学。另外，加上教学过程中少数民族文化、宗教信仰被淡化，使得孩子们开始改变其原有的传统文化及其约束，这些现象使得很多的家长选择让子女直接上单语制的学校，如汉语学校或维吾尔语学校，甚至有些人选择不让孩子上学而经商的现象也开始出现。

　　乌孜别克族家长不愿意让孩子们上学，这个是有一些原因的，其中重要的一个原因就是现在的教育模式问题。家长们认为我们没有自己民族的学校，孩子去了汉语学校是学不到自己民族的语言、文化知识的，所以他们就认为孩子上学未必有好处，他们很可能会失去自己的宗教信仰和民族文化。所以宁可让孩子在家，也不想让孩子去上学。

　　初中阶段略高于其他少数民族的比重，而比汉族的比重少了 1/2。然而在高中及以上阶段，包括高中、大学专科、大学本科中，乌孜别克族受教育程度都高于汉族和其他少数民族的受教育程度，专科和本科阶段更是

---

① 根据中国 2010 年人口普查资料，《新疆统计年鉴》中 Excel 电子数据运用，笔者对数据进行了相关处理。

远远高于汉族和其他少数民族,甚至是 2 倍左右①。由此可以看出,乌孜别克族在全国范围内除了善于经商以外,还比较注重自己子女教育问题。所以以前在各个领域都会有或多或少的乌孜别克族干部、学者、知识分子,而近几年却有锐减趋势。近些年来的教育改革,当然是一个不可小视的影响因素,对该民族教育事业的发展有很大的影响关系。在调研过程中一位知识分子跟我们谈道:

双语教育没有得到很好的效果,我觉得以这种方式受教育的孩子,以后不是成为双语精通,而是会成为双语都不通。以前不论是民考汉还是民考民学生,他们能熟练地掌握一种语言,然后再学习其他外语,他们起码是单语精通的,以后只要通过一定的努力,在自己擅长的领域是可以发挥自己的长处的。但双语的孩子们就不是这样,他们的英语水平也比较低,到大学以后学习也很吃力,我为这些孩子的未来有点担忧。

表5　全国乌孜别克族人口各教育水平人数比例　(单位:%)

民族	未上过学	小学	初中	高中	大学专科	大学本科	研究生
汉族	4.71	27.8	152.04	55.66	36.46	24.26	9.24
少数民族	8.27	39.35	89.75	25.28	42.06	27.7	6.53
乌孜别克族	2.04	29.27	101.71	60.23	63.77	54.31	4.79

注:中国2010年人口普查资料,《新疆统计年鉴》中 Excel 电子数据运用,笔者对数据进行了相关处理。

通过上述表格中各项数据的分析,以及实地调研中的所见、所闻、所感,具体的可以将乌孜别克族教育事业存在的问题归纳为以下几个方面。

第一,没有本民族的学校、培训班。20世纪初新疆境内有各个民族自己的学校,当然乌孜别克族也不例外,当时伊犁、乌鲁木齐等地即有乌孜别克族自己的学校。当时乌孜别克族学生可以在自己的学校学习语言、文

---

① 根据中国2010年人口普查资料,《新疆统计年鉴》中 Excel 电子数据运用,笔者对数据进行了相关处理。

字,也可以学习民族文化、历史方面的知识。但随着 21 世纪的到来,各地区民族学校开始整合,人口较少民族或是没有文字的民族学校都不再开办。乌孜别克族孩子的教育都是就近入学,如进入维吾尔语学校或是哈萨克语学校学习。2003 年后随着新疆民族教育政策的改变,部分家长认为不在自己民族或兄弟民族学校读书,那读书对孩子就没有必要,还不如跟着家里人做生意。家长的这种想法无疑会影响到孩子上学的积极性。

第二,知识分子"后继无人"。我们从上述的数据中可以看到,乌孜别克族在大学专科、大学本科受教育程度很高,但是更高阶段的人数却很少,如研究生只有 44 人,占比约为 0.05[①],可想而知博士生的人数就更少了,而且就算是有博士学生,但是在相关文学、文化领域者则是少之又少。其实不论什么民族,本民族的知识分子在研究本民族文化时具有一定的优势,对本民族问题敏感且熟悉。知识分子的"后继无人"是多方面的原因造成的,这是一件让乌孜别克族知识分子们很担忧的事情,他们希望每年有更多的年轻人继续读书深造。

第三,"双语"教育的影响。在新疆的 13 个世居民族中,汉、回、满等民族使用汉语言文字,维吾尔、哈萨克、柯尔克孜、蒙古、锡伯、俄罗斯等民族有自己的语言和文字,塔吉克、乌孜别克、塔塔尔、达斡尔等民族虽然有自己的语言,但不使用或没有本民族文字,在学校教育中使用维吾尔语文、哈萨克语文或汉语文学习。这说明乌孜别克族在受教育方面,往往是通过其他相近民族的语言、文字来接受教育的。

新疆的双语教育始于 1964 年,但是双语教育的历史要追溯到解放初期。从 1984 年起,教育厅正式要求把汉语课列为民族中、小学的一门课程并一直开设到高中毕业,同时在大中专院校也积极开办汉族学生学习少数民族语言。1985 年,自治区党委《关于贯彻〈中共中央关于教育体制改革的决定〉的决定》和 1986 年自治区党委《关于贯彻〈中共中央关于建设社会主义精神文明的决议〉的决定》都进一步强调了民族学校的汉语教学

---

① 中国 2010 年人口普查资料,《新疆统计年鉴》中 Excel 电子数据运用,笔者对数据进行了相关处理。

工作，并把搞好少数民族汉语教学工作列为自治区社会主义精神文明建设的一项重要内容。1985年9月，教育厅发出《关于调整五年制小学部分课程计划的通知》，要求城镇民族小学从1985年新学年起，必须开设汉语课，并开足课时，农牧区民族小学积极创造条件，于1987年开设汉语课。1987年，自治区党委、人民政府提出："要把加强和改革民族学校汉语教学工作作为发展民族教育、提高民族素质、开发振兴新疆的一项战略措施来抓。"这是自治区第一次把双语教育工作提高到"战略"层次来认识。①。

自2003年以来，新疆维吾尔自治区党委及人民政府继续出台相关政策，如《新疆维吾尔自治区人民政府贯彻〈国务院关于深化改革加快发展民族教育决定〉的意见》明确指出：鼓励中小学创造条件实行"民汉合校"或"混合编班"；要求加强对"双语"教学的研究，逐步形成"双语"教学的课程体系。2004年3月，自治区党委、人民政府《关于大力推进"双语"教学工作的决定》中明确提出：要进一步明确"双语"教学工作的指导思想和总体目标；加大汉语教学力度，大力推进"双语"教学工作；全面提高少数民族教师的汉语水平，加快建设适应"双语"教学要求的教师队伍；加强对"双语"教学工作的领导，建立健全"双语"教学保障机制。这些政策的提出，本应加快和健全双语教学，但实际操作中却是单一语言，即汉语教学的进程。这种教育模式，虽然为少数民族学习汉语，了解主流社会提供了重要的机会，但其步骤更多以行政命令式推行实施，脱离科学规划。因尚未具备诸多软件建设，实施过程中出现明显的形式主义，这也导致教学质量的下滑。另外，强力推行的"双语教学"政策因在很大程度上忽略少数民族语言、文化的传承，使许多民族的知识分子以及广大群众对此往往持被动、消极的态度。

五、宗教现状

乌孜别克族全民信仰伊斯兰教逊尼派。居住在喀什、莎车、伊犁、奇

---

① 王阿舒；孟凡丽. 新疆少数民族双语教育政策发展综述 [J]. 双语教育新视野，2010 (3).

台等地的乌孜别克族人民自发捐款、捐物、出工，建造了一些规模较大、气势宏伟的清真寺，作为他们进行宗教活动的中心。乌孜别克族人民严格遵守伊斯兰教的基本信仰，尊奉《古兰经》、圣训，履行必修功课。

（一）清真寺情况

新疆维吾尔自治区乌孜别克族的清真寺并不多，一般来说，清真寺是不允许用民族名称或个人名称来命名的，所以在全区大部分地区，如在各民族混居区，清真寺是不分民族的，都是统一使用。而在一些聚居区内，如乌孜别克族、维吾尔族聚居区，则会有相对应的乌孜别克族、维吾尔族的清真寺。至 2011 年，全疆有大大小小的清真寺共计 24181 个[1]，但仅有 2 所乌孜别克族的清真寺，一所在昌吉州的大南沟乌孜别克乡，另一所在伊犁州的乌孜别克族社区。

（二）朝觐情况

在新疆，对于朝觐来说，所有的穆斯林民族都是一样的程序，不会因为人口多或少而特殊对待。作为人口较少民族的乌孜别克族也需要提交申请、排队等候，由于人口数量不多，因此他们每年去朝觐的人数就较少。在调研中我们了解到，政府部门也会对人口较少民族给予一定的照顾。

（三）宗教管理

与其他地区一样，乌孜别克人的宗教活动管理遵循相关法律规定，如根据国务院《宗教事务条例》："第二十七条　宗教教职人员经宗教团体认定，报县级以上人民政府宗教事务部门备案，可以从事宗教教务活动。"[2]

对清真寺的阿訇、毛拉等宗教人员需政府认可，并进行定期培训，他们不能随便招收弟子，须向政府进行书面申请，申请通过了才允许带徒弟。

---

[1] 2011 年新疆维吾尔自治区清真寺基本情况统计表，调研过程中新疆维吾尔自治区民宗委宗教 2 处提供。

[2] 《宗教事务条例》于 2004 年 7 月 7 日国务院第 57 次常务会议通过，由 2004 年 11 月 30 日中华人民共和国国务院令第 426 号公布，自 2005 年 3 月 1 日起施行。

（四）南北疆乌孜别克族宗教差异

无论从历史的角度还是当今的现状来说，伊斯兰教对乌孜别克族人民的影响深刻地体现在各个方面。在我们的访谈中得知，在喀什地区由于大部分人从事商业活动，他们自己可以安排自己日常的事情，有条件合法的进行宗教活动。

在调研过程中我们发现，牧区乌孜别克族群众的宗教信仰相对来说较淡，这可能是因为游牧生活使得他们没有固定的居处，难以形成固定的宗教活动场所；另外，牧区生活较艰苦，人们每天忙于生产，宗教知识分子也较少，清真寺非常有限或是没有，因此他们的宗教信仰有所淡化。

六、医疗卫生

（一）基础医疗卫生情况

随着我国医疗卫生体系的建立和进一步完善，一些贫困地区也建立了医疗站之类的基础设施，使当地的医疗卫生条件得到一定改善。就乌孜别克族而言，由于居住较为分散，所以需根据具体情况进行判断。如果在城市，那么医疗卫生措施就相对较好，如果是在牧区、农村，那么相应的医疗卫生措施就较差。

（二）乌孜别克族民族医药学

在与维吾尔族人民长期的交往中，乌孜别克民族医药学也融入了维吾尔族医学的范畴之内。早在公元6世纪，西域地区就出现了很多的民医，为了抵御饥荒、疾病、战争所导致的伤病，维吾尔族医学就开始慢慢发展起来。由于维吾尔族的祖先经历了草原游牧和塔里木盆地农业两种经济生活方式，其医学也深受这两种生计方式的影响。后来维吾尔族信仰了伊斯兰教，又受到了伊斯兰文化和阿拉伯-波斯医学的影响。与此同时，维吾尔医学也汲取了其他民族医学之精华，逐渐形成了其传统医学体系。当然，乌孜别克族医学也为维吾尔族医学的发展做出了一定的贡献。但在传承过程中，本民族医药知识逐渐衰微。

我的爷爷那一辈是从现在的乌兹别克斯坦迁来的，他的职业是医生，主要就是给人看病。我们家族几代人都是医生，包括我爷爷的父亲、爷爷以及我父亲。爷爷是在苏联学过医学，也懂我们自己民族的医学，迁到新疆以后也是继续从事自己的职业，给人看病，也给牲畜看病。我父亲的医学是从爷爷那里学来的，但后来他成了兽医，给人看病就少了。到我这一代就不再从事这一职业了，医学知识没有传承下来。

七、社会互动

社会互动是指社会中个人与个人、个人与群体、群体与群体之间通过信息的交流和传播而发生的相互依赖性的社会交往活动。由于乌孜别克族人的居住形式比较分散，所以城市和乡村的乌孜别克族的社会互动还是有区别的。不过，乌孜别克族人非常重视族内的互动，各地区的年长者常常会组织各种形式的活动以加强民族内部的交往和联系，一方面是为了让本民族的人互相认识、互相了解；另一方面就是宣传本民族文化以及交流信息等。

（一）散居的乌孜别克族族内互动

总的来说，在全疆范围内，乌孜别克文化研究会在民族内部的互动中发挥了很大的作用。该会建立于1988年5月①，当时因为考虑到本民族的语言、文字正在逐渐消失，为了恢复本民族的语言、文字而建立的。最初的名字叫"乌孜别克语言协会"，后来乌孜别克研究会的成员们考虑到最初建立协会的目的和意义有些狭窄，故于1993年第二次会议上将协会名称改成了"乌孜别克文化研究会"。研究会的目的在于对本民族文化进行研

---

① 与乌孜别克族文化协会会长和秘书长访谈所获信息，2012年7月6日。

究和保护，又起到召集本民族人们相互认识的作用，同时也发挥着宣传本民族语言、文化的重要性等。乌孜别克文化研究会总部设在乌鲁木齐，其下包括伊犁分协会、塔城分协会2个分协会，而莎车、喀什的乌孜别克族也正在申请建立分协会，但至今未能建立起来。

新疆维吾尔自治区乌孜别克文化研究会至今做过的工作包括编著了2本书，3期杂志，制作了乌孜别克族名人通讯录，而且还定期组织全疆范围内的族内节日庆典，如"纳吾肉孜节"晚会等活动。活动之前会邀请各地乌孜别克族前来参加，并邀请相关的政府工作人员、其他民族的朋友等前来参加活动。在活动中，协会会长就近期所做工作进行总结汇报，对下一期的工作计划进行安排，在活动现场大家也会一起讨论现存的问题等。活动增进了族内同胞彼此间的认识，加强了团结。

由此可见，在城市的乌孜别克族主要是通过协会的组织来进行族内活动，由于他们平时与其他民族相互大杂居，因而也只有在大的活动、节日时才会聚集到一起。组织活动的最重要的一个问题就是经费问题，协会会长告诉笔者，他们的经费有限，想多出一本书，多做一期期刊都是比较困难的。在节日里组织庆典活动时，他们主要向政府申请一些活动资金，但常常得不到相应的资助。于是他们就会挨家挨户地找乌孜别克族家庭，一方面是通知他们参加活动的时间、地点，另外就是向他们募捐一些活动的经费，能要多少是多少。与此同时，协会成员也会找一些商人和企业家来捐助，可以说，乌孜别克族协会组织的大部分活动都是靠民众的捐款来实现的。协会会长也提到虽然国家出了相关的扶持本民族的政策，但因为他们属于散居的乌孜别克族，不会得到像大南沟乌孜别克乡那样很多的资金支持。

（二）聚居区的乌孜别克族族内互动

聚居区的乌孜别克族分为农牧区和城市两个部分，农牧区的乌孜别克族如木垒县大南沟乌孜别克乡的乌孜别克族，因为与当地哈萨克族长期杂居在一起，所以吸收了哈萨克族的文化，也可以说基本上"哈萨克族化"了。他们平常的族内活动也体现不出本民族的特色，一般与哈萨克族的一样。近几年来，当地政府以及乌孜别克族群众也开始关注到本民族文化保护的重要性，所以也举行"纳吾肉孜节"等传统的乌孜别克族节日。另外，在实地访谈中我们也了解到当地乌孜别克族群众的一些想法，如他们希望通过去乌鲁木齐或是去乌兹别克斯坦参观、访问，把那里的乌孜别克族文化学回来，然后在这边的村子里大家一起学习。大南沟乌孜别克乡的精英们谈道：

我们在这里基本上已经哈萨克族化了，除了民族成分上是乌孜别克族以外，文化方面的东西基本上都已经没有了。我们在这边过节和哈萨克族的一样，没什么特别的。乌鲁木齐举办我们民族活动的时候，他们也会邀请我们，我们便派代表去参加。后来我们这边的群众对自己的文化都有很大的热情，我们是希望组织一些自己文化的活动，但这个我们自己是不懂的，所以需要去乌鲁木齐、伊犁、国外等地学习或者是找懂这些文化的人来教我们。

而其他聚居区像伊犁地区的乌孜别克族则较好的保持着自己的民族文化。伊犁州有乌孜别克研究会分协会，在他们的带领下，伊犁的乌孜别克族举行过各种活动、聚会，其中包括"麦西莱浦""纳吾肉孜"等活动。

在调查中我们了解到，一些地区的乌孜别克族十分关心喀什地区乌孜别克文化分协会的建立问题。喀什作为一个聚居着1/3乌孜别克族人口的地区，当地乌孜别克族对自己的族内互动非常关注，因为通过这种族内互动他们才能更好地组织大家，发扬和传承自己民族的文化。协会虽然没建立，但是当地的乌孜别克族长辈们仍自发地做着相关组织活动工作。不过，由于他们不是一个社会组织，所以很多活动不能以组织的名义和形式提交申请，他们希望喀什地区的乌孜别克分协会能够得到政府的批准与支持。

八、民族文化现状

乌孜别克族历史上有着丰富的本民族文化传统，但在社会发展变迁的过程中，一些传统已经或正在消失，这也是目前乌孜别克族所面临的一个重要问题。

（一）语言文字

乌孜别克族历史上曾有自己的民族语言，但现在一般通用维吾尔语文或哈萨克语文。在新疆居住的乌孜别克族由于长期与维吾尔族、哈萨克族杂居在一起，所以很大程度上已融入这些民族社会中，某种程度上渐趋于同化。在北疆，部分与哈萨克族一起生活的乌孜别克人已逐渐哈萨克族化，在文化的各个方面都与哈萨克族一样。如我们最先可以观察到的是穿着打扮上与哈萨克族一样，语言上则说哈萨克语。一些本民族的文化逐渐消失，如饮食、房屋构建、节日庆典等。而在伊宁、乌鲁木齐和在南疆生活的乌孜别克族则趋同于维吾尔族，但相对于北疆的乌孜别克族来说，南疆的乌孜别克族中还有一部分年长者会使用本民族语言，可是在大多数的日常生活里却使用维吾尔语，书写维吾尔文。此外，现阶段的年轻一代中出现了汉语水平提高，维吾尔语或哈萨克语退步的现象。有些孩子在一起的时候可能彼此之间用汉语交流，在大人面前即使说民族语言也说得不好。

（二）节日庆典

与新疆大部分民族一样，乌孜别克族全民信仰伊斯兰教，所以在宗教信仰上难以表现出与其他穆斯林民族之间的差异，主要节日包括肉孜节、古尔邦节等一些宗教节日。对于其他本民族节日，北疆的乌孜别克族举办得相对较少，南疆的则在有条件的情况下会相应的举办一些。乌孜别克族一些知识分子告诉我们：

> 乌孜别克族分布在新疆各地，各个地区聚居的乌孜别克族都会相应地

举办一些宗教节日、民族节日。我们人口分布比较多的地区，像乌鲁木齐、喀什、莎车、伊犁、塔城等地区都有相应的人员组织一定的活动。而大南沟乌孜别克乡的人们因为基本上都被哈萨克族化了，所以相应的民族活动就少一些，或者是没有。

（三）服饰

传统的乌孜别克族民族服装以男女戴各式各样的小花帽为特点，男子穿长袍，束三角形绣花腰带，妇女穿连衣裙，宽大多褶，不系腰带；一般穿皮靴，外加浅帮套鞋，妇女的绣花鞋别致美观。乌孜别克族刺绣工艺精美细致，具有独特的民族传统风格，但现在这些都已很难再看到。如今的乌孜别克族，在穿着、打扮上已趋同于新疆其他人口较多的民族，如哈萨克族和维吾尔族，或者可以说现在全疆的少数民族在朝着现代化趋同。一位乌孜别克族知识分子谈道：

说到我们民族的穿着打扮上，现在老一代的人或许还会穿自己民族的服装，即使不穿的家里可能也会有保留的，有些老人也有可能穿着维吾尔族或哈萨克族的传统服饰。但是年轻一代就没那么传统了，其中有一部分人趋向于现代化打扮，牛仔裤、皮衣等紧身的衣服也会穿，年轻人都爱美嘛，意识有变化。

（四）房屋及家庭装饰

乌孜别克族的房屋形式多样，顶楼呈圆形的称"阿瓦"，其他的则是平顶长方形的土房。房屋墙壁较厚，砌有图案形壁龛，木柱雕刻有各种图案。取暖大多用壁炉，也有在室内挖坑置炉取暖的。但对现在的乌孜别克族来说，居住在城市的居民大部分住在楼房里，房屋不会过多的有本民族特色，而在喀什、伊犁地区的乌孜别克族聚居区可能会有一些传统的房屋。从整体上看，房屋内的装修也是因人而异的。居住在聚居区的乌孜别克族房屋内装饰、装修多呈现出乌孜别克族、维吾尔族两个民族的风格；而在大南沟乌孜别克民族乡的，则更多的表现出哈萨克族风格了。大南沟一些乌孜别克族精英跟我们谈道：

现在我们喀什地区的乌孜别克族可能整体上与维吾尔族是一样的，如房屋构造、内部装修设计等。以前，我们这里也是有比较典型的乌孜别克族社区，房屋的建造、装修都是有本民族特点的，但现在慢慢地没有了，但还是能找到一些，但是数量没以前多了。这是因为现在很多人住进楼房了，而且家里的装修会为了赶时髦而做成别的样式，另外一些老的房屋也被拆除了，在那些地上建起了楼房。

（五）文学

乌孜别克族民间文学丰富多彩，特色浓郁，有史诗、叙事长诗、民歌、故事、谚语、谜语，等等。《阿勒帕米西》是流传广、影响大、有口皆碑的英雄史诗；《坟墓中出生的孩子》是一部情节曲折、形象生动、语言流畅、音韵铿锵的叙事长诗。但是因为现在的年轻人不再学习自己的民族语言，因此我国乌孜别克族文学创作越来越少，而且一些乌孜别克族老人自己手写稿的文学创作也因各种原因而未能出版，这些文学遗产的价值是无可估量的，乌孜别克族的精英、协会成员也在极力地向政府提出保护文化遗产的申请中。一位乌孜别克族精英谈到：

我们乌孜别克族以前有很多的文学巨人，但是到现在已经是寥寥无几了，更让人心疼的是他们的著作很多都未能得到发表和继承。这对我们来说是个很严峻的问题，老人的书籍、诗文我们不能进行发表、宣传、继承，年轻一代又因为没有本民族的文学功底，所以我们民族的文学创作、文学研究都处于濒危的状态。虽然我们的乌孜别克文化研究会也出版了一些书籍、杂志，但是毕竟他们的能力、精力、资金有限，这些对我们来说都是一个严峻的问题。

（六）歌舞弹唱

乌孜别克族是一个喜爱歌舞的民族，他们的传统音乐内容丰富，有民间歌舞、说唱音乐、古典套曲等多种形式。民间乐器有"都塔尔""斜格乃""热瓦甫""弹布尔"等弹拨乐器以及手鼓、撒帕依等打击乐器。乌孜别克族演唱者表演时自拉自唱，表达情感十分自如。乌孜别克族能歌善舞，民间音乐曲调优美、节奏明快、韵律婉转，有独唱、齐唱、对唱等多种形式，民间说唱也十分丰富，具有浓厚的生活气息，以《黑眉毛的姑娘》《埃尔帕米希》《古鲁黑拉·苏里唐》等最为流行。有歌必有舞，乌孜别克族舞蹈优美轻快而富于变化，舞姿舒展，展示浓郁西域风情的《阿衣江》《乌帕尔》《他纳瓦尔》《哈拉增》等民间舞蹈最为流传，但这些艺术形式也正在消失过程中。一些乌孜别克族精英说：

乌孜别克族也是一个能歌善舞的民族，但是如今因为被维吾尔族化、哈萨克族化，因此我们自身的歌舞弹唱在有所减少。另外虽然像伊犁地区偶尔会举办"麦西莱浦"等活动，乌孜别克族群众可能会接触到本民族的歌舞、弹唱，但是在其他大部分地区这些都是缺乏的，普通老百姓变得越来越不会唱自己民族的歌，不会跳自己民族的舞了。

（七）手艺、技能

乌孜别克族妇女善于绣花，灵巧的双手既为自己打扮，也常在丈夫的手帕、烟袋和衬衣上绣花，使他们的衣饰成为一种精美的工艺品。乌孜别克妇女戴的首饰样式繁多，质料考究。金、银、珠、玉、绒、绢精工制成的簪、环、花，错落有致地戴在头上，再配上精美玲珑的耳环、金光闪烁的项链、戒指，那真是珠光翠影，大有时装模特的风采。在调研过程中我们也看到了乌孜别克族刺绣产业根据当地的情况，结合其他民族的文化而得到一定的发展。

（八）文化遗产的保护与继承

文化遗产包括物质文化遗产和非物质文化遗产两个方面，主要是指具有历史、艺术和科学价值的文物或以各种非物质形态存在的与群众生活密切相关、世代相承的传统文化表现形式。我们在调研过程中发现，在新疆维吾尔自治区内有较多的乌孜别克族文化遗产，像喀什地区有一些历史悠久的清真寺、墓地（如乌孜别克族诗人菲尔凯提/Furqet 的墓地），以及一些去世老人的诗文集手稿、口传文学等。但是，当地对乌孜别克族文化遗产的保护还存在许多的不足，使人们难以学习和继承先人优秀的文化遗产。

我们乌孜别克族居住得比较分散，但就是这样我们也是保留了一些我们的文化遗产。在一些聚居区，像伊犁地区有历史悠久的清真寺、学校，喀什莎车县有我们伟大的诗人 Furqet 的坟墓，中亚的人都会过来进行参观。此外我去过一些人家，有的诗人、学者写过很多文学作品，家里人也是都存起来了，但是他们没有资金去进行发表，所以有时候会向我们或乌孜别克研究会的成员求助。我是希望政府能挽救我们的这些文化遗产，而且我们的文化遗产也是可以作为旅游资源来吸引游客的。

九、"十一五"规划建设成就

在我国 55 个少数民族当中，据"五普"人口资料统计，有 22 个少数民族的人口在 10 万人以下，总人口 63 万人[1]，统称为人口较少民族。新中国成立以来，这些民族政治上得到了翻身，经济社会持续发展，人民生活得到明显改善。但是，由于历史、自然条件等方面的原因，这些民族的经济和社会发展总体水平还比较落后，贫困问题仍然突出。根据党中央、国务院的要求，制定了扶持人口较少民族发展规划，并采取特殊政策措施，集中力量帮助这些民族加快发展步伐，走上共同富裕的大路，对于贯彻落实科学发展观，进一步增强民族团结，维护边疆稳定，实现全面建设小康社会的奋斗目标，构建社会主义和谐社会，具有十分重要的意义。[2]

---

[1] 2000 第五次全国人口普查资料。
[2] 《自治区扶持人口较少民族发展规划（2011 – 2015）》，2011 年 12 月，第 94 页。

在这样的一个大背景下,扶持人口较少民族发展的规划在"十一五"期间颁布并实施。在这 5 年的时间里,该政策对于新疆维吾尔自治区人口较少民族的发展来说,起到了很大的促进作用。其成效主要表现在以下几个方面:

(一)基础设施显著改善

根据人口较少民族聚居地区的实际情况,扶持较少民族政策首先着重针对基础设施的建设。通过加大对基础设施的资金投入,首先安顿好农牧民的生活问题,比如房屋、水、电等设施。据统计,截至 2010 年年底,全区 95 个人口较少民族聚居村的各项基础设施建设指标,均比规划实施前有了大幅度提升。其中,通公路的村占 90%,提升 32.7 个百分点;通电的村占 95.3%,提升 9.4 个百分点;有安全饮用水的村占 81.7%,提升 39.2 个百分点;通电话的自然村占 88.1%,提升 50.2 个百分点。①

表 6 95 个聚居村的各项基础设施建设指标

项目	实施后	规划实施前
通公路村子	90%	57.3
通电的村子	95.30%	85.90%
有安全饮用水的村子	81.70%	42.50%
通电话的村子	88.10%	50.20%

注:民宗委提供资料,《自治区扶持人口较少民族发展规划(2011-2015)》,2011 年 12 月,第 105、106 页。

(二)特色经济快速发展

虽然人口较少民族居住地区生活条件较差,但近年来基础设施建设得到一定改善,同时根据当地的自然资源优势,引导人口较少民族调整产业结构,培育发展优势产业和特色经济,实现了经济的快速发展,增加了农牧民的收入。政府部门根据各个人口较少民族聚居村的地理位置,自然资源,在因地制宜的同时,依靠科学技术,选准好的项目,推进当地特色经

---

① 资料来源:《自治区扶持人口较少民族发展规划(2011-2015)》,2011 年 12 月,第 105、106 页。(民宗委获得资料)

济的发展。例如，伊犁州昭苏县人口较少民族聚居村的塔塔尔族、乌孜别克族，采用"农户+基地"的方式运作，即政府组织实施，成立畜牧养殖建设开发协会，群众积极参与项目建设。在政府的引导和帮助下，改变牧民粗放和游牧养殖的方式，形成了产、供、销一条龙的产业格局和规模，为塔塔尔族、乌孜别克族群众的脱贫、增收、致富打下了坚实的基础。又如伊犁州伊宁县吉里于孜镇五道桥村日光温室的建立和实施。2008年开始，当地政府利用该村北山坡的坡度优势和北山坡光热资源丰富的先天条件，修建节能日光温室，并在周围建立廉租房，以滚动扶持的方式，采取无偿或低偿的优惠条件把日光温室分配给困难户和无房户种植，使他们通过种植温室蔬菜达到快速脱贫致富的目的。

（三）社会事业稳步推进

新疆维吾尔自治区内人口较少民族多半以上聚居在南疆的贫困地区，由于该地区经济发展滞后，因此社会各项事业也受到了阻碍；北疆地区分布的人口较少民族则居住分散，且多为牧民，自然环境恶劣，生活条件差，社会事业发展也存在较大的问题。故政府有针对性地对这些民族的社会事业进行调适：

1. 教育方面

针对人口较少民族教育上急待解决的问题，各有关地州利用扶持项目资金，新增或改扩建教育用房462.9万平方米，农牧区办学条件进一步改善；全面落实了"两免一补"政策，适龄儿童的入学率普遍达到了95%以上，初中毛入学率多数达到90%以上；人口较少民族聚居乡镇全部实现"普六"。①

2. 卫生方面

扩建了卫生用房的面积，达到585万平方米，而且各个村子的卫生室拥有率也有了很大的提高，达到78.9%，提高了34.4个百分点；新型农村合

---

① 民宗委提供资料，《自治区扶持人口较少民族发展规划（2011 - 2015）》，2011年12月，第110页。

作医疗覆盖率达到 90% 以上,"因病致贫,因病返贫"的现象明显下降。①

3. 文化方面

截至 2009 年,全区新增或改扩建文化站 434 个,拥有文化活动室的村子达到 76.3%,提高约 54 个百分点,能接受广播电视节目的自然村达到 84.9%,提高 36 个百分点。加大了对濒危文化遗产抢救、整理和保护的力度,在国家级非物质文化遗产名录中,每个人口较少民族都有项目列入,4 个民族共有 185 项。②

4. 社会保障方面

在全区人口较少民族聚居地区都建立了最低生活保障制度,实施安居房建设和移民搬迁项目,使 2.5 万户农牧民告别了危旧房、简易房。③ 如喀什地区塔什库尔干县就是一个典型的例子,由于当地地处高寒山区,平均海拔 4000 米,自然灾害频繁,畜牧业发展受到严重制约,粮食无法给予补给,2 万多的牧民一直处于较贫困状态。该区以把实施移民搬迁作为扶持人口较少民族发展工作的一项重要措施,将牧民陆续迁到莎车县、巴楚县、岳普湖地区,而且已经取得显著的成效。

(四) 发展能力明显提高

发展最根本的还是需要人才的培养,某一地区的发展依赖的是当地人能力、技术的提高。各个地区紧紧围绕培养人才这个根本,大力加强对人口较少民族干部和各类人才的培养。同时根据当地的实际情况和民族特色文化,重点围绕人口较少民族农牧业生产方面迫切需要的实用技术,开展了大规模的培训。如根据塔塔尔族、乌孜别克族妇女擅长刺绣的传统,专门组织和派遣各地刺绣能手赴内地发达地区参观学习,并采取邀请专家到有关地州指导等方式,提高了少数民族妇女刺绣技能,使妇女们生产出的

---

① 民宗委提供资料,《自治区扶持人口较少民族发展规划 (2011 – 2015)》,2011 年 12 月,第 111 页。
② 民宗委提供资料,《自治区扶持人口较少民族发展规划 (2011 – 2015)》,2011 年 12 月,第 111 页。
③ 民宗委提供资料,《自治区扶持人口较少民族发展规划 (2011 – 2015)》,2011 年 12 月,第 111 页。

产品也渐渐的达到了市场的需求，从而引导少数民族刺绣产品走进市场，并成为人口较少民族新的经济增收点。截至 2009 年底，95 个聚居村共实施科技推广及培训 12.2 万人次。① 在扶持人口较少民族发展中，地方政府根据多种渠道、多种层次、多样化的培训，培养了一大批脱贫致富的带头人，使得人口较少民族的自我发展能力显著提高。更为重要的是这种方式激发了人口较少民族群众的竞争意识、开放意识，以及自力更生、奋发图强的精神，加强了他们依靠自身力量创造财富的能力。

从上述中我们可以看到，针对人口较少民族扶持政策的实施，的确取得了一定的成效，但是这些针对性的扶持政策却又往往忽略了散居在全疆的其他人口较少民族。比如说，人口较少民族扶持政策的实施，推动了木垒哈萨克自治县大南沟乌孜别克乡的发展，然而除此之外的地区，像南疆和城市中散居的乌孜别克族则较少享受到该政策的扶持。由此来看，人口较少民族扶持政策仍然存在一些问题。

十、政策实施过程中存在的问题

（一）政策宣传不透彻

扶持人口较少民族政策出台以后，并非所有的乌孜别克族都对此项政策非常了解，仅有如大南沟乌孜别克民族乡这样聚居区的乌孜别克族才对该政策略知一二，但具体问当地的老百姓时，他们只知道有这个政策会资助他们民族，但具体怎么资助，有多少资金，哪些地方会得到资助等信息却了解得并不清楚，往往只在政策实施过程中才体会到确实是政府在拨款帮助他们。在调研过程中，一些居民告诉我们：

说是我们这里有扶持人口较少民族的政策，也会拨款下来，但具体是

---

① 民宗委提供资料，《自治区扶持人口较少民族发展规划（2011 - 2015）》，2011 年 12 月，第 113 页。

怎么样的我们也不清楚，反正政府那边有钱了就或搞一些投资，建一些基础设施。而且我们听说的是这个扶持政策是给我们乌孜别克族的，但是这边有什么政策的话大家都一样，其他民族和我们的政策待遇都一样，没有区别。

调研组在城市社区调查中了解到，散杂居的乌孜别克族对该政策多是在电视、新闻、报纸上看过，而具体情况也不甚清楚，至于城市的乌孜别克族能否得到帮助更是不清楚的。

一些喀什的乌孜别克族精英们告诉我们：

扶持人口较少民族的政策我们是听说过的，好像是给我们民族也拨了很多的资助，但是具体的政策是怎么样的，会怎么给我们分配这笔资助，我们都一无所知。导致这些的可能是因为我们这里不是民族乡或者没有乌孜别克族名义的组织，所以我们了解不了该政策，也享受不到该政策。

（二）散居乌孜别克族群众难以享受到该项政策的惠利

在调研过程中我们发现，虽然扶持人口较少民族政策实施了多年，但是，政策的实施、资金的援助主要体现在大南沟乌孜别克民族乡里。民族乡每年都会得到一定扶持资金，当地政府利用这些资金进行了基础设施的建设，改善了当地包括乌孜别克族、哈萨克族等各个民族的生活质量与生活水平。如调研中我们观察到大南沟乌孜别克乡具有较好的整体面貌，乡村道路维修得很好，都是油路，与县城的交通也比较顺通。牧民都定居在政府负责建造的定居房内，居民的通电、通水、通邮、通电视等都得到了较好解决。乡村内基础设施也比较完善，有活动中心、博物馆、卫生站、医疗室、学校等。此外，有些项目正在施工当中。大南沟乌孜别克乡政府的干部们说：

我们这里的扶持资金是上级依据乌孜别克乡的名义下拨的，但资金拨下来以后是全乡都用的，用来新修水利、建定居房、道路等设施，而且这个资金是各个民族统一使用。

乌孜别克乡的居民说道：

我们这里的政策还不错，你看我们这里修建得比别的村子（非人口较少民族村落）要好一些，都是油路，房屋也很结实，而且乡政府每年还有钱建各种项目，可能都是用的扶持我们乌孜别克族的资金。

由此可见，人口较少民族的扶持政策在新疆乌孜别克族中主要在聚居区内实施，散居在城市中的乌孜别克族则难以享受到该项政策的惠利。如我们在乌鲁木齐、喀什等地区观察到的，乌孜别克族和其他民族混居于这些地区，因为没有组织或政府相关部门负责，单独个体的乌孜别克族则享受不到人口较少民族的扶持政策。散居的乌孜别克族对此都感到疑惑和不满，他们认为该政策是扶持全中国乌孜别克族的，然而却没在散居的乌孜别克族身上实施。而且像新疆维吾尔自治区乌孜别克文化研究会这样的公益性组织也未得到该政策的扶持资金，所以他们现在开展活动，继承和传扬自己的文化，文化的保护等方面都不能很好地向前推进。一些乌孜别克族知识分子谈到：

关于这个政策，我最开始听说是有 5000 万元还是 50 亿元的专项资金来扶持人口较少民族的经济、文化等各个方面的发展，但这些也是我仅仅在报纸和杂志上看过的。但是我们这些散居的乌孜别克族从中获得什么利益是不清楚的，就此事我也是找过相关的政府部门去咨询。从政府部门获得的信息是，这些扶持资金拨发的对象是政府部门、组织部门等，例如木垒哈萨克自治县大南沟乌孜别克乡政府是可以获得资金的。他们那边也的确获得了这笔资金，而且资金的投入得到了好的成效。但是我们散居的乌孜别克族却未享受到该政策。其实我们也是需要这项政策体现在我们身上的，我们的各项活动，文化的保护、继承、传扬都需要政府的支持。

（三）乌孜别克文化研究会未能完全发挥作用

新疆维吾尔自治区乌孜别克文化研究会从成立以来，一方面力争从事本民族文化复兴活动，即尽可能地保护和研究本民族文化；另一方面则起着我国和乌兹别克斯坦两国文化交流的桥梁作用，为两国的友谊做出贡献。但是乌孜别克文化研究会的作用还没有得到充分发挥，其主要原因在于政策上的支持和资金问题。研究会的成员当时听说了中央出台的扶持人口较少民族的一些政策，他们都非常高兴，这样他们就可以得到一些资金的资助，以便做一些维护和发展乌孜别克族文化的事，但却没有得到相应资金的支持，这是因为乌孜别克族文化研究会不在政府扶持的编制体系内。

我们的这个新疆维吾尔自治区乌孜别克文化研究会的作用就是保护、继承和发扬我们的本民族文化，另外加强族内互动，做一些有意义的事，像语言的学习、文化的交流，而且也包括帮助政府搞好与乌兹别克斯坦的国际友谊关系。但是如今我们没有发挥到很大的作用，其主要原因还是我们的研究会没有多少资金。我们每次的活动都是靠捐款或商人的资助来完成的，扶持人口较少民族的资金我们没有享受到，而且向政府申请资金往往也是得不到的，所以我们研究会的作用受到了限制。

乌孜别克文化研究会下的一些分协会，在联系地州乌孜别克族群众方面起到了重要作用。但南疆地区的分协会仍未建立，在联络乌孜别克族群众和发展本民族文化方面出现了一些不便，而扶持人口较少民族政策同样也未能在当地得到有效实施。

我们这里的乌孜别克研究会还未成立，所以作为长辈的我们几个会带头组织一些族内活动，每次活动都是按人头收费的，所以每次活动的规模其实也不大，也就我们几个人。但是如果我们能建立我们的研究会，而且有一定的资金，那么我们的活动参加人数可能会更多一些，这样我们就可以做很多文化方面有意义的事了。就扶持人口较少民族的政策我们有的人听说过，有的人没有，政策内容是什么，具体怎么实施，我们也不清楚，而且政策也没体现在我们身上。所以说我们现在急切的需要建立我们喀什地区的乌孜别克族文化分会，这样通过研究会的作用，我们可以做到很多有意义的事。

（四）乌孜别克族文化处于濒危状态

乌孜别克族文化濒危现象可以从三个方面来说。

第一，生活在新疆的乌孜别克族有自己的语言，一般通用维吾尔文或哈萨克文来书写文字。然而，由于当今的乌孜别克族已经越来越趋同于维吾尔族或哈萨克族，加之实施双语教育的环境下，年轻一代主要学习汉语和主流社会相关的知识，以及还得学习其他的外语，造成了乌孜别克语的运用情况已经越来越不显著了。因此，会说乌孜别克语的人越来越少，现在只有部分的年长者会，而年轻的一代面临着母语能力丧失的危机。

第二，新疆的乌孜别克族在历史上创造了丰富而灿烂的文化，但如今文化遗址受到破坏而未得到保护的问题日益突出，调研组在各地都能看到、听到此类问题。文化遗产、文化遗址未得到保护的主要原因是目前着力于经济发展而对少数民族文化的保护与传承关注度不够，少数民族文化遗产保护面临申请程序的繁琐等问题。

第三，如今乌孜别克族书籍出版、文学创作少之又少，而有些已逝的文学家留下的文学作品也未得到发表和出版，这使得历史遗产和文化遗产得不到宣传和保护。

十一、对策建议

（一）做好扶持人口较少民族政策的宣传工作

政策实施的好坏取决于目标群体对该政策的了解程度，民众了解了政策才会更好的配合地方政府的工作，使得政策的落实能够有效地进行。因此，为了有效实施相关政策，扩大覆盖面，可以召集乌孜别克族各界精英人才商议，征求民众的意见，使资金首先投入到民众最需要的地方，为乌孜别克族群众排忧解难。

（二）在继续扶持聚居区群众时，关照到散杂居群众

虽然扶持人口较少民族政策在新疆有关村落的实施都取得了较好的效果，但是由于历史、自然环境等原因，全区乌孜别克族的生活状况仍然处在较低的水平，因此要继续加强对资金的投入。加强资金的投入，不仅仅是对乌孜别克族聚居的乡，也应该包括散杂居的乌孜别克族群众。

（三）加强保护民族文化遗产的力度

细致的统计和整理乌孜别克族文化遗产，包括古老的清真寺、墓地、学校、社区以及去世的或年老学者的文学、历史手稿，并对文化遗址进行修建、维护。这一方面可以保护乌孜别克族的文化，另一方面也可以在遗址处设立旅游点，吸引国内外的游客。此外，对去世的或年老学者的著作、手稿等进行整编、汇总，尽量出版、珍藏。

（四）加强民族人才的培养

21 世纪归根到底是人才的竞争，有人才国家才能强盛。面对精英人才缺失的问题，国家可以同各个高校取得一定的联系，力求针对人口较少民族出台相关政策，比如高招中降低录取分数线、免学费等。专项培养人口较少民族人才的举措，必定会为各民族培养出不同领域、不同层次的社会发展所需人才，为推动经济和社会事业的可持续发展提供基本的动力。

（五）为乌孜别克族国内、外的交流提供便利

历史的经验告诉我们，封闭是得不到发展的。在当前加强"一路一带"建设之时，地处丝路之中的乌孜别克族在加强与中亚的联系方面具有独特的作用，并对促进新疆的发展和乌孜别克族自身的发展具有重要的意义。因此，如何发挥乌孜别克族的族缘、地缘作用，体现中外交流桥头堡

的优势，是扶持乌孜别克族社会发展不可忽视的一个方面。

（六）建立乌孜别克族语言培训机构

针对乌孜别克族母语能力丧失的危机，政府可以在各个地区设立一些培训学校或培训班，这样既可以增强乌孜别克族族内的联络，又可以帮助乌孜别克族对语言的保护与继承，从而使其文化特色能够得到维系。